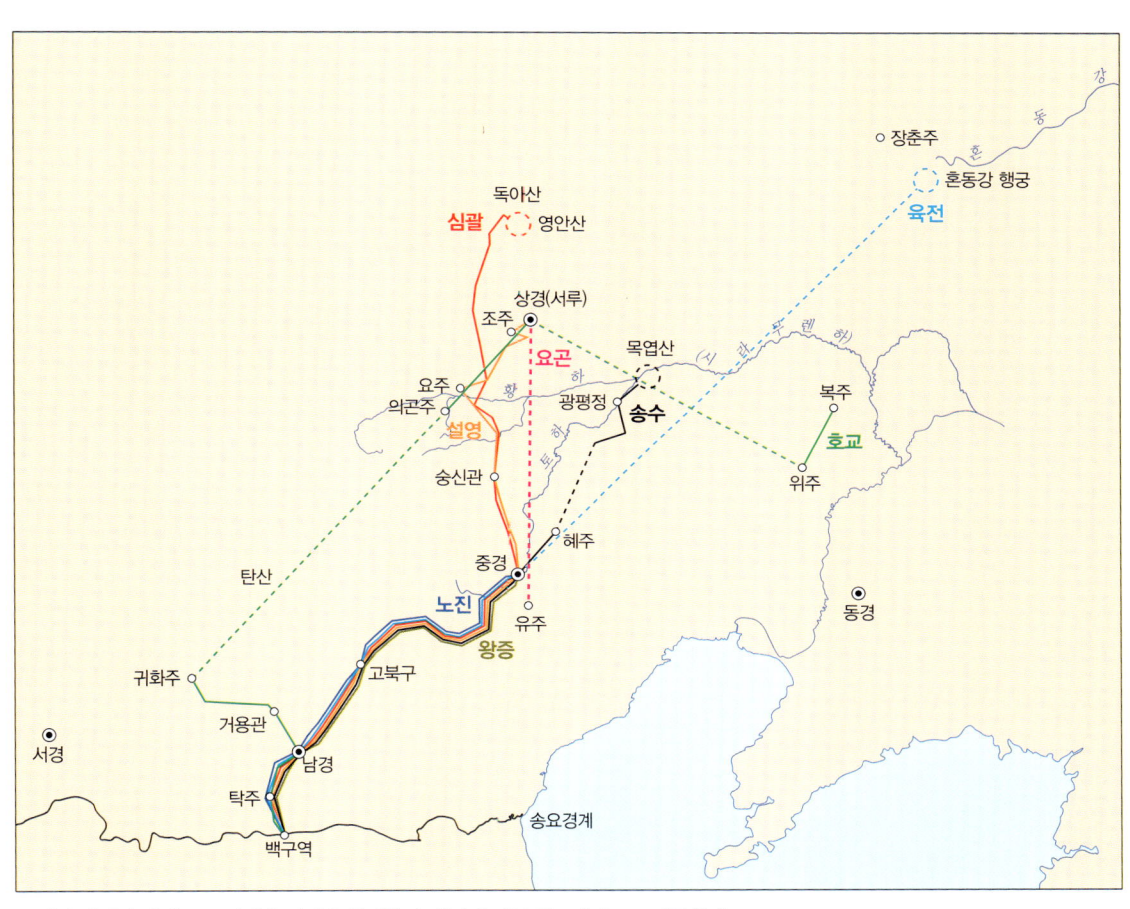

※ 거란 황제의 날발(捺鉢) 지역은 지점을 확정할 수 없어서 점선 동그라미로 표기하였다.

그림 0-2. 송 사절의 사요(使遼) 경로도

그림 1-1. 경주(慶州) 백탑(白塔) 출토 직물 속 매사냥 문양

그림 3-3. 현재 요 상경성 내성(內城)의 모습(김인희 재단 연구위원 제공)

그림 4-1. 베이징 파위엔쓰(法源寺)의 현재 모습(김인희 재단 연구위원 제공)

그림 5-2. 요 태조 기공비(遼太祖紀功碑)에서 본 조주(祖州)의 모습(홍성민 재단 연구위원 제공)

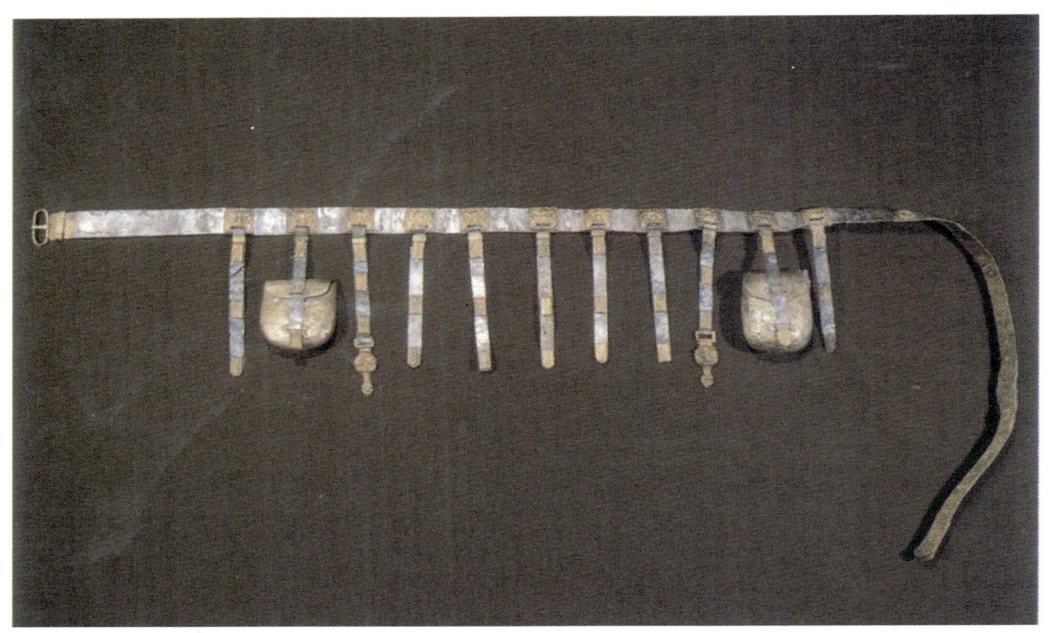

그림 6-1. 진국공주묘(陳國公主墓) 출토 금과은정 접섭대(金銙銀鞓鞢韘帶)

그림 6-2. 『동단왕출행도(東丹王出行圖)』 속 승마 모습(보스턴미술관 소장)

그림 7-1. 선화(宣化) 한사훈묘(韓師訓墓) 벽화 속 수레

그림 8-1. 선화(宣化) 장문조묘(張文藻墓) 벽화 속 산악도(散樂圖)

그림 8-2. 선화(宣化) 장세경묘(張世卿墓) 벽화 속 복두를 쓴 문리(門吏)

역주 使遼語錄

사료로 본 거란제국과 발해유민

- 이 책은 2020년, 2021년 동북아역사재단 기획연구 수행 결과물임(NAHF-2020-기획연구-34, NAHF-2021-기획연구-30).

동북아역사 자료총서 68

역주 使遼語錄

사료로 본 거란제국과 발해유민

요곤의 사거란기(使契丹記) 일문(逸文) | 함로기(陷虜記) | 승초록(乘軺錄) | 거란지(契丹志)
설영의 행정록(行程錄) | 송수의 행정록(行程錄) | 희녕사로도초(熙寧使虜圖抄) | 육전의 사요록(使遼錄) 일문(逸文)

홍성민 편

동북아역사재단
NORTHEAST ASIAN HISTORY FOUNDATION

들어가며

이 책은 오대(五代)에서 송대(宋代)까지 중국인이 북방의 거란(契丹)에 갔다 와서 남긴 이른바 '어록(語錄)' 가운데 발해(渤海) 및 고려(高麗)와 관련된 기록이 있는 문헌 8종을 선별하여 역주를 한 자료집이다. 송대에는 어록이라는 단어가 사신어록(使臣語錄)의 경우와 같이 사신이 남긴 기록의 제목으로도 사용되었는데, 사신으로 간 국가를 명확하게 하여 사요어록(使遼語錄), 사금어록(使金語錄)으로 표기하기도 하였다.

동북아역사재단은 중국의 역사 왜곡에 대응하기 위해 북방민족사 연구를 강화하여 왔고, 그 일환으로 사요어록의 역주 작업을 추진하게 되었다. 그런데 자오융춘(趙永春)의 자료집에 따르면 오대에서 북송대에 걸쳐 거란에 갔다 온 뒤 작성된 기록이 26종에 달하기 때문에 모든 자료를 역주하기에는 무리가 따랐다. 따라서 발해 및 고려와 관련된 기사가 있는 8종을 선별해서 역주 작업을 진행하였다.

이 중에서 요곤(姚坤)의 사거란기(使契丹記) 일문(逸文)과 호교(胡嶠)의 『함로기(陷虜記)』는 송대가 아니라 오대 시기에 요에 갔다 온 뒤 남긴 기록이지만, 거란제국과 발해유민에 관한 중요한 사료이기 때문에 광의의 '어록'으로서 역주 대상에 포함하였다.

각 사요어록의 저자와 명칭, 거란 체재 시기, 역주 담당자를 표로 정리하면 아래와 같다.

번호	저자	명칭	거란 체재 시기	역주자
1	요곤(姚坤)	사거란기(使契丹記) 일문(逸文)	926년	이진선
2	호교(胡嶠)	『함로기(陷虜記)』	947~953년	이진선
3	노진(路振)	『승초록(乘軺錄)』	1008~1009년	유빛나
4	왕증(王曾)	『거란지(契丹志)』	1012~1013년	유빛나
5	설영(薛映)	행정록(行程錄)	1016~1017년	유빛나
6	송수(宋綬)	행정록(行程錄)	1020~1021년	유빛나
7	심괄(沈括)	『희녕사로도초(熙寧使虜圖抄)』	1075~1076년	김한신
8	육전(陸佃)	『사요록(使遼錄)』 일문(逸文)	1100~1101년	홍성민

이 역주 사업은 우선 2020년 9월부터 2021년 말까지 역주 담당자가 초고를 완성하였다. 그리고 2022년부터 편찬책임자 홍성민이 초고를 취합한 후, 원고 형식을 통일하고 중복된 내용을 조정하였으며, 최신 연구 성과를 반영하여 주석을 보완하는 작업을 하였다.

| 일러두기

1. 이 자료집 각 사료마다 해제, 판본 설명, 원문, 원문 교감, 번역문, 주석의 순으로 구성하였다. 그림 목록, 참고 문헌, 색인은 말미에 일괄적으로 수록하였다.
2. 번역문은 한글 사용을 지향하고, 의미를 정확하게 전달하기 위해 필요한 경우 한자를 병기하였다.
3. 번역은 가능한 원문의 내용을 그대로 옮기는 것을 원칙으로 하였지만, 원래의 의미를 벗어나지 않는 범위 내에서 의역을 하였다. 보충 내용은 [ ]로 표시하였다.
4. 참고 문헌은 저자, 단행본 제목(혹은 논문 제목과 잡지명), 출판지, 출판사, 출판 연도의 순으로 적었다.
5. 사료 원문의 경우, 자형(字形)은 가급적 원래의 표기 형태대로 구현하였다.
6. 세주는 원문과 번역문 모두 【 】로 표시하였다.
7. 사요어록 중 다른 사료에서 집일(輯逸)한 작품은 그 전후 관계 및 출처를 확인하기 위해 각 사료에 번호를 매겼다.
8. 중국 간체자는 정자로 바꾸어 표기하였다.
9. 중국의 인명은 1911년 신해혁명을 기준으로 과거인은 한국 한자음대로 표기하고, 현대인은 중국어 표기법에 따라 표기하였다.
10. 중국의 지명 중 몽골어에서 유래한 지명일 경우, 가급적 몽골어 원래 발음으로 표기하였다.
    예) 시라무렌하(西拉木倫河), 차간무렌하(査干木倫河), 옹뉴트기(翁牛特旗)
11. 중국 지명 중 행정 단위인 성(省), 시(市), 기(旗), 현(縣) 및 행정 단위 앞에 붙는 전·후·좌·우, 자치(自治) 등의 수식어는 한국 한자음으로 표기하였다.
    예) 네이멍구자치구(內蒙古自治區), 바린좌기(巴林左旗)
12. 국호로서 요(遼)와 거란(契丹)은 기본적으로 같은 의미로 사용하였지만, 가급적 '요'로 통일하였다.

| 차례

들어가며 ·· 4

총론 ·· 8

1. 요곤(姚坤)의 사거란기(使契丹記) 일문(逸文) [926] ·················· 23
2. 호교(胡嶠)의 『함로기(陷虜記)』 [947~953] ·················· 67
3. 노진(路振)의 『승초록(乘軺錄)』 [1008~1009] ·················· 111
4. 왕증(王曾)의 『거란지(契丹志)』 [1012~1013] ·················· 173
5. 설영(薛映)의 행정록(行程錄) [1016~1017] ·················· 195
6. 송수(宋綬)의 행정록(行程錄) [1020~1021] ·················· 211
7. 심괄(沈括)의 『희녕사로도초(熙寧使虜圖抄)』 [1075~1076] ·················· 231
8. 육전(陸佃)의 『사요록(使遼錄)』 일문(逸文) [1100~1101] ·················· 279

그림 목록 ·· 311
참고 문헌 ·· 313
찾아보기 ·· 322

총 론

홍성민

I. 『어록(語錄)』의 기원과 정의

'어록(語錄)'이라는 단어는 『구당서(舊唐書)』 「경적지(經籍志)」 잡사류(雜史類)에 실린 중국 남북조 시대의 저작 『송제어록(宋齊語錄)』에서 처음 확인되는데,[1] 송대(宋代)에는 불학어록(佛學語錄), 유학어록(儒學語錄), 도학어록(道學語錄), 병학어록(兵學語錄), 잡사어록(雜史語錄), 사신출사어록(使臣出使語錄, 사신어록) 그리고 시문어록(詩文語錄)과 같이 어록이라는 용어가 광범위하게 사용되었다. 이 중 사신어록은 여러 어록 저작 중의 하나이다.[2] 이 사신어록은 사신으로 간 국가를 명확하게 하여 사요어록(使遼語錄), 사금어록(使金語錄)으로 표기하기도 한다.

이 사신어록은 『수초당서목(遂初堂書目)』, 『군재독서지(郡齋讀書志)』, 『직재서록해제(直齋書錄解題)』 등 송대 목록서에서 별도의 항목으로 분류되지 않은 채 위사류(僞史類), 잡사류, 지리류(地理類) 등에 분산하여 수록되었다. 이후 정초(鄭樵)가 『통지(通志)』 「예문략(藝文略)」 지리(地理)에 조빙(朝聘) 항목을 설정하여 각종 사신어록을 여기에 통합하여 수록하였다.

따라서 사신어록의 정의는 넓게는 '역대(歷代) 사신(使臣)의 손에서 나온 각종 형식을 포괄하는 기록'이라고 할 수 있고, 좁게는 '송나라 사람이 요(遼)나 금(金)에 갔다 온 뒤에 남긴 기록'이라고 할 수 있다.[3] 류푸장(劉浦江)은 송대 사신어록의 성격에 따라 다음 세 가지로 분류하였다. 하나는 각 사신이 일반적인 외교 임무를 마치고 돌아와서 조정에 제출한 행정록(行程錄, 즉 협의의 어록(語錄))이고, 다른 하나는 특별 안건을 다루기 위해 파견된 사절[泛使]이 제

---

1 『舊唐書』 卷46, 「經籍志」 上, 乙部史錄, 雜史類, "宋齊語錄十卷(孔思尙撰)."
2 趙永春, 『奉使遼金行程錄(增訂本)』, 北京: 商務印書館, 2017의 附錄2 「"語錄"緣起與宋人出使遼金"語錄"釋義」 (初出은 2009), 470-477쪽.
3 趙永春, 『奉使遼金行程錄(增訂本)』, 附錄2, 478-479쪽.

출한 전문 보고서이며, 마지막 하나는 사절단 구성원이 적은 개인 기록이다.[4]

송이 요에 대한 정보를 얻을 수 있었던 방법으로는 첫째 요 측의 공식적인 통보, 둘째 요에 사신으로 갔다 온 후 조정에 올린 보고서(즉 사요어록), 셋째 요에서 귀순한 거란귀명인(契丹歸明人)을 통한 정보, 넷째 송 측의 첩보(諜報) 활동을 통한 정보 수집의 네 가지가 있었다.[5] 이 중 사요어록이 송이 요에 대한 정보를 획득하는 데 중요한 부분을 차지하였다. 따라서 송 측 사료에 사요어록과 같은 요에 관한 기록이 대량으로 남게 되었고, 사료의 결핍으로 어려움을 겪는 요사(遼史) 연구에 귀중한 정보를 제공하고 있다.

II. 사신어록에 관한 선행 연구와 자료집 간행

사요어록에 대해서는 20세기 중반부터 연구가 이루어져 왔다. 1930년대에 푸러환(傅樂煥)의 선구적인 연구가 발표되었으며,[6] 1940년대에는 일본의 다무라 지쓰조(田村實造)가 노진(路振)의 『승초록(乘軺錄)』과 호교(胡嶠)의 『함로기(陷虜記)』에 대한 역주 작업을 하였다.[7] 1950년대에 김창수는 한국 학계에 사요어록에 관해 소개하였다.[8]

이후 사요어록에 대한 연구가 이루어지지 않다가, 1990년대부터 연구가 재개되기 시작하였다. 자오융춘(趙永春)은 현존하는 사신어록을 정리하고 그 사학적 가치에 대해 연구하였다.[9] 대만에서는 장우슝(蔣武雄)이 송요 관계사 및 사요어록에 관한 연구를 계속 발표하고 있다.[10] 일본에서는 사와모토 미쓰히로(澤本光弘)가 송요 교통로 및 사신어록의 판본 문제에

---

4 劉浦江, 「宋代使臣語錄考」, 張希淸 等 主編, 『10-13世紀中國文化的碰撞與融合』, 上海: 上海人民出版社, 2006, 254-256쪽.
5 이 중 송의 첩보 조직에 의한 정보 수집에 대해서는 다음 논문을 참조 바람. 홍성민, 「송대 對遼 첩보조직 및 운영 연구」, 『東洋史學硏究』 152, 서울: 東洋史學會, 2020.
6 傅樂煥, 『遼史叢考』, 北京: 中華書局, 1984의 「宋人使遼語錄行程考」(初出은 1936).
7 田村實造, 「遼·宋交通資料註稿」, 『東方史論叢』 第1, 奈良: 養德社, 1947.
8 金昌洙, 「契丹에 關한 行程錄에 對하여」, 『東國史學』 第3輯, 서울: 東國史學會, 1955.
9 趙永春, 「宋人出使遼金"語錄"硏究」, 『史學史硏究』, 北京: 北京師範大學, 1996年 第3期; 同, 「宋人出使遼金"語錄"的史學價值」, 『淮陰師範學院學報(哲學社會科學版)』, 淮安: 淮陰師範學院, 2013年 第3期.
10 蔣武雄, 「遼皇帝接見宋使節的地點」, 『東吳歷史學報』 第14期, 臺北: 東吳大學, 2005; 同, 「韓琦與宋遼外交的探

대해서 고찰을 하였고,[11] 모리 에이스케(毛利英介)가 진양(陳襄)의 『신종황제 즉위 사요어록(神宗皇帝卽位使遼語錄)』에 대한 주석 작업을 하였다.[12] 마지막으로 홍성민은 남송대 육유(陸游)의 필기 사료에 북송 말 육전(陸佃)의 『사요록(使遼錄)』 일문(逸文)이 있음을 지적하고, 『사요록』의 복원을 시도하였다.[13]

사요어록 등에 관해서는 자료집의 편찬도 다수 이루어졌다. 1930년대에는 베이징(北京)의 문전각서장(文殿閣書莊)에서 『거란 교통사료 7종(契丹交通史料七種)』을 간행하였다.[14] 1990년대에는 자오융춘이 사신의 어록과 시문 37종을 모아서 출판하였고, 2017년에 10종을 추가한 증보판을 출판하였다.[15] 이 중 오대부터 북송대까지 거란에 갔다 온 뒤 작성된 기록은 26종에 달한다.

21세기에 들어서 자징옌(賈敬顏)은 오대에서 원대(元代)까지 변강행기(邊疆行記) 13종을 모아서 주석을 달아 출판하였는데, 이 중 2종이 오대에, 5종이 북송대에 거란에 갔다 온 뒤 작성한 기록이다.[16] 리이(李義) 등은 사요시(使遼詩)를 모으고 주석을 달아 출판하였다.[17] 그리고 『중화야사(中華野史)』에서도 여러 사신어록을 수록하였다.[18] 구훙이(顧宏義)는 송대의 일

討」, 『東吳歷史學報』 第19期, 臺北: 東吳大學, 2008; 同, 「從宋臣陳襄《神宗皇帝卽位使遼語錄》論其使遼事蹟」, 『史匯』 第15期, 桃園: 國立中央大學歷史研究所, 2011; 同, 「宋臣彭汝礪使遼的行程」, 『史學彙刊』 第34期, 臺北: 中華學術院中華史學協會, 2015; 同, 「蘇頌與宋遼外交」, 『東吳歷史學報』 第38期, 臺北: 東吳大學, 2018; 同, 「宋派任使遼正旦使副日期考」, 『東吳歷史學報』 第42期, 臺北: 東吳大學, 2022 등.

11 澤本光弘, 「契丹(遼)の交通路を往來する人」, 鈴木靖民·荒井秀規 編, 『古代東アジアの道路と交通』, 東京: 勉誠出版, 2011; 同, 「『神宗皇帝卽位使遼語錄』の概要と成立過程」, 荒川愼太郎 外 編, 『契丹[遼]と10~11世紀の東部ユーラシア』, 東京: 勉誠出版, 2013; 同, 「北京~朝陽の地勢と宋遼交通路―檀州から中京にかけての航空寫眞をてがかりに―」, 金子修一先生古稀記念論文集編纂委員會 編, 『東アジアにおける皇帝權力と國際秩序』, 東京: 汲古書院, 2020.

12 毛利英介, 「陳襄「神宗皇帝卽位使遼語錄」注釋稿」, 『關西大學東西學術研究所紀要』 第51輯, 大阪: 關西大學東西學術研究所, 2018.

13 洪性珉, 「陸佃『使遼錄』の佚文とその史料價値について―陸游の筆記史料を中心に―」, 『東洋學報』 98-1, 東京: 東洋文庫, 2016.

14 文殿閣書莊 編, 『契丹交通史料七種』, 北平: 文殿閣書莊, 1937.

15 趙永春 編注, 『奉使遼金行程錄』, 長春: 吉林文史出版社, 1995; 趙永春 輯注, 『奉使遼金行程錄(增訂本)』, 北京: 常務印書館, 2017.

16 賈敬顏, 『五代宋金元人邊疆行記十三種疏證稿』, 北京: 中華書局, 2004.

17 李義·胡廷榮 編著, 『全編宋人使遼詩與行記校注考』, 呼倫貝爾: 內蒙古文化出版社, 2012.

18 車吉心 主編, 『中華野史』 第6 遼夏金元卷, 濟南: 泰山出版社, 2000.

기(日記) 자료를 크게 출사행유류(出使行遊類) 일기, 참정류(參政類) 일기, 기타 일기로 구분하고, 사신어록을 출사행유류 일기로서 수록하였다.[19] 쉬핀팡(徐蘋芳)은 요·금의 행정록 9종을 정리하고 사금어록의 하나인『남비록(攬轡錄)』을 집일(輯逸)하였다.[20]

III. 요대사 연구의 최근 경향과 사신어록의 가치

요대사 연구와 관련한 최근의 성과로 먼저 2016년에『요사(遼史)』의 수정본(修訂本)[21]이 출간된 점을 들 수 있다. 류푸장(劉浦江) 등이 교감 작업을 한 수정본『요사』는 1974년에 중화서국에서 출간한 기존의 표점교감본『요사』에서 4, 5백 곳의 표점을 수정하고, 총 1,716조의 교감기를 달았다. 특히 이번 수정본에서 거란문자 해독에 관한 최신 연구 성과를 반영한 점이 눈에 띈다. 예를 들어 국구족(國舅族)의 '을실이(乙室已)'의 경우, 수정본『요사』에서는 거란문자의 해독 성과[거란어로 'isk(i)']를 반영하여 '을실기(乙室己)'로 교정하였다. 따라서 이 수정본『요사』가 향후 요대사 연구에서 필수로 이용해야 할 판본이 되었다고 할 수 있다.

이러한『요사』의 새로운 교감 작업 이후, 중국에서 사료의 유래를 확인하는 사원학(史源學) 연구가 활발히 이루어졌다. 대표적으로 먀오룬보(苗潤博)는 그의 저서에서 원대에 찬수한『요사』기사를 다층적으로 해체하여 문헌이 형성되는 과정을 거슬러 올라가면서 그 사료의 유래를 판별하는 작업을 하였다.[22]

이뿐만 아니라 중국에서『요사』등 사료에 대한 역주 작업도 진행되었다. 2018년에는 천수(陳述)의『요사보주(遼史補注)』가 출판되었다.[23] 그는 1935년부터 시작하여 1992년에 그가 세상을 떠날 때까지 작업을 하였고, 그가 인용한 각종 문헌이 900여 종에 달하였다. 그리고 2021년에는 리시허우(李錫厚)와 류펑주(劉鳳翥)의 금주본(今注本)『요사(遼史)』가 출판되었

---

19 顧宏義·李文 整理·標校,『宋代日記叢編』1·2·3, 上海: 上海書店出版社, 2013.
20 徐蘋芳 整理,『遼金行記九種 輯本攬轡錄』, 北京: 北京聯合出版公司, 2017.
21 [元] 脫脫 等 撰,『遼史』(點校本二十四史修訂本), 北京: 中華書局, 2016.
22 苗潤博,『《遼史》探源』, 北京: 中華書局, 2020.
23 [元] 脫脫 等 撰, 陳述 補註,『遼史補注』, 北京: 中華書局, 2018.

다.²⁴ 이 중 류펑주는 거란문자 연구의 전문가로, 그의 주석에 거란문자 사료 해독의 성과가 많이 반영되어 있다. 한편, 차오류(曹流)는 요 말기의 진사(進士)인 사원(史願)이 저술한 『망요록(亡遼錄)』의 기록을 『삼조북맹회편(三朝北盟會編)』에서 집일하고, 『망요록』에 대한 연구와 상세한 주석 작업을 하였다.²⁵ 이러한 주석 작업을 통해 요대에 대한 이해가 심화되었다고 할 수 있겠다.

한편, 한국 학계에서도 요대사 연구와 관련하여 역주 작업이 진행되었다. 먼저 동북아역사재단에서는 『구오대사(舊五代史)』 및 『신오대사(新五代史)』의 「외국전(外國傳)」을 역주하였다.²⁶ 그리고 단국대학교에서는 1970년대 중화서국 표점교감본을 바탕으로 『요사(遼史)』 및 『금사(金史)』를 각각 2012년과 2016년에 완역하였다.²⁷

정리하자면, 최근에 요대사 연구는 『요사』에 대해 새롭게 표점 작업을 하고 사료의 유래를 확인하는 사원학 연구가 이루어졌으며, 한국에서는 요대사 관련 사료의 역주 작업이 이루어졌다. 이처럼 교감 및 역주 작업이 현재 정사류인 『요사』와 『금사』를 중심으로 이루어지고 있지만, 정사 이외의 중요한 사료에 대해서도 작업이 진행될 필요가 있겠다.

그렇다면 이러한 요대사 연구의 경향으로 보았을 때, 사신어록은 어떠한 가치를 가지고 있을까? 이에 대하여 원사료(元史料)의 보존, 정치 및 사회 제도, 북방의 지리 및 제 세력에 관한 정보, 문화·풍속, 언어 사용, 발해유민과 관련한 정보라는 여섯 가지 측면에서 확인해 보고자 한다.

1. 원사료의 보존

먼저 사요어록 중 일부는 직접적으로 『요사』의 원사료에 해당한다. 『요사』 「지리지(地理志)」에는 호교기(胡嶠記), 설영기(薛映記), 왕증(王曾)의 상거란사(上契丹事)가 인용되어 있는

---

24 [元] 脫脫 等 撰, 李錫厚·劉鳳翥 校注, 『今注本二十四史 遼史』 全10冊, 北京: 中國社會科學出版社, 2021.
25 曹流, 《亡遼錄》輯釋與研究』, 成都: 巴蜀書社, 2022.
26 동북아역사재단 편, 『舊五代史·新五代史 外國傳 譯註』, 서울: 동북아역사재단, 2011.
27 김위현 외 4인 역, 『國譯 遼史』 上·中·下, 용인: 단국대학교출판부, 2012; 이성규, 박원길 외 2명 역, 『國譯 金史』, 용인: 단국대학교출판부, 2016.

데,[28] 이들은 각각 호교의 『함로기』, 설영(薛映)의 행정록, 왕증의 『거란지(契丹志)』를 가리킨다. 먀오룬보의 연구에 따르면, 호교의 『함로기』는 『신오대사』에 수록되었고, 설영과 왕증의 어록은 송의 『회요(會要)』 속 「요문(遼門)」에 수록된 뒤, 원대에 『요사』를 편찬할 때 『신오대사』와 송의 『회요』에서 이 기록이 인용되었다고 한다.[29]

또한 『요사』 「영위지(營衛志)」 행영(行營) 조에 실린 요 황제의 유목지인 날발(捺鉢) 중 춘날발(春捺鉢)과 동날발(冬捺鉢)의 기사에 요 황제의 활동과 거주 장소에 대한 자세한 묘사가 수록되어 있다.[30] 먀오룬보는 이 기사가 송대 어록에서 유래하였고, 어록의 기사가 송의 『국사(國史)』 「거란전(契丹傳)」에 수록되었다가, 이후 원대 『요사』를 편찬할 때 송의 『국사』 「거란전」을 인용하면서 「영위지」의 기사로서 수록되었다고 보았다.[31] 따라서 사요어록은 요대사 연구에 대한 제1차 사료에 해당하는 기록이라고 할 수 있겠다.

2. 정치 및 사회 제도

사요어록에는 요의 정치 및 사회 제도에 관한 기록이 실려 있다. 유목민인 거란족이 중심이 되어 건국한 요는 유목민의 전통에서 발전된 제도를 많이 갖고 있었다. 예를 들어, 요 황제가 어느 한곳에 머물지 않고 사시사철 순행을 하는 날발이라는 제도가 있었다. 이 황제의 순행에 주요 신하와 관청이 함께 움직였고, 여기서 대신들과 함께 중요 현안을 처리하였다.

따라서 외국 사신들은 요 황제를 매번 같은 장소에서 만나는 것이 아니라, 황제가 당시 머무는 곳에 따라서 만나는 장소가 바뀌었다. 이와 관련해서 왕증의 『거란지』에서 "처음에는 요에 사신으로 가는 자는 단지 유주(幽州)에 이르렀고, 후에는 중경(中京)에 이르렀으며, 또

---

28 『遼史』 卷37, 「地理志」 1, 上京道, 上京臨潢府條, "周廣順中, 胡嶠記曰, ……. 宋大中祥符九年, 薛映記曰, ……."
『遼史』 卷39, 「地理志」 3, 中京道, 中京大定府條, "宋王曾上契丹事曰, ……."
『遼史』 卷40, 「地理志」 4, 南京道, 南京析津府條, "宋王曾上契丹事曰, ……."

29 苗潤博, 『《遼史》探源』, 北京: 中華書局, 2020, 243-248쪽.

30 『遼史』 卷32, 「營衛志」 中, 行營, 春捺鉢, "皇帝每至, 侍御皆服墨綠色衣, 各備連鎚一柄, 鷹食一器, 刺鵝錐一枚, 於濼周圍相去各五七步排立. …… 弋獵網鉤, 春盡乃還."
『遼史』 卷32, 「營衛志」 中, 行營, 冬捺鉢, "皇帝牙帳以槍爲硬寨, 用毛繩連繫. 每槍下黑氈傘一, 以庇衛士風雪. …… 周圍拒馬, 外設鋪, 傳鈴宿衛."

31 苗潤博, 『《遼史》探源』, 北京: 中華書局, 2020, 137-143쪽.

상경(上京) 혹은 [요 황제가 위치하는 곳에 따라] 서량정(西凉淀) 및 북안주(北安州) 및 탄산(炭山) 및 장박(長泊)에 이르렀다."³²라고 서술하였다.

그리고 사요어록을 남긴 인물들도 요 황제를 알현한 장소가 제각기 달랐다. 노진은 중경에서, 설영은 상경에서, 송수(宋綬)는 목엽산(木葉山)에서, 심괄(沈括)은 영안산(永安山)에서, 육전은 혼동강(混同江)에서 요 황제를 알현하였다. 이처럼 알현한 장소가 제각기 달랐기 때문에, 사신들이 거쳐 간 지역도 일정하지 않았다. 따라서 사요어록에서 송 사신이 거쳐 간 요 내부의 다양한 지역에 대한 정보를 얻을 수 있다.

한편, 요는 '두하군주(頭下軍州)'라고 하는 독특한 제도를 가지고 있었다. 두하(頭下)는 투하(投下)로도 표기하는데, 두하군주는 여러 왕·외척·대신 및 여러 부족(部族)이 종군하여 잡은 포로들을 가지고 주현(州縣)을 세워 살게 한 사성(私城)을 가리킨다.³³

사요어록에서도 이 두하군주와 관련한 기록이 여러 곳에서 확인된다. 예를 들어『함로기』의 저자 호교는 947년에 장서기(掌書記) 자격으로 선무군절도사(宣武軍節度使) 소한(蕭翰)을 따라 요에 입국하였다. 그런데 소한이 반란죄로 주살됨에 따라 의지할 곳이 없게 되자, 소한의 두하주(頭下州)였던 복주(福州)로 가서 그곳에서 7년간 지내다가 953년에 중원으로 돌아왔다.

또 호교가 요 상경에서 복주로 가던 도중 위주(衛州)를 들렸는데, 그 주민에 대하여 "위주에 살고 있는 사람들은 30여 가(家)가 있었다. 대개 거란이 포로로 잡아 온 중국 위주의 사람들로, 성을 쌓고 그곳에 살게 한 것이다."³⁴라고 하였다. 이는 포로로 잡힌 중국인의 출신 지역명이 그대로 두하군주의 지명이 되었음을 알려 준다.

이 두하군주 백성들의 조세 부담은 일반 주현의 백성과 달랐다. 예를 들어 노진은『승초록』에서 영하(靈河) 주변의 4개 주에 대해서 "영하를 따라 영주(靈州)·금주(錦州)·현주(顯州)·패주(覇州) 등 4개의 주(州)가 있는데, 4개의 주 땅에서는 뽕나무와 삼나무 및 조개와 비단이 난다. [4개 주의] 주민들은 전조(田租)가 없고 다만 잠직(蠶織)을 바쳤는데, 태후사잠호(太后

---

32 王曾,『契丹志』, "初, 奉使者止達幽州, 後至中京, 又至上京, 或西凉淀·北安州·炭山·長泊."
33 『遼史』卷37,「地理志」1, 上京道, 頭下軍州條, "頭下軍州, 皆諸王·外戚·大臣及諸部從征俘掠, 或置生口, 各團集建州縣以居之. 橫帳諸王·國舅·公主許創立州城, 自餘不得建城郭. 朝廷賜州縣額."
34 胡嶠,『陷虜記』, "衛州, 有居人三十餘家, 蓋契丹所虜中國衛州人, 築城而居之."

絲蠶戶)라고 불렀다."35라고 하였다. 이처럼 사요어록에는 요를 방문한 중국인이 현지에서 얻은 정보를 기록함으로써, 요의 독특한 제도인 두하군주의 모습 등을 생생하게 전해 주고 있다.

3. 북방의 지리 및 제 세력에 관한 정보의 제공

사요어록은 북방의 지리 및 제 세력에 관한 정보 또한 제공해 준다. 사요어록은 북방의 지리 중에서 당시 요의 도시 모습을 생생하게 전해 준다. 예를 들어 요 중경은, 통화(統和) 24년(1006)에 해(奚) 왕부 오장원(五帳院)이 옛 해왕의 아장(牙帳) 지역을 바치고 25년(1007)에 여기에 한족(漢族) 민호(民戶)를 옮겨 살게 하면서 수도로 승격된 지역이다.36 그런데 중경은 요의 강역에서 중앙에 위치하였기 때문에, 전연의 맹[澶淵之盟]이 체결된 이후 송과의 외교에서 중요한 거점이 되었다.37

노진은 대중상부(大中祥符) 원년(1008)에 거란 황제 생신사로 임명되어 요에 파견되었고, 다음 해에 귀국하였다. 따라서 그가 남긴 『승초록』은 중경이 건설된 초창기의 모습을 자세히 보여 준다. 특히 "[중경의] 창합문(閶闔門)의 누각에는 오봉(五鳳)이 있는데, 모양이 마치 경사(京師, 송 개봉(開封))와 같으나 대체로 문루의 제도는 비루하다. 동서로 액문(掖門)이 있는데 창합문과 각각 300여 보 떨어져 있고, 동서에는 각루(角樓)가 있는데 서로 2리 정도 떨어져 있었다. 이날 저녁, 대동역(大同驛)에서 숙박하였다. 대동역은 양덕문(陽德門) 밖에 있고, 역(驛)은 동서로 각각 3개의 관아가 있는데, 대체로 경사의 상원역(上元驛)을 모방하였다."38라고 하여, 요 중경이 송의 개봉을 참고하여 건설하였음을 알려 준다. 이는 노진의 기록을 통해서만 확인할 수 있는 내용이다.

---

35 路振, 『乘軺錄』, "沿靈河有靈·錦·顯·霸四州, 地生桑·麻·貝·錦, 州民無田租, 但供蠶織, 名曰太后絲蠶戶."
36 『遼史』卷39,「地理志」3, 中京道, 中京大定府條, "統和二十四年, 五帳院進故奚王牙帳地. 二十五年, 城之, 實以漢戶, 號曰中京, 府曰大定. …… 大同驛以待宋使, 朝天舘待新羅使, 來賓舘待夏使."
37 河上洋,「遼五京の外交の機能」,『東洋史硏究』第52卷 第2號, 京都: 京都大學文學部東洋史硏究會, 1993, 56-57쪽.
38 路振, 『乘軺錄』, "閶闔門樓有五鳳, 狀如京師, 大約制度卑陋. 東西掖門去閶闔門各三百餘步, 東西角樓相去約二里. 是夕, 宿於大同驛, 驛在陽德門外, 驛東西各三廳, 蓋倣京師上元驛也."

이뿐만 아니라 어록은 북방의 제 세력에 대한 정보도 제공한다. 호교의 『함로기』에서는 거란의 주변 세력에 대해 서술하고 있다. 그 동쪽과 서쪽에 있는 발해, 여진(女眞), 돌궐(突厥), 회흘(回紇)은 우리에게도 친숙한 세력이다. 이 외에도 회흘 북쪽에 있는 구굴률(嫗厥律), 할알(轄戛, 키르기스), 선우돌궐(單于突厥), 흑거자(黑車子)에 대한 정보도 담겨 있다. 그리고 동북쪽에 있다는 말겁자(韈劫子)는 후대의 몽골[蒙古]에 비정되는 세력이다. 또한 사람의 몸에 소의 발을 하고 있다는 우제돌궐(牛蹄突厥)이나 사람의 몸에 개의 머리를 한 구국(狗國) 같은 세력에 대한 신비로운 서술도 존재한다. 이를 통해 당시 북방 지역에 대해 어떠한 정보가 전해지고 기록되었는지를 확인할 수 있다.

4. 문화·풍속

요는 유목민에 대해서는 부족 제도, 농경민에 대해서는 주현 제도로 다스리는 이원(二元) 통치 제도의 특색을 가지고 있었다. 이러한 양상은 복식에서도 나타나 국복(國服)과 한복(漢服)의 구분이 있었다. 사요어록에서도 요의 복식에 관한 기록을 확인할 수 있다.

송수의 행정록에서는 "거란의 의복 제도는 국모(國母)와 번신(蕃臣)은 모두 호복(胡服)을 입었고, 국주(國主)와 한관(漢官)은 한복(漢服)을 입었으며, 번관(蕃官)은 전관(氈冠)을 썼다. 위에는 화려한 빛깔이 있는 금으로 장식하고 혹 구슬이나 물총새의 깃을 더했는데, 대체로 한(漢)·위(魏) 때 선비족[遼人]들이 쓰던 보요관(步搖冠)의 형태가 남아 있는 모습이다."[39]라고 하였다. 또 노진의 『승초록』에서는 "[12월 26일] 거란 황제의 나이는 30여 세로, 옷은 한복(漢服)과 황사포(黃紗袍), 옥대(玉帶), 낙호화(鞈互靴)를 착용하고 있었고, 네모진 상에 깔개를 겹겹이 쌓아서 앉았다."[40]라고 하였다.

요대 복식에 대한 한국의 연구[41]에서는 실위(室韋)가 거란과 의복이 같다고 하면서 인용

---

39 宋綬, 「行程錄」, "其衣服之制, 國母與蕃臣皆胡服, 國主與漢官則漢服. 蕃官戴氈冠. 上以金華爲飾, 或加珠玉翠毛, 蓋漢·魏時遼人步搖冠之遺象也."

40 路振, 「乘軺錄」, "虜主年三十餘, 衣漢服, 黃紗袍, 玉帶, 鞈互靴, 方床累茵而坐. 左右侍立凡數人, 皆胡竪. 黃金飾抏案, 四面懸金紡絳絲結網而爲案帳."

41 윤양노, 「10~12세기 契丹(遼)의 복식고찰」, 『中央 아시아 研究』 第17號 第2卷, 파주: 중앙아시아학회, 2012, 147쪽 및 149쪽; 김용문, 「요대(遼代) 벽화에 나타난 복식 연구」, 『한복문화』 제17권 1호, 서울: 한복문화학회,

한 『위서(魏書)』 및 『북사(北史)』의 「실위전」, 『수서(隋書)』 및 『구당서(舊唐書)』의 「거란전」, 『요사』, 『거란국지(契丹國志)』 등을 이용하고 있지만 사요어록은 아직 활용하지 않고 있다. 특히 송수의 행정록은 『거란국지』 권23, 「의복제도(衣服制度)」의 원사료에 해당한다는 점에서 가치가 있다고 하겠다.

요대 음식에 관해서는 민족학, 고고학, 역사학, 민속학의 방면에서 다양하게 연구가 진행되어 왔고, 최근에는 인류학 방면에서도 연구가 진행되었다.[42] 사요어록에는 요대 음식에 관한 기록이 다수 확인된다.

예를 들어, 노진의 『승초록』에서 연경(燕京)의 연회에 나온 음식에 대해 "무늬가 새겨진 목기에 거란 음식[虜食]이 가득하였다. 먼저 유죽(乳粥)을 먹기를 청했는데, 국자[杓]를 사용하여 먹었다. 웅방(熊肪), 양, 돼지, 꿩, 토끼 등의 고기를 푹 삶았고, 소, 사슴, 기러기, 집오리, 곰, 담비의 고기는 소금에 절인 고기였는데 이것을 네모반듯하게 잘라서 큰 쟁반에 섞어 두었다."[43]라고 서술하였다.

한국에서는 정의도가 송·요·금·원의 무덤에서 출토된 청동숟가락 등의 출토 경향에 대한 연구[44]를 진행하였는데, 향후 사요어록을 활용한 음식 문화의 연구가 심화되기를 기대해 본다.

5. 언어 사용

사요어록을 통해 거란의 언어 관련 상황에 대해서도 확인할 수 있다. 거란인들은 알타이어 계통에 속하는 거란어(契丹語)[45]를 모어로 하는 사람들이었기 때문에, 한어(漢語)를 구사

2014, 24-25쪽.
42 張景明·張傑, 『飲食人類學視域下的遼代飲食文化研究』, 北京: 科學出版社, 2021.
43 路振, 『乘軺錄』, "文木器盛虜食, 先薦駱糜, 用杓而啖焉. 熊肪·羊·豚·雉·兔之肉爲濡肉, 牛·鹿·雁·鶩·熊·貉之肉爲臘肉, 割之令方正, 雜置大盤中."
44 정의도, 「宋·遼·金·元墓 匙箸 및 鐵鋏 出土 傾向 – 高麗墓 副葬品과 關聯하여 – 」, 『문물연구』 15, 부산: 동아시아문물연구소, 2009.
45 거란문자에 관한 최신 연구에 대해서는 淸格爾泰·吳英喆·吉如何, 『契丹小字再研究』 1·2·3, 呼和浩特: 內蒙古大學出版社, 2017; 劉鳳翥, 『契丹文字辨僞錄』, 北京: 北京燕山出版社, 2022; 김태경, 『거란문자 천년의 역사, 백년의 연구』, 서울: 민속원, 2022를 참고.

하는 중국인들과 달랐다. 그렇다면 중국인이 요 황제를 만날 때 과연 어떠한 언어로 의사 소통을 하였는지가 의문스러워진다.

이와 관련해서 요곤이 야율아보기(耶律阿保機)를 만났을 때, 야율아보기가 그에게 "내가 한어(漢語)를 말할 수 있으나 입을 닫고 부민[部人]들에게 말하지 않는 것은, 그들이 한(漢)을 본받거나 겁을 먹고 약해질까 우려해서이다."[46]라고 하였는데, 이를 통해 거란의 상층 권력자들이 초창기 때부터 한어에 능했던 것으로 판단된다. 또한, 요 내부에서 한어의 구사는 굉장히 민감하게 받아들일 여지가 있었기 때문에 일부러 말하지 않았다는 점도 주목해야 하겠다.

한편 송과 요 사이에 외교 사절이 왕래하는 가운데, 요는 송에 누설되면 민감해질 수 있는 내용은 거란어로 명령을 내린 듯하다. 대중상부 원년(1008)에 송 진종(眞宗)이 봉선(封禪) 의식을 치르고자 태산으로 갔는데, 요의 첩자가 이에 대해 송이 전쟁을 준비한다고 보고하였다. 그리하여 요에서도 전쟁을 준비하기까지 하였지만, 확인 결과 송의 전쟁 준비는 사실이 아님이 밝혀졌다. 따라서 같은 해에 노진이 방문했을 때, 요 측에서는 거란어로 자신들이 전쟁 준비를 하였다는 사실을 송 사절단에 누설하지 말라는 명령을 내렸다.

그런데 송의 사절단 안에는 '역어전시(譯語殿侍)'라는 직책이 있었고, 이들이 거란어를 이해하고 기록하는 임무를 수행하였다. 『승초록』에서는 이 사건을 기록하면서 "거란이 하령(下令)한 일은 전시(殿侍) 노진(魯進)이 거란어로 들었다."[47]라고 하였다. 정보 누설과 관련하여, 요가 송에 정보가 누설되는 것을 막기 위해 거란어로 명령을 내리는 모습, 반대로 송이 거란어를 이해하고 기록하는 관원까지 사절단에 포함시켜 요의 정보를 수집하려 한 모습 등이 흥미롭다.

이처럼 송의 사절단에는 거란어를 이해하는 자가 있어서, 거란어 어휘에 대한 설명도 일부 등장한다. 예를 들어, 송수의 행정록에서 거란어[蕃語]로 산을 '눌도(訥都)'['nudu]라고 하고, 물을 '오(烏)'['u]라고 하였음을 확인할 수 있다.[48] 이처럼 사요어록은 요의 언어 사용을

---

46 『新五代史』卷72,「契丹傳」上, "又謂坤曰, 吾能漢語, 然絶口不道於部人, 懼其效漢而怯弱也."
47 路振, 『乘軺錄』, "洎臣等持國信以至境上, 虜乃下令曰, 昨者, 徵兵燕·薊, 以備南, 敢有言於漢使者, 誅及其族.[虜下令事, 殿侍魯進聞之於契丹語.]"
48 宋綬,「行程錄」, "七十里至訥都烏館. 蕃語謂山爲'訥都', 水爲'烏'."

확인할 수 있다는 점에서도 중요한 사료이다.

6. 발해유민 관련

사요어록은 요대 발해유민의 분포와 그들의 풍습에 대해서도 기록하고 있다. 우선 요대 발해유민에 대한 연구는, 발해인의 본거지라 할 수 있는 동경도(東京道) 및 이주지에 해당되는 상경도(上京道)와 중경도(中京道)의 발해유민에 대해서는 별도의 연구[49]가 있을 정도로 잘 알려져 있지만, 남경도(南京道)의 발해유민에 대해서는 별다른 언급이 없다.

그런데 노진은 『승초록』에서 유주(幽州, 요 남경)에 대해 기술하면서 "풍속은 모두 한복(漢服)을 입었는데, 그중에 호복(胡服)을 입은 자는 대체로 거란·발해의 부녀(婦女)뿐이다. …… 성중의 한병(漢兵)은 모두 8영(營)으로 북아병(北衙兵)·남아병(南衙兵)·좌우림병(左羽林兵)·우우림병(右羽林兵)·공학병(控鶴兵)·신무병(神武兵)·웅첩병(雄捷兵)·효무병(驍武兵)이 있는데, 모두 얼굴에 자자(刺字)하였고, 식량을 받는 것은 중국[漢]의 제도와 같았다. 발해병(渤海兵)은 따로 영(營)이 있는데, 즉 요동(遼東)의 군사이다."[50]라고 하였다. 이를 통해 요 남경에 발해 출신의 군대가 주둔하고 있었고, 아마도 이들의 가족이 남경에 거주하였음이 확인된다.

또한, 왕증은 『거란지』에서 고북구(古北口)를 넘어 중경으로 가는 길목에 있는 유하관(柳河館)에 대해 기술하면서 "서북쪽에는 철야(鐵冶)가 있는데, 발해인이 많이 거주하였고, 하천에서 사석(沙石)을 걸러서 제련하여 철을 얻었다. 발해의 풍속은 매번 절기 때마다 모여서 음악을 연주하고, 먼저 노래를 잘 부르고 춤을 잘 추는 사람으로 하여금 여러 무리를 앞서 가게 하고 사녀(士女)들이 뒤따르게 하였다. 서로 화답하여 노래를 부르고 둥글게 원을 그리며 빙글빙글 돌았으니, 이것을 답추(踏鎚)라고 불렀다. 거주하는 가옥은 모두 산장(山牆)이고, 문은 열려 있었다."[51]라고 하였다.

49　예를 들어, 李龍範, 「遼代 上京·中京道의 渤海遺民」, 『白山學報』 第15號, 淸州: 白山學會, 1973을 참고. 발해유민에 관한 최신 연구 성과에도 남경도의 발해유민에 대한 언급이 없는 점은 크게 달라지지 않았다.

50　路振, 『乘軺錄』, "俗皆漢服, 中有胡服者, 蓋雜契丹·渤海婦女耳. …… 城中漢兵凡八營, 有南北兩衙兵·兩羽林兵·控鶴·神武·雄捷兵·驍武兵, 皆黥面, 給糧如漢制. 渤海兵別有營, 卽遼東之卒也."

51　王曾, 『契丹志』, "[柳河館] 西北有鐵冶, 多渤海人所居, 就河瀧沙石鍊得鐵. 渤海俗, 每歲時聚會作樂, 先命善歌舞者數輩前行, 士女相隨, 更相唱和, 回旋宛轉, 號曰踏鎚. 所居屋, 皆就山牆開門."

이 밖에 심괄의 『희녕사로도초(熙寧使虜圖抄)』에서도 "해(奚)와 발해의 풍속은 연(燕) 지역과 유사하지만 발해는 오랑캐의 말[夷語]로 말한다."[52]라고 하여, 발해유민들의 언어 사용 모습을 확인할 수 있다. 이처럼 남경 지역을 포함한 요 경내 발해유민의 거주 상황과 그들의 풍속을 확인할 수 있다는 점에서 사요어록이 지니는 가치가 크다고 하겠다. 향후 발해유민의 역사에 대해서도 사요어록을 활용하여 연구를 심화시키기를 기대해 본다.

정리하자면, 사요어록은 북방의 지리 및 제 세력에 관한 정보, 요의 정치 및 사회 제도, 문화·풍속, 언어 사용, 발해유민과 관련하여 생생한 정보가 담겨 있다. 따라서 본 사요어록의 역주 작업을 통해 앞으로 거란제국과 발해유민에 대한 이해가 심화되기를 기대한다.

52　沈括, 『熙寧使虜圖抄』, "恩州以東爲渤海, 中京以南爲東奚. …… 奚·渤海之俗類燕, 而渤海爲夷語."

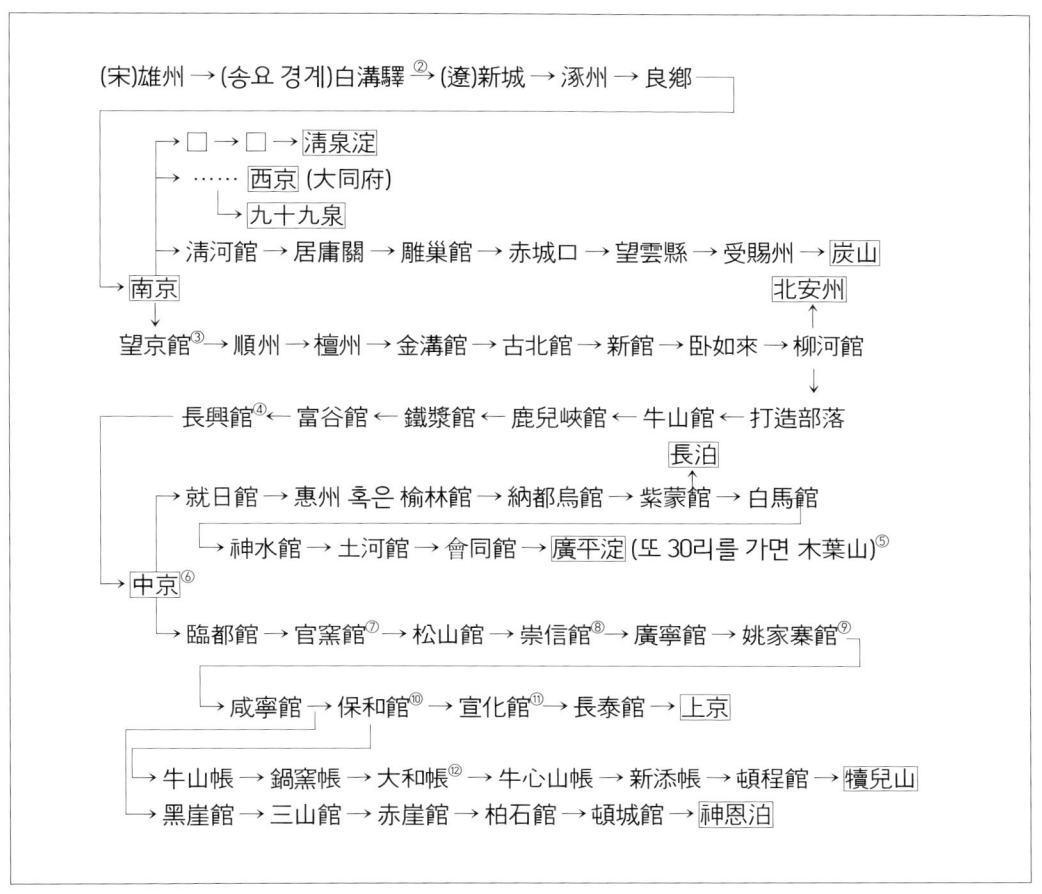

〈그림 0-1〉 송 사절의 사요(使遼) 경로와 거쳐 간 역관(驛館) 및 종점[53]

---

53 李義·胡廷榮 編著, 『全編宋人使遼詩與行記校注考』, 呼倫貝爾: 內蒙古文化出版社, 2012, 164쪽.

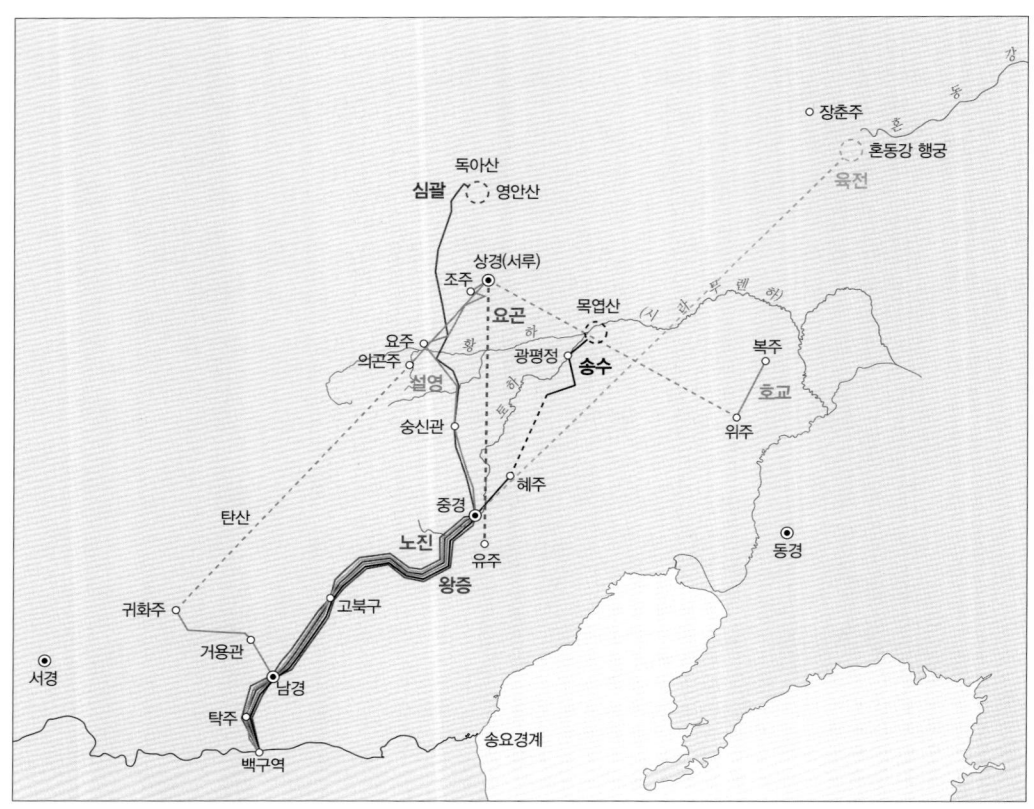

※ 거란 황제의 날발(捺鉢) 지역은 지점을 확정할 수 없어서 점선 동그라미로 표기하였다.

〈그림 0-2〉 송 사절의 사요(使遼) 경로도

1

요곤(姚坤)의
사거란기(使契丹記)
일문(逸文)

이진선

해제

요곤(姚坤)은 926년 후당(後唐) 장종(莊宗)의 사망을 알리기 위해 공봉관(供奉官)으로서 요(遼)로 사행을 떠나 신주(愼州)에 이르러 발해 원정 중이던 요 태조(太祖) 야율아보기(耶律阿保機)를 만나고 나눈 담화를 기록으로 남겼다.[54] 안타깝게도 그 찬자가 명확하지 않고, 요곤에 대해서도 정사(正史)에 그의 열전이 남아 있지 않은 데다가 여타의 행적도 요로 사행을 다녀온 것 외에는 보이지 않는다.[55] 다만 요곤 사요(使遼)의 근간이 되는 내용에 대해서는 야오총우(姚從吾)가 대략 두 가지 가능성을 제시하였다. 즉 하나는 북송(北宋) 시대 사람들이 남긴 도서 목록에서 요곤의 출사어록(出使語錄)이나 여행기가 보이지 않는다는 점을 근거로 요곤이 후당으로 귀국한 뒤 구두로 서술한 것이 전전(轉傳)하여 『구오대사(舊五代史)』, 『신오대사(新五代史)』, 『자치통감(資治通鑑)』 등의 사서에 기록되었다는 것이고, 다른 하나는 요곤이 귀국 후 글로 보고를 올렸는데 이것이 각각의 사서에 대동소이하게 채록되었다는 것이다.[56] 요곤과 동시기에 별도로 거란에 사행을 간 조덕균(趙德鈞)이 귀국 후 장(狀)을 올려 그 경과를 보고한 것을 고려하면,[57] 요곤 역시 사행에 대한 보고를 장(狀)으로 남겼을 가능성이 있다.

요곤의 사요가 기재된 문헌 사료는 『구오대사』「거란전(契丹傳)」, 『신오대사』「거란전」, 『자치통감』「후당기(後唐紀)」, 『책부원귀(冊府元龜)』「봉사부(奉使部)」, 『문헌통고(文獻通考)』「사예고(四裔考)」 등이 있다.[58] 그 가운데 북송의 설거정(薛居正) 등이 태종(太宗)의 명을 받들

---

[54] 요곤이 신주의 궁려에서 야율아보기를 대면할 때 아보기의 아내 술률씨(述律氏)와 그 아들 돌욕(突欲)도 함께 자리하고 있었다.

[55] 요곤의 이름에 대하여 『資治通鑑』 卷275, 「後唐紀」 4, 明宗 天成元年 7月條 "帝遣供奉官姚坤告哀於契丹."에 대한 고이(考異)에 "漢高祖實錄作'苗紳', 今從莊宗列傳."이라고 전한다.

[56] 姚從吾, 「阿保機與後唐使臣姚坤會見談話集錄」, 『文史哲學報』 第5期, 臺北: 國立臺灣大學文學院, 1953, 96쪽.

[57] 『冊府元龜』 卷980, 「外臣部」 通好, "天成元年, 九月, 幽州趙德鈞奏, 先差將軍陳繼威使契丹部內, 今使還得狀稱, 今年七月二十日, 至渤海界扶餘府, 契丹族帳在府城東南隅. 繼威既至, 求見不通. 竊問漢兒言, 契丹主阿保機已得疾, 其月二十七日, 阿保機身死. 八月三日, 隨阿保機靈柩發離扶餘城. 十三日至烏州, 契丹王妻始遣當府所持書信. 二十七日至龍州, 契丹王妻令繼威歸本道. 仍遣捡括梅老押馬三匹充答信同來. 繼威見契丹部族商量, 來年正月葬阿保機於木葉山下, 兼差近位阿沒姑餒持信, 與先入蕃天使供奉官姚坤同來, 赴闕告哀. 兼聞契丹部內取此月十九日, 一齊舉哀. 朝廷及當府前後所差人使, 繼威來時見處分, 候到西樓日, 即並放歸."

[58] 『舊五代史』 卷137, 「契丹傳」; 『新五代史』 卷72, 「契丹傳」 上; 『資治通鑑』 卷275, 「後唐紀」 4, 明宗 天成元年 7月

어 태조(太祖) 개보(開寶) 7년(974)에 완성한 『구오대사』가 가장 이른 시기의 것이다. 이후 『구오대사』는 구양수(歐陽脩)의 『신오대사』(1077년 간행) 저술에도 이용되었지만, 시간이 지나면서 대부분 산실(散失)되었고, 현존하는 것은 청대(淸代)에 소진함(邵晉涵) 등이 편찬한 『영락대전(永樂大全)』에서 인용하고 있는 부분을 모아서 정리한 것이다. 『책부원귀』는 왕흠약(王欽若) 등이 진종(眞宗)의 명을 받아 대중상부(大中祥符) 6년(1013)에 편찬을 완성하였다.[59]

내용적 계통을 보면, 『구오대사』와 『책부원귀』가 유사하고, 『신오대사』와 『문헌통고』가 유사하며, 『자치통감』은 두 계통과 또 다르지만 일부는 『신오대사』와 채록된 글자가 유사한 부분도 있다. 13번 항목이 『책부원귀』·『구오대사』·『신오대사』·『문헌통고』에 모두 전하지 않고, 오직 『자치통감』에만 전한다는 측면에서 『자치통감』 역시 중요한 검토 자료일 것이다.[60]

요곤의 사요 기록은, 야오총우가 상무인서관(商務印書館)에서 영인(影印)한 백납본(百衲本) 『구오대사』와 『신오대사』, 명각본(明刻本) 『책부원귀』, 사부총간(史部叢刊) 초집무주본(初集無注本) 『자치통감』을 저본으로 하여 관련 기사를 집일(輯逸)·교감하여 발표하였고,[61] 자오융춘(趙永春)은 『신오대사』를 토대로 야오총우의 연구를 참고하여 자료집에 수록하였다.[62] 리이(李義)는 『신오대사』에서 관련 기록을 뽑아서 요곤의 『사거란기(使契丹記)』라는 제목으로 자료집에 수록하였다.[63]

다만 해당 기록이 실제로 서적으로 발간되었는지가 분명하지 않기 때문에, 여기서는 잠정적으로 리이의 표기를 따르되 겹낫표를 통한 서적 표기는 보류한다. 또한 원형이 아니라 다른 사료에서 해당 기록을 모은 점을 밝혀서 '요곤(姚坤)의 사거란기(使契丹記) 일문(逸文)'이라고 하겠다.

條; 『冊府元龜』 卷660, 「奉使部」9, 「敏辯」2; 『文獻通考』 卷345, 「四裔考」22, 北6, 契丹上.

59 『舊五代史』와 『冊府元龜』·『新五代史』·『資治通鑑』 등의 내용적 계보에 대해서는 Naomi Standen, *Unbounded loyalty: frontier crossing in Liao China*, Honolulu: University of Hawaii Press, 2007, p. 36 참조.

60 13번 항목은 『契丹國志』 卷1, 「太祖大聖皇帝」에도 동일한 내용이 기재되어 있다. "坤曰, '此非使臣所得專也.' 太祖怒, 囚之. 旬餘復召之, 曰, '河北恐難得, 得鎭·定·幽州亦可也.' 給紙札筆趣爲狀, 坤不可, 欲殺之, 用韓延徽之諫, 乃復囚之."

61 姚從吾, 「阿保機與後唐使臣姚坤會見談話集錄」, 91-112쪽.

62 趙永春 輯注, 『奉使遼金行程錄(增訂本)』, 北京: 常務印書館, 2017, 1-2쪽.

63 李義·胡廷榮 編著, 『全編宋人使遼詩與行記校注考』, 呼倫貝爾: 內蒙古文化出版社, 2012, 333-334쪽의 附錄 「後唐姚坤《使契丹記》」.

⟨표⟩ 요곤(姚坤)의 사거란기(使契丹記) 항목별 출전

항목	저본	『구오대사』	『책부원귀』	『신오대사』	『문헌통고』	『자치통감』
1	C			○	○	
2	B	○	○			
3	B	○	○			
4	B	○	○			
5	B	○	○			△
6	B	○	○			△
7	B	○	○	○	○	△
8	C	○	○	○	○	△
9	A	○	○	○		△
10	A	○	○			
11	C			○		
12	A	○		○	○	△
13	E					○
14	C			○	○	
15	A	○		○	○	

※ A:『구오대사(舊五代史)』 B:『책부원귀(冊府元龜)』 C:『신오대사(新五代史)』 D:『문헌통고(文獻通考)』 E:『자치통감(資治通鑑)』
  ○: 채록된 원문이 대동소이한 것.
  △: 내용은 유사하나 원문이 축약되거나 혹은 두드러지게 다른 것.

이 글에서는 푸단대학출판사(復旦大學出版社)『구오대사신집회증(舊五代史新輯會證)』, 중화서국점교본(中華書局點校本)『신오대사』와『자치통감』, 중화서국영인본(中華書局影印本)『책부원귀』와『문헌통고』를 토대로 야오총우와 자오융춘의 교감과 주석을 참고하였다.

각 항목의 분절과 순서 배치는 야오총우의 글을 참고하였다. 그중 10번 항목은 본래『구오대사』에서 12번 항목의 뒤에 있지만, 당시 담화 정황에 따라 12번 항목에서 야율아보기가 땅을 할양해 달라고 요구하기 이전으로 옮겨 배치하였다.[64] 그리고 14번 항목은 야오총우가 수록하지 않았으나, 한중 관계 사료임을 고려하여 임의로 추가하였다.

---

64 姚從吾,「阿保機與後唐使臣姚坤會見談話集錄」, 107쪽.

요곤의 사거란기 내용은 거란 야율아보기의 발해 공격 배경과 과정(①, ②, ⑭), 이극용(李克用)으로부터 이사원(李嗣源) 세대에 이르는 거란과 후당의 대외 관계(①, ②, ⑫, ⑬), 후당의 정변 및 대외 팽창에 대한 질의·응답과 정보 탐색(④, ⑤, ⑥, ⑦, ⑧, ⑨, ⑩), 복식과 주거 등 거란의 풍습(③, ⑪), 아보기의 사망과 요곤의 귀환(⑮) 등으로 구성되어 있다. 그중에서도 12번과 13번 항목에서는 아보기의 중원 진출에 대한 야망이 직접적으로 드러난다.

판본 설명

이용판본 : [宋] 薛居正 等 著, 陳尙君 輯纂, 『舊五代史新輯會證』, 上海: 復旦大學出版社, 2005.
　　　　　[宋] 歐陽脩 撰, 『新五代史』(點校本二十四史修訂本), 北京: 中華書局, 2016.
　　　　　[宋] 司馬光 編著·[元] 胡三省 音注, 『資治通鑑』, 北京: 中華書局, 1956.
　　　　　[宋] 王欽若 等 編, 『冊府元龜』, 影印本, 北京: 中華書局, 2012.
　　　　　[元] 馬端臨 撰, 『文獻通考』, 影印本, 北京: 中華書局, 1986.
참고판본 : 趙永春 輯注, 『奉使遼金行程錄(增訂本)』, 北京: 常務印書館, 2017. (약어: 趙氏)
　　　　　姚從吾, 「阿保機與後唐使臣姚坤會見談話集錄」, 『文史哲學報』 第5期, 臺北: 國立臺灣大學文學院, 1953. (약어: 姚氏)

【원문】

1. 契丹[1]雖無所得而歸, 然自此頗有窺中國之志,[2] 患女眞·渤海等在其後, 欲擊渤海, 懼中國乘其虛, 乃遣使聘唐以通好.[3] 同光之[4]間, 使者再至.[『新五代史』卷72,「契丹傳」上. 略同:『文獻通考』卷345,「四裔考」22, 契丹上.]

【교감】

[1] 입력자주: '契丹',『文獻通考』에는 이 2자가 탈락되어 있다.

[2] 입력자주: '志',『文獻通考』에는 '意'로 적혀 있다.

[3] 입력자주: '遣使聘唐以通好',『文獻通考』에는 '遣聘使唐通好'로 적혀 있다.

[4] 입력자주: '之',『文獻通考』에는 이 글자가 탈락되어 있다.

【번역】

1. 거란(契丹)은 비록 소득 없이 돌아갔지만, 이로부터 자못 중국(中國)을 엿보려는 뜻을 가졌다.[1] [거란은] 여진(女眞)[2]·발해(渤海)[3] 등이 자신의 후방에 있는 것을 우려하여 발해를 공격하고자 하였는데, 중국이 그 빈틈을 꾀할까 두려워하여 곧 사자를 보내 후당[唐][4]에 빙례[聘]하여 사이좋게 지내고자 하였다. [후당(後唐)] 장종(莊宗, 재위 923~926)] 동광(同光) 연간(923~926)에 [거란의] 사자가 두 차례 이르렀다.[『신오대사(新五代史)』권72,「거란전(契丹傳)」상. 대략 같음[略同]:『문헌통고(文獻通考)』권345,「사예고(四裔考)」22, 거란 상.]

【주석】

[1-1] 거란(契丹)은 비록 …… 뜻을 가졌다: 922년 야율아보기(耶律阿保機, 이후의 遼 太祖)가 대군을 이끌고 유주(幽州)를 넘어 남하해 곧장 진주(鎭州)를 공격하였다. 이 소식을 들은 이존욱(李存勖)이 직접 5천 정예 기병을 이끌고 망도(望都)에서 맞아 싸워서 거란을 물리쳤다.[65] 거란이 소득 없이 돌아갔다는 것은 922년에 야율아보기가 후당(後唐)의 이존

---

65 『舊五代史』卷137,「契丹傳」. 또한 姚從吾,「阿保機與後唐使臣姚坤會見談話集錄」,『文史哲學報』第5期, 1953,

욱과 진주 및 망도에서 싸워 패배해 돌아간 것을 말한다.

진주는 당(唐) 헌종(憲宗) 원화(元和) 15년(820)에 항주(恒州)를 고쳐 설치한 것이다. 치소는 진정현(眞定縣, 지금 허베이성(河北省) 스자좡시(石家莊市) 정딩현(正定縣))이다.[66] 후당 장종(莊宗) 동광(同光) 원년(923) 4월에 일시적으로 진주를 북도(北都)로 삼기도 하였다.[67] 947년 요(遼) 태종 야율덕광(耶律德光)이 변경(汴京, 지금 허난성(河南省) 카이펑시(開封市))을 점령하였을 때 진주가 거란이 중원을 침략하는 중요 기지였다. 당시 야율아보기는 중원 공격에 뜻을 두었는데, 905년부터 920년까지 거란이 중원을 공격하는 데 있어 목표는 유주였고, 921년 이후 진주로 바뀌었다.[68]

[1-2] 여진(女眞): 옛 숙신(肅愼)의 후예로, 본래 이름이 주리진(朱里眞)인데, 여진(女眞), 여진(慮眞), 여직(女直)이라고도 한다. 이 민족의 명칭은 시대에 따라 달라 춘추전국(春秋戰國) 시대에는 숙신, 후한(後漢) 시기에는 읍루(挹婁), 북위(北魏) 시기에는 물길(勿吉), 수(隋)·당(唐) 시대에는 흑수말갈(黑水靺鞨)이라 불렀다. 오대(五代) 말에는 혼동강(混同江) 남쪽에 사는 자들을 숙여진(熟女眞), 북쪽에 사는 자들을 생여진(生女眞)이라 하였다. 그보다 먼 변방에 사는 자들은 황두여진(黃頭女眞)이라 하였는데, 금(金)의 시원이다.[69] 여진의 토산품으로 날짐승에는 해동청(海東靑)이 있고, 들짐승에는 소, 양, 고라니와 사슴, 야생 개, 흰 돼지, 청서(靑鼠), 초서(貂鼠) 등이 있고, 꽃과 과일에는 백작약(白芍藥), 수박 등이 있었다.[70] 거란에서는 여직(女直)이라고 표기하였는데, 이는 거란 흥종(興宗)의 이름이 종진(宗眞)이었기 때문에 피휘한 것이다.

98쪽 참조.

66 『舊唐書』卷39, 「地理志」2, 河北道, 鎭州條.

67 『新五代史』卷5, 「唐本紀」, 「莊宗李存勗下」, 同光元年 4月條. 그해 11월에 다시 북도를 진주로 하고, 태원(太原)을 북도로 삼았다(同書, 十一月條).

68 姚從吾, 「阿保機與後唐使臣姚坤會見談話集錄」, 98쪽.

69 [宋] 宇文懋昭 撰, 崔文印 校證, 『大金國志校證』, 「金國初興本末」, 北京: 中華書局, 2011; 『穀山筆塵』卷18, 「夷考」, "其屬分六部, 有黑水部, 即今之女眞. 其水掬之則色微黑, 契丹目爲混同江, 深可二十丈餘, 狹處可六七十步, 闊者至百步. 居江之南者謂之'熟女眞', 以其服屬契丹也. 江之北爲'生女眞', 亦臣於契丹. 後有酋豪受宣命爲首領, 號太師. 契丹自賓州混同江北八十里建寨以守."

70 『大金國志校證』附錄一, 「女眞傳」, "土產名馬·生金·大珠·人參, 及蜜蠟·細布·松實·白附子, 禽有鷹鶻'海東靑', 獸多牛羊·麋鹿·野狗·白彘·靑鼠·貂鼠, 花果有白芍藥·西瓜 ……."

[1-3] 발해(渤海): 발해(698~926)는 고구려인 유민과 말갈인이 한반도 북부, 만주, 연해주 일대에 세운 국가이다. 국호는 처음에 '진국(振國, 또는 震國)'이라 하였는데, 현종 선천(先天) 2년(713) 대조영(大祚榮)이 발해군왕(渤海郡王)에 봉해진 이후 '발해(渤海)'라 하였다. 926년에 거란의 침공으로 멸망하게 된다. 『무경총요(武經總要)』에서는 발해에 대해, "[후당 명종(明宗)] 천성(天成) 초에 거란 야율아보기의 군사력이 강성해져서 동북의 제번(諸番)이 모두 그에게 귀속되자 발해의 영토와 서로 접하게 되었고, [발해를] 병탄할 뜻을 갖게 되어 발해의 부여성을 공격하여 함락시켰다. 아들인 돌욕(突欲)을 동단왕(東丹王)으로 세워 군대를 통솔하여 그 지역을 지키도록 하였다."[71]라고 전한다.

[1-4] 후당[唐]: 원문은 '당(唐)'인데, 여기서는 오대(五代) 시기 이존욱이 세운 나라를 가리킨다. 국호는 이연(李淵)이 세운 당(唐, 618~907)과 구분하기 위해 '후당(後唐, 923~936)'이라고 한다. 923년 주전충(朱全忠)의 후량(後梁)을 멸하고 도읍을 낙양(洛陽)으로 하였다. 936년 후진(後晉)을 세운 석경당(石敬瑭)과 거란 연합군에 의해 멸망하였다.

【원문】

2. 姚坤爲供奉官. 先是[5]契丹[6]阿保機深貯亂華[7]之志, 欲收兵大興,[8] 慮渤海躡其後. 一年,[9] 擧軍衆[10]討渤海之遼東,[11] 令禿餒·盧文進據營·平等州, 擾我燕薊.[12] 明宗初纂嗣, 遣坤[13]齎空函告哀,[14] 至西樓[15] 屬阿保機在渤海, 又徑至愼州, 崎嶇萬里.[『册府元龜』卷660,「奉使部」9, 敏辯2. 略同:『舊五代史』卷137,「契丹傳」.]

【교감】

[5] 입력자주: '先是', 『舊五代史』에는 '同光中'으로 적혀 있다.
[6] 입력자주: '契丹', 『舊五代史』에는 이 2자가 없다.

---

[71] 『武經總要』前集 卷16, 奚·渤海·女眞. "渤海, 夫餘之別種, 本濊貊之地, 其國西與鮮卑接, 地方三千裏. 唐平高麗, 就平壤城置安東都護府統之. 萬歲道天中, 契丹攻陷營州, 靺鞨酋人反, 據遼東, 分王高麗之地, 渤海因保挹婁故地, 中宗封爲渤海郡王, 兼汴州都督. 天成初, 契丹阿保機兵力雄盛, 東北諸蕃多臣屬之, 以渤海土地相接, 有呑幷之志, 攻其國夫餘城下之, 立長子突欲爲東丹王, 領兵守之."

[7] 입력자注: '深貯亂華', 『舊五代史』에는 '深著闢地'로 적혀 있다.

[8] 입력자注: '興', 『舊五代史』에는 '擧'로 적혀 있다.

[9] 입력자注: '一年', 『舊五代史』에는 '三年'으로 적혀 있다.

[10] 입력자注: '軍衆', 『舊五代史』에는 '其衆'으로 적혀 있다.

[11] 입력자注: 姚氏는 '討渤海, 之遼東.'으로 표점하였다.

[12] 입력자注: 姚氏는 '令禿餒, 盧文進據營, 平等州擾我燕, 薊.'로 표점하였다.

[13] 입력자注: '遣坤', 『舊五代史』에는 '遣供奉官姚坤'으로 적혀 있다.

[14] 입력자注: '齎空函告哀', 『舊五代史』에는 '奉書告哀'로 적혀 있다.

[15] 입력자注: '西樓', 『舊五代史』에는 '西樓邑'으로 적혀 있다.

【번역】

2. 요곤(姚坤)이 공봉관(供奉官)이 되었다.[5] 이에 앞서 거란의 아보기(阿保機)는 중국을 공격하려는 뜻을 깊게 품고서 병사들을 모아 크게 일으키고자 하였으나 발해가 자신의 후방으로 진격해 올까 우려하였다.[6] [동광(同光)] 1년 군대를 일으켜 발해의 요동(遼東)을 토벌하고,[7] 독뢰(禿餒)[8]와 노문진(盧文進)[9]에게 명령을 내려 영주(營州)[10]와 평주(平州)[11] 등의 주(州)에 웅거해 우리의 연주(燕州)[12]·계주(薊州)[13] [일대]를 어지럽히게 하였다.[14] [후당의] 명종(明宗)[15]이 제위를 이은 초기에 요곤을 보내 서신[空函]을 가지고 [장종의] 상사(喪事)를 알리게 하였다.[16] [요곤이] 서루(西樓)[17]에 이르렀는데, 마침 아보기가 발해에 있어 또 곧바로 신주(愼州)[18]에 도착하니, 험한 산길이 만 리였다.[『책부원귀(册府元龜)』 권660, 「봉사부(奉使部)」 9, 민변(敏辯) 2. 대략 같음[略同]: 『구오대사(舊五代史)』 卷137, 「契丹傳」.]

【주석】

[1-5] 요곤(姚坤)이 공봉관(供奉官)이 되었다: 요곤이 후당의 공봉관에 임명된 것이다. 다만 임명 시점에 대해서는 요로 사행을 떠나기 이전이라는 것 외에는 알 수가 없다. 공봉관은 황제의 좌우에서 시봉하는 근신(近臣)을 가리킨다. 당대(唐代)에는 중서성(中書省), 문하성(門下省) 및 감찰어사(監察御史)를 제외한 어사대(御史臺)의 관원을 공봉관이라 하였다. 무측천(武則天) 시대에는 어사(御事), 습유(拾遺), 보궐(補闕)에 내공봉(內供奉) 관원

을 두었고, 현종(玄宗) 시대에는 한림공봉(翰林供奉)을 두었는데 곧 이후의 한림학사(翰林學士)이다.[72]

[1-6] **이에 앞서 …… 진격해 올까 우려하였다**: 이 내용은 『구오대사』「거란전」에서는 동광(同光) 연간의 일로 기록하고 있다.[73] 이는 앞서 살펴본 『신오대사』「거란전」에서 중국을 엿보려는 뜻이 있었으나 거란의 후방에 위치한 여진과 발해를 먼저 해결하려고 한 것과도 상통한다.[74] 당시는 동북의 여러 민족이 거란에 복속하였는데, 발해만은 아직 복속되지 않은 상태였다.[75]

[1-7] **1년 군대를 …… 요동(遼東)을 토벌하고**: 1년은 『구오대사』에 '3년'으로 적혀 있다. 동광 3년(925)은 요 태조 천찬(天贊) 4년이다. 다만 924년 7월 아보기가 발해를 공격하였다는 유주(幽州)에서의 보고[76]나 그해 9월 거란이 발해를 공격하였으나 전공(戰功) 없이 돌아왔다는 기록[77]에 의하면, 아보기가 남정(南征) 이전에 후방의 발해를 공격한 일은 동광 2년(924)일 것이다. 그렇다면 『책부원귀』의 '1년'이나 『구오대사』의 '3년'이라는 것은 오기(誤記)일 가능성도 배제할 수 없다.

[1-8] **독뢰(禿餒)**: 독뢰(?~929)는 오대 시기 해(奚)의 추장이다. 921년 야율아보기의 후당 공격에 종군하여 5천 기병을 거느리고 망도(望都)에서 후당의 장종을 포위하였다.[78] 924년

---

72 『舊唐書』 卷43, 「職官志」 2, 尙書都省, 吏部條, "兩省自侍中·中書令已下, 盡名供奉官";『唐六典』 卷2, 「尙書吏部」, "供奉官.【原註: 謂侍中, 中書令, 左·右散騎常侍, 黃門·中書侍郞, 諫議大夫, 給事中, 中書舍人, 起居郞, 起居舍人, 通事舍人, 左·右補闕·拾遺, 御使大夫, 御史中丞, 侍御史, 殿中侍御史.】"

73 『舊五代史』 卷137, 「契丹傳」, "同光中, 阿保機深著闚地之志, 欲收兵大擧, 慮渤海踵其後."

74 『新五代史』 卷72, 「契丹傳」 上.

75 『資治通鑑』 卷273, 「後唐紀」 2, 莊宗 同光2年 7月條, "契丹恃其強盛, 遣使就帝求幽州以處盧文進. 時東北諸夷皆役屬契丹, 惟勃海未服, 契丹主謀入寇, 恐勃海掎其後, [胡三省 注: 勃海時爲海東盛國, 置五京, 十五府, 六十二州, 盡有高麗, 肅愼之地.] 乃先擧兵擊勃海之遼東, 遣其將禿餒及盧文進據營, 平等州以擾燕地.";『契丹國志』 卷1, 「太祖大聖皇帝」, "癸未天贊三年. …… 契丹日益強盛, 遣使就唐求幽州以處盧文進. 時東北諸夷皆服屬, 惟渤海未服. 太祖謀南征, 恐渤海掎其後, ……"

76 『舊五代史』 卷32, 「唐書」 8, 「莊宗李存勗紀」, 同光2年 7月條, "壬戌, 皇子繼岌妻王氏封魏國夫人. 幽州奏, 契丹阿保機東攻渤海.【原註: 案遼史太祖紀: 天贊三年五月, 渤海殺其刺史張秀實而掠其民. 於東攻渤海之事, 闕而不載. 考五代會要, 同光二年七月, 契丹東攻渤海國, 與薛史同.】";『册府元龜』 卷995, 「外臣部」 40, 交侵, "後唐莊宗同光二年七月, 幽州奏, 偵得阿保機東攻渤海."

77 『資治通鑑』 卷273, 「後唐紀」 2, 莊宗 同光2年 9月條, "契丹攻渤海, 無功而還."

78 『資治通鑑』 卷271, 「後梁紀」 6, 均王下, 龍德2年 正月條, "[甲午]晉王至定州, 王都迎謁於馬前, 請以愛女妻王子繼岌. 戊戌, 晉王引兵趣望都, 契丹逆戰, 晉王以親軍千騎先進, 遇奚酋禿餒五千騎, 爲其所圍. 晉王力戰, 出入

경에는 영주(營州)와 평주(平州) 등을 점거하여 후당의 연주(燕州)·계주(薊州) 일대를 공격하였다.[79] 928년 정주절도사(定州節度使) 왕도(王都)가 반란을 일으키자 1만 기병을 이끌고 지원하였다. 당시 왕도가 독뢰를 뇌왕(餒王)이라 불렀다.[80] 929년 왕도의 난이 진압된 뒤 왕안구(王晏球)에게 사로잡혀 대량(大梁)으로 압송된 뒤 참수되었다.[81]

[1-9] 노문진(盧文進): 자가 국용(國用)이고 범양(范陽) 사람이다. 이존욱이 연(燕)을 공격할 때 거란으로 투항해 수주자사(壽州刺史)에 임명되었다. 924년 독뢰와 함께 후당의 영주(營州), 평주(平州)를 점거하였다. 그러나 후당의 명종이 즉위한 뒤 926년 평주를 지키던 거란 사람들을 살해하고 후당으로 도주하였다가, 936년 석경당(石敬瑭)이 거란의 원조를 받아 후당을 배반하고 후진(後晉)을 세우자 다시 남당(南唐)으로 도주하였다. 이후 금릉(金陵)에서 졸하였다.[82]

[1-10] 영주(營州): 수대의 유성군(柳城郡)이고, 당대에는 영주도독부(營州都督府), 유성군, 영주 등으로 불렸다. 치소는 유성현(柳城縣)으로, 지금의 랴오닝성(遼寧省) 차오양시(朝陽市) 남쪽 일대이다.[83] 거란 태조(太祖)가 천찬(天贊) 2년(923)에 이곳을 점령하여, 하북(河北) 한인(漢人)들과 해인(奚人)들로 이곳을 채워 패주(霸州)를 건립하였다. 패주에 대해서는 뒤의 [3-82] 참조.

[1-11] 평주(平州): 지금의 허베이성(河北省) 루룽현(盧龍縣) 북쪽 일대이다. 수대의 북평군(北平郡)이고, 당대(唐代) 건원(乾元) 연간에 다시 평주로 고쳤다. 치소는 노룡현(盧龍縣)

數四, 自午至申不解." 『遼史』 卷2, 「太祖本紀」 下, 神册6年 12月條에도 대략 같은 내용이 전한다. 다만 이 일은 『資治通鑑』에서는 정월조에, 『遼史』에서는 12월조에 있었던 사건으로 기록하였다는 차이가 있다.

79 『資治通鑑』 卷273, 「後唐紀」 2, 莊宗 同光2年 7月條.

80 『舊五代史』 卷54, 「唐書」 30, 「王處直·子都傳」, "都急與王郁謀, 引契丹爲援. 洎王師攻城, 契丹將禿餒率騎萬人來援, 都與契丹合兵大戰於嘉山, 爲王師所敗, 唯禿餒以二千騎奔入定州. 都仗之守城, 呼爲餒王, 屈身瀝懇, 冀其盡力, 孤壘周年, 亦甚有備."

81 『資治通鑑』 卷276, 「後唐紀」 5, 明宗 天成4年 正月·2月條, "王都·禿餒欲突圍走, 不得出. 二月, 癸丑, 定州都指揮使馬讓能開門納官軍, 都擧族自焚, 擒禿餒及契丹二千人. [胡三省 注: 王晏球自去年四月攻王都, 至是克之.] 辛亥, 以王晏球爲天平節度使, 與趙德鈞並加兼侍中. [胡三省 注: 賞王晏球, 以平王都之功也. 賞趙德鈞, 以擒煬隱之功也.] 禿餒至大梁, 斬於市."

82 『舊五代史』 卷97, 「晉書」 23, 「盧文進傳」; 『新五代史』 卷48, 「盧文進傳」.

83 『舊唐書』 卷39, 「地理志」 2, 河北道, 營州上都督府條.

이다.[84] 오대(五代) 때에는 유인공(劉仁恭)이 다스렸으나, 거란 태조(太祖)가 천찬 2년(923)에 이곳을 점령하여, 정주(定州)에서 포로로 잡은 민호(民戶)들을 이 땅에 섞여 살게 하였다.

[1-12] 연주(燕州): 수대의 요서군(遼西郡)으로 영주에 기치(寄治)한 것이다. 당 무덕(武德) 6년 영주 남쪽으로 이동하여 유주성 내에 기치하였다. 치소는 요서현(遼西縣)인데, 개원 25년에 유주 북쪽 도곡산(桃谷山)으로 옮기기도 하였다.[85]

[1-13] 계주(薊州): 지금의 톈진시(天津市) 지저우구(薊州區)이다. 진대(秦代) 어양군(漁陽郡)과 우북평군(右北平郡)의 2군을 두었다. 수 개황(開皇) 연간(581~600)에 소재지를 현주총관부(玄州總管府)로 옮겼고, 양제(煬帝)는 어양군으로 고쳤다. 당 무덕 원년(618) 폐지하여 유주(幽州)에 편입시켰고, 개원(開元) 18년(730)에 유주를 나누어 계주를 설치하였다. 3개 현을 두었다.[86] 오대(五代) 때 후진(後晉)의 석경당(石敬瑭)이 거란과 손을 잡고 후당(後唐)과의 전쟁에서 승리하였고, 석경당은 거란에게 연운십육주(燕雲十六州)를 할양하면서 계주는 거란의 땅이 되었다. 심괄(沈括)은 "내가 거란에 사신으로 갔을 때(희녕(熙寧) 8년(1075)), 옛 거란의 영역에 이르자 수레의 덮개와 같이 큰 계부(薊芙, 개엉겅퀴[薊]와 능소화[茭])가 있었는데, 중국에는 이처럼 큰 것이 없다. 그 땅을 계(薊)라고 이름 지은 까닭은 아마도 이 때문일 것이다."[87]라고 하였다.

[1-14] 우리의 연주(燕州)·계주(薊州) [일대]를 어지럽히게 하였다: 924년 7월 거란은 후당으로 사신을 파견해 유주(幽州)를 요구하고 노문진을 주둔시키겠다고 알리고, 독뢰와 노문진을 파견해 연주와 계주 등지를 공격하였다.[88]

[1-15] 명종(明宗): 후당 명종(재위 926~933)은 본명이 막길렬(邈佶烈)이고 이극용의 양자가 된

---

84 『舊唐書』 卷39, 「地理志」 2, 河北道, 平州條.
85 『舊唐書』 卷39, 「地理志」 2, 河北道, 燕州條.
86 『遼史』 卷40, 「地理志」 4, 南京道, "薊州, 尙武軍, 上, 刺史. 秦漁陽, 右北平二郡地. 隋開皇中徙治玄州總管府, 煬帝改漁陽郡. 唐武德元年廢入幽州, 開元十八年分立薊州. 統縣三."
87 沈括, 『夢溪筆談』 卷25, 「雜誌」 2, "予使虜, 至古契丹界, 大薊茇如車蓋, 中國無此大者. 其地名'薊', 恐其因此也."
88 『資治通鑑』 卷273, 「後唐紀」 2, 莊宗 同光2年 7月條, "契丹恃其強盛, 遣使就帝求幽州以處盧文進. …… 遣其將禿餒及盧文進據營·平等州以擾燕地."

뒤 이사원(李嗣源)으로 개명하였다.[89] 이사원은 번한내외마보부총관(蕃漢內外馬步副總管) 등의 관직을 지냈고, 휘하 사람들의 추대를 받아 천성(天成) 원년(926) 4월에 장종을 이어 즉위하였다. 명종은 묘호이다.

[1-16] 요곤(姚坤)을 보내 서신[空函]을 가지고 [장종의] 상사(喪事)를 알리게 하였다: 공봉관 요곤이 거란으로 장종의 상사를 알리러 간 것은 『자치통감』에 의하면, 천성 원년(926) 7월의 일이다.[90] 그러나 이어서 요곤이 거란의 아보기를 알현해 나눈 담화를 기록하고 있는 것을 고려하면, 요곤이 사행(使行)을 떠난 것은 7월보다 앞선 시점일 것이다.[91] 『요사(遼史)』 「태조본기(太祖本紀)」에서는 926년 6월에 아보기가 신주에 주둔하였는데, 당에서 요곤을 보내 국상(國喪)을 알리러 왔다고 전한다.[92]

[1-17] 서루(西樓): 야율아보기가 가을에 이곳에서 사냥을 한 뒤에 설치하였고, 칭제 이후 도읍을 세운 곳이다.[93] 본래 요 왕조 초기의 행정 중심지가 있던 지역을 가리키는 명칭이 서루였던 것으로 생각된다. 서루는 신책(神册) 3년(918) 황도(皇都)로 개칭되었고, 이 황도는 태종 회동 원년(938) 11월에 상경(上京)으로 개칭되었다.[94] 서루에는 읍옥(邑屋)과 시사(市肆)가 있었다.[95] 서루는 유주(幽州)로부터 약 3천 리 거리에 있다.[96] 서루의 위치는 문헌 기록에 따라 달리 전하는데, 『요사』 「지리지」에서는 조주(祖州),[97] 호교(胡嶠)의 『함로기(陷虜記)』에서는 상경(上京)[98]이라고 한다. 한편 최근에 '서루'라는 지명이 적힌 「소흥언묘지(蕭興言墓誌)」가 발견되었다. 여기에 묘의 소재지가 '황수

---

89 『資治通鑑』 卷255, 「唐紀」 71, 僖宗 中和4年 5月條, "克用養子嗣源, 年十七, 從克用自上源出矢石之間, 獨無所傷. 嗣源本胡人, 名邈佶烈, 無姓."
90 『資治通鑑』 卷275, 「後唐紀」 4, 明宗 天成元年 7月條, "帝遣供奉官姚坤告哀於契丹."
91 요곤의 출사 시기에 대하여 요씨는 명종 즉위 이후인 4월이나 늦어도 5월일 것으로 추정하였다. 姚從吾, 「阿保機與後唐使臣姚坤會見談話集錄」, 101쪽 참조.
92 『遼史』 卷2, 「太祖本紀」 下, 天顯元年 6月條, "丙午, 次愼州, 唐遣姚坤以國哀來告."
93 『舊五代史』 卷137, 「契丹傳」, "天祐末, 阿保機乃自稱皇帝, 署中國官號."
94 田廣林, 「《遼史》與遼人語境中的契丹西樓」, 『遼寧師範大學學報(社會科學版)』 2011-6, 126-129쪽.
95 『新五代史』 卷73, 「四夷附錄」 2, 契丹下, "又行三日, 遂至上京, 所謂西樓也. 西樓有邑屋市肆, 交易無錢而用布."
96 『舊五代史』 卷137, 「契丹傳」, "其俗舊隨畜牧, 素無邑屋, 得燕人所敎, 乃爲城郭宮室之制于漠北, 距幽州三千里, 名其邑曰西樓邑, 屋門皆東向, 如車帳之法."
97 『遼史』 卷37, 「地理志」 1, 上京道, 祖州條, "太祖秋獵多於此, 始置西樓. 後因建城, 號祖州."
98 胡嶠, 『陷虜記』, "又行三日, 遂至上京, 所謂西樓也." 『함로기』에 대해서는 뒤의 역주를 참조.

(溟水)의 북쪽 30리'⁹⁹라고 적혀 있고 그 위치가 상경으로부터 30리 떨어져 있으므로, 서루는 상경으로 보아야 할 것이다.

한편, 요곤은 처음 거란의 서루에 이르렀을 때 야율아보기가 발해 원정에서 아직 귀환하지 않았기 때문에 다시 만 리나 되는 험한 길을 이동하여 신주에 이르렀다.¹⁰⁰

[1-18] 신주(愼州): 당(唐) 무덕(武德) 연간(618~626) 초에 설치하여 영주(營州)의 관할 하에 있었다. 치소는 봉룡현(逢龍縣)인데, 거란이 영주를 함락한 뒤 남쪽으로 옮겨 양향현(良鄕縣)의 옛 도향성(都鄕城)에 기치(寄治)하였다.¹⁰¹ 『요사』「지리지」에는 신주에 대한 기록이 없고, 다만 중경도(中京道)의 유주(榆州)조에 "당 재초(載初) 2년(690)에 신주(愼州)를 나누어 여주(黎州)를 설치하였다."¹⁰²라는 기록이 실려 있다. 차오류(曹流)는 거란소자(契丹小字) 『흥종애책(興宗哀冊)』 마지막 행의 찬자(撰者) 제명(題名)에 ᚠᚱ ᚴᛏᚴ [ʃiən tʃioun, '愼州의']라는 표기가 확인되므로 확실히 요대에 신주가 있었다고 지적하였다.¹⁰³

【원문】

> 3. 旣至, 謁見阿保機, 延入穹廬.[16] 阿保機身長九尺, 被錦袍, 大帶垂後, 與妻對榻, 引見坤. [『册府元龜』卷980, 「外臣部」25, 通好. 全同: 『舊五代史』卷137, 「契丹傳」.]

【교감】

[16] 입력자注: 姚氏는 '謁見. 阿保機延入穹廬.'로 표점하였다.

---

99 「蕭興言墓誌銘」(大安3年), "妻氏郡主夫人等自塞下輦其屍之西樓. 潢水北三十里嵩山之陽, 有巨崗名之曰盤龍崗."(劉鳳翥·唐彩蘭·靑格勒 編著, 『遼上京地區出土的遼代碑刻彙集』, 北京: 社會科學文獻出版社, 2009, 100-101쪽.)

100 姚從吾, 「阿保機與後唐使臣姚坤會見談話集錄」, 101쪽.

101 『舊唐書』卷39, 「地理志」2, 河北道, 愼州條.

102 『遼史』卷39, 「地理志」3, 中京道, 中京大定府, "榆州, 高平軍, 下, 刺史. 本漢臨渝縣地, 後隸右北平驪城縣. 唐載初二年, 析愼州置黎州, 處靺鞨部落, 後爲奚人所據."

103 曹流, 『《亡遼錄》輯釋與硏究』, 成都: 巴蜀書社, 2022, 192쪽.

【번역】

3. 이윽고 [신주에] 이르러 야율아보기(耶律阿保機)[19]를 알현하려고 안내를 받아 궁려(穹廬)[20]로 들어갔다. 아보기는 신장(身長)이 9척(尺)으로 금포(錦袍)를 입고 커다란 허리띠를 뒤로 드리웠는데, 처(妻)[21]와 평상을 두고 마주 앉아 있다가 요곤(姚坤)을 불러 만나보았다.[『책부원귀(册府元龜)』 권980, 「외신부(外臣部)」 25, 통호(通好). 모두 같음[全同]: 『구오대사(舊五代史)』 권137, 「거란전(契丹傳)」.]

【주석】

[1-19] **야율아보기(耶律阿保機)**: 질랄부(迭剌部) 출신의 거란 초대 황제(생몰년 872~926)로, 본명은 야율억(耶律億)이고 묘호는 태조(太祖)이다. 아보기(阿保機)는 자(字)에 해당하는데, 대부분의 사서에 야율아보기로 기록되어 있다. 처음에 야율아보기는 흔덕근가한(痕德堇可汗)을 섬기며 여러 부족을 정벌하여 무공을 세웠다. 당시 3년마다 거란의 가한(可汗)을 선출제로 정하였으나, 그가 질랄부를 중심으로 거란 8부족을 통합하고 세습제로 바꾸었다. 916년에 야율아보기는 제위(帝位)에 오르면서 상경(上京)을 수도로 삼고 국호를 대거란(大契丹)으로 삼았다. 세습제로 바뀌면서 부족들의 잦은 반란과 야율아보기 형제들의 권력 다툼이 있었음에도 자신의 황권을 안정적으로 운영하였고, 외부적으로 동쪽과 서쪽으로 동분서주하면서 거란의 영토를 대규모로 확장하였다. 특히 동쪽의 발해(渤海)를 멸망시키고, 그곳에 동단국(東丹國)을 세웠고, 황태자인 야율배(耶律倍)를 동단국왕(東丹國王)으로 삼았다. 이후 발해 원정을 마치고 돌아오는 길에 사망하였다.

아보기의 외형은 『요사』 「태조본기」에서 "아보기의 신장이 9척이고, 이마가 넓고 하관이 뾰족하며, 눈빛은 사람을 쏘는 듯하고, 활시위를 당기는 힘은 300근이었다."[104]라고 하여, 뒤에 나오는 요곤의 서술과도 부합한다.

[1-20] **궁려(穹廬)**: 유목민의 이동식 주거 형태로, 모직으로 만든 원형 천막이다. 그 형태가 가

---

104 『遼史』 卷1, 「太祖本紀」 上, "既長, 身長九尺, 豊上銳下, 目光射人, 關弓三百斤."

운데가 높고 주위가 아래로 쳐져 있어 궁려(穹廬)라고 이름하였다.[105]

[1-21] **처(妻)**: 야율아보기의 처는 황후 술률씨(述律氏)이다. 술률씨는 휘(諱)가 평(平)이고, 성품이 엄중하고 과단성이 있으며 지모가 뛰어났다. 야율아보기의 당항(党項) 원정시에 아장을 지키며 실위(室韋)의 침략을 막아냈다. 태조 사후 칭제(稱制)하여 군국(軍國)의 사무를 섭정하였다. 태종(太宗) 야율덕광(耶律德光)이 즉위한 뒤 황태후(皇太后)로 존숭되었다. 응력(應曆) 3년(953) 향년 75세로 붕어하였다. 시호는 정렬(貞烈)이다.[106]

【원문】

> 4. 坤未致命, 保機先問曰, "聞爾漢土河南北各有一天子, 信乎." 坤曰, "河南天子, 今年四月一日雒城[17]軍變, 今凶問至矣. 河北總管令公, 比爲魏州軍亂, 先帝詔令除討, 既聞內難, 軍衆離心, 及京城無主, 上下堅册令公, 請主社稷, 今已順人望登帝位矣.[『册府元龜』卷660,「奉使部」9, 敏辯2. 略同: 『舊五代史』卷137,「契丹傳」.]

【교감】

[17] 입력자주: '雒城', 『舊五代史』에는 '洛陽'으로 적혀 있다.

【번역】

4. 요곤이 아직 명령을 전하지 않았는데, 아보기(阿保機)가 먼저 묻기를 "듣건대, 너희 한인의 지역[漢土]에는 하남(河南)과 하북(河北)에 각각 한 명의 천자(天子)가 있다고 하니,[22] 정말인가?"라고 하였다. 요곤이 말하기를, "하남의 천자는 올해(926) 4월 1일[23] 낙양[雒城][24]에서 군대의 변란[25]이 일어났는데, 지금에서야 흉흉한 소문이 이르게 된 것입니다. 하북의 총관

---

[105] 『漢書』卷94上,「匈奴傳」, "匈奴父子同穹廬臥"에 대한 顔師古의 注에 "穹廬, 旃帳也. 其形穹隆, 故曰穹廬." 관련 연구는 八木奘三郎 編, 『支那住宅志』, 大連: 南満州鐵道株式會社, 1932의 제2장「蒙古族の穴居と地上住居」, 67-74쪽; 夏宇旭・王小敏,「地理環境與契丹人的居住方式」,『吉林師範大學學報(人文社會科學版)』, 四平: 吉林師範大學, 2015年 第5期, 67-70쪽 참조.
[106] 『遼史』卷71,「太祖淳欽皇后述律氏傳」.

(總管) 영공(令公)[26]은 위주(魏州)[27]에서 군란(軍亂)[28]이 일어났기 때문에 선제(先帝)께서 조(詔)를 내려 토벌해 없애게 한 것입니다. 이미 내란이 일어나 군중(軍衆)이 이반(離叛)하여 경성(京城)에 군주가 없는 지경에 이르렀다는 소식을 듣고는 상하(上下)가 영공(令公)에게 책서(冊書)를 강력히 권하고 사직(社稷)을 맡아 줄 것을 청하였습니다. 지금은 이미 인망(人望)에 따라 제위에 올랐습니다.[29]"라고 하였다.[『책부원귀(冊府元龜)』 권660, 「봉사부(奉使部)」 9, 민변(敏辯) 2. 대략 같음[略同]:『구오대사(舊五代史)』 권137, 「거란전(契丹傳)」.]

【주석】

[1-22] 너희 한인의 …… 있다고 하니: 여기서 야율아보기가 말하는 하남의 천자는 후당(後唐)의 장종(莊宗) 이존욱(李存勗)이고, 하북의 천자는 장종 사후 군신들의 추대로 즉위한 명종(明宗) 이사원(李嗣源)이다. 장종 동광(同光) 4년(926) 3월 종마직군사(從馬直軍士) 장파패(張破敗)가 반란을 일으켰는데, 당시 반란군이 이사원에게 "주상(主上)께서 하남의 황제가 되시고, 영공(令公)께서 하북의 황제가 되기를 청합니다."[107]라고 제안한 일이 있었다. 실제로 동 시기 하남과 하북에 각각 천자가 있었던 것은 아니지만, 당시의 정치적 혼란과 분열을 잘 보여 주는 서술이다.

[1-23] 올해(926) 4월 1일: 926년 4월 초하루는『자치통감』과『신오대사(新五代史)』「장종본기(莊宗本紀)」에는 '정해삭(丁亥朔)'으로,『구오대사』「장종본기」에는 '정축삭(丁丑朔)'으로 전하는데,[108] 삭일을 계산하면 정해일이 옳다.

[1-24] 낙양[雒城]: 낙수(洛水)의 북쪽에 있어 낙양이라 이름하였다. 지금 허난성(河南城) 뤄양시(洛陽市)이다. 서주(西周) 성왕(成王) 시기 주공(周公)이 건설한 고도(古都)로, 낙읍(雒邑)이라 불렸다. 낙양은 후한(後漢), 북위(北魏), 수(隋), 당(唐)의 일부 혹은 전체 시기의 국도였다. 오대 후당 장종이 후량(後梁)을 멸하고 낙양에 도읍하였다.

107『舊五代史』卷35, 「唐書」11, 「明宗紀」1, 同光4年 3月條, "帝叱之, 責其狂逆之狀, 亂兵對曰, '昨貝州戍兵, 主上不垂厚宥, 又聞鄴城平定之後, 欲盡坑全軍. 某等初無叛志, 直畏死耳. 已共諸軍商量, 與城中合勢, 擊退諸道之師, 欲主上帝河南, 請令公帝河北.'" 또한『冊府元龜』卷11, 「帝王部十一」, 繼統三, 後唐明宗條;『資治通鑑』卷274, 「後唐紀」3, 明宗 天成元年 3月條 참조.
108『舊五代史』卷34, 「唐書」10, 「莊宗紀」8, 同光4年 4月條, '四月丁丑朔'에 대한 案 참조.

[1-25] 군대의 변란: 동광 4년 종마직지휘사(從馬直指揮使) 곽종겸(郭從謙)이, 이존예(李存乂)가 이미 죽은 것을 알지 못하고서 휘하를 이끌고 난을 일으켰다. 이 소식을 들은 장종은 제왕(諸王)과 근위(近衛) 기병을 이끌고 반란군을 공격하였는데, 4월 초하루에 화살에 맞아 전사하였다.[109] 한편 장종의 사망에 대해, 『자치통감』에서는 장종이 강소전(絳霄殿) 행랑 아래에서 화살을 뽑은 뒤 마실 물을 찾았으나 황후가 환관을 시켜 우유[酪]를 올리게 하니, 곧이어 장종이 사망하였다고 전한다. 이 사건에 대해, 호삼성(胡三省)은 화살이나 칼에 의해 피를 흘린 사람이 물을 마시면 살 수 있지만 우유를 마시면 빨리 사망에 이른다고 설명하면서, 장종의 사망 원인을 적시하였다.[110]

[1-26] 하북의 총관(總管) 영공(令公): 이사원(李嗣源)을 가리킨다. 총관은 번한내외마보부총관(蕃漢內外馬步副總管)으로, 이사원은 921년 10월 척성(戚城)에서 후량의 장수 대사원(戴思遠)을 격파한 공으로 번한내외마보부총관 동평장사(同平章事)에 임명되었다.[111] 이사원은 923년 낙양에 있을 때에도 이 직함을 가지고 있었다.[112] 영공은 중서령(中書令)의 존칭이다.[113] 당 중기 이후에는 절도사(節度使)에게 중서령을 더해 주는 경우가 많았다.[114] 이사원은 923년 10월에 중서령이 되었다.[115]

[1-27] 위주(魏州): 지금의 허베이성(河北省) 다밍현(大名縣) 동북쪽에 위치한다. 북주(北周) 대상(大象) 2년(580) 귀향현(貴鄕縣)에 설치한 주이다. 치소는 귀향현이다. 수대(隋代)에

---

109 『資治通鑑』 卷275, 「後唐紀」 4, 天成元年 4月 丁亥條.
110 『資治通鑑』 卷275, 「後唐紀」 4, 天成元年 4月條, "抽矢, 渴懣求水, 皇后不自省視, 遣宦者進酪, [胡三省 注: 凡中矢刃傷血悶者, 得水尙可活, 飮酪是速死也.] 須臾, 帝殂."
111 『資治通鑑』 卷271, 「後梁紀」 6, 龍德元年 10月條, "晉王以李嗣源爲蕃漢內外馬步副總管·同平章事."; 『舊五代史』 卷35, 「唐書」 11, 「明宗紀」 1, "十八年十月, 從莊宗大破梁將戴思遠於戚城, 斬首二萬級. 莊宗以帝爲蕃漢副總管, 加同平章事."
112 『資治通鑑』 卷274, 「後唐紀」 3, 天成元年 2月條, "忠武節度使張全義亦言, '河朔多事, 久則患深, 宜令總管進討, 若倚紹榮輩, 未見成功之期."에 대한 胡三省 注, "時李嗣源雖留洛陽, 而蕃漢內外馬步軍都總管之官如故." 참조.
113 『魏書』 卷48, 「高允傳」, "高宗重允, 常不名之, 恒呼爲'令公'. '令公'之號, 播於四遠矣."
114 [淸] 惲敬, 『吳城令公廟壁記』, "稱令公者, 自唐之中葉, 節度使纍加中書·尙書令, 其下皆以令公稱之, 如六代之稱令君, 後遂爲節度使之稱也."
115 『舊五代史』 卷30, 「唐書」 6, 「莊宗紀」 4, 同光元年 10月條, "戊戌, 以竭忠啓運国國功臣·天平軍節度使·開府儀同三司·檢校太傅·兼侍中·蕃漢馬步總管副使·隴西郡侯李嗣源爲依前檢校太傅·兼中書令·天平軍節度使·特進, 封開國公, 加食邑實封, 餘如故."

무양군(武陽郡)으로 이름을 고쳤고, 당(唐) 무덕(武德) 4년 두건덕(竇建德)을 평정하고 다시 위주(魏州)로 고쳤다.[116] 후당 장종 동광 원년 4월에 위주를 동경(東京) 흥당부(興唐府)로 승격시켰다.[117]

[1-28] 군란(軍亂): 위주에서 일어난 군란은 동광 4년(926) 2월 위박(魏博)의 수졸(戍卒)들이 패주(貝州)에서 반란을 일으켜 업도(鄴都)로 쳐들어 온 일을 가리킨다.[118] 이사원은 동광 4년(926) 2월 갑인일에 장종에게 토벌 명령을 받았다.[119]

[1-29] 이미 내란이 …… 제위에 올랐습니다: 동광 4년 위주(魏州)에서 병란(兵亂)을 일으킨 반란군이 낙양으로 회군해 장종을 시해하였다. 이사원은 4월 정해일 영자곡에 이르러 장종의 사망 소식을 들은 뒤, 기축일 낙양의 사제(私第)에 머무르면서 장종의 유골을 수습해 빈소를 마련하였다. 갑오일 백관의 요청으로 감국하다가 병오일 영구 앞에서 즉위하니, 바로 후당의 명종이다.[120] 인망에 따라 제위에 올랐다는 것은 휘하 군중(軍衆)의 추대와 백관의 감국 요청 등을 말한 것이다.

【원문】

5. 保機[18]號咷, 聲淚俱發, 曰, "我與河東先是[19]約爲兄弟, 河南天子吾兒也. 近聞漢地兵亂, 點得甲馬五萬騎, 比欲自往雒陽[20]救助我兒. 又緣渤海未下, 我兒果致如此,[21] 冤哉." 泣下不能已. [『冊府元龜』卷660, 「奉使部」 9, 敏辯2. 略同: 『舊五代史』卷137, 「契丹傳」.]

【교감】

[18] 입력자주: '保機', 『舊五代史』에는 '阿保機'로 적혀 있다.

[19] 입력자주: '先是', 『舊五代史』에는 '先世'로 적혀 있다.

---

116 『舊唐書』卷39, 「地理志」 2, 河北道, 魏州條.
117 『舊五代史』卷29, 「唐書」 5, 「莊宗紀」 3, 同光元年 4月條.
118 『資治通鑑』卷274, 「後唐紀」 3, 明宗 天成元年 2月條.
119 『資治通鑑』卷274, 「後唐紀」 3, 明宗 天成元年 2月條, "楊仁晸部兵皇甫暉與其徒夜博不勝, 因人情不安, 遂作亂 …… 癸巳, 賊入鄴都, 孫鐸等拒戰不勝, 亡去. …… 李紹宏亦屢言之, 帝以內外所薦, 甲寅, 命嗣源將親軍討鄴都."
120 『資治通鑑』卷274, 「後唐紀」 3, 明宗 天成元年 4月條; 『新五代史』卷6, 「唐本紀」, 明宗 天成元年 4月條.

[20] 입력자注: '雒城', 『舊五代史』에는 '洛陽'으로 적혀 있다.

[21] 입력자注: '果致如此', 『舊五代史』와 『册府元龜』에는 '果致如此'로 적혀 있는데, 姚氏는 '果致此'로 기록하였다.

【번역】

5. 아보기(阿保機)가 울부짖고 눈물을 흘리며 말하기를, "나는 하동(河東)[의 천자][30]와 앞서 맹약을 맺어 형제가 되었으니,[31] 하남(河南)의 천자는 나의 아들이 된다.[32] 근래에 한인의 지역[漢地]에 병란(兵亂)이 일어났다고 들어 갑마(甲馬) 5만 기(騎)를 징집해 친히 낙양(雒陽)으로 가서 나의 아들을 도와주려고 하였는데, 또 발해가 아직 함락되지 않아 나의 아들이 마침내 이와 같은 [상황에] 이르게 되었으니, 원통하도다!"라고 하면서, 눈물이 그치지 않았다.[『책부원귀(册府元龜)』 권660, 「봉사부(奉使部)」 9, 민변(敏辯) 2. 대략 같음[略同]: 『구오대사(舊五代史)』 권137, 「거란전(契丹傳)」.]

【주석】

[1-30] 하동(河東)의 천자: 이극용(李克用)을 가리킨다. 이극용은 883년 하동절도사(河東節度使)에 임명되었다.[121] 아마도 이극용이 하동에서 활동했었기 때문에 이렇게 지칭한 것으로 생각된다.

[1-31] 맹약을 맺어 형제가 되었으니: 『자치통감』에 따르면, 907년 아보기가 무리 30만을 이끌고 운주(雲州)를 침략하였는데, 운주에서 진왕(晉王) 이극용과 만나 형제의 맹약을 맺고, 이극용의 후량 공격을 지원하겠다고 약속하였다. 다만 야율아보기는 말 3천 필과 여러 가축 1만을 이극용에게 보답으로 주었지만, 결국 맹약을 어기고 후량에 칭신하였다. 그런데 아보기와 이극용의 맹약 시점에 대한 기록은 905년(天祐 2年), 907년(天祐 4年, 開平 元年) 등으로 일치하지 않는다.[122]

---

121 이극용의 행적과 관련하여 그의 묘지명이 발견되었다. 이에 대해서는 石見淸裕, 「唐末沙陀「李克用墓誌」譯註·考察」, 『內陸アジア言語の硏究』 18, 大阪: 中央ユーラシア學硏究會, 2003을 참조.

122 『資治通鑑』 卷266, 「後梁紀」 1, 太祖 開平元年 是歲條, "是歲, 阿保機帥衆三十萬寇雲州, 晉王與之連和, 面會東城, 約爲兄弟, 延之帳中, 縱酒, 握手盡歡, 約以今冬共擊梁. [考異曰, 唐太祖紀年錄, '太祖以阿保機族黨稍盛, 召

[1-32] 하남(河南)의 천자는 나의 아들이 된다: 이는 아보기가 이극용과 형제 관계를 맺었기 때문에 이극용의 양자인 명종이 자신의 아들이 된다고 한 것이다.

【원문】

6. 又謂坤曰, 如今[22]漢土天子, 初聞雒陽[23]有難, 何不[24]急救, 致令及此. 坤曰, 非不急切, 地遠阻隔不及也.[『冊府元龜』卷660,「奉使部」9, 敏辯2. 略同:『舊五代史』卷137,「契丹傳」.]

【교감】

[22] 입력자주: '如今',『舊五代史』에는 '今'으로 적혀 있다.

[23] 입력자주: '雒城',『舊五代史』에는 '洛陽'으로 적혀 있다.

[24] 입력자주: '何不',『舊五代史』에는 '不'로 적혀 있다.

【번역】

6. [아보기가] 또 요곤에게 말하기를, "지금 한인 지역[漢土]의 천자는 애초에 낙양에 난리가 났다는 소식을 듣고도 어찌 긴급하게 구원하지 않아 이 지경에 이르게 하였는가?"라고 하였다. 요곤이 말하기를, "[상황이] 급하고 절박하지 않았던 것이 아니지만, 땅이 멀리 떨어져

之. 天祐二年五月, 阿保機領其部族三十萬至雲州東城, 帳中言事, 握手甚歡, 約爲兄弟, 旬日而去. 留男骨都舍利·首領泪稟梅爲質, 約於今年冬初大擧渡河反正, 會昭宗遇盜而止.' 歐陽史曰, '梁將篡唐, 晉王李克用使人聘于契丹, 阿保機以兵三十萬會克用於雲州東城, 握手約爲兄弟, 期共擧兵擊梁.' 按雲州之會, 莊宗列傳·薛史皆在天祐四年, 而紀年錄獨在天祐二年. 又云'約今年冬同收卞·洛, 會昭宗遇盜而止'. 如此則應在天祐元年昭宗崩已前, 不應在二年也. 且昭宗遇盜則尤宜興兵討之, 何故止也! 按武皇云'唐室爲賊臣所篡', 此乃四年語也, 其冬武皇寢疾, 蓋以此不果出兵耳. 今從之.] 或勸晉王, '因其來, 可擒之.' 王曰, '讎敵未滅而失信夷狄, 自亡之道也.' 阿保機留旬日乃去, 晉王贈以金繒數萬. 阿保機留馬三千匹, 雜畜萬計以酬之. 阿保機歸而背盟, 更附于梁, [胡三省 注: 遣使通好, 是附梁也.] 晉王由是恨之. [胡三省 注: 通鑑於唐紀書'李克用', 君臣之分也. 於梁紀書'晉王', 敵國之體也. 吳·蜀義例同.]";『舊五代史』卷26,「唐書」2,「武皇紀」下, "天祐二年春, 契丹阿保機始盛, 武皇召之, 阿保機領部族三十萬至雲州, 與武皇會於雲州之東, 握手甚歡, 結爲兄弟, 旬日而去, 留馬千匹, 牛羊萬計, [案: 武皇會契丹於雲州, 通鑑作開平元年, 新唐書作天祐元年, 與薛史異. 歐陽史與薛史同. 又, 契丹國志作晉王存勗與契丹連和, 會於東城, 殊誤. 東都事略, 契丹與晉王會在天祐三年. 遼史太祖與薛史同.] 冬初大擧渡河."

있어 이르지 못한 것입니다."[33]라고 하였다.[『책부원귀(册府元龜)』 권660, 「봉사부(奉使部)」 9, 민변(敏辯) 2. 대략 같음[略同]:『구오대사(舊五代史)』 권137, 「거란전(契丹傳)」.]

【주석】

[1-33] 요곤이 말하기를 …… 못한 것입니다: 애초에 장종의 명으로 반란을 진압하러 갔던 이사원이 반란군과 함께 회군하여 즉위하였는데, 이에 대한 아보기의 비난에 요곤이 위주와 낙양 사이의 거리가 멀어 미처 이르지 못하였다고 변명한 것이다. 이 대화는 『자치통감』에도 보인다.[123]

【원문】

7. 又曰, "我兒旣無,[25] 當合[26]取我商量, 安得自便.[27]" 坤曰, "吾皇[28]將兵二十年, 位至大摠管, 所部[29]精兵三十萬, 衆口一心, 堅相推戴, 違之則立見禍生, 非不知稟天皇王意旨, 無奈人心何.[30]"[『册府元龜』卷660, 「奉使部」 9, 敏辯2. 略同:『舊五代史』卷137, 「契丹傳」;『新五代史』卷72, 「契丹傳」 上;『文獻通考』卷345, 「四裔考」 22, 北6, 契丹上.]

【교감】

[25] 입력자주: '無', 『舊五代史』에는 '殂', 『新五代史』·『文獻通考』에는 '沒'로 적혀 있다.

[26] 입력자주: '當合', 『册府元龜』·『舊五代史』에는 '當合', 『新五代史』·『文獻通考』에는 '理當'으로 적혀 있다.

[27] 입력자주:『新五代史』(中華書局點校本)에는 '新天子安得自立', 『册府元龜』·『舊五代史』에는 '安得自立', 『舊五代史』·『文獻通考』에는 '安得自立'으로 적혀 있다. 또한 姚氏가 備要本에는 '立'이 '便'으로 적혀 있다고 교감하였다.

[28] 입력자주: '吾皇', 『册府元龜』·『舊五代史』에는 '吾皇', 『新五代史』·『文獻通考』에는 '新

---

[123] 『資治通鑑』卷275, 「後唐紀」 4, 明宗 天成元年 7月條, "又謂坤曰, '今天子聞洛陽有急, 何不救.' 對曰, '地遠不能及.'"

天子'로 적혀 있다.

[29] 입력자주: '部', 『册府元龜』·『舊五代史』에는 '部', 『新五代史』·『文獻通考』에는 '領'으로 적혀 있다.

[30] 입력자주: '三十萬' 다음 29자는 『册府元龜』·『舊五代史』에는 있고, 『新五代史』·『文獻通考』에는 '天時人事, 其可得違.'로 적혀 있다.

【번역】

7. [아보기가] 또 말하기를, "나의 아들이 이미 죽었으니 [후계에 관해서는] 마땅히 나의 견해를 수합했어야 하는데, [새로운 천자는] 어찌 제멋대로 행동하는가!"라고 하였다. 요곤이 말하기를, "나의 황제께서는 20년 동안 병사들을 통솔하였고, 지위가 대총관(大總管)에 이르렀으며,[34] 정예 병사 30만을 거느렸습니다. 군중이 한 마음으로 굳게 추대(推戴)하니, 이를 어기면 즉시 화(禍)가 생겨날 것이었습니다. 천황왕(天皇王)[35]의 의지(意旨)를 여쭐 것을 알지 못한 것이 아니라 인심을 어찌할 수가 없어서였습니다."라고 하였다.[『책부원귀(册府元龜)』 권660, 「봉사부(奉使部)」 9, 민변(敏辯) 2. 대략 같음[略同]: 『구오대사(舊五代史)』 권137, 「거란전(契丹傳)」; 『신오대사(新五代史)』 권72, 「거란전」 상; 『문헌통고(文獻通考)』 권345, 「사예고(四裔考)」 22, 북(北) 6, 거란 상.]

【주석】

[1-34] 대총관(大總管)에 이르렀으며: 즉위 이전에 이사원의 직위는 번한내외마보부총관(蕃漢內外馬步副總管)이었다.

[1-35] 천황왕(天皇王): 천황왕은 야율아보기를 가리킨다. 916년 황제에 즉위한 뒤 국인(國人)들이 야율아보기를 천황왕이라 불렀다.[124]

---

[124] 『資治通鑑』 卷269, 「後梁紀」 4, 貞明2年條, "契丹王阿保機自稱皇帝, 國人謂之天皇王, 以妻述律氏爲皇后, 置百官. 至是, 改元神冊."; 『遼史』 卷1, 「太祖本紀」 上, "元年春正月庚寅, 命有司設壇于如迂王集會堝, 燔柴告天, 卽皇帝位. 尊母蕭氏爲皇太后, 立皇后蕭氏. 北宰相蕭轄剌, 南宰相耶律歐里思率羣臣上尊號曰天皇帝, 后曰地皇后."

【원문】

8. 其子突欲在側曰, "使者無多言.[31] 蹊田奪牛, 豈不爲過.[32]" 坤曰, "應天順人, 豈比匹夫之事.[33] 至如天皇王得國而不代,[34] 豈彊取之邪." 阿保機卽慰勞坤曰, "理正當如是爾.[35]"[『新五代史』卷72, 「契丹傳」上, 全同: 『文獻通考』卷345, 「四裔考」22, 北6, 契丹上, 略同: 『舊五代史』卷137, 「契丹傳」; 『册府元龜』卷660, 「奉使部」9, 敏辯2.]

【교감】

[31] 입력자주: '使者無多言', 『新五代史』·『文獻通考』에는 '使者無多言', 『册府元龜』·『舊五代史』에는 '漢使勿多談'으로 적혀 있다.

[32] 입력자주: '蹊田奪牛, 豈不爲過', 『新五代史』·『文獻通考』에는 '蹊田奪牛, 豈不爲過'라고 하여 突欲의 말로 처리하였고, 『册府元龜』·『舊五代史』에는 '因引左氏牽牛蹊田之說以折坤'이라고 하여 상황 설명문으로 처리하였다.

[33] 입력자주: '豈比匹夫之事', 『新五代史』·『文獻通考』에는 '豈比匹夫之事', 『册府元龜』·『舊五代史』에는 '不同匹夫之義'로 적혀 있다.

[34] 입력자주: '王得國而不代', 『新五代史』·『文獻通考』에는 '王得國而不代', 『册府元龜』·『舊五代史』에는 '初領國事'로 적혀 있다.

[35] 입력자주: '理正當如是爾', 『新五代史』·『文獻通考』에는 '理正當如是爾', 『册府元龜』·『舊五代史』에는 '理當如此'로 적혀 있다.

【번역】

8. 그의 아들 야율돌욕(耶律突欲)[36]이 곁에서 말하기를, "사자(使者)는 말을 많이 하지 마시오. [남의] 밭을 질러갔다고 소를 빼앗은 격[37]이니, 어찌 지나치다 하지 않을 수 있겠소!"라고 하였다. 요곤이 말하기를, "하늘에 순응하고 사람을 따르는 것을 어찌 필부(匹夫)의 일에 견주겠습니까. 천황왕(天皇王)이 나라를 얻고 나서 [다른 사람이] 대신하지 못하게 한 것에 대해서 어찌 강탈한 것이라 하겠습니까.[38]"라고 하였다. 아보기가 곧 요곤을 위로하며 말하기를, "이치상 마땅히 이와 같을 뿐이로다!"라고 하였다.[『신오대사(新五代史)』권72, 「거

란전(契丹傳)」상, 모두 같음[全同]: 『문헌통고(文獻通考)』 권345, 「사예고(四裔考)」 22, 북(北) 6, 거란 상. 대략 같음[略同]: 『구오대사(舊五代史)』 권137, 「거란전」; 『책부원귀(冊府元龜)』 권660, 「봉사부(奉使部)」 9, 민변(敏辯) 2.]

【주석】

[1-36] 야율돌욕(耶律突欲): 야율돌욕(899~937)은 태조 야율아보기와 황후 술률씨의 장자이다. 그의 이름은 거란어로 돌욕, 한어(漢語)로 배(倍)이다. 926년 야율아보기를 따라 발해국을 멸한 뒤 동단국(東丹國)을 세우고, 인황왕(人皇王)에 책봉되었다. 928년 남천(南遷)하여 동평(東平)을 남경(南京)으로 승격시켰다. 930년 후당(後唐)에 투항한 뒤 명종(明宗)에게 성(姓) 동단(東丹), 이름 모화(慕華)를 하사받았으며, 회화군절도사(懷化軍節度使) 서신등주관찰처치사(瑞愼等州觀察處置使)에 제수되었다. 다음 해에는 다시 명종에게 이찬화(李贊華)라는 성명을 하사받았다. 932년 의성군절도사(義成軍節度使)에 임명되었다. 936년 석경당이 후당을 공격할 때 거란이 이를 도왔는데, 이 때문에 후당의 폐제(廢帝)가 보낸 진계민(秦繼旻)·이언신(李彦紳)에게 살해당했다. 이후 후진(後晉)의 고조가 그를 연왕(燕王)으로 추증하였다. 아직 동단국에 남아 있던 그의 아들 올욕(兀欲)이 세종으로 즉위한 뒤 의무려산(醫巫閭山)에 장사 지내고, 시호를 양국황제(讓國皇帝)라 하였다.[125]

[1-37] [남의] 밭을 질러갔다고 소를 빼앗은 격: 가벼운 잘못을 무겁게 처벌할 때 쓰는 말이다. 춘추(春秋) 시기 진(陳)의 대부(大夫) 하징서(夏徵舒)가 영공(靈公)을 시해한 일이 있었다. 이 소식을 들은 초(楚) 장왕(莊王)이 진(陳)을 공격해 하징서를 살해한 뒤 진을 병탄하려 하자, 신숙(申叔)이 장왕에게 소를 끌고 남의 밭을 지나가는 것은 잘못이지만 소를 빼앗는 것은 지나친 벌이라고 잘못을 간언한 것에서 유래하였다.[126] 이는 요곤이 부득이 추대에 의해 명종이 즉위하였다고 한 것에 대해 그의 즉위가 찬탈이라고

---

[125] 『契丹國志』卷14, 「東丹王傳」; 『遼史』卷72, 「義宗倍傳」.
[126] 『春秋左傳』宣公11年條, "夏徵舒弒其君, 其罪大矣, 討而戮之, 君之義也. 抑人亦有言曰, 牽牛以蹊人之田, 而奪之牛, 牽牛以蹊者, 信有罪矣, 而奪之牛, 罰已重矣, 諸侯之從也. 曰, 討有罪也, 今縣陳, 貪其富也, 以討召諸侯, 而以貪歸之, 無乃不可乎."

빗대어 비난한 말로 보인다.

[1-38] 천황왕(天皇王)이 나라를 …… 강탈한 것이라 하겠습니까: 아보기는 가한(可汗)에 선출된 뒤 그 지위를 종신·세습제로 변경하였다. 이는 돌욕의 비난에 요곤이 아보기의 가한 혹은 황제 즉위에 빗대어 찬탈이 아님을 주장한 것이다.

【원문】

> 9. 阿保機因曰,[36] "理當如此,[37] 我漢國兒子致有此難, 我知之矣. 聞[38]此兒有宮婢二千, 樂官千人, 終日[39]放鷹走狗,[40] 躭酒嗜色, 不惜人民, 任使不肯, 致得天下皆怒.[41] 我自聞如斯, 常[42]憂傾覆, 一月前已有人來報, 知我兒有事,[43] 我便[44]擧家斷酒, 解放鷹犬, 休罷樂官. 我亦有諸部家樂千人, 非公宴未嘗妄擧.[45] 我若所爲似[46]我[47]兒, 亦應不能持久矣.[48] 從此願以爲戒." [『舊五代史』卷137, 「契丹傳」. 略同: 『册府元龜』卷660, 「奉使部」 9, 敏辯2; 『新五代史』卷72, 「契丹傳」 上; 『文獻通考』卷345, 「四裔考」 22, 北6, 契丹上.]

【교감】

[36] 입력자주: '因曰', 『册府元龜』·『舊五代史』에는 '因曰', 『新五代史』·『文獻通考』에는 '卽慰勞坤曰'로 적혀 있다.

[37] 입력자주: '理當如此', 『册府元龜』에는 '理當須此', 『新五代史』·『文獻通考』에는 '理正當如是爾'로 적혀 있다.

[38] 입력자주: '聞', 『新五代史』·『文獻通考』에는 '吾聞'으로 적혀 있고, 『舊五代史』에 보이는 앞의 '我漢國兒子致有此難, 我知之矣' 13자가 없다.

[39] 입력자주: '終日', 『新五代史』·『文獻通考』에는 없다.

[40] 입력자주: '狗', 『舊五代史』에는 '狗', 『册府元龜』에는 '犬'으로 적혀 있다.

[41] 입력자주: '任使不肯, 致得天下皆怒', 『新五代史』·『文獻通考』에는 '此其所以敗也'로 적혀 있다.

[42] 입력자주: '常', 『册府元龜』에는 '嘗'으로 적혀 있다.

[43] 입력자주: '事', 『新五代史』·『文獻通考』에는 '禍'로 적혀 있다.

[44] 입력자注: '我便', 『新五代史』・『文獻通考』에는 '卽'으로 적혀 있다.
[45] 입력자注: '未嘗妄擧', 『册府元龜』에는 '未嘗妄', 『新五代史』・『文獻通考』에는 '不用'으로 적혀 있다.
[46] 입력자注: '似', 『新五代史』・『文獻通考』에는 '類'로 적혀 있다.
[47] 입력자注: '我', 『新五代史』・『文獻通考』에는 '吾'로 적혀 있다.
[48] 입력자注: '亦應不能持久矣', 『新五代史』・『文獻通考』에는 '則亦安能長久'로 적혀 있고, 『舊五代史』에 보이는 이하 '從此願以爲戒' 6자가 없다.

【번역】

9. 아보기가 또 말하기를, "이치상 마땅히 이와 같도다. 나는 한나라[漢國]의 아들에게 이러한 어려움이 있고서야 그것을 알게 되었다. 듣건대 이 아이에게는 궁비(宮婢)가 2천, 악관(樂官)이 1천 명이 있었고, 종일토록 매와 개를 풀어 사냥하고, 술을 탐하고 여색(女色)을 즐겨

〈그림 1-1〉 경주(慶州) 백탑(白塔) 출토 직물 속 매사냥 문양(紅羅地聯珠鷹獵紋繡)[127]

---

[127] 趙豊, 『中國歷代絲綢藝術. 遼金』, 杭州: 浙江大學出版社, 2021, 109쪽.

백성을 아끼지 않으며, 어리석은 자에게 벼슬을 맡겨 천하가 모두 노하게 만들었다. 내가 직접 이와 같음을 듣고 평소에도 [나라가] 기울어져 뒤집어질 것을 염려하였다. 한 달 전에 이미 어떤 자가 와서 [이러한 정황을] 보고하니,[39] 나의 아들에게 일이 생겼음을 알았다면, 내가 곧 온 나라에 술을 끊고 매와 개를 풀어 주고 악관(樂官)들을 쉬게 해 주었을 것이다. 나에게도 여러 부(部)의 가악(家樂)[40] 1천 명이 있지만, 공식적인 연회가 아니면 일찍이 [그들을] 망령되이 기용하지 않았다. 내가 만약 행한 바가 나의 아들과 같았다면, 또한 응당 오래도록 [황제의 지위를] 유지할 수 없었을 것이니, 이러한 바람을 따라 경계로 삼을 지어다."라고 하였다.[『구오대사(舊五代史)』 권137, 「거란전(契丹傳)」. 대략 같음[略同]: 『책부원귀(册府元龜)』 권660, 「봉사부(奉使部)」 9, 민변(敏辯) 2; 『신오대사(新五代史)』 권72, 「거란전(契丹傳)」 상; 『문헌통고(文獻通考)』 권345, 「사예고(四裔考)」 22, 북(北) 6, 거란 상.]

【주석】

[1-39] 한 달 전에 …… [이러한 정황을] 보고하니 : 『요사』 「태조본기」에서는 926년 4월 양자 이사원이 반란을 일으켜 즉위하였고, 6월에 요곤이 장종의 상사를 알리러 왔다고 기록하였다.[128] 『요사』에 아보기가 후당의 정권 교체에 대한 보고를 받았다는 기록은 보이지 않지만, 위 아보기의 발언에 따르면 대략 그 시기는 5월 무렵으로 생각된다.

[1-40] 여러 부(部)의 가악(家樂) : 여러 부의 가악이라는 것은 중원 왕조의 음악이 아닌 거란의 음악을 의미할 것이다.[129] 요(遼)에는 국악(國樂), 아악(雅樂), 대악(大樂), 산악(散樂), 요가악(鐃歌樂), 횡취악(橫吹樂) 등이 있었다.[130]

---

[128] 『遼史』 卷2, 「太祖本紀」 下, 天顯元年 4月條, "是月, 唐養子李嗣源反, 郭存謙弑其主存勖, 嗣源遂即位."; 同書, 六月條, "丙午, 次愼州, 唐遣姚坤以國哀來告."
[129] 陳秉義·楊娜妮 著, 『中國古代契丹 遼音樂文化考察與研究』, 上海: 上海三聯書店, 2018, 195-196쪽.
[130] 『遼史』 卷54, 「樂志」.

【원문】

10. 又問, "漢[49]收得西川, 信不.[50]" 坤曰, "去年九月出兵, 十一月[51]十六日收下東·西川,[52] 得兵馬二十萬, 金帛無算. 皇帝初即位, 未辦送來, 續當遣使至矣." 阿保機忻然曰, "聞西川有劍閣, 兵馬從何過得." 坤曰, "川路雖險, 然先朝收復河南, 有精兵四十萬,[53] 良馬十萬騎, 但通人行處, 便能去得, 視劍閣如平地耳."[54] [『舊五代史』卷137,「契丹傳」. 略同:『册府元龜』卷660,「奉使部」9, 敏辯2.]

【교감】

[49] 입력자注: '漢', 『册府元龜』에는 '漢家'로 적혀 있다.

[50] 입력자注: '不', 『册府元龜』에는 '否'로 적혀 있다.

[51] 입력자注: '十一月', 『册府元龜』에는 이 3자가 없다.

[52] 입력자注: '川', 『舊五代史』에는 '川', 『册府元龜』에는 '兩川'으로 적혀 있다.

[53] 입력자注: '有精兵四十萬', 『册府元龜』에는 '有精兵四十萬騎'로 적혀 있고, 이하 '良馬十萬騎'는 없다.

[54] 姚氏注: 이 항목은 『舊五代史』 원문에는 12번 항목의 뒤에 있다. 당시 담화의 정황에 따라 12번 항목에서 땅 할양을 요구하기 이전의 위치로 옮겼다. 땅 할양에 대한 요구는 심지어 위협적이므로 마땅히 양국 관계를 논한 이후에 거론되었을 것으로 추정한다.

【번역】

10. [아보기(阿保機)가] 또 묻기를, "한(漢)이 서천(西川)[41]을 거두어 얻었다는데 사실이냐?"라고 하였다. 요곤이 말하기를, "작년 9월에 출병하여 11월 16일에 동천(東川)과 서천(西川)을 함락하여[42] 병마(兵馬) 20만을 얻었고, 금백(金帛)은 헤아릴 수가 없습니다. 황제가 즉위한 초기라서 아직 [거란에] 물품을 갖추어 보내지 않은 것일 뿐, 곧 이어서 사자를 보내 도달하게 할 것입니다."라고 하였다. 아보기가 기뻐하며 말하기를, "듣자니 서천에는 검각(劍閣)[43]이 있다던데 병마(兵馬)가 무엇을 따라 지나갈 수 있단 말인가?"라고 하였다. 요곤이 말하기를, "서천으로 가는 길이 비록 험준하나 선조(先朝)께서 하남(河南)을 수복(收復)하고 정

예 병사 40만과 양마(良馬) 10만 기(騎)를 두었으므로,[44] 단지 사람들이 그곳을 지나가고자 하면 편하게 갈 수 있어 검각이 평지처럼 보일 따름입니다."라고 하였다.[『구오대사(舊五代史)』권137, 「거란전(契丹傳)」. 대략 같음[略同]: 『책부원귀(册府元龜)』권660, 「봉사부(奉使部)」9, 민변(敏辯) 2.]

【주석】

[1-41] **서천(西川)**: 당대의 지명으로, 본래 검남도(劍南道)였으나 현종(玄宗) 지덕(至德) 2년(757) 검남동천(劍南東川)과 검남서천(劍南西川, 지금 四川省 西部)으로 분리되었고, 각각 절도사 1명이 설치되었다. 대종(代宗) 광덕(廣德) 원년(763)에 다시 동천과 서천을 합쳐 하나의 절도사를 두었으나, 최녕(崔寧)이 촉(蜀)을 진압한 뒤 다시 분리하여 서천이 되었다. 치소는 성도부(成都府)이다.[131]

[1-42] **11월 16일에 동천(東川)과 서천(西川)을 함락하여**: 후당은 925년 9월 서천사면행영도통(西川四面行營都統) 계급(繼岌)과 서천동북면행영도초토제치등사(西川東北面行營都招討制置等使) 곽숭도(郭崇韜) 등을 필두로 촉(蜀) 땅 원정에 나섰다.[132] 그로부터 75일 만에 촉 땅을 평정하였는데, 병사 3만, 병장기 7만, 식량 353만, 전(錢) 192만 관(貫), 금은 모두 22만 냥(兩), 주옥(珠玉)과 서상(犀象) 2만, 무늬 비단[紋錦綾羅] 50만을 얻었다. 11월 16일은 을사일인데, 『구오대사』에서는 11월 정사일(28)에 이러한 사실을 기록하고 있다.[133]

[1-43] **검각(劍閣)**: 검각도(劍閣道)로, 지금의 쓰촨성(四川省) 젠거현(劍閣縣)의 샤오젠산(小劍

---

131 『舊唐書』卷41, 「地理志」4, 劍南道, 成都府條, "至德二年十月, 駕迴西京, 改蜀郡爲成都府, 長史爲尹. 又分爲劍南東川·西川各置節度使."
132 『舊五代史』卷33, 「唐書」9, 「莊宗李存勖紀」, 同光3年 9月條, "今命興聖宮使·魏王繼岌充西川四面行營都統, 命侍中·樞密使郭崇韜充西川東北面行營都招討制置等使, 荊南節度使高季興充西川東南面行營都招討使, 鳳翔節度使李曮充供軍轉運應接等使, 同州節度使李令德充行營招討副使, 陝府節度使李紹琛充行營蕃漢馬步軍都排陣斬斫使, 西京留守張筠充西川管內安撫應接使, 華州節度使毛璋充行營左廂馬步都虞候, 邠州節度使董璋充行營右廂馬步都虞候, 客省使李嚴充西川管內招撫使, 總領闕下諸軍, 兼四面諸道馬步兵事, 取九月十八日進發."
133 『舊五代史』卷33, 「唐書」9, 「莊宗李存勖紀」, 同光3年 11月條, "丁巳, 大軍入成都, 法令嚴峻, 市不易肆. 自興師凡七十五日蜀平, 得兵士三萬·兵仗七百萬·糧三百五十三萬·錢一百九十二萬貫·金銀共二十二萬兩·珠玉犀象二萬·紋錦綾羅五十萬, 得節度州十·郡六十四·縣二百四十九."

山)과 다젠산(大劍山) 사이의 길이다. 이 길은 산이 이어져 있어 매우 험하고 높은 잔교가 설치되어 있어 이러한 이름이 붙었다. 쓰촨성과 산시성(陝西省)을 잇는 중요 도로이다.[134]

[1-44] 선조(先朝)께서 하남(河南)을 …… 10만 기(騎)를 두었으므로 : 선조께서 하남을 수복하였다는 것은 923년 후당 장종이 친히 군대를 이끌고 후량(後梁)을 멸한 일을 가리킨다. 정예 병사 40만과 양마 10만 기는 『책부원귀』에는 단지 '정병(精兵) 40만 기'로 기록되어 있다.[135]

【원문】

11. 又謂坤曰,[55] "吾能[56]漢語, 然絶口不道於部人,[57] 懼其効漢[58]而怯弱也.[59]"[『新五代史』卷72, 「契丹傳」上. 全同: 『文獻通考』卷345, 「四裔考」22, 北6, 契丹上.]

【교감】

[55] 입력자주: '又謂坤曰', 『舊五代史』에는 '阿保機善漢語, 謂坤曰'로 적혀 있다.

[56] 입력자주: '能', 『新五代史』·『文獻通考』에는 '能', 『舊五代史』에는 '解'로 적혀 있다.

[57] 입력자주: '然絶口不道於部人', 『新五代史』·『文獻通考』에는 '然絶口不道於部人', 『舊五代史』에는 '歷口不敢言'으로 적혀 있다.

[58] 입력자주: '懼其効漢', 『新五代史』·『文獻通考』에는 '懼其効漢', 『舊五代史』에는 '懼部人効我'로 적혀 있다.

[59] 입력자주: '而怯弱也', 『新五代史』·『文獻通考』에는 '而怯弱也', 『舊五代史』에는 '令兵士怯弱故也'로 적혀 있다.

---

134 『資治通鑑』卷78, 「魏紀」10, 元皇帝 景元4年 9月條의 胡三省 注, "水經註, 小劍戍西去大劍山三十里, 連山絶險, 飛閣通衢, 故謂之劍閣. 『華陽國志』曰, '廣漢郡德陽縣有劍閣道三十里, 至險.' 祝穆曰 : 劍門, 漢屬廣漢郡, 爲葭萌縣地, 蜀先主以霍峻爲梓潼太守, 有劍閣縣. 苻秦使徐成寇蜀, 攻二劍, 克之, 始有二劍之號."

135 『册府元龜』卷660, 「奉使部」9, 敏辯2, "先朝收復河南, 有精兵四十萬騎."

【번역】

11. [아보기가] 또 요곤에게 일러 말하기를, "내가 한어(漢語)를 말할 수 있으나 입을 닫고 부민[部人]들에게 말하지 않는 것은, 그들이 한(漢)을 본받거나 겁을 먹고 약해질까 우려해서이다."[45]라고 하였다.[『신오대사(新五代史)』 권72, 「거란전(契丹傳)」 상, 모두 같음[全同]: 『문헌통고(文獻通考)』 권345, 「사예고(四裔考)」 22, 북(北) 6, 거란 상.]

【주석】

[1-45] 내가 한어(漢語)를 …… 약해질까 우려해서이다: 이 내용은 『신오대사』와 『문헌통고』 이외에 『구오대사』 「거란전」에 아보기가 한어를 하지 않는 것은 병사들이 약화될까 우려하기 때문이라는 것에서도 보인다.[136] 요곤의 사행에 관한 기록은 『신오대사』와 『문헌통고』의 내용이 유사하고, 『구오대사』와 『책부원귀』의 내용이 유사하다. 다만, 이 내용에 한해서는 『책부원귀』에 보이지 않는 점이 특이하다. 또한 『자치통감』에서도 이 내용이 보이지 않는다.[137] 한편 이나바 이와키치(稻葉岩吉)는 위 기록에 대해, 아보기가 한인을 성곽 축조 등에 이용하기는 하였으나 한인 이용이 잘못되었을 때에는 국가의 근본도 잃어버릴 수 있음을 알고 있었다고 설명하였다.[138]

아보기가 즉위한 뒤 거란문자를 창제하였지만, 『요사』에 보이는 포로(蒲魯)가 한문을 익혀 10년이 안 되어 경적(經籍)에 널리 통했다는 일[139]이나 야율배(耶律倍)가 요와 한의 문장에 뛰어나 『음부경(陰符經)』을 번역하였다는 일[140] 등으로 보면, 거란의 상층 권력자들은 한어에 능했던 것으로 생각된다.

---

136 『舊五代史』 卷137, 「契丹傳」, "阿保機善漢語, 謂坤曰, '吾解漢語, 歷口不敢言, 懼部人效我, 令兵士怯弱故也.'"
137 姚從吾, 「阿保機與後唐使臣姚坤會見談話集錄」, 108쪽.
138 稻葉岩吉, 『(增訂)滿洲發達史』, 東京: 日本評論社, 1935, 82쪽.
139 『遼史』 卷89, 「耶律蒲魯傳」, "蒲魯, 字乃展. 幼聰惡好學, 甫七歲, 能誦契丹大字. 習漢文, 未十年, 博通經籍."
140 『遼史』 卷72, 「義宗倍傳」, "工遼·漢文章, 嘗譯陰符經."

【원문】

12. 又[60]曰, "漢國兒與我雖父子, 亦曾彼此讎敵, 俱有惡心. 與爾今天子無惡, 足得歡好. 爾先復命,[61] 我[62]續[63]將馬[64]萬騎,[65] 至[66]幽·鎭以南,[67] 與爾家天子[68]面爲[69]盟約, 我要[70] 幽州,[71] 令漢兒把捉, 更[72]不復侵入漢界.[73]"[『舊五代史』卷137,「契丹傳」. 略同:『新五代史』卷72,「契丹傳」上;『文獻通考』卷345,「四裔考」22, 北6, 契丹上.]

【교감】

[60] 입력자주: '又',『舊五代史』에는 '又',『新五代史』·『文獻通考』에는 '因戒坤'으로 적혀 있다. 또한『新五代史』·『文獻通考』에는 '又' 다음 '足得歡好'까지 30자가 없다.

[61] 입력자주: '爾先復命',『舊五代史』에는 '爾先復命',『新五代史』·『文獻通考』에는 '爾當先歸'로 적혀 있다.

[62] 입력자주: '我',『舊五代史』에는 '我',『新五代史』·『文獻通考』에는 '吾'로 적혀 있다.

[63] 입력자주: '續',『舊五代史』에는 '續',『新五代史』·『文獻通考』에는 '以'로 적혀 있다.

[64] 입력자주: '將馬',『舊五代史』에는 '將馬',『新五代史』·『文獻通考』에는 '甲馬'로 적혀 있다.

[65] 입력자주: '萬騎',『舊五代史』에는 '萬騎',『新五代史』·『文獻通考』에는 '三萬騎'로 적혀 있다.

[66] 입력자주: '至',『舊五代史』에는 '至',『新五代史』·『文獻通考』에는 '會新天子'로 적혀 있다.

[67] 입력자주: '以南',『舊五代史』에는 '以南',『新五代史』·『文獻通考』에는 '之間'으로 적혀 있다.

[68] 입력자주: '與爾家天子',『舊五代史』에는 '與爾家天子',『新五代史』·『文獻通考』에는 '共'으로 적혀 있다.

[69] 입력자주: '面爲',『舊五代史』에는 '面爲',『新五代史』·『文獻通考』에는 '爲'로 적혀 있다.

[70] 입력자주: '我要',『舊五代史』에는 '我要',『新五代史』·『文獻通考』에는 '與我'로 적혀 있다.

[71] 입력자注: '幽州', 『舊五代史』・『新五代史』・『文獻通考』에는 '幽州', 『資治通鑑』에는 '大河之北'으로 적혀 있다.

[72] 입력자注: '更', 『舊五代史』에는 '更', 『新五代史』・『文獻通考』에는 '則'으로 적혀 있다. 또한 『新五代史』・『文獻通考』에는 '幽州' 다음 5자가 없다.

[73] 입력자注: '漢界', 『舊五代史』에는 '漢界', 『新五代史』・『文獻通考』에는 '汝矣'로 적혀 있다.

【번역】

12. [아보기가] 또 말하기를, "한나라의 아들은 나와 비록 부자 [관계]이나 또한 일찍이 피차(彼此)가 대적(對敵)하는 원수였으니,[46] 모두에게 미워하는 마음이 있을 것이다. 그대의 지금 천자와는 미워하는 마음이 없으니, [그의 즉위를] 충분히 기뻐하고 좋아할 수 있다. 그대가 먼저 돌아가 아뢰면 내가 이어서 말과 만 명의 기병[萬騎]을 거느리고 유주(幽州)[47]와 진주(鎭州) 이남에 이르러 그대 나라의 천자와 얼굴을 맞대고 맹약을 맺을 것이다. 나는 유주가 필요한 것이니[48] 한(漢)의 아들이 [나에게 이 땅을] 관리하게 해 준다면[把捉], 다시는 한인의 경계[漢界]에 침입하지 않을 것이다."라고 하였다.[『구오대사(舊五代史)』 권137, 「거란전(契丹傳)」. 대략 같음[略同]: 『신오대사(新五代史)』 권72, 「거란전(契丹傳)」 상; 『문헌통고(文獻通考)』 권345, 「사예고(四裔考)」 22, 북(北) 6, 거란 상.]

【주석】

[1-46] **또한 일찍이 피차(彼此)가 대적(對敵)하는 원수였으니**: 이는 아보기가 이극용과 후량을 협공하기로 약속하였으나 이를 배반하고 후량에 칭신하여 마침내 이극용이 사망한 일을 가리킨다.

[1-47] **유주(幽州)**: 전한(前漢) 무제(武帝) 때 설치한 13자사부(刺史部)의 하나이다. 요대(遼代) 남경 석진부(南京析津府)가 건설되었다. 남경 석진부는 원래 옛날 기주(冀州)의 땅이다. 전욱 고양씨(顓頊 高陽氏)는 유릉(幽陵)이라 하였고, 요임금[陶唐氏]은 유도(幽都)라고 하였으며, 순임금[有虞]은 이를 쪼개어 유주로 삼았다. 주 무왕(武王)은 태보(太保) 소공석(召公奭)을 연(燕)에 봉하였다. 수(隋) 양제(煬帝) 시기에는 이전의 군(郡)과 총

관부(總管府)를 폐지하고 이곳에 탁군(涿郡)을 세웠다. 당대(唐代)에는 무덕(武德) 원년 (618) 유주를 설치하였다. 당에서는 대도독부(大都督府)를 두었다가 범양절도사(范陽節度使)로 고쳤다. 유인공(劉仁恭) 부자가 참람되게 다투니, 마침내 오대(五代)의 시대가 되었다. 오대 후진(後晉)의 석경당(石敬瑭)이 거란과 손을 잡고 후당(後唐)과의 전쟁에서 승리하면서, 도와준 대가로 거란에게 유주 등 16개의 주를 넘겨주면서 거란의 땅이 되었다. 거란 태종(太宗)은 회동(會同) 원년(938)에 유주에 남경(南京)을 설치하였고, 개태(開泰) 원년(1012)에 유도부(幽都府)를 석진부(析津府)로 삼았다. 그리고 여기에 유수(留守)를 두어 이 일대를 관리하게 하였다.[141]

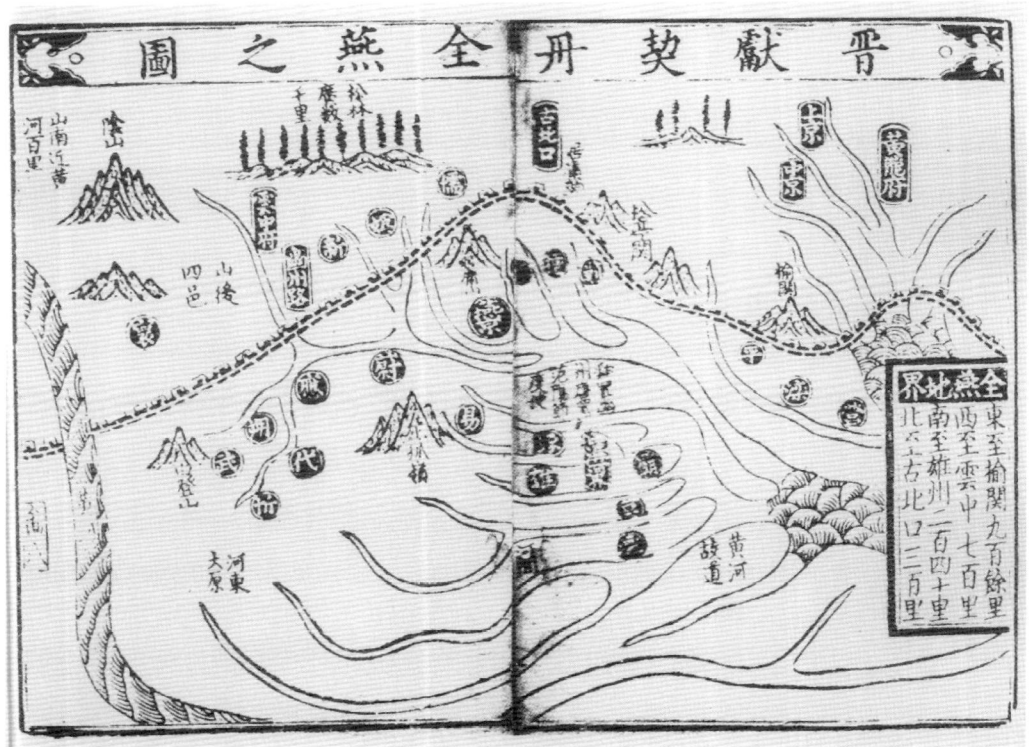

〈그림 1-2〉『거란국지(契丹國志)』속 전연지도(全燕之圖)[142]

---

[141] 『舊唐書』卷39,「地理志」2, 河北道, 幽州大都督府條; 『遼史』卷4,「太宗本紀」下, 會同元年十一月條; 『遼史』卷40「地理志」4. 南京析津府條.
[142] 李誠 主編, 『北京歷史輿圖集』第1卷, 北京: 外文出版社, 2005, 1쪽.

남경은 경제적으로 물산이 풍부해서 요에서 가장 중요한 경제 중심지로 기능하였다. 또한 송과 요를 연결하는 교통의 요지여서 상업과 무역이 크게 번성하였다. 군사적으로 남경은 송의 침공을 1차적으로 방어하는 역할을 수행하였다. 1, 2차 북벌 중에 송군이 다른 지역들은 함락해도 남경은 무너뜨리지 못해서 연운십육주를 수복하지 못했으니, 남경의 군사적 중요성은 상당히 높았다.

[1-48] 나는 유주가 필요한 것이니 : 여기서 유주는 연운십육주 일대를 가리키며, 아보기가 중원으로 남진하는 요충지인 유주를 확보하려 한 것이다.[143]

거란은 923년 4월 요골(堯骨, 즉 耶律德光)이 유주를 공격하여 역주(易州)·정주(定州)에까지 이르렀다.[144] 924년에는 정월 유주에서 이존심(李存審)이 거란이 쳐들어와 와교(瓦橋)에까지 이르렀다고 보고하자, 장종이 북면행영도초토사(北面行營都招討使) 이사원, 부장 곽언위(霍彦威), 감군(監軍) 이소굉(李紹宏) 등을 유주 구원군으로 파견하였고, 같은 해 5월에도 유주에서 거란의 침입을 알려 왔다. 유주를 차지하려는 아보기의 야망은 두 달 뒤(7월) 후당으로 사자를 보내 직접적으로 유주를 요구하고 노문진을 주둔시키겠다고 알린 일에서도 확인된다.[145] 거란은 이후에도 924년 9월과 925년 정월에 유주를 공격하였다.[146]

【원문】

13. 坤曰, "此非使臣之所得專也." 契丹主怒, 囚之, 旬餘, 復召之, 曰, "河北恐難得, 得鎭·定·幽州[74]亦可也." 給紙筆趣令爲狀, 坤不可, 欲殺之. 韓延徽諫, 乃復囚之.[『資治通鑑』卷275, 「後唐紀」4, 明宗 天成元年 七月條.]

---

143 윤영인, 「10~11세기 거란의 중원 정책」, 『東洋文化硏究』 31, 梁山: 靈山大學校 東洋文化硏究院, 2019, 112쪽 참조.
144 『舊五代史』卷29, 「唐書」5, 「莊宗李存勖紀」, 同光元年 閏4月條, "甲午, 契丹寇幽州, 至易, 定而還. 時有自鄆來者, 言節度使戴思遠領兵在河上, 州城無守兵, 可襲而取之."
145 『資治通鑑』卷273, 「後唐紀」2, 莊宗 同光2年 正月·5月·7月條.
146 『資治通鑑』卷273, 「後唐紀」2, 莊宗 同光2年 9月·同光3年 正月條.

【교감】

[74] 입력자주: '鎭·定·幽州', 姚氏는 '鎭州, 幽州'라고 하여 '定州'를 제외하였으나, 특별히 누락할 이유가 없으므로 『資治通鑑』에 따랐다.

【번역】

13. 요곤이 말하기를 "이는 사신이 전적으로 결정할 수 있는 것이 아닙니다."라고 하였다. 거란주(契丹主, 즉 야율아보기)가 노하여 그를 가두었다. 열흘 남짓 지나 [아보기가] 다시 그를 불러 말하기를 "하북(河北)은 아마도 얻기 어려우니, 진주(鎭州)·정주(定州)·유주(幽州)를 얻는 것도 괜찮겠다."[49]라고 하였다. 종이와 붓을 주고서 장(狀)을 쓰라고 재촉하였는데, 요곤이 불가하다고 하자 그를 죽이고자 하였다. 한연휘(韓延徽)[50]가 간언하여 이에 다시 그를 가두었다.[51] [『자치통감(資治通鑑)』 권275, 「후당기(後唐紀)」 4, 명종(明宗) 천성(天成) 원년 7월조.]

【주석】

[1-49] 하북(河北)은 아마도 얻기 …… 얻는 것도 괜찮겠다 : 『자치통감』에 따르면, 사건의 순서는 야율아보기(耶律阿保機)가 먼저 대하(大河)의 이북을 주면 다시는 남침하지 않겠다고 제안을 했으나 요곤이 거절을 하자 그를 구금하였고, 이후 다시 불러서 하북을 얻기 어려우면 진주, 정주, 유주를 얻는 것도 괜찮다고 제안을 건넨 것이다.[147] 이는 앞서 "나는 유주가 필요한 것이니, 한(漢)의 아들이 [나에게 이 땅을] 관리하게 해 준다면, 다시는 한의 땅에 침입하지 않을 것이다."라고 한 말과 함께 거란의 점령 의지를 잘 드러내는 구절로 생각된다.[148]

[1-50] 한연휘(韓延徽) : 한연휘(882~959)는 자가 장명(藏明)이고, 요대(遼代) 유주(幽州) 안차(安次) 사람이다. 처음에 한연휘는 유인공(劉仁恭)에게 발탁되어 유도부문학(幽都府文學)

---

147 『資治通鑑』 卷275, 「後唐紀」 4, 明宗 天成元年 7月條, "又曰, '…… 若與我大河之北, 吾不復南侵矣.' 坤曰, '此非使臣之所得專也.' 契丹主怒, 囚之, 旬餘, 復召之, 曰, '河北恐難得, 得鎭, 定, 幽州亦可也.' 給紙筆趣令爲狀, 坤不可, 欲殺之, 韓延徽諫, 乃復囚之."

148 거란의 중원 정책에 대해서는 윤영인, 「10-11세기 거란의 중원 정책」, 『東洋文化研究』 31, 梁山: 靈山大學校 東洋文化研究院, 2019, 111-114쪽 참조.

평주녹사참군(平州錄事參軍)이 되었다. 유수광(劉守光)에 의해 사신으로 거란에 갔을 때 아보기에게 발탁되었다. 이후 당으로 도망갔다가 다시 거란으로 돌아온 뒤 아보기에게 갑열(匣列)이라는 이름을 하사받았는데, 그 뜻은 거란어로 다시 왔다는 말이다. 수정사령(守政事令) 숭문관대학사(崇文館大學士)에 임명되어 중외(中外)의 일에 모두 참여해 결정하였다. 발해 원정에 종군하여 좌복야(左僕射)에 배수되었다. 태조가 붕어하자 곁에서 슬퍼하였다. 태종 대에 노국공(魯國公)에 봉해졌고, 세종 대에 남부재상(南府宰相)으로 옮겼다. 응력(應曆) 연간에 치사(致仕)하여 응력 9년(959)에 향년 78세로 사망하였다.[149] 한연휘의 열전에서 요곤과 관련된 기록은 보이지 않지만, 그가 발해 원정에 종군하였다는 점, 태조 붕어 시에 곁을 지킨 점, 중외의 일에 참여한 점 등을 고려하면, 한연휘가 사신으로 온 요곤을 만났을 가능성이 있다.[150]

[1-51] 이에 다시 그를 가두었다: 이는 유주 등의 땅을 할양해 달라는 아보기의 요구에 대해 요곤이 장(狀)을 쓰도록 하기 위함이었을 것이다.[151]

【원문】

> 14. 阿保機攻渤海, 取其扶餘一城, 以爲東丹國, 以其長子人皇王突欲爲東丹王.[『新五代史』卷72,「契丹傳」上. 全同:『文獻通考』卷345,「四裔考」22, 北6, 契丹上.][75]

【교감】

[75] 입력자주: 야오충우(姚從吾)는 이 문장을 수록하지 않았으나, 한중 관계 사료임을 고려하여 임의로 추가하였다.

---

149 『遼史』卷74,「韓延徽傳」, "字藏明, 幽州安次人. …… 天贊四年, 從征渤海, 大諲譔乞降. 既而復叛, 與諸將破其城, 以功拜左僕射. 又與康默記攻長嶺府, 拔之. 師還, 太祖崩, 哀動左右. ……九年卒, 年七十八. 上聞震悼, 贈尙書令, 葬幽州之魯郭, 世爲崇文令公."
150 姚從吾,「阿保機與後唐使臣姚坤會見談話集錄」, 109-110쪽 참조.
151 『資治通鑑』卷273,「後唐紀」2, 莊宗 同光2年 7月條, "韓延徽諫, 乃復囚之."에 대한 胡三省 注, "囚而復囚, 欲姚坤之爲狀. 縱使姚坤爲狀, 中國肯割地而與之乎? 此欲用抵冒度湟之故智耳."

【번역】

14. 아보기(阿保機)가 발해(渤海)를 공격하고[52] 부여(夫餘)의 한 성(城)을 취하여[53] 동단국(東丹國)[54]이라 하고, 그의 장자 인황왕(人皇王) 돌욕(突欲)을 동단왕(東丹王)으로 삼았다.[55] [『신오대사(新五代史)』권72,「거란전(契丹傳)」상, 모두 같음[全同]:『문헌통고(文獻通考)』권345,「사예고(四裔考)」22, 북(北) 6, 거란 상.]

【주석】

[1-52] **아보기(阿保機)가 발해(渤海)를 공격하고**: 동광 3년(925) 12월 아보기는 발해 공격을 발표하고, 다음 달 윤12월 본격적으로 자신의 후방에 있던 발해로 친정하였다.[152] 이와 동시에 아보기는 발해 공격 시 후당이 이를 틈타 기습할까 우려하여 926년 정월 후당에 매노혜리(梅老鞋里)를 사신으로 파견해 우호 관계를 맺게 하였다.[153]

[1-53] **부여(夫餘)의 한 성(城)을 취하여**: 부여는 발해의 부(府)로 치소는 지금의 지린성(吉林省) 쓰핑시(四平市)이다. 『요사』에 보이는 아보기의 발해 친정 과정은, 윤12월 임진일(4일) 목엽산(木葉山)에서 제사를 지내고 임인일(14일) 오산(烏山)에서 제사를 지냈으며, 같은 달 정사일(29일) 상령(商嶺)에 행차해 밤에 부여부(扶餘府)를 포위하였고, 다음 해 926년 1월 경신일 부여성을 함락하고 장군을 주살(誅殺)하였다.[154]

[1-54] **동단국(東丹國)**: 동단은 동쪽의 거란이라는 의미이다. 아보기가 발해를 멸한 뒤 926년 2월 요의 속국(屬國)으로 동단국을 세웠는데, 이후 점차 요에 편입되어 982년 12월 정식으로 폐지되었다. 초대 국왕은 아보기의 장자인 야율돌욕이다.[155]

---

152 『遼史』卷2,「太祖本紀」下, 天贊4年 12月條, "乙亥, 詔曰, '所謂兩事, 一事已畢, 惟渤海世讎未雪, 豈宜安駐!' 乃擧兵親征渤海大譟讙. 皇后·皇太子·大元帥堯骨皆從."

153 『資治通鑑』卷274,「後唐紀」3, 明宗 天成元年 正月條, "契丹主擊女眞及勃海, 恐唐乘虛襲之, 戊寅, 遣梅老鞋里來修好." 아보기의 대외 경략에 대해서는 유빛나, 「초기 거란의 성장과 국제적 위상-태조·태종시기(907~947)를 중심으로-」, 『만주연구』17, 서울: 만주학회, 2014, 18-22쪽 참조.

154 『遼史』卷2,「太祖本紀」下, 天贊4年 閏12月條, "壬辰, 祠木葉山. 壬寅, 以靑牛白馬祭天地于烏山. 己酉, 次撒葛山, 射鬼箭. 丁巳, 次商嶺, 夜圍扶餘府."; 『遼史』卷2,「太祖本紀」下, 天顯元年 春正月條, "己未, 白氣貫日. 庚申, 拔扶餘城, 誅其守將." 또한 발해 멸망 과정에 대한 연구는 김기섭, 「발해의 멸망과정과 원인」, 『韓國古代史硏究』50, 서울: 韓國古代史學會, 2008, 103-131쪽 참조.

155 동단국에 대해서는 나영남, 「10세기 동북아 국제정세와 契丹의 요동정책-東丹의 설립과 그 통치정책」, 『역사

[1-55] 그의 장자 …… 동단왕(東丹王)으로 삼았다 : 926년 2월 발해를 멸한 아보기는 임진일(5일) 천지(天地)에 대사(大赦)를 내리고 천현(天顯)으로 개원하였다. 같은 달 병오일(19) 발해국의 이름을 동단, 홀한성(忽汗城)의 이름을 천복(天福)으로 고치고, 황태자 야율배(야율돌욕)를 인황왕으로 책봉해 그 땅을 다스리게 하였다.[156]

【원문】

15. 阿保機病傷寒.[76] 一夕, 大星殞于其帳前, 俄而卒于扶餘城, 時天成元年七月二十七日也. 其妻述律氏自率衆護其喪歸西樓, 坤亦從行, 得報而還.[77] [『舊五代史』 卷137, 「契丹傳」. 略同: 『新五代史』 卷72, 「契丹傳」 上; 『文獻通考』 卷345, 「四裔考」 22, 北6, 契丹上.]

【교감】

[76] 입력자注: '病傷寒', 『舊五代史』에는 '病傷寒', 『新五代史』·『文獻通考』에는 '病死'로 적혀 있다.

[77] 입력자注: '坤亦從行, 得報而還', 『新五代史』·『文獻通考』에는 '坤從至西樓而還'으로 적혀 있다.

【번역】

15. 아보기(阿保機)는 상한(傷寒)으로 괴로워하였다. 어느 날 저녁 큰 별이 그의 장막 앞에 떨어졌다.[56] 곧이어 [아보기가] 부여성(扶餘城)에서 졸(卒)하니, 이때가 [후당 명종] 천성(天成) 원년(926) 7월 27일이었다.[57] 그의 처 술률씨(述律氏)가 스스로 무리를 이끌고 그의 상례(喪

문화연구』 39, 龍仁: 韓國外國語大學校 歷史文化硏究所, 2011; 康鵬, 「東丹國存亡問題再思考」, 『北方文物』, 哈爾濱: 黑龍江省文物考古研究所, 2019年 第4期; 澤本光弘, 「契丹の舊渤海領統治と東丹國の構造-「耶律羽之墓誌」をてがかりに」, 『史學雜誌』 第117編 6號, 2008을 참조.

156 『遼史』 卷2, 「太祖本紀」 下, 天顯元年 二月條, "壬辰, 以青牛白馬祭天地. 大赦, 改元天顯. 以平渤海遣使報唐. 甲午, 復幸忽汗城, 閱府庫物, 賜從臣有差. 以奚部長勃魯恩·王郁自回鶻·新羅·吐蕃·党項·室韋·沙陀·烏古等從征有功, 優加賞賚. 丙午, 改渤海國爲東丹, 忽汗城爲天福. 冊皇太子倍爲人皇王以主之. 以皇弟迭剌爲左大相, 渤海老相爲右大相, 渤海司徒大素賢爲左次相, 耶律羽之爲右次相. 赦其國內殊死以下."

禮)를 호송하여 서루(西樓)로 돌아가자,[58] 요곤 또한 따라가서 부고를 얻어 돌아왔다.[59] [『구오대사(舊五代史)』 권137, 「거란전(契丹傳)」. 대략 같음[略同]:『신오대사(新五代史)』 권72, 「거란전」 상;『문헌통고(文獻通考)』 권345, 「사예고(四裔考)」 22, 북(北) 6, 거란 상]

【주석】

[1-56] 아보기(阿保機)는 상한(傷寒)으로 …… 장막 앞에 떨어졌다: 아보기의 건강 상태에 대해 『요사』 「태조본기」에서는 7월 갑술일(20) "[아보기가] 부여부에 도착하였는데, 건강이 좋지 않았다. 이날 저녁 큰 별이 그의 장막으로 떨어졌다."[157]라고 하여, 이날 저녁 즉 7월 갑술일의 일로 기록하고 있다. 한편 『구오대사』 「거란전」에서는 "요곤이 이른지 3일 만에 아보기가 상한으로 괴로워하였다. 어느 날 저녁 큰 별이 그의 장막으로 떨어졌다."[158]라고 하여, 그의 발병 시기를 천문 현상과 구분해서 서술하고 있다. 또한 『책부원귀』 「외신부(外臣部)」에서도 선강장군(先羌將軍) 진계위(陳繼威)가 거란으로 사행을 다녀와서 올린 장(狀)에 의하면, 진계위는 926년 7월 20일 발해의 부여부(扶餘府)에 도착해 부성(府城)의 동남쪽에 있던 아보기에게 알현을 청하였으나 만나지 못하였고, 이때 이미 아보기가 병중에 있다는 것을 들었다.[159] 즉 아보기가 요곤을 만나고 3일 뒤 병에 걸렸기 때문에 진계위가 부여성에 이르렀을 때 알현하지 못했던 것이다.

[1-57] 곧이어 [아보기가] …… 7월 27일이었다: 아보기의 사망일인 후당 명종 천성 원년 7월 27일은 요 태조 천현(天顯) 원년(926) 7월 신사일이다. 『요사』 「태조본기」에 따르면, 7월 신사일(27) 새벽녘에 자성(子城) 위로 황룡이 나타나고, 자줏빛 검은 기운이 하늘을 덮었는데 하루가 다 가고서야 흩어지는 신이한 일이 일어났다. 그날 요 태조 야율아보기가 향년 55세로 붕어하였다.[160]

---

157 『遼史』 卷2, 「太祖本紀」 下, 天顯元年 7月條, "甲戌, 次扶餘府, 上不豫. 是夕, 大星隕于幄前. 辛巳平旦, 子城上見黃龍繚繞, 可長一里, 光耀奪目, 入于行宮. 有紫黑氣蔽天, 踰日乃散. 是日, 上崩, 年五十五."
158 『舊五代史』 卷137, 「契丹傳」, "坤至止三日, 阿保機病傷寒. 一夕, 大星殞于其帳前."
159 『册府元龜』 卷980, 「外臣部」 25, 通好, "天成元年九月, 幽州趙德均奏, 先羌軍將陳繼威使契丹部內, 今使還得狀, 稱, '今年七月二十日, 至渤海界扶餘府, 契丹族帳在府城東南隅, 繼威旣至, 求見不通. 竊問漢兒, 言, 契丹主阿保機已得疾. ……'"
160 『遼史』 卷2, 「太祖本紀」 下, 天顯元年 7月條, "辛未, 衞送大諲譔于皇都西, 築城以居之. 賜諲譔名曰烏魯古, 妻曰

[1-58] **그의 처 술률씨(述律氏)가 …… 서루(西樓)로 돌아가자**: 7월 27일 아보기가 사망한 뒤 다음 날(임오일) 황후 술률씨가 칭제(稱制)하여 임시로 군국(軍國)의 사무를 처리하였다.[161] 그의 영구는 다음 달 8월 3일이 되어서야 부여성을 떠났고,[162] 9월 정묘일 서루에 이르렀다.[163]

[1-59] **요곤 또한 …… 얻어 돌아왔다**: 아보기가 사망하였으므로 재차 가두었던 요곤을 풀어주어 후당으로 돌아가 복명(復命)할 수 있게 한 것이다.[164] 요곤은 서루까지 따라갔다가 귀환하였다.[165] 요곤이 귀환할 때에는 따로 거란으로 사행을 갔던 진계위와 거란에서 파견한 고애사(告哀使) 아사(阿思)·몰골뢰(沒骨餒)와 함께하였다.[166]

阿里只. 盧龍行軍司馬張崇叛, 奔唐. 甲戌, 次扶餘府, 上不豫. 是夕, 大星隕于幄前. 辛巳平旦, 子城上見黃龍繚繞, 可長一里, 光耀奪目, 入于行宮. 有紫黑氣蔽天, 踰日乃散. 是日, 上崩, 年五十五."

161 『遼史』 卷2, 「太祖本紀」 下, 天顯元年 7月條, "壬午, 皇后稱制, 權決軍國事."
162 『冊府元龜』 卷980, 「外臣部」 25, 通好, "…… 其月二十七日, 阿保機身死. 八月三日, 隨阿保機靈柩發離扶餘城, 十三日至烏州, 契丹王妻始受却當府所持書信. 二十七日, 至龍州 ……."
163 『遼史』 卷2, 「太祖本紀」 下, 天顯元年 9月條, "丁卯, 梓宮至皇都, 權殯于子城西北. 己巳, 上諡昇天皇帝, 廟號太祖."
164 『資治通鑑』 卷273, 「後唐紀」 2, 莊宗 同光2年 9月條, "以韓延徽爲政事令. [胡三省 注: 歐史: 契丹以韓延徽爲相, 號政事令.] 聽姚坤歸復命, [胡三省 注: 阿保機囚姚坤事見上.] 遣其臣阿思沒骨餒來告哀. [考異曰, 漢高祖實錄作'沒姑餒', 今從明宗實錄及會要.]
165 『新五代史』 卷72, 「契丹傳」 上, "坤從至西樓而還."
166 『冊府元龜』 卷980, 「外臣部」 25, 通好, "…… 契丹王妻始受却當府所持書信. 二十七日, 至龍州, 契丹王妻令繼威歸本道, 仍遣撩括梅老押馬三匹充答信同來. 繼威見契丹部族商量, 來年正月, 葬阿保機於木葉山下, 兼差近位阿思沒姑餒持信, 與先入蕃天使供奉官姚坤同來, 赴闕告哀. 兼聞契丹部內, 取此月十九日一齊擧哀, 朝廷及當府前後所差人使, 繼威來時, 見處分, 候到西樓日, 即並放歸."

2

호교(胡嶠)의 『함로기(陷虜記)』

이진선

해제

호교(胡嶠, ?~?)의 『함로기(陷虜記)』는, 찬자인 합양현령(郃陽縣令) 호교가 947년 선무군절도사(宣武軍節度使) 소한(蕭翰)을 따라 요(遼)로 입국하였다가 7년 만에 귀국한 뒤에 그동안의 여정과 견문을 기록한 것이다. 당시 호교는 선무군절도사의 장서기(掌書記) 자격으로 따라갔으나, 소한이 반란죄로 주살됨에 따라 의지할 곳이 없게 되었고, 소한의 두하주(頭下州)였던 복주(福州)로 이동하였다. 그는 7년의 거란 생활 끝에 953년 중원으로 돌아왔다.

현재 이 책은 온전하게 전하지 않고, 『신오대사(新五代史)』 권73, 「사이부록(四夷附錄)」, 거란하(契丹下)의 마지막 부분에 인용되어 있다.[167] 『문헌통고(文獻通考)』 권345, 「사예고(四裔考)」와 『거란국지(契丹國志)』 권25, 「호교함북기(胡嶠陷北記)」는 대체로 『신오대사』의 것을 인습하였다.[168] 『신오대사』에 기재된 『함로기』는 『구오대사(舊五代史)』에 그 내용이 전하지 않는다는 점에서도 사료적 가치가 크다고 할 수 있다. 『함로기』는 기록에 따라 『함요기(陷遼記)』 3권, 『함로기(陷虜記)』 1권 등 권수의 차이가 있고, 그 명칭도 『함북기(陷北記)』, 『입요록(入遼錄)』, 『입요기(入遼記)』 등으로 다양하게 보인다.

이 『함로기』는 자징옌(賈敬顔)이 『오대송금원인변강행기십삼종소증고(五代宋金元人邊疆行記十三種疏證稿)』에서 지리적 고증을 보충하여 출판하였고,[169] 자오융춘(趙永春)이 『봉사요금행정록(奉使遼金行程錄)』(增訂本)에서 원문 교감과 간략한 설명을 각주로 달아 출판하였다.[170]

『함로기』의 내용은 ① 호교가 소한을 따라 요로 들어가는 배경, ② 이후의 이동 경로와 그 지역의 자연환경 및 풍습, ③ 거란과 그 주변 나라의 거리 및 정보, ④ 호교의 귀환과 함로기 작성 배경으로 구성되어 있다. 1번과 4번 항목은 아주 소수의 분량이며, 나머지 2번과 3번 항목이 각각 절반씩 『함로기』 대부분의 분량을 차지하고 있다.

관련 연구로는 『함로기』에 보이는 지리적 위치 고증과 교통로에 관한 연구,[171] 요의 정복

---

[167] 『新五代史』 卷73, 「四夷附錄」 2, 契丹下.
[168] 『文獻通考』 卷345, 「四裔考」 22, 北6, 契丹上; 『契丹國志』 卷25, 「胡嶠陷北記」.
[169] 賈敬顔, 『五代宋金元人邊疆行記十三種疏證稿』, 北京: 中華書局, 2004, 13-38쪽.
[170] 趙永春, 『奉使遼金行程錄(增訂本)』, 北京: 常務印書館, 2017, 7-11쪽.
[171] 임상선, 「『遼史』 地理志의 斡魯朶 州·縣」, 『高句麗渤海研究』 49, 서울: 高句麗渤海學會, 2014; 趙評春, 「遼代木葉山考」, 『北方文物』, 哈爾濱: 黑龍江省文物考古硏究所, 1987年 第1期; 項春松, 『遼代歷史與考古』, 呼和浩特:

과 그에 따른 포로 및 이주민에 관한 연구,[172] 그 지역의 자연환경과 풍습에 관한 연구[173] 등이 있다.

판본 설명

이용판본: 趙永春, 『奉使遼金行程錄(增訂本)』, 北京: 常務印書館, 2017. (약어: 趙氏)

참고판본: 賈敬顔, 『五代宋金元人邊疆行記十三種疏證稿』, 北京: 中華書局, 2004. (약어: 賈氏)

內蒙古人民出版社, 1996; 鮑立義 主編, 『阿魯科爾沁文史』 第5輯, 赤峰: 蒙文印刷廠, 1996.

[172] [日] 島田正郎 著, 何天明 譯, 『大契丹國: 遼代社會史研究』, 呼和浩特: 內蒙古人民出版社, 2007(原: 『遼代社會史研究』, 三和書房, 1952) 중 「徙民政策與州縣制的建立」; 安忠和, 『新知文叢 安忠和說承德』, 北京: 中國戲劇出版社, 2007.

[173] 尤中, 『中華民族發展史』 第2卷 遼宋金元代, 昆明: 晨光出版社, 2007; 張軍, 「契丹覆麵·毀器·焚物葬俗小議」, 『草原文化研究資料選編』 第7輯, 呼和浩特: 內蒙古教育出版社, 2012; 樊瑩瑩, 「《唐音癸籤》方俗詞研究芻論」, 『漢語史研究集刊』 第20輯, 成都: 巴蜀書社, 2015.

【원문】

初, 蕭翰聞德光死, 北歸. 有同州郃陽縣令胡嶠爲翰掌書記, 隨入契丹, 而翰妻爭妬,[1] 告翰謀反, 翰見殺, 嶠無所依, 居虜中七年.[2]
當[3]周廣順三年, 亡歸中國, 略能道其所見.

【교감】

[1] 입력자注: '妬', 『文獻通考』에는 '姤'로 적혀 있다.
[2] 趙氏注: '有同州 …… 七年', 『契丹國志』卷25, 「胡嶠陷北記」(이하『契丹國志』)에는 '同州郃陽縣令胡嶠, 居契丹七年'으로 적혀 있다.
[3] 입력자注: '當', 『契丹國志』에는 이 글자가 없다.

【번역】

처음에 소한(蕭翰)[1]은 야율덕광(耶律德光)[2]이 죽었다는 소식을 듣고 북쪽으로 돌아갔다. 동주(同州)의 합양현령(郃陽縣令)[3] 호교(胡嶠)[4]는 소한의 장서기(掌書記)가 되어 [소한을] 따라 거란(契丹)으로 들어갔다. 소한의 처(妻)가 총애를 다투고 시기하여 소한이 모반(謀反)하려 한다고 알리니, 소한은 살해되었고,[5] 호교는 의지할 곳이 없게 되었는데 거란[虜中]에서 7년을 살았다. 후주 광순(廣順) 3년(953)이 되자 도망쳐 중국으로 귀의하여[6] 그가 [거란에서] 본 바를 간략하게 말할 수 있었다.

【주석】

[2-1] 소한(蕭翰): 소한(?~949)은 일명 적렬(敵烈)이라고도 하고, 자(字)가 한진(寒眞)이며, 재상 적로(敵魯)의 아들이다. 소한의 누이동생이 야율덕광(耶律德光)에게 시집을 가서 국인(國人)들이 소한을 국구(國舅)라 불렀다. 천록(天祿) 2년(949) 야율올욕(耶律兀欲)의 누이 아불리(阿不里)에게 장가들었다. 요 태조 야율아보기 천찬(天贊) 연간 초에 후당의 군대가 진주를 포위하자 절도사(節度使) 장문례(張文禮)가 구원을 요청하였는데, 소한이 가서 후당의 장수 이사소(李嗣昭)를 살해하고 석성(石城)을 함락하였다. 태종 야율덕광 회

동(會同) 8년 후진(後晉)의 장수 두중위(杜重威)를 패퇴시키고 망도(望都)까지 추격하였다. 이후 태종을 따라 변경(汴京)에 들어간 뒤 선무군절도사(宣武軍節度使)에 임명되었다. 본래 성(姓)이 없었으나 절도사가 된 뒤로 소(蕭)를 성으로 하고, 한(翰)을 이름으로 사용하였다. 후한(後漢)의 고조가 태원(太原)에서 건국하자 인근 진(鎭)에서 후한으로 귀부하는 경우가 많았는데, 이를 두려워 한 소한이 낙양(洛陽)에서 후당(後唐) 명종(明宗)의 아들 허왕(許王) 종익(從益)을 맞이해 세웠다. 이후 본국으로 돌아와 모반을 일으키다 발각되어 사망하였다.[174]

[2-2] 야율덕광(耶律德光): 야율덕광(재위 926~947)은 후진의 석중귀(石重貴)를 공격해 대량(大梁, 즉 開封)을 점령하고 후진을 멸하였다. 다음해(947) 국호를 대요(大遼)로 하였다. 그러나 야율덕광은 중원 지역의 반발로 북쪽으로 회군하다가 4월 21일 난성(欒城)에서 46세로 병사하였다.[175] 소한(蕭翰)은 야율덕광이 사망했다는 소식을 듣고 변주(汴州)를 떠나 행재(行在)를 뒤쫓았지만, 만나지는 못하였다.[176]

[2-3] 동주(同州)의 합양현령(郃陽縣令): 동주는 한(漢) 고조 때 처음 설치한 하상군(河上郡)이고, 북위(北魏) 때 화주(華州)를 겸치(兼置)하다가 서위(西魏) 시기 동주로 고쳤다. 수대에는 풍익군(馮翊郡)이었고, 당대에는 동주 혹은 풍익군이라 하였다. 치소는 풍익현(馮翊縣)이다. 합양은 동주의 속현 가운데 하나이다. 합수(郃水)의 북쪽[陽]에 있어 합양이라 이름하였다. 현령은 현의 장관이다.[177]

[2-4] 호교(胡嶠): 합양현령이던 호교는 당시 선무군절도사(宣武軍節度使) 소한의 장서기가 되어 947년 거란으로 따라 들어갔다.[178] 절도사의 장서기는 1인이고, 표(表)·주(奏)·서격(書檄)의 일을 관장하였다.[179]

---

174 『遼史』 卷113, 「蕭翰傳」; 『舊五代史』 卷98, 「晉書」 24, 「蕭翰傳」.
175 『舊五代史』 卷137, 「契丹傳」, "十六日, 次于欒城縣殺胡林之側, 時德光已得寒熱疾數日矣, 命胡人齋酒脯, 禱于得疾之地. 十八日晡時, 有大星落于穹廬之前, 若迸火而散. 德光見之, 西望而唾, 連呼曰, '劉知遠滅, 劉知遠滅!' 是月二十一日卒, 時年四十六, 主契丹凡二十二年." 또한 『遼史』 卷4, 「太宗本紀」 下, 大同元年 4月條 참조.
176 『新五代史』 卷73, 「四夷附錄」 2, 契丹 下, "蕭翰聞德光死, 棄汴州而北, 至鎭州, 兀欲已去."
177 『通典』 卷173, 「州郡」 3, 古雍州上, 馮翊郡·同州條; 『舊唐書』 卷38, 「地理志」 1, 關內道, 同州上輔條.
178 『全唐文』 卷859, 胡嶠, "嶠官, 郃陽縣令, 爲宣武軍節度使蕭翰掌書記, 因隨入契丹. 翰誅, 無所依, 居契丹七載. 當周廣順三年逃歸."
179 『通典』 卷32, 「職官」 14, 「州郡」 上, 都督·總管·節度·團練·都統等使附, 大唐, "掌書記一人.【原注: 掌表奏書檄.】"

[2-5] 소한의 처(妻)가 …… 소한은 살해되었고: 소한은 천록 2년(949) 야율올욕의 누이 아불리 공주와 결혼하였다. 그의 사망에 대해 『구오대사』에서는 본국으로 돌아갔을 때 올욕에게 붙잡혀 졸(卒)하였다고 기록하였다. 하지만 『요사』에서는 천덕(天德)과 모반(謀反)하여 하옥되었고, 또 유가(劉哥) 및 그 동생 분도(盆都)와 난을 일으켰으나 처벌만 받고 석방되었으며, 이후 다시 공주와 서신으로 명왕(明王) 야율안단(耶律安端)과 반란을 결의하였다고 알렸는데 야율옥질(耶律屋質)이 그 서신을 얻어 소한이 주살되었다고 기록하여 차이가 있다.[180] 아내가 소한의 모반을 알렸다고 한 것은 이 일을 말하는 것으로 보인다.

[2-6] 호교는 의지할 …… 중국으로 귀의하여: 호교가 선무군절도사 소한의 장서기로 그를 따라 거란에 들어갔는데, 소한이 반란죄로 사망하였기 때문에 의지할 곳이 없어진 것이다. 후주 태조 광순 3년은 953년이다.[181] 즉 거란에서 머문 7년은 입국한 947년부터 중원으로 도망친 953년까지의 기간이다.

【원문】

> 云, 自幽州西北入居庸關.
>
> 明日, 又西北入石門關, 關路崖狹, 一夫可以當百, 此中國控扼契丹之險也.
>
> 又三日, 至可汗州, 南望五臺山, 其一[4]峯最高者, 東臺也. 又三日, 至新武州,[5] 西北行五十里有雞鳴山, 云唐太宗北伐聞雞鳴于此, 因以[6]名山.
>
> 明日, 入永定關,[7] 此唐故關也.
>
> 又四日, 至歸化州.
>
> 又三日,[8] 登天嶺, 嶺東西連亘, 有路北下, 四顧冥然, 黃雲白草, 不可窮極. 契丹謂嶠曰, "此辭鄕嶺也, 可一南望而爲永訣." 同行者皆慟[9]哭, 往往絶而復蘇.

---

180 『遼史』卷113, 「蕭翰傳」; 『舊五代史』卷98, 「晉書」24, 「蕭翰傳」.
181 『册府元龜』卷170, 「帝王部一百七十」, 來遠條에서는 광순 2년이라고 전한다. "周太祖廣順二年, …… 契丹虞部員外郎胡嶠爲汝州魯山縣令, 並以其歸化故也."

【교감】

[4] 趙氏注: '一', 『說郛』에는 이 글자가 없다.

[5] 입력자注: '州', 『文獻通考』에는 이 글자가 없다.

[6] 입력자注: '以', 『新五代史』에는 '之'로 적혀 있다.

[7] 입력자注: '關', 『文獻通考』·『契丹國志』에는 '關北'으로 적혀 있다.

[8] 趙氏注: '又三日', 『說郛』에는 '又二日'로 적혀 있다.

[9] 입력자注: '慟', 『新五代史』(中華書局點校本)에는 '慟'으로, 趙氏·賈氏에는 '痛'으로 적혀 있다. '慟'과 '痛'은 통가자이다.

【번역】

전하기를, "유주(幽州)[7]의 서북쪽으로부터 거용관(居庸關)[8]에 들어갔다. 다음 날 또 서북쪽으로 석문관(石門關)[9]에 들어갔다. 관(關)의 길이 좁아서 일당백을 할 수 있을 만하니, 이곳이 [바로] 중국(中國)이 거란을 제어하는 요해지(要害地)[10]인 것이다. 또 3일을 가서 가한주(可汗州)[11]에 이르러 남쪽으로 오대산(五臺山)[12]을 바라보니, 그중 가장 높은 봉우리가 동대(東臺)[13]였다. 또 3일을 가서 신무주(新武州)[14]에 이르렀다. [또] 서북쪽으로 50리를 가면 계명산(雞鳴山)[15]이 있는데, [전하는 말에 의하면] 당(唐) 태종(太宗)이 북쪽으로 정벌할 때 이곳에서 닭 우는 소리를 듣고서 이로 인해 산의 이름을 지었다고 한다. 다음 날 영정관(永定關)[16]으로 들어갔는데, 이곳은 당의 옛 관(關)이다. 또 4일을 가서 귀화주(歸化州)[17]에 이르렀다. 또 3일을 가서 천령(天嶺)[18]에 올랐는데, 산봉우리가 동서로 길게 이어져 있고, 북쪽으로 내려가는 길이 있으며, 사방을 둘러보니 아득하여 황운(黃雲)과 백초(白草)[19]가 무궁무진하였다. 거란 사람들이 호교에게 말하기를 "이곳은 사향령(辭鄉嶺)[20]으로 한번 남쪽을 바라보면 영원히 이별하게 됩니다."라고 하니, 함께 간 자들이 모두 통곡하여 이따금 기절하였다가 다시 깨어났다.

【주석】

[2-7] 유주(幽州): 앞의 [1-47] 참조.

[2-8] 거용관(居庸關): 군도관(軍都關)·계문관(薊門關)·납관관(納款關) 등으로도 불린다. 그 위치

는 지금의 베이징시(北京市)에서 서북쪽으로 약 50킬로미터 떨어진 창핑구(昌平區) 경내의 쥐융산(居庸山)에 있는 관문이다. 『신당서(新唐書)』 「지리지(地理志)」에서는 유주의 속현 창평현(昌平縣)의 원주(原註)에 거용관의 위치와 별칭이 전하는데, "창평현 북쪽 15리에 군도형(軍都陘)이 있다. 서북쪽 35리에는 납관관(納款關)이 있는데, 바로 옛 거용관이고, 군도관(軍都關)이라고도 부른다."[182]라고 하여, 거용관이 창평현 서북쪽 35리에 있었음이 확인된다.[183]

[2-9] 석문관(石門關): 지금의 베이징시 옌칭구(延慶區) 동남쪽 바다링(八達嶺) 일대로 쥐융산의 북쪽 입구이다. 거란이 남쪽을 공격하려고 할 때마다 유주에서 집결했는데, 그 경로 중 하나가 바로 석문관로(石門關路)였다. 석문관은 유주에서 서쪽으로 180리 거리에 있었다.[184]

[2-10] 중국(中國)이 거란을 제어하는 요해지(要害地): 거용관과 석문관 등은 중국에서 거란으로 이동하는 길목이었다. 『송조사실류원(宋朝事實類苑)』 「안변어구(安邊禦寇)」에서도 석문관에 대하여 "그 험하기가 호북구(虎北口)와 같으니, 모두 옛날 해(奚)·노(虜)를 제어하는 요해처였다."[185]라는 기록이 보인다.

[2-11] 가한주(可汗州): 지금의 허베이성(河北省) 화이라이현(懷來縣) 동남쪽 일대이다. 가한주는 당대(唐代)의 규주(嬀州)이고, 요 태조 신책(神册) 원년(916) 11월 규주를 가한주로 고쳤다.[186] 치소는 회래현(懷來縣)으로,[187] 동남쪽으로 200리 거리에 유주가 있었다.[188]

---

182 『新唐書』 卷39, 「地理志」 3, 河北道, 幽州范陽郡條, "昌平.【原註: 望. 北十五里有軍都陘. 西北三十五里有納款關, 即居庸故關, 亦謂之軍都關. 其北有防禦軍, 古夏陽川也. 有狼山.】"
183 또한 『新唐書』 卷39, 「地理志」 3, 河北道, 嬀州·嬀川郡條의 속현 懷戎에 대한 原註, "天寶中析置嬀川縣, 尋省. 嬀水貫中. 北九十里有長城, 開元中張說築. 東南五十里有居庸塞, 東連盧龍·碣石, 西屬太行·常山, 實天下之險." 참조.
184 『新雕皇朝類苑』 卷77, 「安邊禦寇」 3, 契丹條, "每欲南牧, 皆集於幽州, 有四路, 一曰楡關路, 二曰松亭路, 三曰虎北口路, 四曰石門關路. …… 石門關在幽州西一百八十里, ……."
185 『新雕皇朝類苑』 卷77, 「安邊禦寇」 3, 契丹條, "…… 石門關在幽州西一百八十里, 其險絕悉類虎北口, 皆古控扼奚虜要害之地也."
186 『遼史』 卷1, 「太祖本紀」 上, 神册元年 11月條.
187 『遼史』 卷36, 「兵衛志」 下, 五京鄉丁, 西京條.
188 『武經總要』 卷22, 「北蕃地理」, 雲州四面諸州, 嬀州條, "嬀州. 嬀州郡. 唐初置北燕州. 貞觀中改嬀州. 取城中嬀水

[2-12] 오대산(五臺山): 지금의 산시성(山西省) 신저우시(忻州市)에 있는 산으로, 동대(東臺) 망해봉(望海峰), 남대(南臺) 금수봉(錦繡峰), 중대(中臺) 취암봉(翠岩峰), 서대(西臺) 괘월봉(掛月峰), 북대(北臺) 엽두봉(葉頭峰)의 다섯 개 봉우리가 솟아 있어 오대산이라 이름하였다. 신선이 살던 곳이라 하여 자부산(紫府山)이라고도 불렸고, 불교의 문수보살(文殊菩薩) 도량이므로 청량산(淸凉山)이라고도 불렸다. 오대산은 가한주의 남서쪽에 위치하는데, 이 때문에 남쪽에서 바라본다고 한 것이다.

[2-13] 동대(東臺): 오대산에는 동서남북과 중앙에 각각 대(臺)가 있다. 그 봉우리의 높이는 동대가 38리(里), 남대가 37리, 중대가 39리, 서대가 35리, 북대가 40리이다. 즉 가장 높은 봉우리는 동대가 아닌 북대 엽두봉일 것이다.[189]

[2-14] 신무주(新武州): 당대(唐代)의 신주(新州)로 추정되는데, 신주는 지금의 허베이성(河北省) 장자커우시(張家口市) 줘루현(涿鹿縣) 서남쪽 30리에 있다.[190] 신주는 요 태종(太宗) 회동(會同) 원년(938) 11월 봉성주(奉聖州)로 고쳤다.[191]

[2-15] 계명산(雞鳴山): 지금의 허베이성 장자커우시에 있다. 계명산의 유래에 대해 『함로기』에서는 당(唐) 태종(太宗)의 일화를 기술하였는데, 한편 『태평환우기(太平寰宇記)』 규주(嬀州), 회융현(懷戎縣) 조에 의하면, 조양자(趙襄子)가 대왕(代王)을 살해하자 그 부인이 마계산(磨笄山)에 이르러 자살하였고 이를 애석하게 여긴 대(代)나라 사람들이 그곳에 사당을 세웠는데 매일 밤 사당 지붕 위에서 닭들이 울었으므로 명계산(鳴雞

爲名. 涿鹿山磨笄山版泉在焉. 石晉割賂契丹. 周世宗時戎主避歸周之名. 改爲可汗州. 東北至儒州二百里. 西南至蔚州二百九十里. 東南至幽州二百里. 西南至代州四百二十里. ……."

189 『碧山小志』第2章,「五臺山之形勢及其略史」, "所謂五臺者, 亦曰五峯. 臺言高平, 峯言聳峭. 其東西南北四臺. 皆自中臺發脈. 一山連屬, 勢若遊龍. 東臺, 高三十八里. 頂若鰲脊, 周三里. 亦名 望海峯, 上有望海寺. 若夫蒸雲寢壑, 氣爽澄秋. 東望明霞, 若陂若鏡, 即大海也. 不見滄瀛諸洲, 因以爲名. 南臺, 高三十七里, 頂若覆盂. 周一里. 亦名錦繡峯, 山峯聳峭, 烟光凝翠, 細草雜花, 千巒彌布, 猶鋪錦然, 故以名焉. 其上有寺, 曰普濟寺. 並有普賢塔焉. 西臺, 高三十五里, 頂平廣, 周二里. 亦名掛月峯, 月墜峯巔, 儼若懸鏡, 因以爲名. 其上有泉, 羣山拱合, 巖谷幽潛. 其上有寺曰法雨寺. 北臺, 高四十里, 頂平廣, 周四里, 亦名叫斗峯, 其下仰視, 巔摩斗杓, 故以爲名. 風雲雷雨, 出自半麓. 有下方驟雨, 其上暴晴. 四方雲氣, 每歸朝而宿泊焉. 乃龍帝之宮也. 其上有寺, 曰雷音寺. 中臺, 高三十九里, 頂平廣, 周五里. 亦名翠巖峯. 巔巒雄曠, 翠靄浮空. 故以爲名. 其上有寺, 曰演教寺."

190 賈敬顔, 『五代宋金元人邊疆行記十三種疏證稿』, 北京: 中華書局, 2004, 15쪽 참조.

191 『遼史』卷41,「地理志」5, 西京道, 奉聖州條, "奉聖州, 武定軍, 上, 節度. 本唐新州."; 『遼史』卷4,「太宗本紀」下, 會同元年 十一月條, "改新州爲奉聖州, 武州爲歸化州."

山)이라 이름하였고, 북위 문성제가 소태후(昭太后)를 명계산 산록에 묻었다고[192] 하여, 이미 북위 시기에도 그 이름이 명계산이었던 것을 알 수 있다. 명계산은 곧 계명산과 같은 것으로 생각된다.[193]

당 태종과 관련된 계명산의 유래와 위치에 대하여, 명대(明代) 섭성(葉盛)이 찬술한 『수동일기(水東日記)』의 「중당사기기행록(中堂事記紀行錄)」에 "계명산은 옛날 당 태종이 동쪽으로 정벌할 때[東征] 그 아래에 이르러 닭이 우는 소리를 들었기 때문에 이름한 것이다. 동남쪽으로 회래현[懷來]과 70리 거리에 있다."[194]라고 하였다. 『함로기』의 원문에서는 '북벌(北伐)'이라 한 데 반해, 『수동일기』에서 당 태종의 '동정(東征)'이라고 하였다는 차이가 있다. 당대(唐代)에 북벌은 대개 동돌궐 정벌을, 동정은 고구려 원정을 일컬었다. 명대 등사룡(鄧士龍)이 집성한 『국조전고(國朝典故)』에서는 당 태종의 고구려 원정이라고 하여 좀 더 명확하게 기술하고 있다.[195] 반면, 『회래현지(懷來縣志)』에서는 "당 정관(貞觀) 연간에 동돌궐이 중원(中原)을 침범하여 변민(邊民)이 안녕하지 못하였다. 태종 이세민이 친정하여 이 산에 머물렀는데, 밤에 산 위에서 닭 우는 소리를 들었으므로 계명산이라 불렀다."[196]라고 하여 당 태종의 동돌궐 친정이라 기록하였다. 태종이 친정한 것은 정관 19년(645) 고구려 원정이므로, 계명산이라는 이름은 고구려 원정 과정에서 붙어졌다고 보인다. 태종은 이세민의 묘호(廟號)이다.

[2-16] 영정관(永定關): 지금의 장자커우시 쉬안화구(宣化區) 북쪽에 있다. 『신당서(新唐書)』 「지리지(地理志)」 규주(嬀州) 조의 원주(原註)에 영정(永定)·요자(窰子) 두 관(關)이 있다

---

[192] 『太平寰宇記』 卷71, 「河北道」 20, 嬀州, 懷戎縣條, "鳴雞山在縣東北七十里, 本名磨笄山. …… 每夜有野雞群, 鳴於祠屋上. 故亦謂之鳴雞山. 後魏武成帝太后葬於麓."

[193] 자징옌(賈敬顏) 역시 『魏書』 卷5, 「高宗本紀」, 和平元年 5月條, "癸酉, 葬昭太后於廣寧鳴雞山."을 근거로 명계산의 명칭은 이미 북위 시기에 있었고, 당 태종이 처음 사용한 것이 아니라고 설명하였다. 賈敬顏, 『五代宋金元人邊疆行記十三種疏證稿』, 北京: 中華書局, 2004, 15쪽.

[194] 『水東日記』 卷35, 「中堂事記紀行錄」, "雞鳴山者, 昔唐太宗東征至其下, 聞雞鳴, 故名. 東南距懷來七十里而遠."

[195] 『國朝典故』 卷16, 「北征錄金幼孜」, "相傳以爲唐太宗征高麗至此, 登山鷄鳴, 由此得名."

[196] 『懷來縣志』, "唐貞觀年間, 東突厥犯中原, 邊民不得安寧, 太宗李世民親征, 駐蹕此山, 夜聞山上有雞鳴聲, 故稱雞鳴山."

는 기록이 보인다.[197]

[2-17] **귀화주(歸化州)**: 지금의 허베이성 장자커우시 쉬안화구 일대이다. 귀화주는 연운십육주(燕雲十六州)의 하나인 무주(武州)를 고친 것으로, 치소는 문덕현(文德縣)이다.[198] 요대에 귀화주의 설치 시기에 대해서는 태조 신책(新册) 원년(913) 11월, 태종 회동(會同) 원년(938) 11월 두 가지가 전한다.[199] 다만 『송사(宋史)』에서 후진(後晉)의 석경당(石敬瑭)이 거란에 할양하여 거란이 귀화주로 고쳤다고[200] 전하는 것으로 보아, 귀화주는 태종 시기에 귀화주로 고쳤을 가능성이 높다.

[2-18] **천령(天嶺)**: 천령에 대해서는 『독사방여기요(讀史方輿紀要)』 권18에서 호교의 『함로기』를 제시하며, 편령(偏嶺)이 곧 천령(天嶺)일 것이라 추정하였다.[201] 편령은 허베이성 츠청현(赤城縣) 두스청(獨石城) 북쪽 45리에 있었다.[202] 또한 『함로기』의 뒤이은 기록에 의하면, 천령은 거란 사람들이 사향령(辭鄉嶺)이라고도 불렀는데, 곧 『요사(遼史)』 「지리지(地理志)」에 보이는 사향령(思鄉嶺)일 것이다. 사향령(思鄉嶺)의 정식 명칭은 덕승령(德勝嶺)이다.[203] 한편 『승초록(乘軺錄)』에서는 적성령(摘星嶺)이 사향령(辭鄉嶺)이라고 서술하였다.[204] 여기서는 천령이라고 추정되는 다양한 명칭과 대략의 위치만 소개한다.[205]

---

197 『新唐書』卷39,「地理志」3, 河北道, 嬀州·嬀川郡條의 原註, "有永定·窯子二關."
198 『遼史』卷36,「兵衛志」下, 五京鄉丁, 西京條.
199 『遼史』卷1,「太祖本紀」上, 神册元年 11月條, "自代北至河曲踰陰山, 盡有其地. 遂改武州爲歸化州, 嬀州爲可汗州, 置西南面招討司, 選有功者領之."; 『遼史』卷4,「太宗本紀」下, 會同元年 11月條, "於是詔以皇都爲上京, 府曰臨潢. 升幽州爲南京, 南京爲東京. 改新州爲奉聖州, 武州爲歸化州."
200 『宋史』卷90,「地理志」6, 雲中府路, 歸化州條, "歸化. 舊毅州, 後唐改爲武州, 石晉以賂契丹, 契丹改爲歸化州."
201 『讀史方輿紀要』卷18,「北直」9, 開平衛條, "偏嶺. [衛北四十五里. 或曰即天嶺也. 胡嶠『陷番記』, '自歸化州行三日, 登天嶺. 嶺東西連亙, 有路北下, 四顧冥然, 黃雲白草, 不可窮極. 契丹謂曰辭鄉嶺. 陷番者至此, 輒南望慟哭而去.' 蓋訛'偏'爲'天'也. 成祖北征, 自獨石度偏嶺, 至開平之隰寧驛, 是也. 又獨石, 在今城南. 一石屹立平地, 上廣數盤. 有獨石神廟, 城因以名.]"
202 賈敬顔, 『五代宋金元人邊疆行記十三種疏證稿』, 16쪽.
203 『遼史』卷39,「地理志」3, 中京道, 中京大定府條, "又度德勝嶺, 盤道數層, 俗名思鄉嶺, 八十里至新館. 過雕窠嶺·偏槍嶺, 四十里至臥如來館."
204 『乘軺錄』, "名摘星嶺, 高五裏, 又謂之辭鄉嶺."
205 천령의 위치에 대하여 『舊五代史·新五代史 外國傳 譯註』에서는 지금의 허베이성(河北省) 구위안현(沽源縣) 남쪽으로 비정하였다. 동북아역사재단 편, 『舊五代史·新五代史 外國傳 譯註』, 서울: 동북아역사재단, 2011,

[2-19] **황운(黃雲)과 백초(白草)**: 변새(邊塞)의 황량한 풍경을 형용한 말이다. 당대(唐代)의 문학가 권덕여(權德輿)의 「노장에게 보냄[贈老將]」이라는 시에 "흰 풀, 누런 구름 변새에 가을이 오니[白草黃雲塞上秋]"[206]라는 표현이 보인다.

[2-20] **사향령(辭鄕嶺)**: 적성령(摘星嶺) 혹은 천령(天嶺)이라고도 하며, 허베이성 구위안현(沽源縣) 남쪽에 있는 산의 이름이다. 사향령(辭鄕嶺) 혹은 사향령(思鄕嶺)은, 남쪽을 바라보면 영원히 이별한다는 말의 의미를 고려하면 고향을 떠나온 사람들의 감정이 담긴 지명으로 보인다. 『요사(遼史)』「태조본기(太祖本紀)」에 생구(生口)를 잡아와 본토(本土) 혹은 본부(本部)로 돌아왔다는 기록[207]이나 「태종본기(太宗本紀)」에 부호(俘戶)를 내지(內地)로 옮겼다는 기록[208] 등을 고려하면, 피정복민은 거란에 끌려와 안치되었을 것이다.[209] 사향령이라는 지명이나 거란인의 말은 이러한 상황을 반영한 것으로 보인다.

【원문】

又行三四日, 至黑榆林, 時七月, 寒如深冬.

又明日, 入斜谷, 谷長五十里, 高崖峻谷, 仰不見日, 而寒尤甚. 已出谷, 得平地, 氣稍溫.

又行二日, 渡湟水.

又明日, 渡黑水.

又二日, 至湯城淀, 地氣最溫, 契丹若[10]大[11]寒, 則就溫于此. 其水泉淸冷, 草軟如茸, 可藉以寢. 而多異花, 記其二種, 一曰旱金, 大如掌, 金色爍人, 一曰靑囊, 如中國金燈, 而色類藍, 可愛.

172쪽 참조.

206 『文苑英華』 卷300, 「詩」 150, 「軍旅」 2, 邊將, 〈贈老將〉, 權德輿條, "白草黃雲塞上秋, 曾隨驃騎出幷州. 轆轤劍折蚓須白, 轉戰功多獨不侯."

207 『遼史』 卷1, 「太祖本紀」 上, 7年 夏4月條, "所獲生口盡縱歸本土."; 同書, 七年 五月條, "以生口六百·馬二千三百分賜大·小鶻軍."

208 『遼史』 卷4, 「太宗本紀」 下, 會同7年 3月條, "壬午, 留趙延昭守貝州, 徙所俘戶于內地."

209 安忠和, 『新知文叢 安忠和說承德』, 北京: 中國戱劇出版社, 2007, 173-176쪽 참조.

【교감】

[10] 趙氏注: '若', 『契丹國志』 卷25, 「호교함북기」에는 '苦'로 적혀 있다.

[11] 趙氏注: '大', 『契丹國志』에는 '太'로 적혀 있다.

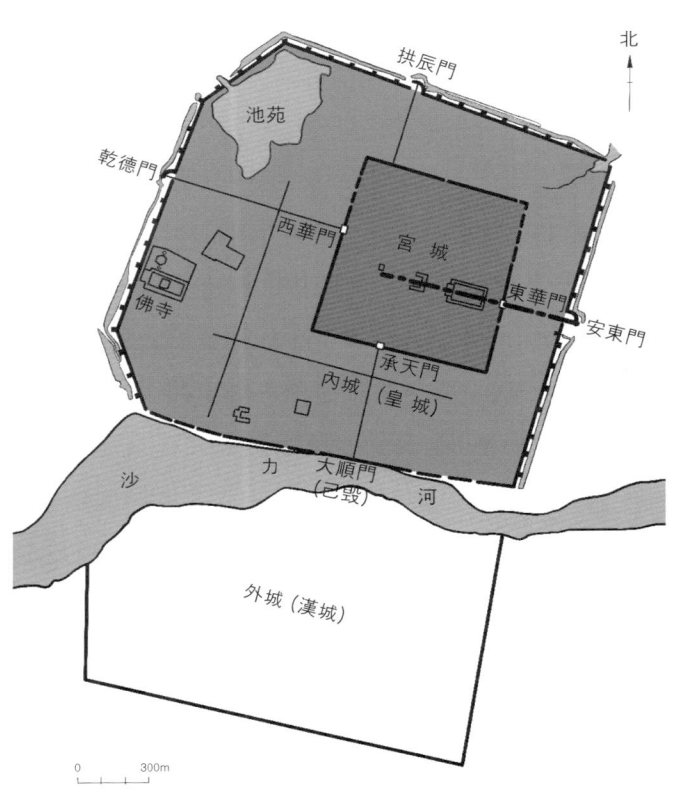

〈그림 2-1〉 요 상경(上京) 평면도[210]

---

[210] 董新林, 「遼上京規制和北宋東京模式」, 『考古』, 北京: 中國社會科學院考古研究所, 2019年 第5期, 6쪽.

【번역】

또 3, 4일을 가서 흑유림(黑榆林)[21]에 이르렀는데, 이때가 7월인데도 춥기가 한겨울과 같았다. 또 다음 날, 사곡(斜谷)[22]으로 들어갔는데 사곡의 길이는 50리로 높은 산기슭과 험준한 산골짜기라 우러러 해를 볼 수 없어 추위가 특히 심하였다. 산골짜기를 나와 평지에 이르자 기온이 차츰 따뜻해졌다.

또 2일을 가서 황수(湟水)[23]를 건넜다.

또 다음 날, 흑수(黑水)[24]를 건넜다.

또 이틀을 가서 탕성정(湯城淀)[25]에 이르렀는데 땅의 기운이 가장 따뜻하여 거란에 만약 큰 추위가 오면 [거란 사람들은] 이곳에 가서 따뜻하게 지냈다. 그곳의 물과 샘은 맑고 차가웠으며, 풀이 부드러운 것이 가는 털과 같아 의지하여 잠을 청할 수도 있었다. 기이한 꽃들도 많았는데 그중 두 가지 종류만 적는다. 하나는 한금(旱金)이라 하는데, 큰 것은 손바닥만 하고 금색이 휘황찬란하다. [다른] 하나는 청낭(青囊)[26]이라 하는데, 중국의 금등(金燈)과 같고 색깔은 쪽빛과 비슷해 좋아할 만하다.

【주석】

[2-21] 흑유림(黑榆林): 흑유림에 대해서는 『독사방여기요(讀史方輿紀要)』, 대동부(大同府)의 유림성(榆林城) 조에서 "대동부의 동북쪽 변새 밖에 있다. 당대(唐代)에 수수(戍守)하던 곳이며 일반적으로 흑유림(黑榆林)이라고도 한다. 당말(唐末) 오대(五代)에 거란이 일찍이 이곳에서 주목(駐牧)하였다."[211]라고 하여 그 위치를 대략 확인할 수 있다.[212] 『구오대사(舊五代史)』「명종본기(明宗本紀)」에서도 장흥(長興) 3년 11월 거란주(契丹主)가 흑유림 남쪽 날랄박(捺剌泊)에 공성구(攻城具)를 지었다는 내용[213]이 보인다.

---

211 『讀史方輿紀要』 卷44, 「山西」 6, 大同府, 榆林城條, "在府東北邊外. 或云, 唐時戍守處, 謂之黑榆林. 五代唐末, 契丹嘗駐牧於此. 明宣德間, 亦嘗於此置榆林縣, 正統時廢. 俗呼爲榆林舊縣."
212 흑유림의 현재 위치에 대해 『舊五代史·新五代史 外國傳 譯註』에서는 지금의 네이멍구(內蒙古) 준가르기(准格爾旗) 동북 황하(黃河) 남안(南岸)의 스얼롄청(十二連城)이라 하였고, 자오융춘은 지금의 네이멍구 정람기(正藍旗) 시유무산(西榆木山)으로 추정하였다(8쪽).
213 『舊五代史』 卷43, 「唐書」 19, 「明宗李嗣源紀」, 長興3年 11月條, "乙巳, 雲州奏, 契丹主在黑榆林南捺剌泊造攻城之具."

[2-22] 사곡(斜谷): 당대(唐代) 봉상부(鳳翔府) 미현(郿縣)의 북쪽으로 5리에 있었다.[214] 사곡에 두 개의 입구가 있었는데, 남쪽 입구는 포(褒), 북쪽 입구는 사(斜)라 하여 사곡산을 포곡산(褒谷山)이라고도 불렀다. 사곡의 길이에 대해 『함로기』에서는 50리라 하였지만, 『원화군현도지(元和郡縣圖志)』에서는 470리라 하여 기록에 차이가 있다.[215]

[2-23] 황수(潢水): 황수는 본디 요락수(饒樂水)라고 불리다가, 당대(唐代) 이후 황수(潢水) 또는 황하(潢河)라고 불렀다. 지금의 네이멍구자치구(內蒙古自治區) 시랴오하(西遼河) 상류의 시라무렌하(西拉木倫河)를 가리킨다.[216] 몽골어에서 강, 하천은 '골(гол)', 큰 강은 '무렌(мөрөн)', 노랗다는 '샤르[~시라](шар)'라고 한다. 따라서 시라무렌은 몽골어로 황색의 큰 강이라는 의미다. 당대부터 거란(契丹)·해(奚)·습(霫) 등의 부족이 황수를 중심으로 집거(集居)하였다.

[2-24] 흑수(黑水): 흑하(黑河)라고도 하며, 지금의 차간무렌하(査干木倫河)이다. 상경 임황부(上京臨潢府)의 경주(慶州)에서 발원하여 남쪽으로 흘러 네이멍구자치구 바린우기(巴林右旗) 서남쪽 시라무렌하로 유입된다.

[2-25] 탕성정(湯城淀): 탕성정은 사료에 보이는 '온천(溫泉)', '양하(陽河)', '탕천(湯泉)'일 것이다.[217] 탕성정은 땅의 기운이 따뜻하다는 것으로 보아 온천일 것으로 보인다. 『요사』 「성종본기」, 통화(統和) 21년 9월 조에 여하(女河) 탕천으로 행차하여 이름을 송림(松林)으로 고쳤다는 기록이 보인다.[218] 송림은 평지의 송림[平地松林]으로 그 북단(北端)이 흑하 이서에 위치한다. 탕성정은 지금의 네이멍구자치구 시라무렌하의 지류인 라

---

214 사곡의 지금 위치에 대하여 賈敬顔은 민전하(閃電河, 곧 上都河)와 토력근하(吐力根河) 사이의 협곡이라 추정하였다. 賈敬顔, 『五代宋金元人邊疆行記十三種疏證稿』, 17쪽.

215 『太平寰宇記』 卷30, 「關西道」 6, 鳳翔府, 郿縣條, "縣理城, 亦曰斜城. 城南當斜谷, 因爲斜口. 斜谷南口曰褒, 北口曰斜.";『元和郡縣圖志』 卷22, 「山南道」 2, 興元府, 褒城縣條, "褒谷山, 在縣北五里, 南口爲褒, 北口爲斜, 長四百七十里."

216 『後漢書』 「烏桓鮮卑列傳」, "鮮卑者, 亦東胡之支也, 別依鮮卑山, 故因號焉. 其言語習俗與烏桓同. 唯婚姻先髡頭, 以季春月大會於饒樂水上, 飮讌畢, 然後配合."

217 『畿輔安瀾志』 卷56, 白河 卷一, "謹案, 溫泉, 即陽河, 亦曰湯城淀. 源自熱河西境喇嘛柵子, 南流滙黑河川及珍珠泉之水, 入石塘嶺, 與白河合. 卽白馬關河也."(清武英殿聚珍版叢書本, 基本古籍庫電子版)

218 『遼史』 卷14, 「聖宗本紀」 5, 統和21年 9月條, "癸丑, 幸女河湯泉, 改其名曰松林."

오허하(老哈河) 상류로 추정된다.[219]

[2-26] 한금(旱金)과 청낭(青囊): 한금은 한금련(旱金蓮), 금련화(金蓮華)라고도 한다. 『본초강목(本草綱目)』에 의하면, 한금련은 색깔이 진짜 금과 같고, 꽃잎의 크기가 수련보다 비교적 작으며, 5~6월 사이에 개화한다. 차로 끓여 먹고, 약재로 사용되었다.[220] 청낭은 생긴 것이 금등과 같고, 색깔이 쪽빛이라고 한다. 금등은 산자고(山慈姑)라고도 한다. 호교가 거란으로 가는 길에 한금과 같이 보았으므로 개화 시기가 비슷할 것이다. 한편, 청낭화(青囊花)가 청대(清代) 이여진(李汝珍)의 소설 『경화연(鏡花緣)』[221]이나 『어정패문재광군방보(御定佩文齋廣群芳譜)』「화보(花譜)」[222]에 그 존재가 보인다.

【원문】

> 又二日, 至儀坤州, 渡麝香河. 自幽州至此無里候,[12] 其所向不知爲南北.
> 又二日, 至赤崖, 翰[13]與兀欲[14]相及, 遂及述律,[15] 戰于沙河. 述律兵敗而北, 兀欲追至獨樹渡, 遂囚述律于撲馬山.
> 又行三日, 遂至上京, 所謂西樓也. 西樓有邑屋市肆, 交易無錢而用布. 有綾錦諸工作·宦者·翰林·伎術·敎坊·角觝·秀才[16]·僧·尼·道士等, 皆中國人, 而幷·汾·幽·薊之人尤多.[17]

---

219 동북아역사재단 편, 『舊五代史·新五代史 外國傳 譯註』, 172쪽.
220 『本草綱目』卷7,「花部」, 金蓮花條, "『五臺山志』, '山有旱金蓮, 如眞金, 挺生陸地, 相傳是文殊聖蹟.' …… 查慎行 『人海記』, '旱金蓮花五臺山出, 瓣如池蓮較小, 色如眞金, 曝乾可致遠, 有分餽者, 以點茶, 一甌置一朶, 花開沸湯中, 新鮮可愛. 後扈從出古北口外, 塞山多有之. 開花在五·六月間, 一入秋, 莖株俱萎矣."(淸光緒乙酉年合肥張氏味古齋重校刊本)
221 『鏡花緣』第五回,「俏宮娥戲嘲枇杷樹 武太后怒貶牡丹花」, "青囊花, 案史鑑本出契丹, 其詳雖不可考, 然以青囊二字言之, 據晉書當日郭公曾得青囊之秘, 象屬文明, 今同洛如一並開放, 必主人文輔佐聖明之兆. …… 公主道, 今觀洛如青囊所放之花, 不獨鮮艷冠於群芳, 而且枝多連理, 花皆並蒂. 以陰陽奇偶論, 連理並蒂爲雙, 屬陰. 陰爲女象, 適纔上官婉兒所奏洛如青囊主文, 以臣女所見, 連理並蒂主女."
222 『御定佩文齋廣群芳譜』, 卷53,「萬年花等」, 青囊花條.

【교감】

[12] 趙氏注: '候', 『契丹國志』에는 '堠', 『說郛』에는 '堆'로 적혀 있다.

[13] 趙氏注: '翰', 『契丹國志』에는 '蕭翰'으로 적혀 있다.

[14] 趙氏注: '兀欲', 『契丹國志』에는 '世宗兀欲'으로 적혀 있다.

[15] 趙氏注: '述律', 『契丹國志』에는 '述律后'로 적혀 있다.

[16] 賈氏注: '秀才', 『遼史』 卷37, 「地理志」에는 '儒'로 적혀 있다.

[17] 賈氏注: '尤多', 『遼史』 卷37, 「地理志」에는 '爲多'로 적혀 있다.

【번역】

또 2일을 가서 의곤주(儀坤州)[27]에 이르러 사향하(麝香河)[28]를 건넜다. 유주로부터 이곳에 이르기까지 마을의 이정표[里候]가 없어 [가고 있는] 방향이 남쪽인지 북쪽인지를 알지 못하였다.[29] 또 2일을 가서 적애(赤崖)[30]에 이르렀는데, [이곳에서] 소한(蕭翰)이 야율올욕(耶律兀欲)[31]과 서로 만났고, 마침내 술률(述律)과 사하(沙河)[32]에서 싸우게 되었다. 술률의 군대가 패하고 북으로 가자 올욕이 추격해 독수도(獨樹渡)에 이르러 마침내 술률을 박마산(撲馬山)에 유폐하였다.[33] 또 3일을 가서 마침내 상경(上京)에 도착하니, 이른바 서루(西樓)[34]이다. 서루에는 읍옥(邑屋)과 시장[市肆]이 있는데 교역할 때 동전을 쓰지 않고 포(布)를 썼다. [그곳에는] 비단[綾錦]을 짜는 여러 공인[工作]·환자(宦者)·한림(翰林)·기술자[伎術]·음악 연주하는 사람[教坊]·씨름꾼[角觝]·수재(秀才)·승려[僧]·비구니[尼]·도사(道士) 등이 있었는데, 모두 중국 사람들로 병주(幷州)·분주(汾州)·유주(幽州)·계주(薊州) 출신의 사람이 특히 많았다.[35]

【주석】

[2-27] 의곤주(儀坤州): 지금의 네이멍구자치구(內蒙古自治區) 옹뉴트기(翁牛特旗) 서북쪽에 위치한다. 의곤주는 당말에 거란 우대부(右大部)의 땅이었다. 요 태조 야율아보기의 황후 술률씨(述律氏) 응천황후(應天皇后)가 이곳에서 태어났다. 아보기가 사방으로 정복 전쟁을 하고 발해를 평정할 때 술률황후도 조력하였다. 이때 포로로 잡아 온 기예(伎藝)를 가진 자들을 장하(帳下)에 귀속시켜 속산(屬珊)이라 불렀다. 술률후는 태어난 곳

을 의곤주로 삼고 포로를 주민으로 하였다. 속현이자 치소는 광의현(廣義縣)이다.[223]

[2-28] 사향하(麝香河): 지금 네이멍구자치구 옹뉴트기 경내에 있는 강이다. 『대청일통지(大淸一統志)』에 그 기록이 보이는데, 사향하는 옹격륵고산(翁格勒庫山)에서 원류(源流)하여 동남쪽으로 흘러 청하(淸河)로 유입되는 강이다.[224]

[2-29] 유주로부터 이곳에 …… 알지 못하였다: 자징옌(賈敬顏)의 설명에 따르면, 호교가 유주에서부터 이곳까지 초원을 지나왔기 때문에 이정표가 없어 이동하는 방향을 몰랐던 것이다.[225]

[2-30] 적애(赤崖): 지금의 네이멍구자치구 옹뉴트기 서북쪽 바린교(巴林橋) 남쪽에 위치한다. 『신종황제 즉위 사요어록(神宗皇帝卽位使遼語錄)』에 의하면, 10일 황하(黃河)을 지났고, 11일 흑애관(黑崖館)에서 삼산관(三山館)을 지났으며, 12일에 적애관(赤崖館)을 지났다고 하여 황하부터 적애관에 이르는 대략의 시간적 거리를 알 수 있다.[226] 자징옌은 이 황하를 호교의 『함로기』에 보이는 황수(潢水)라고 파악하였다. 다만 호교가 황수로부터 적애까지 오는 데 걸린 시일은 7일이며, 두 기록에는 시간적 차이가 5일이나 된다. 한편, 야율아보기가 913년 9월 임술일(23일) 서루(西樓)를 출발하여 다음 달 10월 경오일(2일)에 적애에 주둔하였다는[227] 사실에 의거하면, 요의 상경인 서루에서부터 적애까지는 대략 9, 10일 거리이다.

[2-31] 야율올욕(耶律兀欲): 요 세종(世宗) 야율올욕(재위 947~951)은 동단왕(東丹王) 야율돌욕

---

[223] 『遼史』 卷37, 「地理志」 1, 上京道, 儀坤州, 啓聖軍條, "儀坤州, 啟聖軍, 節度. 本契丹右大部地. 應天皇后建州. 回鶻糯思居之, 至四世孫容我梅里, 生應天皇后述律氏, 適太祖. 太祖開拓四方, 平渤海, 后有力焉. 俘掠有伎藝者多歸帳下, 謂之屬珊. 以所生之地置州. 州建啟聖院, 中爲儀寧殿, 太祖天皇帝·應天地皇后銀像在焉, 隸長寧宮. 統縣一: 廣義縣. 本回鶻部牧地. 應天皇后以四征所俘居之, 因建州縣. 統和八年, 以諸宮提轄司戶置來遠縣, 十三年併入. 戶二千五百." 또한 임상선, 「『遼史』 地理志의 幹魯朶 州·縣」, 『高句麗渤海硏究』 49, 서울: 高句麗渤海學會, 2014, 84쪽 참조.

[224] 『(嘉慶)大淸一統志』 卷43, 麝香河條, "源出翁格勒庫山, 東南流至淸河, 邊門之西入義州境, 名淸河. 縣東北境. 又有伊瑪圖河, 會錫喇塔拉水, 南流來入. 又東南流入大淩河."

[225] 賈敬顏, 『五代宋金元人邊疆行記十三種疏證稿』, 19쪽.

[226] 『神宗皇帝卽位使遼語錄』(『遼海叢書』 所收本), "十日過黃河, 【原註: 好古云黃河上源出於龍化州界.】 將至黑崖館, 問此去上京幾何. 指東北曰, 三百里. 又自黃河之南去, 只數十里. 十一日, 自黑崖館, 至三山館. …… 十二日, 至赤崖館."

[227] 『遼史』 卷1, 「太祖本紀」 上, 7年條, "九月壬戌, 上發自西樓. 冬十月庚午. 駐赤崖."

(耶律突欲)의 아들로, 돌욕이 후당(後唐)으로 투항한 뒤에도 동단왕에 남아 있다가 태종이 후진(後晉) 멸망 이후 북쪽으로 귀환하던 도중에 사망하자 세종으로 즉위하였다. 947년 조모(祖母) 술률태후(述律太后)는 올욕의 즉위 소식을 듣고는 태종의 동생 야율이호(耶律李胡)를 즉위시키려 하여 올욕을 공격하였다. 올욕은 계승 문제로 이호를 패퇴시킨 뒤 술률태후와 야율이호를 조주(祖州)로 유폐시켰다. 5년 동안 재위했으며 묘호는 세종이다.[228] 『자치통감(資治通鑑)』 호삼성(胡三省) 주에 올욕과 술률이 사하석교(沙河石橋)에서 싸웠다는 일과, 사하석교는 남쪽으로 요가주(姚家洲)이고 북쪽으로는 선화관(宣化館)인데 서루에 이른다는 기록이 보인다.[229]

[2-32] 사하(沙河): 지금 허베이성(河北省) 딩싱현(定興縣) 서쪽 베이이수이하(北易水河)를 지칭하는 것으로 보인다.[230]

[2-33] 올욕이 추격해 …… 박마산(撲馬山)에 유폐하였다: 독수도(獨樹渡)는 대사하(大沙河)에 위치한 도구(渡口)의 이름이고, 박마산(撲馬山)은 지금의 네이멍구자치구 경내의 산으로 추정된다.[231] 당시 올욕을 공격하려 술률이 거느린 병사 가운데 올욕에게 투항한 자가 많았다. 『신오대사(新五代史)』 「거란전(契丹傳)」에 의하면, 올욕은 술률을 사로잡아 태조의 묘가 있는 조주에 유폐시켰다.[232] 이에 따르면 박마산은 조주 경내에 있었을 것이다. 술률은 응력(應曆) 3년(953) 향년 75세로 붕어하였다. 시호는 정렬(貞烈)이다.[233]

---

228 『遼史』 卷5, 「世宗本紀」, "世宗孝和莊憲皇帝, 諱阮, 小字兀欲. 讓國皇帝長子, 母柔貞皇后蕭氏. 帝儀觀豐偉, 內寬外嚴, 善騎射, 樂施予, 人望歸之. 太宗愛之如子. 會同九年, 從伐晉.";『契丹國志』 卷4, 「世宗天授皇帝」, "世宗諱阮, 番名兀欲, 太祖孫, 東丹王突欲之子也."

229 『資治通鑑』 卷287, 「後漢紀」 2, 高祖 天福12年 6月條, "契丹述律太后聞契丹主自立, 大怒, 發兵拒之. 契丹主以偉王爲前鋒, 相遇於石橋. [胡三省 註: 胡嶠入遼錄曰: 兀欲及述律戰于沙河 石橋. 蓋沙河之橋也. 南則姚家洲, 北則宣化館至西樓.] 初, 晉侍衛馬軍都指揮使李彦韜從晉主北遷, 隸述律太后麾下, 太后以爲排陳使. 彦韜迎降於偉王, 太后兵由是大敗. 契丹主幽太后於阿保機墓."

230 동북아역사재단 편, 『舊五代史·新五代史 外國傳 譯註』, 172쪽.

231 동북아역사재단 편, 『舊五代史·新五代史 外國傳 譯註』, 173쪽.

232 『新五代史』 卷73, 「四夷附錄」 2, 契丹下, "兀欲留其將麻荅守鎭州, 晉諸將相隨德光在鎭州者皆留之而去. 以翰林學士徐台符·李澣從行, 與其祖母述律相距于石橋. 述律所將兵多亡歸兀欲. 兀欲乃幽述律於祖州. 祖州, 阿保機墓所也."

233 『遼史』 卷71, 「太祖淳欽皇后述律氏傳」.

[2-34] 서루(西樓): 앞의 [1-17] 참조.

[2-35] 서루에는 읍옥(邑屋)과 …… 특히 많았다: 『요사(遼史)』 「지리지(地理志)」에도 이 내용이 기록되어 있는데, 다만 '수재(秀才)'가 '유(儒)'로 기록되어 있다.[234] 또한 조주 동남횡가(東南橫街)의 네 귀퉁이에는 누(樓)가 마주 세워져 있는데, 그 아래에 시사가 연결되어 있었다.[235]

【원문】

自上京東去四十里, 至眞珠寨, 始食菜. 明日, 東行, 地勢漸高, 西望平地松林, 鬱然數十里. 遂入平川,[18] 多草木, 始食西瓜, 云契丹破回紇得此種, 以牛糞覆棚而種, 大如中國冬[19]瓜而味甘. 又東行, 至襄潭, 始有柳, 而水草豐美,[20] 有息雞草尤美, 而本大, 馬食不過十本而飽.

自襄潭入大山, 行十餘日而出, 過一大林, 長二三里, 皆蕪荑, 枝葉有芒刺如箭羽, 其地皆無草. 兀欲時卓[21]帳于此, 會諸[22]部人葬德光[23]. 自此西南行, 日行[24]六十里. 行七日, 至大山門, 兩高山相去一里, 而[25]長松·豐草·珍禽[26]·野卉,[27] 有屋室[28]碑石, 曰'陵所也.' 兀欲入祭, 諸部大人惟執祭器者得入. 入而門闔. 明日開門, 曰'拋盞', 禮畢. 問其禮, 皆祕不肯言.

嶠所目見囚述律·葬德光等事, 與中國所記差異.

【교감】

[18] 趙氏注: '川', 『契丹國志』에는 '州'로 적혀 있다.

[19] 입력자주: '冬', 『文獻通考』에는 '東'으로 적혀 있다.

[20] 입력자주: '始有柳, 而水草豐美.', 趙氏는 『說郛』에 의거해 '而'를 '木'으로 고치고, '始有柳木, 水草豐美.'로 표점하였다. 반면, 『新五代史』와 賈氏는 '始有柳, 而水草豐美.'로 표

---

[234] 『遼史』 卷37, 「地理志」 1, 上京道, 上京臨潢府條, "周廣順中, 胡嶠記曰, 上京西樓, 有邑屋市肆, 交易無錢而用布. 有綾錦諸工作·宦者·翰林·伎術·教坊·角觝·儒·僧尼·道士. 中國人幷·汾·幽·薊爲多."

[235] 『遼史』 卷37, 「地理志」 1, 上京道, 祖州條, "東南橫街, 四隅有樓對峙, 下連市肆. 東長霸縣, 西咸寧縣."

점하였다.

[21] 趙氏注: '卓', 『說郛』에는 '車'로 적혀 있다.
[22] 입력자注: '諸', 『文獻通考』에는 이 글자가 없다.
[23] 趙氏注: '德光', 『契丹國志』에는 '太宗'으로 적혀 있다.
[24] 趙氏注: '行', 저본에는 이 글자가 없으나『說郛』에 의거해 본문에 보충하였다.
[25] 趙氏注: '而', 『文獻通考』卷345, 「四夷考」에는 '有'로 적혀 있다.
[26] 趙氏注: '珍禽', 『契丹國志』에는 '珍禽異獸'로 적혀 있다.
[27] 입력자注: '長松·豐草·珍禽·野卉,', 『新五代史』와 賈氏는 '長松豐草, 珍禽野卉.'로, 趙氏는 '長松·豐草·珍禽·野卉,'로 표점하였다.
[28] 趙氏注: '室', 『文獻通考』에는 '宇'로 적혀 있다.

【번역】

상경(上京)으로부터 동쪽으로 40리를 가서 진주채(眞珠寨)[36]에 도달해서야 비로소 나물을 먹었다. 다음 날, 동쪽으로 갔는데 지세(地勢)가 점점 높아져 서쪽을 바라보니 평지의 송림[平地松林][37]으로 울창한 것이 수십 리였다. 마침내 평천(平川)[38]으로 들어가니 풀과 나무가 많아 비로소 수박[西瓜][39]을 먹었는데, 전하기를 거란이 회홀을 물리치고 나서 이 종자를 얻어 우분(牛糞)으로 시렁[棚]을 덮고 씨를 뿌린 것인데, 큰 것은 중국의 동과(冬瓜) 같고 맛이 달았다. 또 동쪽으로 가서 요담(蓼潭)[40]에 도착하였는데, 비로소 버드나무가 있었고, 물과 풀이 풍부하고 아름다웠다. 식계초(息雞草)[41]라는 것은 특히 아름다웠으며, 뿌리가 커서 말이 불과 열 개의 뿌리만 먹어도 배불러 하였다.

요담에서 큰 산[大山]으로 들어가 10여 일을 가다가 나오자 하나의 큰 숲을 지나게 되었는데, 길게 2, 3리에 [걸쳐] 모두 무이(蕪荑)였고, 가지와 잎[枝葉]에는 가시[芒刺]가 있는 것이 화살에 꽂은 깃[箭羽]과 같았으며, 그 땅에는 모두 풀이 없었다. 야율올욕(耶律兀欲) 때 이곳에 장(帳)을 세우고 여러 부(部) 사람들을 모아 야율덕광(耶律德光)을 장사 지냈다.[42] 여기서부터 서남쪽으로 갔는데, 하루에 60리 가는 길을 7일을 더 가서야 대산문(大山門)[43]에 도착하였다. [그곳에는] 두 개의 높은 산이 서로 1리(里) 떨어져 있었고 큰 소나무와 무성한 풀, 희귀한 새와 들풀이 있었다. 옥실(屋室)에는 비석(碑石)이 있었는데, 이르기를 "능(陵)이 있는 곳이다."[44]라고 하였다. 올욕이 들어가 제사 지낼 때에는 여러 부(部)의 대인들 [중] 오직 제기(祭器)를 가져온 자만이 들어갈 수 있었다. [대인들이] 들어가면 문을 닫았다. 다음 날 문을 열고 말하기를, '술잔을 내던진다[拋盞]'[45]라고 하면 예(禮)가 끝났다. 그 예에 대해 물으면 모두 비밀로 하고 기꺼이 말하려 하지 않았다."라고 하였다. 호교가 보고 들은, 술률을 유폐하고 덕광을 장사 지낸 것 등의 일은 중국이 기록한 바와 차이가 있다.

【주석】

[2-36] **진주채(眞珠寨)**: 지금 네이멍구자치구(內蒙古自治區) 츠펑시(赤峰市) 아루코르친기(阿魯科爾沁旗) 남부 셴펑향(先鋒鄉) 신린촌(新林村) 부근으로 추정된다.[236]

[2-37] **평지의 송림[平地松林]**: 지세가 점점 높아지는 지형은 지금의 네이멍구자치구 아루코르친기 동남쪽의 톈산(天山) 일대로 추정된다.[237] 평지의 송림은 요의 상경 임황부(上京臨潢府)에 있는 곳이고,[238] 송(宋), 요(遼), 금(金), 원(元) 등 역대 왕조의 기록에 보인다. 대략 네이멍구자치구 바린좌기(巴林左旗)와 바린우기(巴林右旗)에서부터 시작하여 서쪽으로 케식텐기(克什克騰旗), 동쪽으로 우줌친기(烏珠穆沁旗), 돌론노르(多倫諾爾) 남북에 이르는 수십 리의 땅이다.[239]

[2-38] **평천(平川)**: 지금의 울지무렌하(烏力吉沐倫河)와 시라무렌하 사이로 추정된다.[240]

[2-39] **수박[西瓜]**: 수박은 서방에서 실크로드를 통해 10세기에 서위구르국까지 전파된 것으로 보인다. 10세기 후반에 작성된 것으로 보이는 돈황문서 한문서간(漢文書簡) P. 3672 Bis에는 서위구르 왕국의 도통대덕(都統大德)이 사주(沙州, 돈황)에 있는 승관(僧官) 3명에게 '서지(西地)의 양도(瓤桃)'를 각각 1개씩 보내는 내용이 담겨 있다. 모리야스 다카오(森安孝夫)는 '서지(西地)의 양도(瓤桃)'는 곧 수박을 가리키는데 10세기 서위구

---

236 鮑立義, 『阿魯科爾沁文史』 第5輯, 1996, 354쪽.
237 賈敬顔, 『五代宋金元人邊疆行記十三種疏證稿』, 21쪽.
238 『遼史』 卷37, 「地理志」 1, 上京道, 上京臨潢府條, "…… 松山·平地松林 ……."
239 賈敬顔, 『五代宋金元人邊疆行記十三種疏證稿』, 21-22쪽.
240 賈敬顔, 『五代宋金元人邊疆行記十三種疏證稿』, 22쪽.

르 사람에게도 수박은 서방에서 이제 막 전래되어 온 귀중한 과일이었다고 한다.[241] 츠펑시 아오칸기(敖漢旗) 양산(羊山)의 요묘(遼墓)에서 발견된 벽화에는 탁자 위에 수박이 그려져 있다. 이후 중국에서는 수박의 재배지가 점차 확대되어 갔다. 따라서 후대에 수박의 단맛을 찬미한 작품으로 원대(元代) 방기(方夔)의 「식서과(食西瓜)」,[242] 명대(明代) 이동양(李東陽)의 「여현궤서과급빈랑(汝賢饋西瓜及檳榔)」[243] 등이 확인된다.

<그림 2-2> 요대 벽화 속 탁자 위의 수박[244]

<그림 2-3> 요대 벽화 속 수박 모사도[245]

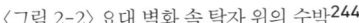

241 森安孝夫, 『東西ウイグルと中央ユーラシア』, 名古屋: 名古屋大學出版會, 2015의 제7장 「敦煌と西ウイグル王國－トルファンから書簡の贈り物を中心に」(初出은 1987).
242 『元詩選』, 初集, 卷10, 知非子方夔, 富山懶稿, 〈食西瓜〉, "恨無纖手削駝峰, 醉嚼寒瓜一百筒. 縷縷花衫粘唾碧, 痕痕丹血搯膚紅. 香浮笑語牙生水, 凉入衣襟骨有風. 從此安心師老圃, 青門何處問窮通."
243 『懷麓堂集』 卷13, 「七言律詩」, 〈汝賢饋西瓜及檳榔疊前韻〉, "漢使西還道路賒, 至今中國有靈瓜. 香浮碧水清先透, 片逐驚刀巧更斜. 飽德未忘家正饋, 爲園翻愧老樊家. 因君解取南圖俗, 更說檳榔可代茶."
244 張文靜, 「赤峰市敖漢旗羊山遼墓壁畫研究」, 中央民族大學碩士學位論文, 2011, 21쪽 所引, 「墓主人飮宴圖」(1號墓 東壁).
245 內蒙古文物考古研究所, 「敖漢旗羊山1-3號遼墓清理簡報」, 『內蒙古文物考古』, 呼和浩特: 內蒙古文物考古研究所, 1999年 第1期, 18쪽.

[2-40] **요담(橐潭)**: 상경의 동쪽에 있으며, 지금 네이멍구자치구 바린좌기 경내에 있다.[246]

[2-41] **식계초(息雞草)**: 석기초(席箕草)[247]나 색로(塞蘆)라고도 부르고, 북방 호족의 땅에서 생장한다.[248]

[2-42] **야율덕광(耶律德光)을 장사 지냈다**: 야율덕광의 장례에 대하여 『요사(遼史)』「태종본기(太宗本紀)」에 의하면, 9월 임자일 초하루에 봉산(鳳山)에 장사 지내고, 회릉(懷陵)이라 하였고,[249] 『거란국지(契丹國志)』에 의하면, 8월 목엽산(木葉山)에 장사 지냈다는[250] 차이가 있다. 『자치통감』에서도 야율덕광의 매장지를 947년 윤7월 목엽산으로 기록하고 있다.[251] 목엽산은 요 태조 야율아보기를 장사 지낸 곳이기도 하다.[252] 목엽산에 대해서는 뒤의 [6-6] 참조.

[2-43] **대산문(大山門)**: 목엽산 위에 솟아 있는 두 산이 문주(門柱)와 유사해 이름한 것이고,[253] 조주의 용문(龍門)이다.[254]

[2-44] **능(陵)이 있는 곳이다**: 이 능이 누구의 것인지에 대해서는 두 가지 설이 있다. 하나는 요 태조 야율아보기의 조릉(祖陵)이고,[255] 다른 하나는 야율올욕의 부친인 동단왕 야율배(耶律倍, 耶律突欲)의 현릉(顯陵)이라는 것이다.[256]

---

246 동북아역사재단 편, 『舊五代史·新五代史 外國傳 譯註』, 173쪽. 한편, 趙評春은 요담의 위치를 지린성(吉林省) 쐉랴오시(雙遼市) 일대로 추정하고, 이 일대가 저습 지대이므로 수변(水邊)에 버드나무가 분포했던 것이라 설명하였다(趙評春,「遼代木葉山考」,『北方文物』, 哈爾濱: 黑龍江省文物考古研究所, 1987年 第1期, 96쪽).
247 樊瑩瑩,「《唐音癸籤》方俗詞研究芻論」,『漢語史研究集刊』第20輯, 成都: 巴蜀書社, 2015, 252쪽.
248 『酉陽雜俎』續集 卷10,「支植下」, "席箕, 一名塞蘆. 生北胡地. 古詩云, '千里席箕草.'"
249 『遼史』卷4,「太宗本紀」下, 大同元年條, "是歲九月壬子朔, 葬于鳳山, 陵曰懷陵, 廟號太宗."
250 『契丹國志』卷3,「太宗嗣聖皇帝」下, "明年八月, 葬於木葉山."
251 『資治通鑑』卷287,「後漢紀」2, 高祖 天福12年 閏7月條, "辛巳, 契丹主兀欲遣騎至恆州, 召前威勝節度使兼中書令馮道·樞密使李崧·左僕射和凝等, 會葬契丹主德光於木葉山."
252 『資治通鑑』卷275,「後唐紀」4, 明宗 天成2年 正月條, "契丹改元天顯, 葬其主阿保機於木葉山. [胡三省 註: 契丹主以其所居爲上京, 起樓其間, 號西樓, 又於其東千里起東樓, 北三百里起北樓, 南木葉山起南樓. 按木葉山, 契丹置錦州. 匈奴須知, 錦州東北至東京四百里, 木葉山西南至上京三百里. 則錦州與木葉山又是兩處. 通鑑後書晉之齊王北遷至錦州, 契丹令拜阿保機墓, 則又似木葉山在錦州. 歐史諸書言契丹於南木葉山起南樓, 是在上京之南也. 須知謂木葉山西南至上京三百里, 是在上京東北也. 無亦契丹中有南木葉山又有北木葉山邪?]"
253 동북아역사재단 편, 『舊五代史·新五代史 外國傳 譯註』, 173쪽.
254 賈敬顔, 『五代宋金元人邊疆行記十三種疏證稿』, 24쪽.
255 賈敬顔, 『五代宋金元人邊疆行記十三種疏證稿』, 24쪽.
256 趙評春,「遼代木葉山考」, 97쪽.

[2-45] 포잔(拋盞): 그릇을 깨는 거란의 장례 풍습이다. 이는 요대의 장례 풍습을 계승한 금에서도 확인된다.[257]

【원문】

> 已而, 翰得罪被鎖, 嶠與部曲東之福州. 福州,[29] 翰所治也. 嶠等東行, 過一山, 名十三山, 云此西南去幽州二千里. 又東行數日, 過儒州, 有居人三十餘家, 蓋契丹所虜中國儒州人, 築城而居之.

【교감】

[29] 입력자注: '福州', 『文獻通考』에는 이 글자가 없다.

【번역】

이윽고 소한(蕭翰)은 죄를 얻어 구금되었고,[46] 호교는 부곡(部曲)과 함께 동쪽의 복주(福州)[47]로 갔다. 복주는 소한이 다스리던 곳이다. 호교 등이 동쪽으로 가다가 산 하나를 지나게 되었는데, 이름이 십삼산(十三山)[48]이고, 이곳은 서남쪽으로 유주(幽州)와 2천 리 떨어져 있다고 한다. 또 동쪽으로 가다가 며칠이 흘러 위주(儒州)[49]를 지나게 되었다. [위주에] 살고 있는 사람들은 30여 가(家)가 있었다. 대개 거란이 포로로 잡아 온 중국(中國) 위주의 사람들로, 성을 쌓고 그곳에 살게 한 것이다.[50]

【주석】

[2-46] 소한(蕭翰)은 죄를 얻어 구금되었고: 소한이 요로 돌아와 반란을 일으키다가 발각되어 구금된 것을 말한다. 소한은 이후에 결국 모반죄로 주살되었다.[258]

---

257 『金史』 卷35, 「禮志」 8, 拜天, "宣徽贊'拜', 皇帝再拜. 上香, 又再拜. 排食拋盞畢, 又再拜. 飲福酒, 跪飲畢, 又再拜. 百官陪拜, 引皇太子以下先出, 皆如前導引." 또한 張軍, 「契丹覆麵·毀器·焚物葬俗小議」, 『草原文化硏究資料選編』 第7輯, 呼和浩特: 內蒙古敎育出版社, 2012, 558-562쪽 참조.

258 『遼史』 卷113, 「蕭翰傳」, "天祿二年, 尙帝妹阿不里. 後與天德謀反, 下獄. 復結煬隱劉哥及其弟盆都作亂, 耶律石剌告屋質, 屋質遽入奏之, 翰等不伏. 帝不欲發其事, 屋質固諍以爲不可, 乃詔屋質鞫按. 翰伏辜, 帝竟釋之. 復與公主以書結明王安端反, 屋質得其書以奏, 翰伏誅."; 『舊五代史』 卷98, 「晉書」 24, 「蕭翰傳」, "翰歸本國, 爲永康王兀

[2-47] 복주(福州): 소한이 설치한 두하군주(頭下軍州)이다. 두하(頭下)는 투하(投下)로도 표기하는데, 두하군주는 여러 왕·외척·대신 및 여러 부족이 종군하여 잡은 포로들을 가지고 주현을 세워 살게 한 사성(私城)을 가리킨다. 횡장(橫帳)[259]의 여러 왕·국구(國舅)·공주(公主)에게는 주성(州城)의 창립을 허용하였으나 나머지 사람들에게는 성곽을 세울 수 없게 하는 등[260]의 구분이 있었다. 주(州)의 규모가 되지 않는 것을 군(軍)이라 하고, 현(縣)의 규모가 되지 않는 것을 성(城)이라 하고, 성의 규모가 되지 않는 것을 보(堡)라 하였다.[261] 류푸장(劉浦江)의 연구에 따르면, 두하군주는 42개가 확인된다. 이 중에서 요 전기(前期)의 두하군주는 거의 모두 전쟁 포로를 가지고 세운 것이지만, 전연의 맹[澶淵之盟] 이후 대규모 전쟁이 사라졌기 때문에 성종조(聖宗朝) 이후 두하군주의 설치는 거의 찾아볼 수 없다. 두하군주는 엄격한 세습 제도를 시행하였기 때문에, 조정에 적몰되는 경우는 영주가 반역을 하거나 후사가 끊겼을 경우였다. 두하군주의 관료는, 원칙적으로 절도사(節度使)는 조정에서 임명하였고 자사(刺史) 이하는 모두 두하군주의 부곡인으로 채워졌다.[262]

복주는 지금의 코르친좌익후기(科爾沁左翼後旗) 동쪽에 위치한다. 소한이 남쪽 원정에서 한민(漢民)을 포로로 잡아 와서 북쪽 안평현(安平縣) 옛 땅에 거처하게 하였다. 복주는 원주(原州) 북쪽으로 20리 거리에 있고, 서북쪽으로 상경(上京)에 이르기까지는 780리 거리에 있었다. 호구수는 300이었다.[263]

[2-48] 십삼산(十三山): 『요사』「지리지」에 의하면 동경도(東京道) 현주(顯州) 경내에 있는 산이

欲所鎭, 尋卒於本土."

259 덕조(德祖)의 집안 자손들로, 삼부방(三父房)이라고도 일컬었다.
260 『遼史』卷37, 「地理志」1, 上京道, 頭下軍州條, "頭下軍州, 皆諸王·外戚·大臣及諸部從征俘掠, 或置生口, 各團集建州縣以居之. 橫帳諸王·國舅·公主許創立州城, 自餘不得建城郭. 朝廷賜州縣額."
261 『遼史』卷48, 「百官志」4, 南面2, 南面方州官條, "其間宗室·外戚·大臣之家築城賜額, 謂之'頭下州軍', 唯節度使朝廷命之, 後往往皆歸王府. 不能州者謂之軍, 不能縣者謂之城, 不能城者謂之堡. 其設官則未詳云."
262 두하군주에 대해서는 劉浦江, 『松漠之間: 遼金契丹女眞史研究』, 北京: 中華書局, 2008의 「遼朝的頭下制度與頭下軍州」(初出은 2001)를 참조.
263 『遼史』卷37, 「地理志」1, 上京道, 頭下軍州, 福州條, "福州. 國舅蕭寧建. 南征俘掠漢民, 居北安平縣故地. 在原州北二十里, 西北至上京七百八十里. 戶三百."

다.²⁶⁴ 지금의 랴오닝성(遼寧省) 진현(錦縣)의 동쪽으로 75리 떨어져 있는 곳에 위치한 산으로 추정된다.²⁶⁵

[2-49] **위주(衛州)**: 지금의 네이멍구자치구 츠펑시 경내로 추정된다.²⁶⁶ 위주는 『요사』 「지리지」에는 보이지 않지만, 「천조제본기(天祚帝本紀)」에 천경(天慶) 7년(944) 2만 8천여 인이 위주 질려산(蒺藜山)에 주둔하였다는 기록이 보인다.²⁶⁷ 또한 『거란국지(契丹國志)』에 요대의 자사주(刺史州) 가운데 위주가 확인된다.²⁶⁸ 샹난(向南)은 위주(衛州)가 위주(渭州)와 동일한 지역으로 보았다.²⁶⁹

[2-50] **[위주에] 살고 있는 …… 살게 한 것이다**: 요에서는 정벌한 뒤 포로로 잡아 온 자들을 요충지에 안치하여 주(州)를 건립하였는데, 대부분 포로들이 살던 옛 지명을 따라서 이름하였다.²⁷⁰ 위주에 살고 있는 사람들 역시 중국의 위주(衛州)에서 잡혀 왔을 가능성이 크다.²⁷¹

【원문】

嶠至福州, 而契丹多憐嶠, 教其逃歸. 嶠因得其諸國種類遠近, 云, "距契丹國東至于海, 有鐵甸, 其族野居皮帳, 而人剛勇. 其地少草木, 水咸濁, 色如血, 澄之久而後可飲. 又東, 女

---

264 『遼史』 卷38, 「地理志」 2, 東京道, 顯州·奉先軍條, "有十三山."
265 『大淸一統志』, 「錦州府」 1, 十三山條, "在錦縣東七十五里. 高一里餘, 周二十里, 峰有十三, 故名."
266 項春鬆, 『遼代歷史與考古』, 呼和浩特: 內蒙古人民出版社, 1996, 100쪽.
267 『遼史』 卷28, 「天祚帝本紀」 2, 天慶7年 9月條, "上自燕至陰涼河, 置怨軍八營: 募自宜州者曰前宜·後宜, 自錦州者曰前錦·後錦, 自乾自顯者曰乾曰顯. 又有乾顯大營·岩州營, 凡二萬八千餘人, 屯衛州蒺藜山. 丁酉, 獵駞子山." 또한 『契丹國志』 卷10, 「天祚皇帝」 上, "初, 怨軍有八營, 共二萬八千餘人, 自宜州募者謂之前宜營, 再募者謂後宜營, 前錦, 後錦者亦然, 有乾營, 顯營, 又有乾顯大營, 岩州營, 叛者乃乾顯大營, 前錦營也. 十一月, 到衛州蒺藜山." 참조. 『거란국지』에서도 유사한 내용이 보이는데, 위주 질려산에 주둔한 시기가 『요사』에서는 9월, 『거란국지』에서는 11월로 기록되어 차이가 있다.
268 『契丹國志』 卷22, 「州縣載記」, 刺史州七十餘處條.
269 曹流, 『《亡遼錄》輯釋與研究』, 成都: 巴蜀書社, 2022, 194쪽.
270 『遼史』 卷37, 「地理志」 1, "又以征伐俘戶建州襟要之地, 多因舊居名之, 加以私奴置投下州."
271 遼代의 이주민에 대해서는 [日] 島田正郎 著, 何天明 譯, 「徙民政策與州縣製的建立」, 『大契丹國: 遼代社會史研究』, 呼和浩特: 內蒙古人民出版社, 2007, 161-162쪽 참조. (原: 『遼代社會史研究』, 京都: 三和書房, 1952.)

眞, 善射, 多牛·鹿·野狗.[30] 其人無定居, 行以牛負物, 遇雨則張革[31]爲屋.[32] 常作鹿鳴, 呼鹿而射之, 食其生肉.[33] 能釀糜爲酒, 醉則縛之而睡, 醒而後解, 不然, 則殺人.

【교감】

[30] 賈氏注: '女眞, 善射, 多牛·鹿·野狗', 『三朝北盟會編』卷3, 政宣上帙三에는 '女眞獸多牛·羊·麋鹿·野狗·白彘·靑鼠·豹鼠'로 적혀 있다.

[31] 趙氏注: '革', 『說郛』에는 '幔'으로 적혀 있다.

[32] 賈氏注: '遇雨則張革爲屋', 『三朝北盟會編』卷3, 政宣上帙三에는 '或鞍而乘之, 遇雨多張牛革以爲御'로 적혀 있다.

[33] 賈氏注: '食其生肉', 『北風揚沙錄』卷3, 政宣上帙三에는 '生啖其肉'으로 적혀 있다.

【번역】

호교가 복주(福州)에 도착하자 거란 사람들이 호교를 많이 가엽게 여겨 그에게 도망쳐 돌아갈 것을 알려주었는데, 호교가 이로 인해 여러 나라의 종류와 [그들과의 거리의] 멀고 가까움을 알 수 있었다.

전하기를, "거란국(契丹國)의 동쪽으로 가서 바다에 이르면[51] 철전(鐵甸)[52]이 있는데, 그들 종족[族]은 들판에서 가죽으로 만든 장막[皮帳]에 살았고 사람들은 굳세고 용감하다. 그 땅에는 풀과 나무가 적었고, 물은 소금기가 있고 탁하여 색깔이 핏빛과 같으나 그것을 오래두어 맑게 하면 나중에는 마실 수 있었다.

또 동쪽으로 가면 여진(女眞)[53]이 있는데, 활쏘기를 잘했고 소와 사슴과 야생 개[野狗]가 많았다. 그 사람들은 정해진 거처가 없어 다닐 때에는 소에 물건을 실었고, 비를 만나면 가죽을 넓게 펴서 집[屋]을 지었다. 항상 사슴 우는 소리를 내어 사슴을 불러 사냥하고 그 날고기를 먹었다.[54] [그들은] 싸라기로 술을 빚을 수 있었는데, 술에 취하면 사슴을 포박하고 잠들었다가 술이 깨고 나면 [사슴의 포승을] 풀어 주었고, 그렇게 하지 않으면 사람을 죽였다.

【주석】

[2-51] 거란국(契丹國)의 동쪽으로 가서 바다에 이르면: 태조 야율아보기가 911년 정월 해(奚)를 평정한 뒤 해와 습(霫)의 땅을 모두 차지하였다. 그 강역은 동쪽으로 바다에 이르고, 남쪽으로는 백단(白檀), 서쪽으로는 송막(松漠), 북쪽으로는 황수(潢水)에 이르렀다.[272] 이때의 바다는 지금의 동해를 가리킨다.[273]

[2-52] 철전(鐵甸): 철리(鐵利) 혹은 철리(鐵離), 철려(鐵驪)라고도 하는 옛 부족이다. 당대(唐代)에는 흑수말갈(黑水靺鞨)의 여러 부(部) 중 하나였다. 당 현종(玄宗) 개원(開元) 연간(713~742)에 여러 차례 당에 조공을 바쳤다.[274] 발해가 건국된 뒤에는 발해에 복속되어 그 경내에 철리부(鐵利府)를 설치해 광(廣)·분(汾)·포(蒲)·해(海)·의(義)·귀(歸) 등의 6주(州)를 관할하였다.[275] 그 위치에 대해서는 지금 러시아 유대인자치주(猶太自治州) 경내라는 견해와 지금 헤이룽장성(黑龍江省) 일란(依蘭) 경내라는 견해가 있다. 발해 멸망 이후에는 다시 거란에 복속되었다.[276] 요대(遼代)에는 태조가 발해를 공격해 발해의 철리부에 광주(廣州)를 설치하였다가, 철리주(鐵利州)로 고쳤다. 요 성종 통화(統和) 8년(990) 철리주를 폐지하였다가, 개태(開泰) 7년(1018) 한호(漢戶)로 다시 광주를 설치하였다.[277] 초서피(貂鼠皮)가 이곳에서 주로 생산되었다.

[2-53] 여진(女眞): 앞의 [1-2] 참조.

[2-54] 항상 사슴 …… 날고기를 먹었다: 여진의 사슴 사냥 방법은 『요사』 「영위지(營衛志)」에서도 매년 거가(車駕)가 이르면, 밤이 되기를 기다렸다가 사슴이 염수(鹽水)에 물을 마시러 올 때 뿔을 불어 사슴이 우는 듯한 소리를 내서 모여들게 하여 쏘아 죽였다는

---

272 『遼史』 卷1, 「太祖本紀」 上, 5年 正月條, "是役所向輒下, 遂分兵討東部奚, 亦平之. 於是盡有奚·霫之地. 東際海, 南暨白檀, 西踰松漠, 北抵潢水, 凡五部, 咸入版籍."
273 賈敬顔, 『五代宋金元人邊疆行記十三種疏證稿』, 26쪽.
274 『新唐書』 卷219, 「黑水靺鞨傳」, "又有拂涅·虞婁·越喜·鐵利等部. …… 鐵利, 開元中六來 ……."
275 『新唐書』 卷219, 「渤海傳」, "鐵利故地爲鐵利府, 領廣·汾·蒲·海·義·歸六州."
276 동북아역사재단 편, 『舊五代史·新五代史 外國傳 譯註』, 175쪽.
277 『遼史』 卷38, 「地理志」 2, 東京道, 廣州條, "廣州, 防禦, 漢屬襄平縣, 高麗爲當山縣, 渤海爲鐵利郡. 太祖遷渤海人居之, 建鐵利州. 統和八年省. 開泰七年以漢戶置. 統縣一, 昌義縣."; 『遼史』 卷60, 「食貨志」 下, "神册初, 平渤海, 得廣州, 本渤海鐵利府, 改曰鐵利州, 地亦多鐵." 또한 『遼史』 卷38, 「地理志」 2, 東京道, 鐵利府條 참조.

기록이 보인다.[278]

【원문】

又東南,[34] 渤海, 又東, 遼國, 皆與契丹略同. 其南, 海曲, 有魚鹽之利. 又南, 奚, 與契丹略同, 而人好殺戮. 又南, 至于楡關矣, 西南, 至儒州, 皆故漢[35]地. 西則突厥·回紇. 西北至嫗厥律, 其人長大,[36] 髡頭, 酋長全[37]其髮, 盛以紫囊. 地苦[38]寒, 水出大魚, 契丹仰食. 又多黑·白·黃貂鼠皮, 北方諸國皆仰足.[39] 其人最勇, 隣國不敢侵.

【교감】

[34] 賈氏注: '東南', 『文獻通考』와 『契丹國志』에는 '東'으로 적혀 있다.

[35] 趙氏注: '漢', 『說郛』에는 '虜'로 적혀 있다.

[36] 趙氏注: '大', 『文獻通考』에는 이 글자가 없다.

[37] 趙氏注: '全', 『說郛』에는 '金'으로 적혀 있다.

[38] 趙氏注: '苦', 『文獻通考』에는 '嚴'으로 적혀 있다.

[39] 趙氏注: '仰足', 『文獻通考』에는 '仰之'로 적혀 있다.

【번역】

또 동남쪽으로 가면 발해(渤海)[55]가 있다. 또 동쪽으로 가면 요국(遼國)[56]이 있는데 모두 거란과 대략 같다. 그 남쪽에는 해곡(海曲)[57]이 있는데, 어염(魚鹽)의 이익이 있었다. 또 남쪽에는 해(奚)[58]가 있는데, 거란과 대략 같아 사람들이 살육(殺戮)을 좋아하였다. 또 남쪽으로 가면 유관(楡關)에 이르고, 서남쪽으로 가면 유주(儒州)[59]에 이르는데, 모두 옛 한나라의 땅[漢地]이다. 서쪽으로 가면 돌궐(突厥)[60]과 회흘(回紇)[61]이 있다. 서북쪽으로 가면 구굴률(嫗厥律)[62]에 이르는데, 그 사람들은 [체격이] 장대하고 다팔머리[髡]를 머리 꼭대기[頭]에만 했으며, 추장(酋長)은 그 머리카락들을 온전히 하여 자주색 주머니[紫囊]에 담아 두었다. 땅은

---

278 『遼史』 卷32, 「營衛志」 中, 行營, 秋捺鉢條, "每歲車駕至, 皇族而下分布濼水側. 伺夜將半, 鹿飲鹽水, 令獵人吹角效鹿鳴, 既集而射之. 謂之'舐鹹鹿', 又名'呼鹿'."

몹시 춥고, 물에서는 큰 물고기가 나와 거란 사람들이 그것을 먹었다. 또 검은색·흰색·황색의 초서피(貂鼠皮)가 많았다. 북방의 여러 나라는 모두 발[足]을 숭상하였다. 그 사람들이 가장 용맹하여 이웃 나라에서 감히 침범하지 못하였다.

【주석】

[2-55] 발해(渤海): 여기서 발해는 멸망 이후의 동단국을 일컫는 것으로 보인다.[279] 발해에 관해서는 앞의 [1-3] 참조.

[2-56] 요국(遼國): 발해의 동쪽에 요국이라는 나라는 없다. 한편, 여진 중에서 가장 멀리 있으면서 동해에 가까이 있는 자들을 '동해여진(東海女眞)'이라 하였는데,[280] 요국은 이 동해여진을 가리키는 것일 가능성도 있다.[281]

[2-57] 해곡(海曲): 대개 지금 랴오둥만(遼東灣)과 보하이만(渤海灣)을 가리킨다.[282]

[2-58] 해(奚): 동호(東胡)의 일종으로, 북위(北魏) 시기 고막해(庫莫奚)라고 불렸고, 수대부터 해라고 불렸다. 당 정관(貞觀) 22년(648)에 해의 추장 가도자(可度者)가 그가 다스리는 부락을 거느리고 당에 복속하자, 당이 거주지에 요락도독부(饒樂都督府)를 설치하고 가도자를 우영군(右領軍) 겸 요락도독(饒樂都督)으로 삼았으며, 이씨(李氏) 성을 하사하였다. 거란과는 가까운 친족이다. 그 영역은 동북쪽으로 거란, 서쪽으로 돌궐, 남쪽으로 백랑하(白狼河), 북쪽으로 습(霫)과 접하였다. 풍속은 돌궐과 같아 이동식 목축을 하고, 양탄자로 만든 천막에서 살았다.[283]

오대 시기에 비파천(琵琶川)으로 이주하였으니, 유주에서 동북쪽으로 수백 리 떨어져 있었고 고북구(古北口)의 북쪽에 있었다. 거란이 점차 강성해져서 마침내 거란의 통제를 받게 되었다. 해의 일부가 규주(嬀州)로 옮겨 산악 지역에 거주하였고, 이로 인해 동해(東奚)와 서해(西奚)의 호칭이 있었다. 이후 거란이 강성해져서 해의 옛 땅을

---

279 賈敬顔, 『五代宋金元人邊疆行記十三種疏證稿』, 28쪽.
280 『大金國志校證』, 附錄一, 女眞傳, "極邊遠而近東海者, 則謂之'東海女眞'."
281 賈敬顔, 『五代宋金元人邊疆行記十三種疏證稿』, 28-29쪽.
282 賈敬顔, 『五代宋金元人邊疆行記十三種疏證稿』, 29쪽.
283 『新唐書』 卷219, 「奚傳」; 『舊唐書』 卷199하, 「奚國傳」.

모두 취하였다.[284] 거란은 해의 왕족에 대해서 그들의 지위와 생활을 보장해 주었고, 해인에게 거란인과 동일한 지위를 부여하는 동시에 별도로 부(部)를 설치하여 살도록 하였다.

[2-59] **유주**(儒州): 지금의 베이징시(北京市) 옌칭구(延慶區) 일대이다. 당말(唐末)에 설치되어 후당(後唐) 동광(同光) 2년 신주(新州)에 예속되었다. 요 태종 시기 936년에 편입되어 봉성주(奉聖州)로 고쳤다. 치소는 진산현(縉山縣)이다.[285]

[2-60] **돌궐**(突厥): 『당서석음(唐書釋音)』과 호삼성(胡三省)의 『자치통감음주(資治通鑑音注)』의 반절음(反切音)에 따르면, '돌굴'로 읽힌다.[286] 몽골고원에서 중앙아시아에 걸쳐 유목 생활을 하던 민족이다. 6세기 경 점차 세력을 확대하여 유연제국을 멸망시키기도 하였으나 수대에 중원 왕조의 이간책으로 동돌궐과 서돌궐로 분리되었다. 당 태종 시기 동돌궐이 멸망하였고, 서돌궐 역시 당에 신속하였다. 무측천 시기에는 제2돌궐제국을 부활시켜 북방의 패자로 활약하였다.[287]

[2-61] **회흘**(回紇): 선조가 흉노이고, 고비사막 이북에 거처하며 이동식 목축을 하였다. 회골(回骨), 회흘(回紇)이라고도 한다. 휘하에 설연타(薛延陀), 복골(僕骨), 사결(思結) 등 대략 15개 부(部)가 있었다.[288]

[2-62] **구굴률**(嫗厥律): 오고(烏古), 오고리(烏古里), 우굴(于厥), 우굴리(于厥里), 우골리(于骨里) 등이라 표기되기도 하는데, 모두 같은 민족을 지칭하는 것으로 생각된다. 『요사』 「부족표(部族表)」에서도 우굴리, 오고리 등으로 기록되어 있다.[289] 북위 시대 오락후(烏洛

---

[284] 『武經總要』 前集 卷22, 奚·渤海·女眞, "奚, 本匈奴別種, 牙帳在東湖之地, 酋長號王, 唐制兼饒樂府都督, 居陰涼州. 東至營州五百里, 西南至幽州九百里. 後徙居琵琶川, 在幽州東北數百里, 古北口之北. 天成初, 契丹漸盛, 遂受制焉. 或徙居於嬀州, 依山而居之, 有東西奚之號. 今契丹盡取奚之故地."

[285] 『遼史』 卷41, 「地理志」 5, 西京道, 奉聖州·武定軍條.

[286] 『唐書釋音』 卷1, 唐書 卷1, 本紀 第1, "突厥. [下九勿切.]"; 『資治通鑑』 卷182, 「隋紀」 6, 大業11年 秋8月 乙丑條, "初, 裴矩以突厥始畢可汗部衆漸盛. [胡三省 注: 厥, 九勿翻. 可, 從刊入聲. 汗, 音寒.]" 『당서석음』에 관해서는 홍성민, 「『唐書釋音』의 활용을 위한 기초적 연구―『당서석음』이 참고한 『新唐書』의 판본상의 특징」, 『中國學報』 第103輯, 서울: 韓國中國學會, 2023을 참조.

[287] 『舊唐書』 卷194 上, 「突厥傳」 上; 『舊唐書』 卷194下, 「突厥傳」 下.

[288] 『新唐書』 卷217 上, 「回鶻傳」 上; 『新唐書』 卷217下, 「回鶻傳」 下.

[289] 『遼史』 卷69, 「部族表」.

侯)라 불렸으며, 『구당서(舊唐書)』「외국전(外國傳)」에서는 '오라혼국(烏羅渾國)'으로 기록되어 있다. 그 영역은 동쪽으로 말갈, 서쪽으로 돌궐, 남쪽으로 거란, 북쪽으로 오환(烏丸)과 접한다. 풍속은 말갈과 같다.[290]

【원문】

又其西, 轄戛, 又其北, 單于突厥, 皆與嫗厥律略同. 又北, 黑車子, 善作車帳, 其人知孝義, 地貧無所產. 云契丹之先, 常役回紇, 後背之, 走黑車子,[40] 始學作車帳. 又北, 牛蹄突厥, 人身牛足, 其地尤寒, 水曰'瓠㿸河',[41] 夏秋冰厚二尺, 春冬冰徹底, 常燒器銷冰乃得飲.

【교감】

[40] 입력자注: '後背之, 走黑車子,', 『新五代史』에서는 '後背之走黑車子,'로 표점하고, 趙氏와 賈氏 모두 '後背之, 走黑車子,'로 표점하였다.
[41] 趙氏注: '瓠㿸河', 『說郛』에는 '葫蘆河'로 적혀 있다.

【번역】

또 그 서쪽에는 할알(轄戛)[63]이 있고, 또 그 북쪽에는 선우돌궐(單于突厥)[64]이 있는데, 모두 구굴률(嫗厥律)과 대략 같다. 또 북쪽으로 가면 흑거자(黑車子)[65]가 있는데, 수레와 장막[車帳]을 잘 만들고 그 사람들은 효(孝)·의(義)를 알았으며 땅은 척박하여 생산되는 것이 없었다. 전하기를, 거란의 선조들은 항상 회흘 사람들을 부렸는데, 후에 [회흘이] 그들을 배반하고 흑거자(黑車子)로 달아나서 비로소 수레와 장막 만드는 것을 배우게 되었다고 한다.
또 북쪽에는 우제돌궐(牛蹄突厥)[66]이 있는데, 사람의 몸에 소의 발을 하고 있고, 그 땅이 특히 추워 [그 땅을 흐르는] 물을 호로하(瓠㿸河)[67]라 불렸는데, 여름과 가을에도 얼음이 얼어 두께가 2척이[나 되]었고, 봄과 겨울에는 얼음이 더욱 두꺼워져 항상 그릇에 불을 쬐어 얼음을 녹여야만 마실 수 있었다.

---

290 『舊唐書』 卷199下, 「烏羅渾傳」.

【주석】

[2-63] 할알(黠戛): 힐알사(點戛斯), 흘흘사(紇扢斯)라고도 하며, 옛 견곤국(堅昆國)이다. 그 영역은 이오(伊吾)의 서쪽, 언기(焉耆)의 북쪽에 있었고, 흉노의 서쪽에 살았다. 가축으로는 말이 강대했고, 낙타, 소, 양이 있었다.[291]

[2-64] 선우돌궐(單于突厥): 오대(五代) 시기 동돌궐(東突厥)의 남은 부(部) 중 하나다. 그들은 구굴률(嫗厥律)의 북쪽에 살았고 지금의 헤이룽강 상류와 와이싱안링산맥(外興安嶺山脈) 서쪽 일대에서 유목을 하였다. 그들의 풍속과 습속은 구궐률과 거의 동일하다.[292] 자징옌(賈敬顏)은 선우돌궐이 『흑달사략(黑韃事略)』에 보이는 북선우(北單于), 선우국(單于國)과 동의어가 아닐지 추정하였다.[293]

[2-65] 흑거자(黑車子): 실위(室韋)의 일종으로 흑거자실위(黑車子室韋)를 말하며, 흑거자달단(黑車子韃靼) 혹은 화해실위(和解室韋)라고도 부른다. 수레와 장막을 잘 만들었으므로 흑거자라는 이름을 얻었다. 당대(唐代)에 그 명칭이 처음 보이는데, 당과 오대 시기에 구륜박(俱輪泊, 지금의 훌룬호(呼倫湖))의 동남쪽, 흥안령(興安嶺)의 좌우에 살았다. 언어와 문화 등은 거란과 유사하다. 부족은 8개의 부(部)로 나누어져 있었으며 회흘에 신속하여 좌상부락(左廂部落)의 하나가 되었다. 한편, 8세기 중엽에 작성된 펠리오의 돈황 티벳어 문서 P.t. 1283의 제57행에서 Ga-ra-gaṅ-lig이라는 단어가 등장한다. 펠리오는 이를 고대 돌궐어 'Qara Qanli-liy'(검은 수레를 가진 자)으로 복원하였고, 이것이 민족명 흑거자에 해당한다고 추정하였다.[294] 10세기 초 거란이 흥기한 뒤 점차 남쪽으로 이주하여 유주(幽州) 새외(塞外)에 거주하였다.[295] 여러 차례 요와 전쟁하였으나 패배하여 속국이 되었다. 『요사』 「태종본기(太宗本紀)」에 의하면, 야율덕광의 회동(會

---

291 『新唐書』 卷217下, 「回鶻傳」 下.

292 동북아역사재단 편, 『舊五代史·新五代史 外國傳 譯註』, 176쪽.

293 賈敬顏, 『五代宋金元人邊疆行記十三種疏證稿』, 31쪽.

294 森安孝夫, 『東西ウイグルと中央ユーラシア』, 名古屋: 名古屋大學出版會, 2015의 제1편 2「チベット語史料中に現れる北方民族―DRU-GUとHOR―」(初出: 1977), 58쪽.

295 『資治通鑑』 卷247, 「唐紀」 63, 武宗 會昌3年 正月條, "烏介可汗走保黑車子族, [胡三省 註: …… 詳考『新舊書』, 黑車子即室韋之一種. 按是時賜點戛斯詔云, 黑車子去漢界一千餘里. 考異曰, 『舊』「回鶻傳」云, '烏介驚走東北約四百里外, 依和解室韋下營, 嫁妹與室韋, 依附之.' 今從伐叛記·實錄·新傳. 舊張仲武傳又云, '烏介既敗, 乃依康居求活, 盡徙餘種寄託黑車子.' ……] 其潰兵多詣幽州降."

同) 연간에 여러 차례 공물을 바친 일이 확인된다.²⁹⁶ 요대에는 흑거자실위국왕부(黑車子室韋國王府)가 설치되었다.²⁹⁷

[2-66] 우제돌궐(牛蹄突厥): 우제돌궐은 돌궐이라는 명칭을 통해서 보았을 때, 돌궐 민족과 연관이 있을 것으로 생각된다. 그 지역이 여름에도 2척이나 되는 얼음이 얼 정도로 추웠던 것으로 보아, 소의 발이라는 것은 두꺼운 신발 혹은 스키나 스케이트 도구를 비유적으로 표현한 것으로 보인다. 한편, 8세기 중엽에 작성된 펠리오의 돈황 티벳어 문서 P.t. 1283의 제92행~제93행에서 Bug-čhor 서쪽의 민족에 대해서 묘사하면서, "사막성 산맥지대의 저편에는 Ud-ha-dag-leg이라고 불리는 사람들이 있는데, 발은 수소의 발굽을 가졌고, 몸에 치렁치렁한 털을 가졌고, 인육(人肉)을 좋아한다."라고 하였다. 펠리오는 이 Ud-ha-dag-leg을 돌궐어로 'Udadayliy'(소의 발을 가진 (백성))으로 해석하였고, 모리야스 다카오는 이 민족을 알타이산맥과 바이칼호 사이의 산지에 거주한 민족으로 보았다.²⁹⁸

[2-67] 호로하(瓠𤬝河): 호로하는 나당(羅唐) 전쟁이 벌어졌던 한반도의 임진강 유역이라고 알려져 있으나, 기후에 대한 표현이나 주변 거주 민족을 고려하면 명칭만 같을 뿐 다른 지역으로 보아야 할 것이다. 자징옌은 지금의 케룰렌하(克魯倫河)에 해당하는 여구하(臚朐河)로 보았다.²⁹⁹

【원문】

東北, 至轍劫子, 其人髡首, 披布爲衣,[42] 不鞍而騎, 大弓長箭, 尤善射, 遇人輒殺而生食其肉, 契丹等國皆畏之. 契丹五騎遇一轍劫子, 則皆散走. 其國三面皆室韋, 一曰室韋, 二曰黃頭室韋, 三曰獸室韋. 其地多銅·鐵·金·銀, 其人[43]工巧, 銅鐵諸器皆精好, 善織毛錦. 地尤寒, 馬溺至地, 成冰堆.

---

296 『遼史』卷4,「太宗本紀」下, 會同元年·3年·7年·8年條 참조.
297 『遼史』卷46,「百官志」2,「北面」2, 北面屬國官條.
298 森安孝夫, 『東西ウイグルと中央ユーラシア』, 名古屋: 名古屋大學出版會, 2015의 제1편 2「チベット語史料中に現れる北方民族―DRU-GUとHOR―」(初出: 1977), 62쪽 및 94-95쪽.
299 賈敬顔, 『五代宋金元人邊疆行記十三種疏證稿』, 32쪽.

【교감】

[42] 趙氏注: '披布爲衣', 『文獻通考』에는 '被皮爲衣'로 적혀 있다.

[43] 입력자注: '人', 『文獻通考』에는 이 글자가 없다.

【번역】

동북쪽으로 가면 말겁자(韈劫子)[68]에 이르는데, 그 사람들은 다팔머리를 머리 앞부분에만 하고[髡首] 포(布)를 잘라 옷을 만들어 입었으며, 안장을 하지 않고 말을 타고 큰 궁과 긴 화살을 사용해 사냥을 특히 잘하였으며, 우연히 사람들을 만나면 번번이 죽이고 그 고기를 날로 먹어 거란 등의 나라가 모두 그들을 두려워하였다. 거란의 다섯 기병이 말겁자(韈劫子) 한 사람을 만나면, 모두 흩어져 도망쳤다. 그 나라는 삼면이 모두 실위(室韋)[와 접하고 있는데], 첫 번째는 실위(室韋)[69]이고, 두 번째는 황두실위(黃頭室韋)[70]이고, 세 번째는 수실위(獸室韋)라 하였다. 그 땅에는 동(銅)·철(鐵)·금(金)·은(銀)이 많이 나고, 그 사람들은 기술이 정교해 동과 철로 [만든] 여러 도구가 모두 정교하고 보기 좋았고, 모백(毛錦) [같은 옷감]을 특히 잘 짰다. 땅은 특히 추워 말이 땅에 빠지게 되면 얼음 언덕을 이루었다.

【주석】

[2-68] 말겁자(韈劫子): 말겁자는 몽고(蒙古)의 음역으로, 요대(遼代)에 그 존재가 처음 보인다. 삼면이 모두 실위와 접하는 지역은 지금 네이멍구자치구(內蒙古自治區) 동북부 훌룬부이르시(呼倫貝爾市) 경내의 에르구네하(額爾古納河) 상류와 하류 양안의 중국, 몽골, 러시아 삼국의 접경 지대일 것이다. 실위와 접한다는 점에 의거하면, 말겁자는 실위에서 나온 한 부(部)일 것이고, 후대에 몽고를 구성하는 한 부분인 몽올실위(蒙兀室韋)를 지칭하는 것일 가능성도 있다.[300] 한편, 말겁자를 『순상자지어(純常子枝語)』에서는 말갈(靺鞨)의 이역(異譯)으로서 여진(女眞) 종족이라 파악하였으며, 『흑룡강지고(黑龍

---

300 尤中, 『中華民族發展史』 第2卷 遼宋金元代, 昆明: 晨光出版社, 2007, 287-288쪽. 한편, 賈敬顔은 韈劫子가 Mkrin의 음역이라고 설명하였다(賈敬顔, 『五代宋金元人邊疆行記十三種疏證稿』, 32-33쪽).

江志稿)』에서는 말겁자를 '색륜(索倫)'으로 파악하였다.[301]

[2-69] 실위(室韋): 시위(豕韋), 실위(失韋), 실위(失圍) 등으로도 불린다. 북위 시대에 처음 그 존재가 보이며, 대개 거란의 부류이다. 그 부(部)는 『북사(北史)』에서는 남(南), 북(北), 발(鉢), 심말달(深末怛), 대(大)의 다섯 실위,[302] 『신당서』에서는 20여 개의 부(部)가 보인다.[303] 각 부마다 명칭이 있는 것으로 보아 첫 번째 실위는 앞에 그 부명(部名)에 누락되었을 가능성이 있다.[304]

[2-70] 황두실위(黃頭室韋): 영서실위(嶺西室韋)의 동남쪽에 있으며, 부(部)의 군대가 강성하고, 인호(人戶) 역시 많으며, 동북쪽으로 달구(達姤)와 접한다.[305]

【원문】

又北, 狗國, 人身狗首, 長毛不衣, 手搏猛獸, 語爲犬嘷, 其妻皆人, 能漢語, 生男爲狗, 女爲人, 自相婚嫁, 穴居食生, 而妻女人食. 云嘗有中國人至其國, 其妻憐之使逃歸, 與其筯十餘隻, 教其每走十餘里遺一筯, 狗夫追之, 見其家物, 必銜而歸, 則不能追矣. 其說如此.

【교감】

없음.

---

[301] 『純常子枝語』(民國三十二年刻本) 卷40, "按轕劫子, 當卽靺鞨之異譯, 實女眞之種族也."; 『黑龍江志稿』(民國十年刻本) 卷62, 「大事志」, "轕劫子當卽索倫種人."
[302] 『北史』卷94, 「室韋傳」, "室韋國在勿吉北千里, 去洛陽六千里. '室'或爲'失', 蓋契丹之類, 其南者爲契丹, 在北者號爲失韋 ……."
[303] 『新唐書』卷219, 「室韋傳」, "室韋, 契丹別種, 東胡之北邊, 蓋丁零苗裔也. …… 分部凡二十餘. 曰嶺西部·山北部·黃頭部, 彊部也. 大如者部·小如者部·婆萵部·訥北部·駱丹部: 悉處柳城東北, 近者三千, 遠六千里而贏. 最西有烏素固部, 與回紇接, 當倫泊之西南. 自泊而東有移塞沒部. 稍東有塞曷支部, 最彊部也, 居啜河之陰, 亦曰燕支河. 盆東有和解部·烏羅護部·那禮部·嶺西部, 直北曰訥比支部. 北有大山, 山外曰大室韋, 瀕於室建河. 河出俱倫, 迆而東, 河南有蒙瓦部, 其北落坦部. 水東合那河·忽汗河, 又東貫黑水靺鞨, 故靺鞨跨水有南北部, 而東注於海. 猫越河東南亦與那河合, 其北有東室韋, 蓋烏丸東南鄙餘人也."
[304] 賈敬顏, 『五代宋金元人邊疆行記十三種疏證稿』, 34쪽.
[305] 『舊唐書』卷199下, 「室韋傳」, "居猺越河北, 其國在京師東北七千里. 東至黑水靺鞨, 西至突厥, 南接契丹, 北至于海. …… 東又有嶺西室韋, 又東南至黃頭室韋, 此部落兵強, 人戶亦多, 東北與達姤接."

〈그림 2-4〉『삼재도회(三才圖會)』인물 12권, 구국(狗國)

【번역】

또 북쪽으로 가면 구국(狗國)[71]이 있는데, 사람의 몸에 개의 머리를 하고 있고 [몸에는] 긴 털이 나 있어 옷을 입지 않고 맨손으로 맹수(猛獸)를 잡으니 견호(犬嘷)라고 말하였으며, 그들의 처는 모두 사람[의 형상을 하고] 있고 한어(漢語)를 능숙하게 하였다. 아들을 낳으면 개처럼 되고 딸을 낳으면 사람처럼 되었는데, 서로 혼인[婚嫁]하면서부터 동굴에 살고 날것을 먹어 처와 딸도 사람을 잡아먹었다. 전하기를 일찍이 중국 사람들이 그 나라에 이르면, 그 처가 그들을 가련히 여겨 도망쳐 돌아갈 수 있도록 그들에게 젓가락 열 쌍을 주고 매번 10여 리를 갈 때마다 젓가락을 한 개씩 남겨 두면 개 남편[狗夫]이 그것들을 따라가다 자기 집의 물건을 보고는 반드시 입에 물고 돌아갈 것이니 곧 [도망가는 자를] 추격할 수 없을 것이라고 가르쳐 주었는데, 그 말이 이와 같았다.

【주석】

[2-71] 구국(狗國) : 구국과 관련하여 선진과 양한(兩漢) 시기에는 서북방 염황(炎黃) 집단의 후예, 당대에는 바이칼호 일대의 골리간(骨利干), 요대 이후에는 흑룡강 하류 지역의 사견(使犬) 부락이 모두 구국이라 불렸다.[306]

한편, 8세기 중엽에 작성된 펠리오의 돈황 티벳어 문서 P.t. 1283의 제77행~제84행에서 Bug-čhor 북방의 민족에 대해서 묘사하면서, "최초의 개가 하늘에서 내려왔다. 붉은 개와 검은 개가 고개로 내려와서, 아내로 암컷 이리 한 마리를 찾아서 [같이] 생활하였지만 자식을 낳을 수 없었다. 이에 Dru-gu(돌궐) 집 가까이에서 딸 한 명을 강탈해 와서, 그 딸과 생활하자 아들들이 개로 태어났다. 딸들은 사람으로 태어났으니, 진짜 여성이었다. 붉은 개의 일족은 Ge-zir gu-shu라고 하였다. 검은 개의 일족은 Ga-ra gu-shu라고 하였고, 개와 여성은 Dru-gu(돌궐)어로 회화를 하였으며, 가축 등과 재산·식량은 여성이 조달하여 사용하였다."[307]라는 전승을 남겼다.

그리고 카르피니의 『몽골의 역사』에서도 "그들은 수많은 통역인을 동원하여 그 지방에 사는 남자들이 어디에 있는지 물었는데, 그 여자들이 대답하기를 그곳의 여자들은 모두 사람의 형상을 하고 있지만 남자들은 모두 개의 형상을 하고 있다고 했습니다."라고 하여 『함로기』와 유사한 전승을 남기고 있다. 김호동은 『흑달사략(黑韃事略)』에서, 칭기스 칸에게 공파된 집단들 가운데 '개의 백성'이라는 뜻의 '노카이 이르겐(那海益律干)'이 확인된다고 하였다.[308] 구국이 이와 연관성이 있을 수 있겠다.

---

[306] 李榮輝, 「論北方民族中的狗國」, 『元史及民族與邊疆研究集刊』 36, 南京: 南京大學元史研究室·民族與邊疆研究中心, 2018, 101-110쪽 참조.

[307] 森安孝夫, 『東西ウイグルと中央ユーラシア』, 名古屋: 名古屋大學出版會, 2015의 제1편 2 「チベット語史料中に現れる北方民族—DRU-GUとHOR—」(初出: 1977), 60-61쪽.

[308] 플라노 드 카르피니, 『몽골의 역사』, 김호동 역, 『몽골 제국 기행: 마르코 폴로의 선구자들』, 서울: 까치글방, 2015, 72-73쪽 및 82-83쪽.

【원문】

又曰, "契丹嘗選百里馬二十匹, 遣十[44]人齎[45]乾飮餰[46]北行, 窮其所見. 其人自黑車子, 歷牛蹄國以北, 行一年, 經四十三城, 居人多以木皮爲屋, 其語言無譯者, 不知其國地·山川·部族·名號. 其地氣, 遇平地則溫和, 山林則寒冽. 至三十三城, 得一人, 能鐵甸語, 其言頗可解, 云地名'頡利烏于[47]邪堰'. 云'自此以北, 龍蛇猛獸·魑魅羣行, 不可往矣'. 其人乃還. 此北荒之極也.[48]"

【교감】

[44] 입력자注: '遣', 『文獻通考』와 『說郛』에는 '遣十'으로 적혀 있다.

[45] 趙氏注: '齎', 『說郛』에는 '貢'으로 적혀 있다.

[46] 趙氏注: '餰', 『說郛』에는 '仦'로 적혀 있다.

[47] 賈氏注: '于', 『契丹國志』에는 '干'으로 적혀 있다.

[48] 賈氏注: '也', 『契丹國志』에는 '矣'로 적혀 있다.

【번역】

또 말하기를, "거란이 일찍이 백리마(百里馬) 20필(匹)을 가려 10명의 사람을 보내어 건사(乾餰)를 싣고 북쪽으로 가서 그들이 본 바를 모두 기록하게 하였다. 그 사람들은 흑거자(黑車子)로부터 [출발해] 우제국(牛蹄國) 이북을 거쳐 1년 [동안]을 가서 43개의 성(城)을 지났는데, 그곳에 사는 사람들은 대부분 나무와 가죽으로 집을 지었고, 그들의 말[語言]을 통역할 자가 없어 그 나라 땅과 산천(山川)·부족(部族)·이름[名號] 등을 알지 못하였다. 그 땅의 기운은 평지(平地)를 만나면 온화하고, 산림(山林)을 [만나면] 차갑고 맑았다. 서른세 번째 성에 이르렀을 때 한 사람을 만났는데, 철전(鐵甸) 말을 할 수 있어 그 [나라의] 말을 자못 알아들을 수 있었다. 그 땅의 이름은 '힐리오우사언(頡利烏于邪堰)'[72]이라 전하였다. 전하기를 '이로부터 이북은 용타(龍蛇)·맹수(猛獸)·도깨비[魑魅]가 무리 지어 다녀서 갈 수가 없었다.'라고 하니, 그 사람들이 곧 돌아왔다. 여기가 북황(北荒)[73]의 끝이다."라고 하였다.

【주석】

[2-72] 힐리오우사언(頡利烏于邪堰): 오대(五代) 시기 흑거자실위(黑車子室韋)의 북쪽에 있던 지명으로, 거란에서 파견된 일행이 43번째 중 33번째 성에 도착한 지점이다.

[2-73] 북황(北荒): 북쪽의 황복(荒服)을 말한다. 황복은 오복(五服)의 가장 마지막으로, 천자의 덕이 미치지 못하는 땅이다. 여기서는 유목민이 사는 북방의 몽골과 시베리아를 포함하는 초원 지대를 가리키는 것으로 보인다.

【원문】

> 契丹謂嶠曰, "夷狄之人豈能勝中國, 然晉所以敗者, 主暗而臣不忠." 因具道諸國事, 曰, "子歸悉以語漢人, 使漢人努力事其主, 無爲夷狄所虜, 吾國非人境也." 嶠歸, 錄[49]以爲『陷虜記』云.[50]

【교감】

[49] 입력자주: '錄', 『文獻通考』에는 이 글자가 없다.

[50] 趙氏注: '嶠歸, 錄以爲『陷虜記』云', 『契丹國志』에는 '錄以爲記云'으로 적혀 있고, 『說郛』에는 이 9자가 없다.

【번역】

거란 사람들이 호교에게 말하기를, "이적(夷狄)의 사람들이 어찌 중국(中國)을 이길 수 있겠는가? 그러나 후진(後晉)이 패한 까닭은 군주가 아둔하고 신하가 충성스럽지 않았기 때문이다."라고 하였다. 여러 나라의 일을 갖추어 말하기를, "그대는 돌아가 모든 것을 한인(漢人)에게 말하여 한인들에게 그 군주를 힘써 섬기게 하여 이적에게 노략질을 당하는 바가 없게 하시오. 우리나라는 사람이 살 곳이 아니오."라고 하였다. 호교가 돌아와서 [그간의 일들을] 기록하여 『함로기(陷虜記)』[74]라 하였다고 한다.

【주석】

[2-74] 『함로기(陷虜記)』: 『송사(宋史)』「예문지(藝文志)」의 전기류(傳記類)에서는 호교의 『함요기(陷遼記)』 3권이라 전하고,[309] 지리류(地理類)에서는 『함로기(陷虜記)』 1권이라 전한다.[310] 『거란국지』에는 『함북기(陷北記)』라고 전한다.[311] 이 외에도 『자치통감(資治通鑑)』 호삼성(胡三省) 주에서 『입요록(入遼錄)』·『입요기(入遼記)』라는 표현도 보인다. 다만, 다른 사서(史書)에서 호교의 글을 인용할 때에는 대체로 『함로기』라는 표현을 쓰고 있다.

---

[309] 『宋史』 卷203, 「藝文」 2, 史類1, 傳記類, "胡嶠陷遼記三卷."
[310] 『宋史』 卷204, 「藝文」 3, 史類2, 地理類, "胡嶠陷虜記一卷."
[311] 『契丹國志』 卷25, 「胡嶠陷北記」.

3

노진(路振)의 『승초록(乘軺錄)』

유빛나

해제

　노진(路振)은 대중상부(大中祥符) 원년(1008)에 요(遼) 성종(聖宗)의 생신을 축하하기 위한 거란 황제 생신사 정사(正使)로 임명되었다. 노진은 황제의 명을 따라 요에 파견되었다가 돌아와서 경험한 일들과 여정 그리고 자신이 얻은 정보들을 정리한 행정록(行程錄)을 황제에게 바쳤는데, 이 책이 바로 『승초록(乘軺錄)』이다.

　노진은 영주(永州) 형양(祁陽) 사람으로, 당대 재상이던 노암(路巖)의 4대손으로 명망 있는 집안에서 태어났다. 30대에 진사과(進士科)에 합격하였고, 부(賦)를 짓는 능력이 뛰어나 송(宋) 태종(太宗)이 그의 부를 칭찬하기도 하였다. 요에 사신으로 다녀온 후, 태상박사(太常博士)·좌사간(左司諫)을 역임하다가, 대중상부 7년(1014) 겨울에 죽었다.

　노진이 남긴 『승초록』의 전본(全本)은 전하지 않고 부분 부분 적혀 있는 2종이 전하는데, 하나는 강소우(江少虞)가 저술한 『송조사실류원(宋朝事實類苑)』(『신조황조류원(新雕皇朝類苑)』이라고도 함) 중에 나오는 내용이고, 다른 하나는 조재지(晁載之)가 저술한 『속담조(續談助)』 중에 나오는 내용이다. 『속담조』에는 사행을 시작하는 순간부터 사행을 마치는 순간까지의 기록이 남아 있지만, 빠져 있는 부분이 상당히 많아서 그 전체의 모습을 파악하기 어렵다. 『송조사실류원』에 나오는 내용은 유주(幽州)에서 중경(中京)까지의 기록만 남아 있는데, 그 이전 부분은 생략되었다.

　그리하여 뤄지쭈(羅繼祖)는 이 두 책을 합쳐서 하나의 내용으로 만들면서 약간의 교정(校訂)을 더했다.[312] 자징옌(賈敬顏)은 다시 여러 자료를 집록(輯錄)하여, 상세히 해석하고 고증하였다. 자오융춘(趙永春)은 뤄씨(羅氏)와 자씨(賈氏)의 판본을 참고하여, 교점(校點)과 주석(注釋)을 더하였다. 여기서는 여러 판본를 비교·검토하였고, 이전의 판본들과 달리 더 자세한 주석을 달고자 노력하였다. 따라서 유주 이전의 부분은 『속담조』의 내용을 중심으로 하고, 유주 이후의 부분은 『송조사실류원』을 중심으로 살펴보았다.

　송 경덕(景德) 원년(1004)에 송과 요는 전연(澶淵)에서 화의를 통해 전연의 맹[澶淵之盟]을 맺게 되었다. 이를 통해서 양국은 서로를 황제로 인정하고, 두 황제가 서로 형제가 되면서

---

[312] 羅繼祖 輯, 『願學齋叢刊』, 旅順: 墨綠堂, 1936.

요가 멸망할 무렵까지 120년 가까이 평화가 지속되었다. 이러한 평화 시스템의 정착에는 여러 가지 요인이 있을 수 있겠지만, 그중 하나가 바로 양국의 사절 교환을 통한 상호 교류에서 찾을 수 있다. 양국은 해마다 정기적인 사행뿐만 아니라 목적에 따른 비정기적인 사행을 파견하였는데, 이를 통해서 양국 간의 긴장을 해소하고 현안 문제 등을 해결하고자 하였다.

요와 송의 화평 관계가 지속된 근 120년 동안 송은 요에 대략 400회 정도의 사신을 파견하였는데, 1년에 3차례 이상 보냈음을 알 수 있다. 이때 요에 다녀온 사신들은 거란에 갔다 온 행정(行程)과 사신을 수행하면서 일어난 일들에 대해서 기록을 남겼고, 일부는 황제에게 '행정록'이라는 이름으로 요의 실상을 보고하였다. 특히 요의 기록이 많이 남아 있지 않고 심지어 중국의 25사 중에서 『요사』가 제일 빈약하다고 평가받고 있는 상황에서 볼 때, 송의 사신들이 남긴 행정록은 거란의 부족한 퍼즐을 채워 줄 중요한 조각들이다. 특히 행정록은 그 당시의 기록일 뿐만 아니라, 거란에서 찾아볼 수 없는 조각들을 통해 거란이라는 퍼즐을 맞춘다는 점에서 큰 의미가 있다고 생각한다.

이처럼 중요한 의미를 갖고 있는 사료임에도 현재까지 남아 있는 행정록이 많지 않고, 심지어 온전히 남아 있는 행정록 또한 손으로 꼽을 수 있을 만큼 매우 드물다. 노진의 『승초록』은 양국이 전연의 맹을 통해서 관계를 회복한 지 얼마 지나지 않은 시점에서 요가 어떻게 송의 사절들을 맞이하고 대우했는지 볼 수 있는 정식 사행록의 시작점이라고 볼 수 있다. 또한 송의 국경에서부터 요 황제가 머물고 있는 요 중경까지의 일정과 머문 장소에 대해 자세히 기록되었다는 점에서 요의 진면모가 잘 드러난다고 할 수 있다.

노진이 요에 다녀오면서 얻은 정보들 또한 자세히 기록되어 있는데, 수집한 정보를 누구를 통해서 어떻게 파악하였는지에 대해 각 사건의 말미에 그 출처를 밝히고 있다는 점에서 정보에 대한 신뢰도가 높다고 볼 수 있다. 또한 요에서 사행하며 곳곳에서 만난 주요한 인물들에 대한 정보가 많이 나오는데, 이러한 정보들은 요가 남긴 사료에서도 찾아볼 수 없는 것들이 많다. 또한 요 남경성의 구조와 운영 실태가 자세하게 설명되어 있고, 송의 사신을 맞이하고 접대하는 양상도 잘 나타나 있을 뿐만 아니라, 관련 시설도 상당히 잘 갖추어져 있음을 알 수 있다.

요는 통화(統和) 25년(1007)에 새롭게 중경을 건설하였는데, 건설 후 1년이 지난 시점에서 중경의 구조와 성의 모습을 자세히 볼 수 있다는 점도 흥미로운 요소이다. 더불어 요에 살고 있는 발해인의 모습과 그들과 관련한 정보들도 종종 나타난다. 이는 발해 멸망 후 100년이 지났음에도 발해 사람들이 자신들의 정체성을 유지한 채 살아가고 있었고, 요도 그것을 인정하고 있었음을 보여 준다.

마지막으로 서술상의 특징으로는 매일 일기와 비슷하게 여정과 겪은 일에 대해서 서술하였는데, 글을 시작할 때마다 그날의 전체 내용을 요약한 후 다시 세부적으로 그날의 일정을 자세히 설명하는 구성이다. 이를 통해서 전체적인 맥락을 쉽게 이해할 수 있다는 장점이 있다.

이처럼 『승초록』의 사료적 가치는 요 측 사료에서 채워 줄 수 없는 부분들이 많아 새롭게 각광받을 수 있으리라고 생각된다. 특히 다른 행정록과 비교 연구를 통해서 요와 송의 사회 인프라 모습뿐만 아니라, 양국 간의 사행 시스템이 세부적으로 어떻게 작동하고 실행되었는지를 이해하는 데에도 큰 도움이 될 것이다. 아직은 초보적인 단계에 머물러 있지만, 『승초록』의 연구를 통해서 요와 송 관계의 흐름을 이해할 수 있고 거란이라는 퍼즐이 조금씩 완성되어 가기를 기대해 본다.

판본 설명

이용판본: [宋] 晁載之 撰, 『續談助』 卷3, 所引 『乘軺錄』, 商務印書館, 1939. (약어: 晁氏)
　　　　 [宋] 江少虞, 『新雕皇朝類苑』 卷第77, 日本元和七年活字印本. (약어: 江氏)
참고판본: 趙永春, 『奉使遼金行程錄(增訂本)』, 北京: 常務印書館, 2017. (약어: 趙氏)
　　　　 賈敬顔, 『五代宋金元人邊疆行記十三種疏證稿』, 北京: 中華書局, 2004. (약어: 賈氏)

【원문】

大中祥符元年, 知制誥路振所作『乘軺錄』云, 十二月四日, 過白溝河, 卽巨馬河也.

【교감】

없음.

【번역】

대중상부(大中祥符)[1] 원년(1008), 지제고(知制誥)[2] 노진(路振)[3]이 지은 『승초록(乘軺錄)』에 이르기를, 12월 4일에 백구하(白溝河)[4]를 지났는데, 즉 거마하(巨馬河)이다.

【주석】

[3-1] **대중상부(大中祥符)**: 중국 송의 제3대 황제인 진종(眞宗) 조항(趙恒, 재위 997~1022) 때의 세 번째 연호로, 1008년부터 1016년까지 9년 동안 사용되었다.

[3-2] **지제고(知制誥)**: 제고(制誥, 즉 성지(聖旨))의 기초(起草)를 담당하는 관직이다. 당대(唐代)에는 대체로 중서사인(中書舍人), 한림학사(翰林學士)가 그 임무를 맡았다. 한림학사가 황제로부터 직접 명령을 받고 기초하는 직으로서 내제(內制)라고 한 데 대해, 지제고는 중서(中書)를 거쳐 황제의 명령을 받아서 기초하는 관직으로서 외제(外制)라고 하여, 이 둘을 합하여 양제(兩制)라고 불렀다. '청요(淸要)의 직(職)'으로서 중시되었다. 송대(宋代)에는 당대(當代)의 사령서뿐만 아니라 조서(詔書)·제서(制書) 등의 초안을 작성하였다. 특히 문장에 뛰어난 사람들이 이 직책을 맡았고, 송대 대부분의 재상들이 역임하였다.

[3-3] **노진(路振)**: 노진(957~1014)의 자(字)는 자발(子發)이고, 영주(永州) 형양(祁陽) 사람으로, 당대 재상이던 노암(路巖)의 4대손이다. 순화(淳化) 연간에 진사과(進士科)에 급제(及第)하였고, 부(賦)를 짓는 능력이 뛰어나 송 태종(太宗)이 노진의 부를 칭찬하기도 하였다. 대중상부(大中祥符) 원년(1008)에 거란 황제 생신사로 임명되어 사신으로 갔다가 돌아와서 『승초록(乘軺錄)』을 저술하여 송 황제에게 올렸다. 요에 다녀온 후, 태상박사(太常博士)·좌사간(左司諫)을 역임하다가, 대중상부 7년(1014) 겨울에 죽었다.

[3-4] 백구하(白溝河): 송요(宋遼) 양국의 국경을 사이에 두고 흐르던 하천으로, 현재 허베이성(河北省) 바오딩시(保定市) 동쪽에 있다. 송요 양국의 국경이 되었기 때문에 '계하(界河)'라고도 불렸다. 크게 남북 두 갈래로 나눌 수 있는데, 북쪽 지류는 '거마하(巨馬河)' 또는 '거마하(拒馬河)', '거마하(距馬河)'라고도 불렸고, 남쪽 지류는 '북거마하'와 '백석하(白石河)'를 합쳐서 '백구하'라고 불렸다. 자오융춘(趙永春)은 거마하(拒馬河)가 곧 내수(淶水)에 해당하고 또한 백구하는 거마하의 지류가 되니, 거마하를 총칭해서 백구하라고 한다고 하였다.[313]

【원문】

五日, 自白溝河北行, 至新城縣四十里. 新城屬涿州, 地平無丘陵.

六日, 自新城縣北行, 至涿州六十里, 地平. 十五里過橫溝河. 三十五里過桑河. 涿州城南有亭, 曰修睦. 是夕, 宿於永寧館. 城北有亭, 曰望雲.

七日, 自涿州北行, 至良鄉縣六十里, 道微險, 有丘陵. 出涿州北門, 過涿河. 河源出太行山, 與巨馬河合流. 五里過胡梁河. 十里過淥河. 四十里過琉璃河, 又云劉李河. 西見太行山, 隱隱然. 太行東至薊門, 北至虎口, 接奚界, 凡八百里. 山之秀拔者有六屏山, 屬涿州. 山多蘭若, 國業寺石經院, 唐舊寺也. 五天梵文, 咸刻石於東峰之上.【太行山已下事, 順州刺史梁炳言.】[1]

【교감】

[1] 입력자注: 『續談助』에는 괄호 안의 原注가 기록되어 있다.

【번역】

[12월] 5일, 백구하에서부터 북쪽으로 40리를 가면 신성현(新城縣)[5]에 이른다. 신성(新城)은 탁주(涿州)[6]에 속했는데, 땅이 평평하고 언덕이 없다.

---

313 趙永春, 『奉使遼金行程錄(增訂本)』, 95쪽.

[12월] 6일, 신성현에서부터 북쪽으로 60리를 가면 탁주에 이르는데, 땅은 평평하다. 15리를 [더 가면,] 횡구하(橫溝河)[7]이고, 35리를 [더 가면] 상하(桑河)[8]이다. 탁주성(涿州城) 남쪽에 수목(修睦)이라고 불리는 정자가 있다. 이날 저녁은 영녕관(永寧館)에서 묵었다. [탁주]성 북쪽에는 망운(望雲)이라고 불리는 정자가 있었다.

[12월] 7일, 탁주에서부터 북쪽으로 60리를 가면 양향현(良鄕縣)[9]에 이르는데, 길은 약간 험하고, 언덕이 있다. 탁주의 북문(北門)을 나가면, 탁하(涿河)[10]를 지난다. 탁하의 근원은 태항산(太行山)[11]에서 나오는데, 거마하(巨馬河)와 합류한다. 5리를 [가면,] 호량하(胡梁河)[12]를 지났고, 10리를 [가면,] 협하(浹河)[13]를 지났다. 40리를 가면 유리하(琉璃河)[14]를 지났는데, '유리하(劉李河)'라고도 하였다.

서쪽으로는 태항산이 있는데, 은연(隱然)히 보인다. 태항산에서 동쪽으로 [가면] 계문(薊門)에 이르고, 다시 북쪽으로 [가면] 호구(虎口)[15]에 이르는데, 해(奚)[16]의 경계와 접하며 [거리가] 800리 정도 된다. 산에서 빼어난 곳은 육병산(六屛山)[17]인데, 탁주에 속하였다. 산에는 난야(蘭若)[18]가 많이 있었고, 국업사(國業寺)의 석경원(石經院)[19]은 당대(唐代)에 지어진 오래된 절이다. 인도의 범문(梵文)이 있는데, 동쪽 봉우리 위에 새겨져 있었다.【태항산 이하의 일은 순주자사(順州刺史) 양병(梁炳)이 말한 것이다.】

【주석】

[3-5] 신성현(新城縣): 지금의 허베이성(河北省) 가오베이뎬시(高碑店市) 동남쪽에 위치한다. 당 대력(大曆) 4년(769)에 고안현(固安縣)을 쪼개어 설치하였다가 후에 폐지하였다. 후당(後唐) 천성(天成) 4년(929)에 다시 범양현(范陽縣)을 쪼개어 신성현을 설치하였다. 백구하를 사이에 둔 거란의 국경 도시로, 탁주(涿州)의 속현이며 신성도감(新城都監)이 관할하였다. 당시 1만 호 정도가 신성현에 거주하고 있었다.[314]

[3-6] 탁주(涿州): 지금의 허베이성 쮜저우시(涿州市)이다. 군호(軍號)는 영태군(永泰軍)으로 자사주(刺史州)이다. 한(漢) 고조(高祖) 5년에 연(燕)을 나누어 탁군(涿郡)을 설치하였고, 위

---

314 『遼史』 卷40, 「地理志」 4, 南京道, 南京析津府, 涿州, 新城縣條, "新城縣. 本漢新昌縣. 唐大曆四年析固安縣置, 後省. 後唐天成四年復析范陽縣置. 在州南六十里. 戶一萬."

(魏) 문제(文帝)는 범양군(范陽郡)으로 고쳤으며, 진(晉)은 범양국(范陽國)이라고 하였고, 북위는 다시 범양군으로 되돌렸다. 수(隋) 개황(開皇) 2년에 군을 파하고 유주에 속하게 하였고, 대업(大業) 3년에 유주를 탁군으로 삼았다. 당(唐) 무덕(武德) 원년에 군을 폐하고 탁현으로 삼았고, 7년에 범양현으로 고쳤으며, 대력(大曆) 4년에 탁주(涿州)를 설치하였다. 당 멸망 후 오대(五代) 후진(後晉)의 석경당(石敬瑭)이 거란과 손을 잡고 후당(後唐)과의 전쟁에서 승리하면서, 이를 도와준 대가로 거란에게 연운십육주(燕雲十六州)를 할양하면서 탁주는 거란의 영토가 되었다. 대방산(大房山)과 육빙산(六聘山)이 있으며, 탁수(涿水)·누상하(樓桑河)·횡구하(橫溝河)·예손하(禮遜河)·기구하(祁溝河)가 있다. 속현은 4개이다.[315]

[3-7] **횡구하(橫溝河)**: 『요사(遼史)』「지리지(地里志)」에 따르면, 남경도(南京道) 탁주(涿州) 조에 횡구하가 확인된다.

[3-8] **상하(桑河)**: 『요사』「지리지」에 따르면, 남경도 탁주 조에 '누상하(樓桑河)'로 나오는데, 본문은 '상(桑)' 자 앞에 '누(樓)' 자가 빠진 것으로 보인다.

[3-9] **양향현(良鄕縣)**: 지금의 베이징시(北京市) 팡산구(房山區)이다. 연(燕) 때 중도현(中都縣)이었는데, 한대(漢代)에 양향현으로 고쳤다. 전에는 탁군(涿郡)에 속하였고, 북제 천보(天保) 7년(556)에는 폐지하여 계현(薊縣)에 속하도록 하였으며, 무평(武平) 6년(577)에 다시 설치하였다. 당 성력(聖曆) 원년(698) 고절진(固節鎭)으로 고쳤고, 신룡(神龍) 원년(705) 다시 양향현으로 삼았으며, 유수광(劉守光)이 현 소재지를 이곳으로 옮겼다. 남경에서 남쪽으로 60리에 있었다. 7,000호가 있었다.[316]

[3-10] **탁하(涿河)**: 탁수(涿水)라고도 하며, 『요사』「지리지」에 따르면, 탁주(涿州) 범양현(范陽縣) 부분에 "탁수(涿水)와 범수(范水)가 있다."라는 기록이 있다.

[3-11] **태항산(太行山)**: 허베이성과 산시성(山西省) 경계에 있는 산이다.

---

315 『遼史』卷40,「地理志」4. 南京道, 南京析津府, 涿州條, "涿州, 永泰軍, 上, 刺史. 漢高祖六年分燕置涿郡, 魏文帝改范陽郡, 晉爲范陽國, 元魏復爲郡. 隋開皇二年龍郡, 屬幽州, 大業三年以幽州爲涿郡. 唐武德元年郡廢, 爲涿縣, 七年改范陽縣, 大曆四年置涿州. 石晉以歸太祖. 有大房山·六聘山·涿水·樓桑河·橫溝河·禮遜河·祁溝河. 統縣四."

316 『遼史』卷40,「地理志」4. 南京道, 南京析津府, 良鄕縣條, "良鄕縣. 燕爲中都縣, 漢改良鄕縣, 舊屬涿郡, 北齊天保七年省入薊縣, 武平六年復置. 唐聖曆元年改固節鎭, 神龍元年復爲良鄕縣, 劉守光徙治此. 在京南六十里. 戶七千."

[3-12] **호량하(胡梁河)**: 지금의 후량하(胡良河)이고, 예전에는 항수(恒水)라고도 불렀다. 대안산(大安山)에서부터 발원하여 탁주의 북쪽으로 흘러가고, 동남쪽 호량하를 지나서, 또 동쪽으로 거마하(巨馬河)와 합류된다고 하였다.[317]

[3-13] **협하(浹河)**: 지금의 베이징시 팡산구 남쪽에 있다. 협하(挾河) 또는 협하(俠河)라고도 하고, 한촌하(韓村河)라고도 불렸다.[318]

[3-14] **유리하(琉璃河)**: 유리하(劉李河)라고도 한다. 지금의 다스하(大石河)로, 베이징시 팡산구에 있다.

[3-15] **호구(虎口)**: 뒤의 [4-45] 고북구(古北口) 참조.

[3-16] **해(奚)**: 앞의 [2-58] 참조.

[3-17] **육병산(六屛山)**: 『요사』「지리지」탁주(涿州) 조에 '육빙산(六聘山)'이 있는데, 자징옌(賈敬顔)은 '육병(六屛)'을 '육빙(六聘)'의 오기로 보았다.[319]

[3-18] **난야(蘭若)**: 범어(梵語) aranyaka의 음역인 아란야(阿蘭若)의 약칭으로, 고요하여 고뇌와 번민이 없는 곳이라는 뜻이다. 즉 한적한 수행처라는 뜻으로, 절·암자 따위를 이르는 말이다.

[3-19] **국업사(國業寺)의 석경원(石經院)**: 국업사는 지금의 운거사(雲居寺)로 베이징시 팡산구에 있다. 지금도 팡산(房山)의 동쪽 봉우리에 석경(石經)이 남아 있다.

【원문】

八日, 自良鄕縣北行, 至幽州六十里, 地平, 無丘陵. 十里, 過百和河. 三十里, 過鹿孤河. 五十里, 過石子橋. 六十里, 過桑根河, 河繞幽州城, 桑乾河訛而曰根也.[2] 至幽州城南亭, 是日大風, 里民言, 朝廷使來, 率多大風. 時燕京留守·兵馬太原帥[3]·秦王隆慶, 遣副留守秘書大監張肅迎國信, 置宴於亭中, 供帳甚備, 大閣具饌, 盞斝皆頗璃黃金扣器. 隆慶者, 隆

---

317 賈敬顔, 『五代宋金元人邊疆行記十三種疏證稿』, 中華書局, 2004, 40쪽.
318 賈敬顔, 『五代宋金元人邊疆行記十三種疏證稿』, 41쪽.
319 賈敬顔, 『五代宋金元人邊疆行記十三種疏證稿』, 41쪽.

緒之弟, 契丹國母蕭氏之愛子也, 故王以全燕之地而開府焉. 其調度之物, 悉侈於隆緒, 嘗歲籍民子女,[4] 躬自揀擇, 其尤者爲王妃, 次者爲妾媵.

【교감】

[2] 입력자주: [처음부터] 여기까지는 『續談助』 권3에서 채록하였고, 이 이후는 『新雕皇朝類苑』 권제77에서 채록하였다.

[3] 羅繼祖氏注(이하 羅氏注): '太原帥'는 마땅히 '大元帥'의 오기이다.

[4] 입력자주: 賈氏는 '嘗歲籍民女'로 보았는데, '子'를 빠트린 것으로 보인다.

【번역】

[12월] 8일, 양향현에서 북쪽으로 60리를 가면 유주(幽州)[20]에 이르는데, 땅이 평평하고 언덕이 없다. [양향현에서] 10리를 [가면] 백화하(百和河)를 지난다. 30리를 [가면] 녹고하(鹿孤河)[21]를 지난다. 50리를 [가면] 석자교(石子橋)를 지난다. 60리를 [가면] 상근하(桑根河)[22]를 지난다. 상근하는 유주성(幽州城)을 두르고 있었는데, 상건하(桑乾河)가 와전되어 '상근하(桑根河)'로 불리었다. 유주성 남쪽 정자에 이르자, 이날은 큰 바람이 불었는데, 유주성 사람들이 말하기를 "조정(朝廷, 宋을 가리킴)에서 사신이 오면, 대략 큰 바람을 몰고 온다."라고 하였다.

이때 연경유수(燕京留守) 병마태원수(兵馬太元帥)[23] 진왕(秦王) 융경(隆慶)[24]이 부유수(副留守) 비서대감(秘書大監) 장숙(張肅)을 보내 송 사절단[國信]을 맞이하게 하였고, 정자에서 연회를 베풀었는데, [연회를 베풀기 위해서] 장막을 치고 [송 사절단을 맞이하는] 여러 가지 준비들이 매우 잘 이루어졌다. 환관이 음식을 준비하였고, 술잔은 모두 유리[頗璃]나 황금(黃金)으로 장식한 그릇이었다.

융경(隆慶)은 융서(隆緒)[25]의 동생으로, 거란국모(契丹國母) 소씨(蕭氏)[26]가 사랑하는 아들이었기 때문에, 융경은 [병마태원수(兵馬太元帥)로서] 전연(全燕)의 땅에 부(府)를 열 수 있었다. 그가 사용하는 모든 물건들은 모두 융서보다 사치스러웠다. 항상 해마다 남자와 여자를 호적에 기록하여, [융경이] 스스로 배우자를 간택(揀擇)하였는데, 그중에서 가장 으뜸인 사람은 왕비로 삼고, 그 다음은 첩이나 시첩으로 삼았다.

【주석】

[3-20] 유주(幽州): 앞의 [1-47] 참조.

[3-21] 녹고하(鹿孤河): 뒤의 [4-32] 노구하(盧溝河) 참조.

[3-22] 상근하(桑根河): 뒤의 [4-39] 상건하(桑乾河) 참조.

[3-23] 병마태원수(兵馬太元帥): 『요사(遼史)』「백관지」에 따르면, 천하병마대원수부(天下兵馬大元帥府), 대원수부(大元帥府), 도원수부(都元帥府)가 확인된다. 천하병마대원수부는 태자(太子)·친왕(親王)을 천하병마대원수로 임명하여 군정(軍政)을 총괄하게 하였고, 대원수부는 대신(大臣)을 대원수로 임명하여 군마(軍馬)를 총괄하게 하였다. 이를 통해 보았을 때, 병마태원수(兵馬太元帥)는 천하병마대원수로 보인다.

[3-24] 야율융경(耶律隆慶): 야율융경(973~1016)은 요 경종(景宗)과 예지황후(睿智皇后, 후에 승천황태후(承天皇太后)) 사이에서 태어난 차남으로, 자는 연은(燕隱)이고 소자(小字)는 보현노(普賢奴)이다. 8세에 항왕(恒王)에 봉해졌고, 통화(統和) 연간에 남경유수(南京留守)가 되었다. 융경은 대원수(大元帥)의 관직을 겸했는데, 성종(聖宗)의 동생이자 승천황태후의 아들이었기 때문에 황제의 다음가는 2인자 권력을 소유하고 있었다.[320]

[3-25] 야율융서(耶律隆緒): 요의 6대 황제 성종(聖宗, 971~1031)으로, 경종(景宗)과 승천황태후(承天皇太后) 사이에서 태어난 장남이다. 소자(小字)는 문수노(文殊奴)이고, 건형(乾亨) 4년(982)에 12세의 나이로 즉위하였기 때문에 어머니 승천황태후가 수렴청정(垂簾聽政)하였다. 나라 이름을 '대요(大遼)'에서 '대거란(大契丹)'으로 고쳤고, 통화 4년(986)에 송 태종(太宗)의 군대를 격파하였다. 결국 통화 22년(1004)에 황태후를 따라 송을 공격해 전연(澶淵)에 이르러 '전연의 맹[澶淵之盟]'을 맺고 송과 우호 관계를 수립하였다. 성종은 통화 27년(1009)에 황태후가 죽자 비로소 친정(親政)을 시작하였다. 성종은 고려(高麗)를 크게 3차례 공격하였는데, 2차 전쟁 때에는 친히 군대를 이끌고 고려를 공격하기도 하였다. 태평(太平) 11년(1031)에 병으로 죽기까지 49년을 재위하였고, 이때 요는 최전성기를 맞이하였다.

---

320 야율융경에 대한 거란의 정치적 지위를 분석한 논문으로는 권용철, 「거란 성종의 고려 친정(親征) 배경에 대한 새로운 관점 – 거란의 정세 분석을 중심으로」, 『東方學志』 제197집, 서울: 延世大學校 國學硏究院, 2021 참조.

[3-26] **거란국모(契丹國母) 소씨(蕭氏)**: 승천황태후(承天皇太后, 953~1009)를 가리킨다. 이름은 작(綽)이고 소자(小字)는 연연(燕燕)이며, 북부재상(北府宰相) 소사온(蕭思溫)의 딸이다. 경종(景宗)의 부인으로, 경종이 즉위하자 귀비(貴妃)로 선발되었고, 얼마 뒤 황후에 책봉되었다. 건형 4년(982)에 성종(聖宗)이 황제가 되자, 소씨가 섭정하면서 승천황태후로 불렸다. 통화 4년(986)에 성종과 함께 남하하여 송의 군대를 막아 대승을 거두었다. 통화 22년(1004)에 성종과 함께 송을 공격해 전주(澶州)에 이르러 송과 전연의 맹[澶淵之盟]을 체결하고 우호 관계로 돌아섰다. 죽은 뒤 성종이 비로소 친정(親政)을 시작했는데, 그녀가 죽기까지 요의 권력을 거의 독점하였다.

【원문】

炭山北有凉殿, 夏常隨其母往居之, 妓妾皆從, 穹廬帟幕, 道路相屬. 虜相韓德讓尤忌之, 故與德讓不相協也. 蕭后幼時, 常許嫁韓氏,[5] 即韓德讓也. 行有日矣, 而耶律氏求婦於蕭氏, 蕭氏奪韓氏婦以納之, 生隆緒, 即今虜主也. 耶律死, 隆緒尚幼, 襲虜位. 蕭后少寡, 韓氏世典軍政, 權在其手, 恐不利於孺子, 乃私謂德讓曰, 吾常許嫁子,[6] 願諧舊好, 則幼主當國, 亦汝子也. 自是德讓出入幃幕, 無間然矣. 既而酖殺德讓之妻李氏, 每出弋獵, 必與德讓同穹廬而處, 未幾而生楚王, 爲韓氏子也. 蕭氏與德讓尤所鍾愛, 乃賜姓耶律氏. 是夕, 宿于永和館, 館在城南.

【교감】

[5] 입력자주: 趙氏는 '嘗許嫁韓氏'로 보았는데, '嘗'은 '常'의 오기로 보아 바로잡았다.
[6] 입력자주: 趙氏는 '吾嘗許嫁子'로 보았는데, '嘗'은 '常'의 오기로 보아 바로잡았다.

【번역】

탄산(炭山)[27]의 북쪽에는 양전(凉殿)이 있는데, 여름에 늘 그 어머니를 따라서 이곳에 거했는데, 기첩(妓妾)들이 모두 따랐으며 궁려(穹廬)와 장막이 도로에 서로 쭉 이어져 있었다. 노상(虜相) 한덕양(韓德讓)[28]이 이러한 것을 더욱 기피하였던 까닭에, 덕양과 서로 화합하지 못했다. 소후(蕭后)가 어렸을 때, 정해진 대로 한씨에게 시집가기로 약속했는데, 그가 바로 한덕양이다. 시집을 가기로 한 날이 정해졌지만, 야율씨(耶律氏)가 소씨에게 구혼을 하자, 소씨는 한씨(韓氏)의 부인이 되는 것에서 벗어나 야율씨에게 보내졌다. [소씨와 야율씨가 결혼을 해서] 융서(隆緖, 성종(聖宗))를 낳았으니, 그가 바로 지금의 거란 황제[虜主]이다. 야율[현](耶律[賢], 경종(景宗))[29]이 죽고 나서, 융서가 아직 어렸지만 군주 자리를 물려받았다.

소후는 젊어서 과부가 되었고, 한씨는 평생 군정을 주관하여 권력이 그 손에 있었다. [소후가] 어린 아들에게 불리할 것을 염려하여, 이에 사사로이 한덕양에게 말하기를 "나는 늘 당신에게 시집가려고 했으니, 화해하여 이전의 좋았던 사이가 되고자 합니다. 지금 어린 황제가 이 나라를 다스리고 있으니, 역시 당신의 아들입니다."라고 하였다. 이때부터 한덕양은 위막(幃幕)에 출입하면서 서로 거리낌 없이 허물없이 지냈다. 얼마 지나지 않아서, 한덕양의 처 이씨(李氏)가 독살당하였다. [소씨가] 매번 사냥을 나가면 반드시 덕양과 함께 같은 궁려에서 묵었고, 얼마 지나지 않아서 초왕(楚王)[30]을 낳았는데 한씨의 아들이었다. 소씨는 한덕양을 더욱더 총애하였던바, 이에 야율씨(耶律氏)를 사성(賜姓)하였다. 이날 저녁, 영화관(永和館)[31]에서 묵었는데, 영화관은 성의 남쪽에 있다.

【주석】

[3-27] **탄산(炭山)**: 형두(陘頭) 혹은 경두(陘頭)라고도 하며, 지금의 허베이성(河北省) 두스커우(獨石口) 부근으로, 일설에는 구베이커우(古北口) 부근이라고도 한다. 『요사』 권1 및 『요사』 「지리지」 5에 따르면, 거란 황제가 여름에 더위를 피할 뿐만 아니라 가을 사냥을 위해 주로 머문 곳으로, 양전(涼殿)이 있다. 또 탄산 북쪽에 양성(羊城)이 있었는데, 거란 태조(太祖) 때부터 이곳을 북방의 유목 민족들과 무역을 하기 위한 곳으로 사용하였다.

[3-28] **한덕양(韓德讓)**: 한덕양(941~1011)은 한족(漢族) 출신으로, 조부는 한지고(韓知古), 부는 한광사(韓匡嗣)이다. 한덕창(韓德昌)이라고도 하며, 후에 야율(耶律) 성을 하사받았을 뿐만 아니라 이름도 받아 야율융운(耶律隆運)이 되었다. 북송의 공격을 받았을 때 남경(南京)을 사수해서 신임을 받았고, 경종(景宗)이 점차 병들어 가자 야율사진(耶律斜軫)과 함께 경종의 고명(顧命)을 받았다. 어린 성종(聖宗)이 즉위하자, 섭정 승천황태

후의 총애를 얻어 대승상(大丞相)이 되고, 제왕(齊王)에 봉해졌다. 황제와 황태후의 신임을 얻은 나머지, 심지어 거란의 계부방(季父房)에 들어가 지위가 친왕(親王)의 위에 오르게 되었다. 그는 한족(漢族)임에도 황태후와 함께 요를 좌지우지할 정도로 강력한 권력을 행사하였다. 2020년에는 랴오닝성(遼寧省) 베이전시(北鎭市)에서 한덕양의 묘지가 발견되었다.[321]

[3-29] **야율[현]**(耶律賢) : 요의 5대 황제 경종(景宗, 948~982)으로, 세종(世宗)의 둘째 아들이다. 이름은 현(賢)이고, 자(字)는 현녕(賢寧)이고, 소자(小字)는 명의(明扆)이다. 요의 3대와 4대 황제가 근시(近侍)에게 살해당하는 어려운 상황에서 즉위하여 국가의 중흥을 위해서 노력하였다. 송이 이때 중국 전역을 통일하면서 그 기세를 몰아 요와 전면전을 선포하자, 송과 계속 전쟁을 치렀다. 건형(乾亨) 4년(982)에 30대의 젊은 나이로 죽기까지 14년 동안 재위하였다.

[3-30] **초왕**(楚王) : 야율융유(耶律隆裕, 979~1012)이다. 『요사(遼史)』에서는 야율융우(耶律隆祐)로 나온다. 요 경종(景宗)과 예지황후(睿智皇后, 후에 승천황태후(承天皇太后)) 사이에서 태어난 삼남(三男)으로, 소자(小字)는 고칠(高七)이다. 건형 초에 정왕(鄭王)에 봉해졌고, 통화(統和) 중엽에는 오왕(吳王)으로 옮겨졌다가 다시 초왕(楚王)이 되었고, 개태(開泰) 초에는 제왕(齊王)이 되었다. 융유는 개태(開泰) 원년(1012)에 죽었다. 다만 여기서는 초왕 융유가 10대이자 한덕양의 아들로 나오는데, 융유가 아니거나 다른 왕자일 가능성도 있다.

[3-31] **영화관**(永和館) : 영평관(永平館)이라고도 한다. 왕증(王曾)의 『거란지(契丹志)』에 따르면, 원래 갈석관(碣石館)으로 불렸는데, 요와 송이 전연의 맹[澶淵之盟]을 맺은 이후 지금의 이름으로 바뀌었다고 한다. 『요사』 「지리지」에서는 "[남경]성의 넓이가 사방 36리이고 높이는 3장(丈)이며 문의 너비[衡廣]는 1장 5척이다. …… [황성(皇城)의] 문 위에는 누각(樓閣)이 있고, 격구를 하는 마당[毬場]이 그 남쪽에 있으며, 동쪽에는 영평관(永平館)을 세웠다."[322]라고 하여, 그 대략적인 위치를 확인할 수 있다.

---

321 司偉偉 외 4명, 「遼寧北鎭市遼代韓德讓墓的發掘」, 『考古』, 北京: 中國社會科學院考古研究所, 2020年 第4期.
322 『遼史』 卷40 「地理志」 4. 南京道, 南京析津府, "城方三十六里, 崇三丈, 衡廣一丈五尺. …… 門有樓閣, 毬場在其

【원문】

九日, 虜遣使置宴于副留守之第, 第在城南門內, 以駙馬都尉蘭陵郡王蕭寧侑宴. 文木器盛虜食, 先薦駱糜,[7] 用杓而啖焉. 熊肪·羊·豚·雉·兔之肉爲濡肉, 牛·鹿·雁·鶩·熊·貉之肉爲臘肉, 割之令方正, 雜置大盤中. 二胡雛衣鮮潔衣, 持帨巾, 執刀匕, 遍割諸肉, 以啖漢使. 幽州幅員[8]二十五里, 東南[9]曰水窗門,[10] 南曰開陽門, 西曰青音門,[11] 北曰北安門.[12] 內城幅員五里, 東曰宣和門, 南曰丹鳳門, 西曰顯西門, 北曰衙北門. 內城三門不開, 止從宣和門出入. 城中凡二十六坊. 坊有門樓, 大署其額, 有闍賓[13]·肅愼·盧龍等坊, 並唐時舊坊名也. 居民棊布, 巷端直, 列肆者百室. 俗皆漢服, 中有胡服者, 蓋雜契丹·渤海婦女耳. 府曰幽都府, 光祿少卿郞利用爲少尹, 有判官·掾曹之屬. 民有小罪, 皆得關決, 至殺人非理者, 則決之于隆慶. 喜釋而怒誅, 無繩准矣.

【교감】

[7] 賈氏注: '駱'은 '酪'의 다른 글자이며, '酪糜'는 '乳粥'이다.

[8] 趙氏注: 『叢書集成初編』의 『續談助』에는 '幅員'이 '城周'라고 기록되어 있다.

[9] 羅氏注: '南'은 衍文에 속한다.

[10] 趙氏注: '水窗門'은 『遼史』 「地里志」를 인용하여 燕京에 8문이 있는데 '東曰安東·迎春'이라 하였고, 賈氏는 '水窗'이 '迎春'의 오기로 보인다고 하였다.

[11] 羅氏注: '青音門'은 '淸晉門'의 오기이다.

[12] 趙氏注: 『遼史』 「地里志」에 燕京의 북문을 설명하기를 '北曰通天·拱辰'이라 하였고, 賈氏는 '北安'이 '通天'의 속칭이라고 하였다. 『續談助』에는 본래 '北安門'이 빠져 있고, '北曰內城, 三門不改, 止從宜和門出入'이라 기록된 것을 바로잡았다고 하였다.

[13] 賈氏注: 『元一統志』에 따르면, 燕京 서남쪽 및 서북쪽으로 42개의 坊이 있는데, '薊賓'이라는 坊名이 있다고 한다. 따라서 '闍'는 '薊'의 오기로 보았다.

南, 東爲永平舘."

【번역】

[12월] 9일, 거란이 사신을 보내 부유수(副留守)의 저택에서 연회를 베풀었는데, [부유수의] 집은 성의 남문 안쪽에 있다. 부마도위(駙馬都尉)[32] 난릉군왕(蘭陵郡王) 소녕(蕭寧)[33]이 연회에 참석하였다. 무늬가 새겨진 목기에 거란 음식[虜食]이 가득하였다. 먼저 유죽(乳粥)을 먹기를 청했는데, 국자[杓]를 사용하여 먹었다. 웅방(熊肪), 양, 돼지, 꿩, 토끼 등의 고기를 푹 삶았고 소, 사슴, 기러기, 집오리, 곰, 담비의 고기는 소금에 절인 고기였는데, 이것들을 네모 반듯하게 잘라서 큰 쟁반에 섞어 두었다. 2명의 호인(胡人)이 추의(雛衣)와 선결의(鮮潔衣)를 입었는데, 수건[帨巾]을 지니며, 칼을 들고 여러 고기를 모두 자르자, 송 사신[漢使]과 더불어 먹었다.

유주의 너비는 25리로, 동남문은 수창문(水窗門)이라고 하였고, 남문은 개양문(開陽門), 서문은 청음문(青音門), 북문은 북안문(北安門)이라고 불렀다. 내성은 너비가 5리로, 동문은 선화문(宣和門), 남문은 단봉문(丹鳳門), 서문은 현서문(顯西門), 북문은 아북문(衙北門)이라고 했다. 내성의 3개 문은 열지 않았고, 다만 선화문으로 출입할 뿐이다. 성중에는 모두 26방(坊)이 있었다. 방에는 문루(門樓)가 있으며, 큰 부서의 편액에는 계빈(罽賓)[34]·숙신(肅愼)[35]·노룡(盧龍) 등의 방이 있는데, 모두 당나라 때부터의 오래된 방 이름이었다.

백성들은 사방에 널리 분포되어 있고, 거리는 바르고 곧으

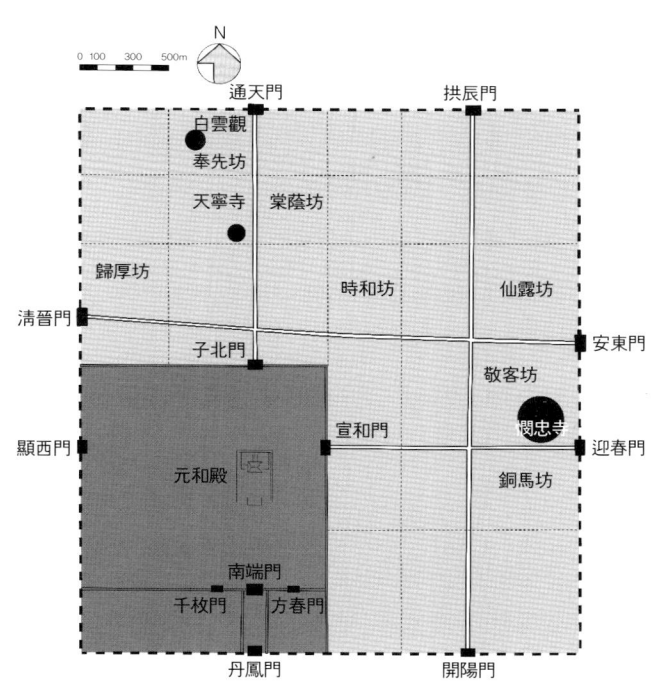

〈그림 3-1〉 요 남경(南京)의 평면도[323]

---

[323] 諸葛淨, 『遼金元時期北京城市研究』, 南京: 東南大學出版社, 2016, 5쪽.

3. 노진(路振)의 『승초록(乘軺錄)』 **127**

며, 줄지어 늘어선 가게는 100개 정도이다. 풍속은 모두 한복(漢服)을 입었는데, 그중에 호복(胡服)을 입은 자는 대체로 거란(契丹)·발해(渤海)의 부녀뿐이다. 부(府)의 [이름은] 유도부(幽都府)[36]로, 광록소경(光祿少卿)[37] 낭이용(郞利用)이 소윤(少尹)이고, 판관(判官) 및 연조(掾曹)의 무리가 있다. 백성이 작은 죄가 있으면 모두 관문(關文)으로 처결할 수 있고, 사람을 죽이거나 윤리에 어긋난 자는 곧 융경(隆慶)이 처결하도록 하였는데 기분이 좋으면 석방하지만 노하면 죽였기 때문에 법도가 없었다.

【주석】

[3-32] **부마도위(駙馬都尉)**: 부마(駙馬)라고도 하는데, 한무제(漢武帝) 때 부마도위를 설치하였고, 처음에는 부거(副車)의 말을 관장하던 직책이었다. 위진(魏晉) 시대 이후 황제의 사위에게 관례에 따라 칭호를 덧붙여 주었고, 실관(實官)은 아니다. 요에서 부마도위는 황제의 사위였기 때문에 대부분 고관(高官)을 차지하였다. 요와 고려가 전쟁을 할 때 1차 전쟁 당시 요의 총대장인 소손녕(蕭遜寧)도 부마도위였고, 3차 전쟁 당시 총대장인 소배압(蕭排押)도 부마도위였다.

[3-33] **소녕(蕭寧)**: 소배압(蕭排押)으로, 경종(景宗)의 사위로 부마도위(駙馬都尉)가 되었다. 지략이 뛰어나고 말타기에 능해 일찍부터 능력을 인정받아, 남경통군사(南京統軍使), 동정사문하평장사(同政事門下平章事), 동경유수(東京留守)를 역임하였다. 통화(統和) 22년(1004)에 요가 송을 공격할 때, 소달름(蕭撻凜)이 죽자, 요의 군대를 총지휘하였다. 송과의 화친이 이루어지면서, 그 공으로 북부재상(北府宰相)이 되었다. 고려와의 2차 전쟁 때에는 황제를 보필하여 큰 공을 세웠지만, 3차 때에는 고려에게 크게 패하여 요로 돌아온 후 파면을 당하였다.

[3-34] **계빈(罽賓)**: 북인도 지방의 카슈미르 혹은 간다라를 가리킨다고 한다. 한대(漢代)부터 등장하여 그 이후 서역 국가의 하나로 중국에서 오래전부터 인식하고 있었다. 『구당서』「서융열전(西戎列傳)」에 따르면, 계빈국은 파미르고원 남쪽에 위치하였고, 장안에서부터 1만 2,200리 정도 떨어져 있다는 기록이 있다.

[3-35] **숙신(肅愼)**: 중국 동북부에 위치하던 종족으로, 한대에는 읍루(挹婁), 위진 시대에는 물길(勿吉), 수당대(隋唐代)에는 말갈(靺鞨), 오대(五代) 시대에는 여진(女眞)으로 불렸다.

따라서 숙신은 일반적으로 여진족의 선조로 여겨지고 있다. 여진에 대해서는 앞의 [1-2] 참조.

[3-36] 유도부(幽都府): 앞의 [1-47] 유주(幽州) 참조.

[3-37] 광록소경(光祿少卿): 광록시(光祿寺)의 부장관으로, 광록시는 나라의 선식(膳食)·장막(帳幕)·기물(器物)·효장(肴藏)을 관장하였다. 요에서는 숭록시(崇祿寺)라고 불렸는데, 이는 요 태종의 이름(덕광(德光))을 피휘하였기 때문이다.

【원문】

> 城中漢兵凡八營, 有南北兩衙兵·兩羽林兵·控鶴[14]·神武兵·雄捷兵·驍武兵, 皆黥面, 給糧如漢制.[15] 渤海兵別有營, 卽遼東之卒也. 屯幽州者數千人, 並隸元帥府. 隆慶驕侈, 不親戎事, 兵柄咸在蘭陵郡王駙馬都尉蕭寧之手. 國家且議封禪, 有諜者至涿州, 言皇帝將親征, 往幽·薊以復故地, 然後東封泰嶽. 虜大駭, 遽以寧爲統軍, 列柵于幽州城南, 以虞我師之至. 旣而聞車駕臨岱, 遂止. 虜舊有韓統軍者, 德讓從弟也. 取蕭后姊, 封齊妃. 韓勇悍, 多變詐. 虜之寇我澶淵也, 韓爲先鋒, 指麾于城外, 我師以巨弩射之, 中腦而斃, 虜喪之如失手足. 自是虜無將帥, 遂以寧統之, 年五十, 勇略不及韓, 虜咸憂焉.

【교감】

[14] 입력자주: '控鶴'은 원래 '控鶴兵'이나, '兵'이 빠져 있다. 다만 賈氏는 원문에 '兵'을 넣었다.

[15] 입력자주: 趙氏는 '皆黥面給糧, 如漢制.'로 표점하였다.

【번역】

성중의 한병(漢兵)은 모두 8영(營)으로, 북아병(北衙兵)과 남아병(南衙兵)·좌우림병(左羽林兵)과 우우림병(右羽林兵)·공학병(控鶴兵)·신무병(神武兵)·웅첩병(雄捷兵)·효무병(驍武兵)이 있는데, 모두 얼굴에 자자(刺字)하였고, 식량을 받는 것은 중국[漢]의 제도와 같았다. 발해병(渤海兵)은 따로 영(營)이 있는데, 즉 요동(遼東)의 군사이다. 유주(幽州)에 주둔하는 자는 수천 인으로, 모두 원수부(元帥府)에 예속되었다. 융경(隆慶)은 교만하고 사치했으며, 군사와 관련된 일을 친히 하지 않아서 병권이 모두 난릉군왕(蘭陵郡王) 부마도위(駙馬都尉) 소녕(蕭寧)의 손에 있었다.

송에서 또 봉선(封禪)[38]을 논의하는데, [요의] 첩자가 탁주(涿州)에 이르러 말하기를 "송 황제가 장차 친정(親征)해서 유주·계주(薊州)[39]로 가서 옛 땅을 회복하고 난 연후에 태악(泰嶽)으로 동봉(東封)하러 간다고 합니다."라고 하였다. 거란이 크게 놀라서 급히 소녕을 통군(統軍)으로 삼았으며, 유주성(幽州城) 남쪽에 목책을 벌여 놓고 우리 [송] 군대가 이곳에 이를 것이라고 걱정하였다. 얼마 지나지 않아서 [송 황제의] 거가(車駕)가 태산에 이르렀다고 하자 마침내 방비를 풀었다.

거란에는 이전에 한통군(韓統軍)[40]이라는 사람이 있었는데, 한덕양의 사촌동생이었다. 소후(蕭后)의 언니를 취해서, 제비(齊妃)로 봉했다. 한통군은 용감하고 날래서 [그의 전략이] 변화무쌍하였다. 거란의 군대가 우리의 전연(澶淵)[41]을 공격하자 한통군이 선봉(先鋒)이 되어서 성 밖에서 지휘하였는데, 우리 군대가 큰 쇠뇌로 한통군에게 쏘자 [그 화살이] 머리에 적중하여 죽으니 거란 황제의 슬퍼함이 마치 수족을 잃은 것과 같았다. 이때부터 거란에는 장수(將帥)가 없어서, 마침내 소녕이 군대를 통솔하였다. [그의] 나이는 50세로, 용기와 지략이 한통군에 미치지 못해서 거란 사람들이 모두 걱정하였다.

【주석】

[3-38] 봉선(封禪): 황제가 하늘과 땅에 제사를 지내던 큰 의식이다. 하늘에 지내는 제사를 봉(封)이라 하고, 땅에 지내는 제사를 선(禪)이라 하였다. 진시황(秦始皇)이 처음으로 태산(泰山)에 올라 하늘에 제사를 지냈고, 양부(梁父)라는 곳에서 땅에 제사를 지냈다. 이후 대규모 정치적인 행사로 변모되었다. 송 진종(眞宗)은 대중상부(大中祥符) 원년(1008)에 태산으로 가서 봉선을 행하였다.

[3-39] 계주(薊州): 앞의 [1-13] 참조.

[3-40] 한통군(韓統軍): 뒤에 나오는 여러 가지 기록을 맞춰 보았을 때, 소달름(蕭撻凜)으로 볼 수 있다. 한통군이 한덕양(韓德讓)의 사촌이라는 것과 승천황태후(承天皇太后)의 언니와 결혼했다는 것은, 노진(路振)의 명백한 오기이다. 소달름은 요와 송이 전쟁을 할

당시 남경통군사(南京統軍使)를 담당하고 있었고, 송과의 전쟁에서도 최일선에서 다투다가 송이 쏜 쇠뇌에 맞아 죽었다. 승천황태후가 그의 죽음을 슬퍼한 나머지, 5일 동안 철조(輟朝)하였다. 이후 그의 직책을 소배압(蕭排押)이 관장하였다.

[3-41] **전연(澶淵)**: 전주(澶州)라고도 하며, 현재는 허난성(河南省) 푸양시(濮陽市) 서쪽에 있다. 통화(統和) 22년(1004)에 요 성종(聖宗)이 황태후를 따라 송을 공격하여 이곳에 이르렀고, 결국 양국이 이곳에서 '전연의 맹[澶淵之盟]'을 맺고 우호 관계를 형성하였다.

【원문】

虜政苛刻, 幽·薊苦之, 園桑稅畝, 數倍於中國, 水旱蟲蝗之災, 無蠲減焉. 以是服田之家, 十夫並耨, 而老者之食, 不得精鑿. 力蠶之婦, 十手並織, 而老者之衣, 不得繒絮. 徵斂調發, 急于剽掠. 加以耶律·蕭·韓三姓恣橫, 歲求良家子以爲妻妾, 幽·薊之女, 有姿質者, 父母不令施粉白, 弊衣而藏之. 比嫁, 不與親族相往來. 太宗皇帝平晉陽, 知燕民之溪[16]後也, 親御六軍, 傅于城下, 燕民驚喜, 謀欲劫守將, 出城而降. 太宗皇帝以燕城大而不堅, 易克難守, 炎暑方熾, 士卒暴露且久, 遂班師焉. 城中父老聞車駕之還也, 撫其子嘆息曰, 爾不得爲漢民, 命也.【自虜政苛刻已下事, 並幽州客司劉斌言, 斌大父名迎, 年七十五, 嘗爲幽州軍政校, 備見其事, 每與子孫言之, 其蕭后隆慶事, 亦迎所說.】[17] 近有邊民, 舊爲虜所掠者, 逃歸至燕, 民爲斂資給導, 以入漢界, 因謂曰, 汝歸矣, 他年南朝官家來收幽州, 愼無殺吾漢兒也. 其燕·薊民心向化如此.

【교감】

[16] 賈氏注: '溪', '奚'와 같다.
[17] 입력자注:『新雕皇朝類苑』에는 괄호 안의 原注가 기록되어 있다.

【번역】

거란의 정치가 가혹하고 각박하여, 유주(幽州)·계주(薊州)의 백성들이 고통스러워했는데, 상세(桑稅)와 조세(租稅)가 중국보다 몇 배에 달했고, 홍수와 가뭄 및 병충해의 재앙에도 세금을 면제하거나 줄여 주는 일이 없었다. 이것으로 농사를 짓는 집은 여러 남자가 김을 매어도 노인의 식사는 정감(精鑿)을 할 수 없었고, 힘써 누에를 치는 여자들은 여러 명이 아울러 직물을 짜도 노인의 옷은 비단과 풀솜으로 할 수 없었다. 징렴(徵斂)하고 조발(調發)하여 [백성들이 가진 것들을] 혹독하게 빼앗았다. 게다가 야율(耶律)·소(蕭)·한(韓)이 모두 자기 멋대로 횡포를 부려 해마다 양가의 자녀들을 처첩(妻妾)으로 삼으려고 하니, 유주·계주의 여자들 중 타고난 성품이나 자질이 있는 사람들은 부모들이 분백(粉白)을 바르지 못하게 하며 해어진 옷을 입게 하여 감추어 두었고 시집을 갈 때에는 친족들과도 서로 왕래하지 않았다.

태종황제(太宗皇帝)[42]가 진양(晉陽)을 평정한 뒤 연민(燕民)이 뒤에서 [송의 군대와 호응하려고] 기다리고 있음을 알고서 친히 육군(六軍)을 거느리고 성 아래까지 이르니, 연민들이 매우 기뻐하며 수장(守將)을 겁박하여 성을 나와서 항복하고자 하였다. 태종황제는 연성(燕城)이 크지만 견고하지 않아 이기기는 쉬우나 지키기 어렵다고 여겼고, 더위가 맹위를 떨치기 시작하여 사졸(士卒)들이 여기에 오래도록 노출되었기 때문에, 결국 군대를 회군하였다. 성중의 부로(父老)가 거가(車駕)가 돌아가는 소식을 듣고, 그 자식들을 어루만지며 탄식하기를 "너희는 한민(漢民)이 될 수 없으니, 천명이라."라고 하였다.【거란의 정치가 가혹하다고 하는 이하의 일은 아울러 유주객사(幽州客司) 유빈(劉斌)이 말한 것이다. 유빈의 할아버지의 이름은 유영(劉迎)으로, 나이는 75세이다. 일찍이 유주군(幽州軍) 정교(政校)가 되어 그 일을 비견(備見)하였기에 매번 자손들과 이것을 이야기했으며, 소후(蕭后)와 융경(隆慶)의 일 역시 유영이 말한 바이다.】

근래에 변민(邊民) 중에서 이전에 거란에 붙잡힌 자들이 도망하여 돌아와 연(燕)에 이르렀는데, 백성이 자금을 모으고 소통을 하여서 한계(漢界)에 들어가고자 하니, 이로 인해서 말하기를 "그대들이 돌아가면, 나중에 남조(南朝)의 관가(官家)가 와서 유주를 수복할 때 삼가 우리의 한아(漢兒)들을 죽이는 일이 없도록 해 주십시오."라고 하였다. 연(燕)·계(薊) 지역 민심(民心)의 향화(向化)가 이와 같았다.

【주석】

[3-42] 태종황제(太宗皇帝): 송의 2대 황제 태종(939~997)으로, 송 태조(太祖) 조광윤(趙匡胤)의 동생이다. 초명은 광의(匡義)인데, 태조의 이름을 피휘하여 광의(光義)로 고쳤다. 즉위

한 뒤 이름을 경(炅)으로 바꾸었다. 개보(開寶) 9년(976)에 즉위하여 연호를 태평흥국(太平興國)이라 하였다. 태평흥국 4년(979)에 북한(北漢)을 멸망시켜 중국을 통일하였고, 그 기세를 몰아 연운십육주의 회복을 기치로 내걸고 요를 공격하였으나, 고량하(高梁河)에서 대패하고 돌아왔다. 22년의 재위 동안 중앙 집권을 강화하고 절도사(節度使)가 지배하던 지군(支郡)을 환수했으며, 과거(科擧) 제도를 확대하고 숭문원(崇文院)을 설치하는 한편 『태평어람(太平御覽)』 등의 서적을 편찬하여 중문(重文)의 분위기를 고취하였다.

【원문】

十日, 自幽州北行, 至孫侯館五十里, 地平, 無丘陵.[18] 出北安門, 道西有華嚴寺, 卽太宗皇帝駐蹕之地也. 民言僧堂東壁有御札十五字, 虜不令人見, 覆以漆板. 虜主每至, 必開觀之. 十里過高梁河,[19] 三十里過孤溝河, 三十五里過長城.
十一日, 自孫侯館北行, 至順州三十里, 地平. 二里過溫渝河. 順州古城周約七里.
十二日, 自順州東北行, 至檀州八十里, 路險, 有丘陵. 二十五里過白漈河, 河源出太行山. 七十里, 道東有寨柵門, 崖壁鬥絶,[20] 此天所以限戎虜也. 虜置榷場於虎北口而收地征.
十五日, 自虎北館[21]東北行, 至新館六十里. 下虎北口山, 卽入奚界. 五里有關, 虜率十餘人守之. 澗水西南流至虎北口南, 名朝里河. 五十里過大山, 名摘星嶺, 高五里, 人謂之辭鄕嶺.
十六日, 自新館行, 至臥如館四十里. 七里過編廂嶺.

【교감】

[18] 입력자주: 『續談助』에는 '十日, 自幽州北行至孫侯館, 五十里, 地無陵.'으로 표점하였다.
[19] 입력자주: 여기에서부터 뒤의 원문 '二十四日'까지는 『續談助』에 의거하여 보충하였다.
[20] 입력자주: 趙氏는 '七十里, 道東有寨, 柵門崖壁鬥絶.'로 표점하였다.
[21] 입력자주: '虎北館', '虎北口館'이다. '口'가 빠져 있다.

【번역】

[12월] 10일, 유주에서 북쪽으로 50리를 가면, 손후관(孫侯館)에 이르는데, 땅이 평평하고 언덕이 없다. 북안문(北安門)을 나오면, 길 서쪽에는 화엄사(華嚴寺)가 있다. 즉 태종황제(太宗皇帝)가 머문 곳이었다. 백성들이 말하기를 "승당(僧堂) 동쪽 벽에 임금이 손수 쓴 15자가 있는데, 거란이 사람들에게 보지 못하게 하고 칠판(漆板)으로 [안 보이게] 덮어놓았다. 거란 황제가 매번 이르면 반드시 이것을 열어서 보았다."라고 하였다. [유주에서] 10리를 가면, 고량하(高梁河)[43]를 지나고, 30리를 가면 고구하(孤溝河)를 지나고, 35리를 가면 장성(長城)을 지난다.

[12월] 11일, 손후관(孫侯館)[44]에서 북쪽으로 30리를 가면 순주(順州)[45]에 이르는데, 땅이 평평하다. 2리를 가면 온유하(溫渝河)[46]를 지나는데, 순주의 옛 성은 둘레가 약 7리였다.

[12월] 12일, 순주에서 동북쪽으로 80리를 가면 단주(檀州)[47]에 이르는데, 길이 험하고 언덕이 있다. 25리를 가면 백서하(白絮河)를 지나는데, [백서]하는 태항산(太行山)에서부터 발원한다. 70리를 가면 길 동쪽에 채책문(寨柵門)이 있고 절벽이 매우 가파른데, 이곳은 천혜의 요새로서 융로(戎虜)를 제압할 수 있는 곳이다. 거란은 호북구(虎北口)에 각장(榷場)[48]을 설치하고, 이곳에서 지세[地征]를 거두었다.

[12월] 15일, 호북관(虎北館)에서 동북쪽으로 60리를 가면, 신관(新館)[49]에 이르렀다. 호북구에서 산을 내려가면, 즉 해(奚)의 경계로 들어간다. 5리를 가면 관(關)이 있었는데, 거란인이 10여 명을 거느리고 이곳을 지키고 있다. 골짜기의 물이 서남쪽으로 흘러 호북구 남쪽에 이르는데, 조리하(朝里河)[50]라고 불렀다. 50리를 가면 큰 산을 지나는데, 적성령(摘星嶺)[51]이다. 봉우리는 높이가 5리 정도로, 사람들이 이르기를 사향령(辭鄉嶺)이라고 하였다.

[12월] 16일, 신관에서부터 40리를 가면 와여관(臥如館)[52]에 이르고, 7리를 가면 편상령(編廂嶺)을 지난다.

【주석】

[3-43] 고량하(高梁河): 고량수(高梁水) 또는 고량하(高良河)라고도 하는데, 지금의 베이징시(北京市) 동북부에 위치한다. 송 태종(太宗)이 태평흥국 4년(979)에 연운십육주 회복을 기치로 내걸고 요를 공격하였으나, 고량하의 싸움에서 지고 단기(單騎)로 돌아왔다는

기록이 있을 정도로 크게 패배한 곳이다.

[3-44] 손후관(孫侯館): 지금의 베이징시 동북 지역의 차오양구(朝陽區) 쑨허향(孫河鄉)에 위치한다. 왕증(王曾)의 『거란지(契丹志)』에서 "[연경의] 북문을 나와서, 옛 장성(長城)과 연방정(延芳淀)을 지나 40리를 가면, 손후관(孫侯館)에 이르는데, [손후관은] 후에 망경관(望京館)으로 고쳤고, 이전의 장소로 점점 옮겨졌다."라고 하여, 손후관이 망경관과 같은 장소임을 알 수 있다. 명말 청초의 인물인 손승택(孫承澤)이 명대 북경의 정황에 대해서 서술한 『춘명몽여록(春明夢餘錄)』에서 "망경관은 성 동북 50리 손후촌(孫侯村)에 위치하며, 요에서 건설하였고, 남북의 사신이 숙식을 하면서 술 마시며 전별하는 장소였다."324라고 하였다.

[3-45] 순주(順州): 현재는 베이징시 순이구(順義區)에 위치한다. 순주는 당 개원(開元) 4년(716)에 송막부(松漠府) 탄한주(彈汗州)에 살던 거란 부락을 귀순주(歸順州)로 삼았고, 건원(乾元) 원년(758)에 다시 순주(順州)로 삼았다. 당 멸망 후 오대(五代) 후진(後晉)의 석경당(石敬瑭)이 거란과 손을 잡고 후당(後唐)과의 전쟁에서 승리하면서, 도와준 대가로 거란에게 순주를 넘겨주어 거란의 땅이 되었다.

[3-46] 온유하(溫渝河): 온유수(溫榆水)·습여수(濕餘水)·온여수(溫餘水)라고도 한다. 지금의 베이징시 동북부에 있다.

[3-47] 단주(檀州): 지금의 베이징시 미윈구(密雲區)에 위치한다. 원래 연(燕)의 어양군(漁陽郡) 땅으로, 한(漢)의 백단현(白檀縣)이었다. 수(隋) 개황(開皇) 18년(598)에 유주(幽州)의 연락현(燕樂縣)과 밀운현(密雲縣)을 가지고 단주(檀州)를 설치하였다. 당(唐) 천보(天寶) 원년(742)에는 밀운군(密雲郡)이라고 고쳤다가, 건원(乾元) 원년(758)에 다시 단주(檀州)라고 하였다. 오대 후진의 석경당(石敬瑭)이 거란과 손을 잡고 후당과의 전쟁에서 승리하면서, 도와준 대가로 거란에게 연운십육주를 할양하면서 거란의 땅이 되었다. 요(遼)에서 지금의 군호(軍號)인 무위군(武威軍)을 더하였다.325

---

324 孫承澤, 『春明夢餘錄』, "望京館在城東北五十里孫侯村, 遼建, 爲南北使臣宿息餞飲之所."
325 『遼史』 卷40 「地理志」 4, 南京道, 南京析津府, 檀州條, "檀州, 武威軍, 下, 刺史. 本燕漁陽郡地, 漢爲白檀縣. 魏書, 曹公歷白檀, 破烏丸於柳城. 續漢書, 白檀在右北平. 元魏創密雲郡, 兼置安州. 後周改爲元州. 隋開皇十八年割燕樂密雲二縣置檀州. 唐天寶元年改密雲郡, 乾元元年復爲檀州. 遼加今軍號. 有桑溪鮑丘山桃花山螺山. 統縣二."

[3-48] 각장(榷場): 일반적으로 다른 나라 혹은 부족들과 무역을 하기 위해 변경 지대에 설치한 무역장을 가리킨다. 다만 고북구 지역은 국경 지대가 아니므로, 여기에 설치한 각장은 일종의 송의 각화무(榷貨務)와 비슷한 거래 형태가 이루어지던 장소로 보인다. 『요사(遼史)』 「식화지(食貨志)」에 따르면, 상세징수법[征商之法]은 태조가 양성(羊城)을 탄산(炭山)의 북쪽에 두면서부터 각무(榷務)를 일으켜 각 도(道)의 시역(市易)이 통하도록 하였다. 938년에 태종이 연(燕)을 획득하여 남경을 설치하였고, 관부에 명하여 성 북쪽의 시장에서 징세(徵稅)하도록 하였다. 그리고 성종 건형(乾亨, 979~983) 말[통화(統和) 원년(982)]에 연경유수사(燕京留守司)가 말하기를, "민간의 식생활이 어려우니 거용관(居庸關)의 세금을 느슨하게 하여 연산(燕山) 서쪽 지역의 교역을 소통시키기를 청합니다."[326]라고 하였다. 또 통화 4년(986) 11월에 고북(古北)·송정(松亭)·유관(榆關) 등에서 세금을 걷는 데 법도가 없어서 상인을 가로막는 지경에 이르게 되자, 사자를 보내어 그들을 국문하였다고 하였다.[327] 이를 통해 거란이 늦어도 건형 연간 이후에는 고북구 등 연산산맥의 통과 지점에서 세금을 징수하였다고 파악된다. 다만, '이곳에서 지세[地征]를 거두었다.'라는 기술은 노진(路振)이 잘못 이해한 것으로 보인다.

[3-49] 신관(新館): 여기서는 호북관(虎北館, 즉 고북구(古北口))에서 신관까지의 거리를 60리라고 하였지만, 『무경총요(武經總要)』에서 인용한 증공량(曾公亮)의 『북번지리(北蕃地理)』에 따르면, 고북구에서 신관까지의 거리를 '80리'라고 하였다.[328] 또 왕증(王曾)의 『거란지(契丹志)』에서는 덕승령(德勝嶺)에서 신관까지를 80리라고 하고, 심괄(沈括)의 『희녕사로도초(熙寧使虜圖抄)』에서는 신관이 고북관으로부터 70리 떨어져 있다고 하여 차이를 보이고 있다.[329]

---

326 『遼史』 卷60, 「食貨志」 下, "征商之法, 則自太祖置羊城于炭山北, 起榷務以通諸道市易. 太宗得燕, 置南京, 城北有市, 百物山偫, 命有司治其征. …… 聖宗乾亨間燕京留守司言, 民艱食, 請弛居庸關稅, 以通山西糴易."
327 『遼史』 卷11, 「聖宗本紀」 2, 統和4年 11月條, "壬申, 以古北·松亭·榆關征稅不法, 致阻商旅, 遣使鞫之."
328 『武經總要』 前集卷16下, 「北蕃地理」, 燕京州軍12, "過朝鮮河九十里, 北至古河口, 兩傍峻崖, 有路, 僅容車軌. 八十里至新館."
329 賈敬顏, 『五代宋金元人邊疆行記十三種疏證稿』, 55쪽.

[3-50] 조리하(朝里河): 조리하(潮里河), 조리하(潮鯉河)라고도 하며, 곧 조하(潮河)를 말한다. 조하천(潮河川)이라고도 한다.[330] 『독사방여기요(讀史方輿紀要)』에서 "조하(潮河)는 고북구(古北口)에서 밀운현(密雲縣) 경계로 흘러 들어오는데, 서남쪽으로 흘러가서 순의현(順義縣)에 이르러 백하(白河)와 합류한다."[331]라고 하였다.

[3-51] 적성령(摘星嶺): 앞의 [2-20] 사향령 참조.

[3-52] 와여관(臥如館): 지금의 싱주(興州) 동남쪽 젠팡촌(菅坊村)이 여기에 해당한다. 와여관은 와여래관(臥如來館) 또는 여래관(如來館)이라고도 한다.[332] 왕증(王曾)의 『거란지(契丹志)』에 따르면, "조과령(雕窠嶺)과 편창령(偏槍嶺)을 지나서 40리를 가서 와여래관(臥如來館)에 도달하는데, 대개 산중에 와불상이 있었기 때문이다."라고 하였다.[333]

【원문】

十七日, 自臥如館東北行, 至柳河館六十里. 五里過石子嶺, 道險. 三十里過鑾河. 四十里過纏斗嶺.[22] 又行十餘里, 至平州路. 六十里過柳河.

十八日, 過柳河館東北行, 至部落館八十里. 十里過小山. 六十里過契丹嶺.

十九日, 自部落館東北行, 至牛山館五十里, 山勢平漫.

二十日, 自牛山館東北行, 至鹿兒館六十里, 地勢微險.

二十一日, 自鹿兒館東北行, 至鐵漿館八十里, 山勢平遠.

二十二日, 自鐵漿館東北行, 至富谷【音浴.】[23]館八十里, 山勢平遠.

二十三日, 自富谷館東北行, 至通天館八十里, 山遠[24]路平.

---

330 賈敬顔, 『五代宋金元人邊疆行記十三種疏證稿』, 141쪽.
331 『讀史方輿紀要』卷11, 「北直」2, 昌平州, 密雲縣, "潮河, 在縣東南. 自古北口流入縣界, 西南流至順義縣合於白河."
332 賈敬顔, 『五代宋金元人邊疆行記十三種疏證稿』, 144쪽.
333 澤本光弘, 「北京~朝陽の地勢と宋遼交通路―檀州から中京にかけての航空寫眞をてがかりに―」, 金子修一先生古稀記念論文集編纂委員會 編, 『東アジアにおける皇帝權力と國際秩序』, 東京: 汲古書院, 2020. 496-497쪽.

【교감】

[22] 賈氏注: '纏斗嶺'은 '墨斗嶺'의 오기이고, 또 '摸斗嶺'이라고도 한다.

[23] 입력자注: 『續談助』에는 괄호 안의 原注가 기록되어 있다.

[24] 趙氏注: 원래는 '遠'이 빠져 있으나, 앞뒤의 文義를 통해 보충하였다.

【번역】

[12월] 17일, 와여관에서 동북쪽으로 60리를 가면, 유하관(柳河館)[53]에 이른다. 5리를 가면, 석자령(石子嶺)[54]을 지나는데, 길이 험하다. 30리를 가면, 난하(灤河)[55]를 지난다. 40리를 가면 전두령(纏斗嶺)[56]에 이른다. 또 10여 리를 가면, 평주로(平州路)에 이른다. 60리를 가면, 유하(柳河)[57]를 지난다.

[12월] 18일, 유하관을 지나 동북쪽으로 80리를 가면, 부락관(部落館)[58]에 이른다. 10리를 가면, 작은 산을 지난다. 60리를 가면, 거란령(契丹嶺)을 지난다.

[12월] 19일, 부락관에서 동북쪽으로 50리를 가면, 우산관(牛山館)[59]에 이르는데, 산의 형세가 평탄하고 드넓다.

[12월] 20일, 우산관에서 동북쪽으로 60리를 가면, 녹아관(鹿兒館)[60]에 이르는데, 땅의 형세가 약간 험하다.

[12월] 21일, 녹아관에서 동북쪽으로 80리를 가면, 철장관(鐵漿館)[61]에 이르는데, 산의 형세가 평평하고 넓다.

[12월] 22일, 철장관에서 동북쪽으로 80리를 가면, 부욕관(富谷館)【'谷'은 발음이 욕(欲)이다.】[62]에 이르는데, 산의 형세가 평평하고 넓다.

[12월] 23일, 부욕관에서 동북쪽으로 80리를 가면, 통천관(通天館)에 이르는데, 산은 멀고 길은 평평하다.

【주석】

[3-53] 유하관(柳河館): 대략 지금의 홍치촌(紅旗村)에 해당한다.[334]

---

334 賈敬顔, 『五代宋金元人邊疆行記十三種疏證稿』, 145쪽.

[3-54] 석자령(石子嶺): 『요사』「지리지」에 따르면, 중경도(中京道) 택주(澤州)에 위치한다.[335]

[3-55] 난하(灤河): 난하(濼河) 또는 난수(濡水)라고도 하며, 지금은 허베이성(河北省) 청더시(承德市) 서남부를 지나 보하이만(渤海灣)으로 빠진다. 『요사』「지리지」에 따르면, 난하는 중경도(中京道) 택주(澤州)에 위치한다.[336] 오증(吳曾)은 『능개재만록(能改齋漫錄)』에서 다음과 같은 고찰을 하였다. "두평(竇苹)의 『신당서음훈(新唐書音訓)』「본기(本紀)」 난하(灤河)에서 '란(灤)은 발음이 力官切이다. 난수(灤水)는 해(奚) 나라의 도산(都山)에서 발원한다. 여러 책과 『산해경(山海經)』에는 이 글자가 없고, 오직 『절운(切韻)』에서만 보일 뿐이다.'라고 하였다. 또 「충의열전(忠義列傳)」 난하(灤河)에서 '음은 란(欒)이다. 지금의 대요(大遼) 평주(平州)가 동쪽으로 난하(灤河)에 임하고 있는데, 이것이다.'라고 하였다. 내가 『북비수지(北鄙須知)』를 살펴보니 '대요에 난주(灤州)가 있는데, 서쪽으로 500리를 가면 연경(燕京)에 이른다. 난하현(灤河縣)이 있는데, 서쪽으로 40리를 가면 난주에 이른다. 평주(平州)는 서쪽으로 800리를 가면 연경에 이른다.'라고 하였으므로 이로써 난하현은 평주의 서쪽에 있게 되니, 두평이 [난하가 평주의] 동쪽에 있다고 한 것은 잘못이다."[337]

[3-56] 전두령(纏斗嶺): 자징엔의 고찰에 따르면, 전두령은 묵두령(墨斗嶺)의 오기로 막두령(摸斗嶺)이라고도 한다.[338] 왕증(王曾)의 『거란지(契丹志)』에 따르면, "오란하(烏灤河)를 지나면, 동쪽에 난주(灤州)가 있는데, 하천으로 인해서 이름이 지어졌다. 또 묵두령(墨斗嶺)을 지나는데, 때로는 도운령(渡雲嶺)이라고도 하고, [영(嶺)의] 길이가 20리 정도 되었다."라고 하였다.

[3-57] 유하(柳河): 지금의 이순하(伊遜河)에 해당한다. 『무경총요(武經總要)』에서는 유하가 북안주의 경내에 있고 북안주 관사에서 서북쪽으로 50리 정도 떨어져 있다고 비정하였

---

335 『遼史』卷39,「地理志」3, 中京道, 中京大定府, 澤州條, "有松亭關·神山·九宮嶺·石子嶺·灤河·撒河. 屬中京."
336 『遼史』卷39,「地理志」3, 中京道, 中京大定府, 澤州條, "有松亭關·神山·九宮嶺·石子嶺·灤河·撒河. 屬中京."
337 吳曾, 『能改齋漫錄』卷9,「灤河縣」, "竇苹『新唐書音訓』·「本紀」灤河云, '灤, 力官切. 灤水, 出奚國都山. 諸書·『山海經』並無此字, 唯見於『切韻』.' 又「忠義列傳」·灤河云, '音欒. 今大遼平州, 東臨灤河是也.' 予按『北鄙須知』, '大遼有灤州, 西至燕京五百里. 有灤河縣, 西至灤州四十里. 平州, 西至燕京八百里.' 以此見灤河縣在平州之西, 竇以爲在東, 非也."
338 賈敬顔, 『五代宋金元人邊疆行記十三種疏證稿』, 58쪽.

다.[339]

[3-58] **부락관(部落館)**: 타조부락관(打造部落館) 또는 타조관(打造館)이라고도 하였다. 자징옌은 대략 오늘날의 한마영(韓麻營)이라고 추정하였고,[340] 자오융춘은 지금의 터우거우(頭溝) 서쪽 언저리로 추정하였다.[341]

[3-59] **우산관(牛山館)**: 자징옌은 대략 지금의 터우거우대지(頭溝大地)로 추정하였고,[342] 자오융춘은 오늘날 리우거우(六溝) 서북쪽, 산거우(三溝) 서남쪽의 다위수거우(大榆樹溝)와 샤오위수거우(小榆樹溝)의 중간에 해당한다고 보았다.[343]

[3-60] **녹아관(鹿兒館)**: 녹아협관(鹿兒峽館) 또는 녹협관(鹿夾館) 또는 녹협관(鹿峽館)이라고도 하였다. 지금의 자산(甲山) 동북부의 산등성이 일대에 위치한다.[344]

[3-61] **철장관(鐵漿館)**: 자오융춘은 지금의 허베이성 핑취안현(平泉縣) 북쪽 와쯔뎬(窪子店) 부근으로 보았다.[345]

[3-62] **부욕관(富谷館)**: 왕증(王曾)의 『거란지(契丹志)』에 따르면, "석자령(石子嶺)를 지나면서부터는 점점 산에서 벗어난다. 70리를 가면, 부욕관(富谷館)에 이른다."[346]라고 하였다.

【원문】

二十四日,[25] 自通天館東北行, 至[26] 契丹國三十里, 山遠路平, 奚·漢民雜居益衆. 里民言, 漢使歲至, 虜必盡驅山中奚民就道而居, 欲其人煙相接也. 又曰, 虜所止之處, 官屬皆從, 城中無館舍, 但於城外就車帳而居焉. 契丹國外城高丈餘步,[27] 東西有廊, 幅員三十里, 南門[28]

---

339 『武經總要』前集 卷22, 燕京州軍12, "北安州, 後魏置安州, 築城在幽州之北, 正當松漠之地. 契丹建爲北安州, 墨門嶺·牛山·會仙石·欒河·柳河皆在其境. 東北至中京二百五十里, 西南至古北口二百八十里, 南至幽州二百五十里, 西北至柳河五十里."
340 賈敬顔, 『五代宋金元人邊疆行記十三種疏證稿』, 58쪽.
341 趙永春, 『奉使遼金行程錄(增訂本)』, 98쪽.
342 賈敬顔, 『五代宋金元人邊疆行記十三種疏證稿』, 58쪽.
343 趙永春, 『奉使遼金行程錄(增訂本)』, 17쪽.
344 賈敬顔, 『五代宋金元人邊疆行記十三種疏證稿』, 58쪽; 趙永春, 『奉使遼金行程錄(增訂本)』, 17쪽.
345 賈敬顔, 『五代宋金元人邊疆行記十三種疏證稿』, 99쪽.
346 澤本光弘, 「北京~朝陽の地勢と宋遼交通路-檀州から中京にかけての航空寫眞をてがかりに-」, 508-509쪽.

曰朱夏門, 凡三門, 門有樓閣. 自朱夏門入, 街道闊百餘步, 東西有廊舍, 約三百間, 居民列廛肆廡下. 街東西各三坊, 坊門相對, 虜以卒守坊門, 持梃擊民, 不令出觀. 徐視坊門, 坊中闃地, 民之觀者無多. 又於坊聚車橐馳, 蓋欲誇漢使以浩穰.

【교감】

[25] 입력자注: 앞의 원문 '十里過高梁河'에서 여기까지는 『續談助』에 의거하여 보충하였다.
[26] 입력자注: 『續談助』에는 '至'가 빠져 있으나, 『新雕皇朝類苑』에 의거하여 보충하였다.
[27] 賈氏注: 『續談助』에는 본래 '步'가 없는데, 없는 것이 옳다고 하였다.
[28] 賈氏注: 『續談助』에는 본래 '南' 다음의 '門'이 없는데, '門'이 없는 것이 옳다고 하였다.

【번역】

[12월] 24일, 통천관에서 동북쪽으로 30리를 가면, 거란국(契丹國, 중경[63]을 가리킴)에 이르는데, 산은 멀고 길은 평평하며, 해민(奚民)와 한민(漢民)이 섞여 살면서 무리가 많아졌다. 마을 주민들이 말하기를 "송 사신[漢使]이 해마다 이를 때면, 거란은 반드시 산중의 해민을 몰아서 길가에 거주하게 하였는데, 인가가 밀집한 것처럼 보이고 싶었기 때문입니다."라고 하였다. 또 말하기를 "거란 황제가 머무는 곳은 관속(官屬)이 모두 따르는데, 성중에는 관사(館舍)가 없고, 다만 성 밖 거장(車帳)에서 지냅니다."라고 하였다.

거란국의 외성(外城)은 높이가 1장 정도 되고, 동서에는 낭(廊)이 있는데, 너비가 30리 정도 된다. 남문은 주하문(朱夏門)으로, 모두 3개의 문이 있는데, 문에는 누각(樓閣)이 있다. 주하문으로 들어가면, 큰길이 트여 있어서 백여 보나 되었고, 동서로 낭사(廊舍)가 있는데, 대략 300칸이었으며, 거주민들이 점포를 처마 아래에 줄지어 놓았다. 거리는 동서로 각각 3방(坊)이 있는데, 방문(坊門)이 서로 마주보고 있었다. 거란은 병사로 방문을 지키게 했고, [나가려고 하면] 몽둥이를 들고 백성들을 때려서 [백성들이] 나와서 보지 못하게 하였다. 잠깐 방문을 보니 방중(坊中)이 텅 비어 있었는데, 백성 중에서 보는 자가 많지 않았다. 또 방(坊)에는 수레와 낙타가 갖추어져 있는데, 대체로 송 사신에게 자랑하고자 했기 때문에 매우 많았다.

【주석】

[3-63] 중경(中京): 요(遼) 오경(五京) 중의 하나로 지금의 네이멍구자치구(內蒙古自治區) 츠펑시(赤峰市) 닝청현(寧城縣) 다밍진(大明鎭)이다. 당말에 거란이 해족(奚族)을 정복하면서 거란의 영토가 되었고, 통화(統和) 25년(1007)에 이곳에 한족(漢族) 민호(民戶)를 옮겨 살게 하여 중경으로 삼고 대정부(大定府)라고 하였다. 중경은 외성(外城), 내성(內城), 황성(皇城)의 세 부분으로 구성되었다. 요 황제는 날발(捺鉢)을 하였기 때문에 외국 사신이 오면 당시 황제가 머무는 곳에서 사신을 만났는데, 중경에서 사신을 만나는 경우도 있었다. 따라서 중경에는 송(宋) 사신을 접대하기 위한 대동역(大同驛), 고려(高麗) 사신을 위한 조천관(朝天館), 서하(西夏) 사신을 위한 내빈관(來賓館)이 있었다.[347] 외국 사신이 요 황제를 만나러 가는 과정에서 대부분 이곳에서 만나거나 이곳을 거쳐 갔을 것으로 생각된다.

【원문】

> 三里, 至第二重門城,[29] 城南門曰陽德門, 凡三間, 有樓閣, 城高三丈, 有睥睨, 幅員約七里. 自陽德門入, 一里而至內門, 曰閶闔門凡三門.[30] 街道東西並無居民, 但有短牆, 以障空地耳. 閶闔門樓有五鳳, 狀如京師, 大約制度卑陋. 東西掖門去閶闔門各三百餘步, 東西角樓相去約二里. 是夕, 宿於[31]大同驛, 驛在陽德門外, 驛東西各三廳, 蓋倣京師上元驛也. 虜遣龍虎大將軍耶律照里爲館伴使, 起居郎邢佑[32]副之.

【교감】

[29] 입력자注: 『新雕皇朝類苑』에는 '第二重門'으로 '至'와 '城'이 빠져 있는데, 『續談助』에

---

[347] 『遼史』 卷39, 「地理志」 3, 中京道, 中京大定府條, "…… 其後拓拔氏乘遼建牙於此, 當饒樂河水之南, 溫渝河水之北. 唐太宗伐高麗, 駐蹕於此, 部帥蘇支從征有功. 奚長可度率衆內附, 爲置饒樂都督府. 咸通以後, 契丹始大奚族不敢復抗. 太祖建國, 擧族臣屬. 聖宗常過七金山土河之濱, 南望雲氣, 有郛郭樓闕之狀, 因議建都, 擇良工於燕薊, 董役二歲, 郛郭 宮掖 樓閣 府庫 市肆 廊廡, 擬神都之制. 統和二十四年, 五帳院進故奚王牙帳地. 二十五年, 城之, 實以漢戶, 號曰中京, 府曰大定. …… 大同驛以待宋使, 朝天館待新羅使, 來賓館待夏使."

의거하여 보충하였다. 賈氏는 '至第二重城門'으로 보고, 趙氏는 '至第二重門城'으로 보았다.

[30] 입력자주: 『續談助』에는 '自陽德入一里至內城, 門曰閶闔門'이라 기록되어 있고, 『新雕皇朝類苑』에는 '自陽德門入, 一里而至內門, 內閶闔門凡三門'이라 기록되어 있다. 羅氏는 '一里而至內城, 閶闔門凡三門'이라고 보았고, 賈氏는 '內閶闔門' 중에서 '內'가 마땅히 '曰'이 되어야 한다고 보았다. 賈氏의 의견을 따라 수정하였다.

[31] 입력자주: 『新雕皇朝類苑』에는 '於'가 빠져 있으나, 『續談助』에 의거하여 보충하였다.

[32] 입력자주: '邢佑'는 원래 '邢耶佑'로 기록되어 있는데, 『乘軺錄』의 다른 부분에서는 모두 '邢佑'로 나온다. 더불어서 賈氏는 '耶'를 衍字로 보아 삭제하였는데, 賈氏의 의견을

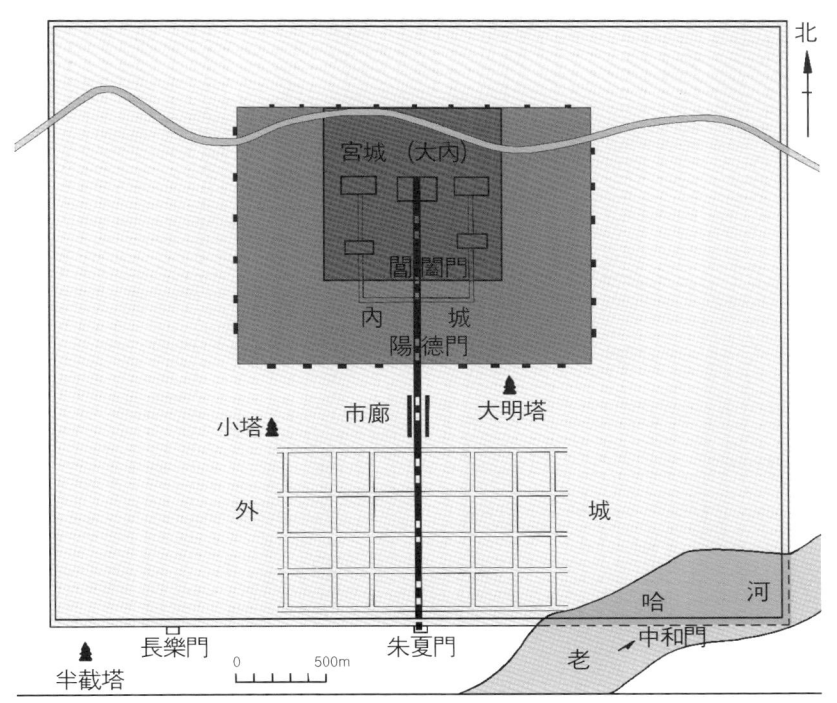

〈그림 3-2〉 요 중경(中京)의 평면도[348]

---

[348] 董新林, 「遼上京規制和北宋東京模式」, 『考古』, 北京: 中國社會科學院考古硏究所, 2019年 第5期, 11쪽.

따라 수정하였다.

【번역】

3리를 가면, 이중(二重)으로 된 성문(城門)이 나오는데, 성의 남문을 양덕문(陽德門)이라 하며 모두 3칸이다. 누각(樓閣)이 있고, 성의 높이는 3장(丈)이다. 곁눈질해 보니, 둘레는 약 7리이다. 양덕문에서 들어가 1리를 가면, 내문(內門)에 이르는데, 창합문(閶闔門)이라 하고, 모두 3문이다. 가도(街道)의 동쪽과 서쪽에는 모두 거주하는 백성이 없고, 다만 낮은 담만 있는데 빈 공간을 가리기 위한 용도일 뿐이다.

창합문의 누각에는 오봉(五鳳)이 있는데 모양이 마치 경사(京師)와 같으나 대체로 문루의 제도는 비루하였다. 동서로 액문(掖門)이 있는데 창합문과 각각 300여 보 떨어져 있고, 동서에는 각루(角樓)가 있는데 서로 약 2리 떨어져 있다. 이날 저녁, 대동역(大同驛)에서 숙박하였다. 대동역은 양덕문 밖에 있고, 역(驛)은 동서로 각각 3개의 관아가 있는데, 대체로 경사의 상원역(上元驛)[64]을 모방하였다. 거란은 용호대장군(龍虎大將軍) 야율조리(耶律照里)를 관반사(館伴使)[65]로 삼았고, 기거랑(起居郎)[66] 형우(邢佑)를 관반부사(館伴副使)로 삼아서 보냈다.

【주석】

[3-64] 상원역(上元驛): 상원역(上源驛)이라고도 한다. 후진(後晉) 천복(天福) 5년(940) 9월에 상원역을 도정역(都亭驛)으로 고쳤다.[349] 도정역은 송의 수도에서 요 사신을 주로 접대하기 위한 곳으로, '전연의 맹[澶淵之盟]' 이후부터 주로 사용되었다.

[3-65] 관반사(館伴使): 관반(館伴)이라고도 하며, 정사(正使)와 부사(副使) 2명으로 구성되어 있다. 요에서 관반정사는 거란인(契丹人), 부사는 학식이 뛰어난 한인(漢人)을 주로 임명하였다. 접반사(接伴使)가 사신을 모시고 황제가 있는 곳까지 이르면, 관반사와 임무를 교대하였다. 사신이 머물면서 황제를 알현하고 연회에 참여하며 황제에게 인사하고 돌아갈 때까지 안내의 역할을 담당하였다.

[3-66] 기거랑(起居郎): 황제의 행동과 법도를 기록하고, 기사(記事)의 사책(史册)을 수찬(修撰)

---

349 『舊五代史』卷79,「晉書」5, 高祖紀 5, 天福 5年 9月條, "戊子, 改東京上源驛爲都亭驛."

하는 일을 한다.

【원문】

二十六日, 持國信自東掖門入, 至第三門, 名曰武功門, 見虜主于武功殿, 設山棚, 張樂, 引漢使升. 虜主年三十餘, 衣漢服, 黃紗袍, 玉帶, 鞈互靴, 方床累茵而坐. 左右侍立凡數人, 皆胡豎. 黃金飾扥案, 四面懸金紡絳絲結網而爲案帳. 漢官凡八人, 分東西偏而坐, 坐皆繡墩. 東偏漢服官三人, 首大丞相晉王韓德讓, 年約六十. 次曰前都統相公耶律氏.【不得名.】[33] 次曰參政僕射姓邢氏.【不得名.】[34] 胡服官一人, 駙馬相公姓蕭氏.【不得名.】[35] 西偏漢服官二人, 一曰秦王隆慶, 次曰楚王.【不得名.】[36] 胡服二人, 一曰惕隱相公耶律英.[37] 次曰常溫相公.【不得名.】[38] 惕隱·常溫皆虜官.

【교감】

[33] 입력자주: 『新雕皇朝類苑』에는 괄호 안의 原注가 기록되어 있다.

[34] 입력자주: 『新雕皇朝類苑』에는 괄호 안의 原注가 기록되어 있다.

[35] 입력자주: 『新雕皇朝類苑』에는 괄호 안의 原注가 기록되어 있다.

[36] 입력자주: 『新雕皇朝類苑』에는 괄호 안의 原注가 기록되어 있다.

[37] 羅氏注: '老君奴'라고 고증하였다.

[38] 입력자주: 『新雕皇朝類苑』에는 괄호 안의 原注가 기록되어 있다.

【번역】

[12월] 26일, 국신(國信)을 가지고, 동액문(東掖門)으로부터 들어가면, 제3문에 이르는데 무공문(武功門)이라고 하며, 무공전(武功殿)에서 거란 황제[虜主]를 알현하였다. 산붕(山棚)을 설치하고, 풍악을 마련하여 연주하고, 송 사신[漢使]을 끌어서 오르게 하였다. 거란 황제의 나이는 30여 세로, 옷은 한복(漢服)과 황사포(黃紗袍), 옥대(玉帶), 낙호화(鞈互靴)를 [착용하고 있었고,] 네모진 상에 깔개를 겹겹이 쌓아서 앉았다. 좌우에 시립(侍立)한 자는 여러 명으로, 모두 거란인 내시[胡豎]이다. 황금(黃金)으로 장식한 잔대(盞臺)가 있고, 4면에는 금방강사(金

紡絳絲)를 늘어뜨려 그물로 짜서 안장(案帳)으로 삼았다.

한관(漢官)은 모두 8명으로 동서로 나누어 치우쳐 앉고, 자리에는 모두 자수 덮개를 씌운 도자기로 만든 걸상이 있다. 동쪽에 한복을 입은 관리는 3명으로, 첫 번째는 대승상(大丞相) 진왕(晉王) 한덕양(韓德讓)으로, 나이는 60세 정도 되었다. 두 번째는 전도통(前都統) 상공(相公) 야율씨(耶律氏)[67]이다.【이름은 알지 못했다.】다음으로는 참정복야(參政僕射, 참지정사(參知政事))로, 성은 형씨(邢氏)[68]이다.【이름은 알지 못했다.】호복(胡服)을 입은 관리 1명이 있는데, 부마(駙馬) 상공(相公)으로 성은 소씨(蕭氏)[69]이다.【이름은 알지 못했다.】

서쪽에는 한복을 입은 관리 2명이 있는데, 한 사람은 진왕(秦王) 융경(隆慶)이고, 다음은 초왕(楚王)[70]이다.【이름은 알지 못했다.】호복을 입은 사람은 2명으로, 첫 번째는 척은(惕隱)[71] 상공(相公) 야율영(耶律英)이고, 두 번째는 상온(常溫)[72] 상공(相公)이다.【이름은 알지 못했다.】척은과 상온은 모두 거란의 관직이다.

【주석】

[3-67] **야율씨(耶律氏)**: 뤄지쭈(羅繼祖)는 야율노과(耶律奴瓜)로 보았다.[350]

[3-68] **형씨(邢氏)**: 뤄지쭈는 형포박(邢抱朴)으로 보았다.[351]

[3-69] **소씨(蕭氏)**: 뤄지쭈는 소계선(蕭繼先)으로 보았고, 다무라 지쓰조(田村實造)는 소배압(蕭排押)으로 보았다.[352]

[3-70] **초왕(楚王)**: 뤄지쭈는 야율융우(耶律隆祐)로 보았다.

[3-71] **척은(惕隱)**: 거란 고유의 관명(官名)으로, 거란 태조가 거란 부족들을 통합한 후, 자신의 부족인 질랄부(迭剌部)의 정교(政敎)를 위해서 세운 종정직(宗正職)이다.[353] 『요사』「백관지」에 따르면, 대척은사(大惕隱司)는 태조가 설치하였으며, 황족의 정교를 관장하였다. 홍종(興宗) 중희(重熙) 21년(1052)에 야율의선(耶律義先)이 척은에 임명되고서 족인(族人)을 훈계하여 말하기를 "국가의 삼부방(三父房)은 최고의 귀족들로, 무릇 천

350　羅繼祖 輯, 『願學齋叢刊』 1, 旅順: 墨綠堂, 1936 참조.
351　羅繼祖 輯, 『願學齋叢刊』 1 참조.
352　羅繼祖 輯, 『願學齋叢刊』 1 참조; 田村實造, 「遼·宋交通資料註稿」 1947 참조.
353　『遼史』 卷116, 「國語解」, 帝紀, 太祖紀, "惕隱, 典族屬官. 即宗正職也."

하의 풍화(風化)가 여기에서부터 나오니 비록 사소한 불효와 불의라도 해서는 안 된다."라고 하였다. 그 처는 진국장공주(晉國長公主)의 딸로, 매번 내외종[中表]의 친척을 만날 때면 반드시 예복을 갖추어 입었다. 야율의선이 몸소 솔선하니 국족(國族)들이 교화되었다. 요에서 관직을 설치한 실상을 여기에서 볼 수 있다. 태조가 나라를 세우면서 가장 먼저 이 관직을 세웠고, 그 후 백관(百官)을 등용할 때에도 반드시 종성(宗姓)을 우선으로 삼았다.[354] 이를 통해 척은에 주로 거란인들이 임명되었음을 알 수 있다.

[3-72] 상온(常溫): 상온(詳穩)으로도 표기하는데, 또한 거란 고유의 관명(官名)이다. 한어(漢語)의 '장군(將軍)'이라는 의미에서 나왔다. 『요사』「국어해」에 따르면, 상온은 모든 관청에서 일을 감독해 다스리는 우두머리 벼슬이라고 한다.

【원문】

呼漢使坐西南隅, 將進虜主酒, 坐者皆拜, 惟漢丞相不起. 俄而隆慶先進酒, 酌以玉瓘·玉盞, 雙置, 玉台廣五寸, 長尺餘, 有四足. 瓘·盞皆有屈指. 虜主座前, 先置銀盤, 有三足如幾狀, 中有金罍. 進酒者升, 以瓘·盞授二胡豎執之, 以置罍側, 進酒者以虛臺退, 拜于階下, 訖, 二胡豎復執瓘·盞以退, 傾餘酒於罍中, 拜者復自階下執玉臺以上, 取瓘·盞而下, 拜訖, 復位. 次則楚王進酒, 如前儀. 次則耶律英進酒, 如前儀. 其漢服官進酒, 贊拜以漢人. 胡服官則以胡人. 坐者皆飮, 凡三爵而退.[39]

【교감】

[39] 입력자주: 『續談助』에는 26일의 내용이 크게 생략되어 '二十六日, 持國信自東掖門入, 至第三門, 名曰武功門, 見虜主于武功殿, 飮凡三爵而已.'로 기록되어 있다.

---

[354] 『遼史』卷45, 「百官志」1, 北面 1, 北面朝官, "大惕隱司. 太祖置, 掌皇族之政敎. 興宗重熙二十一年, 耶律義先拜惕隱, 戒族人曰, 國家三父房最爲貴族, 凡天下風化之所自出, 不孝不義, 雖小不可爲. 其妻晉國長公主之女, 每見中表, 必具禮服. 義先以身率先, 國族化之. 遼國設官之實, 於此可見. 太祖有國, 首設此官, 其後百官擇人, 必先宗姓."

【번역】

송 사신[漢使]을 불러 서남쪽 모퉁이에 앉게 하고 거란 황제가 술을 권하려 하자, 앉아 있는 사람이 모두 절을 했지만 다만 한 승상(漢丞相)은 일어나지 않았다. 조금 후에, 융경(隆慶)이 먼저 술을 권하자, 옥관(玉瓘) 및 옥잔(玉盞)에 술을 부어 쌍치(雙置)하였고, 옥대(玉臺)는 너비가 5촌이고 길이는 1자 남짓이며 4개의 발이 있다. 관(瓘) 및 잔(盞)에는 모두 손잡이가 있다. 거란 황제의 자리 앞에 먼저 은반(銀盤)을 두는데 3개의 발이 있고 여러 모양을 하고 있는데, 그중에는 금으로 장식한 술독[金罍]도 있다.

술을 권하는 사람은 올라가서, 관 및 잔을 2명의 거란인 내시에게 주면 관 및 잔을 잡아, 이것을 가지고 술독 옆에 두었다. 술을 권하는 사람은 비어 있는 대(臺)로 물러나 계단 아래에서 절을 하고, 마치면 2명의 거란인 내시가 다시 관 및 잔을 가지고 물러나며, 술독 중에서 남은 술이 다 비워지면, 절을 한 사람은 다시 계단 아래에서 옥대를 잡고 올라가 관 및 잔를 가지고 내려가고, 절을 마치면 자리로 돌아갔다.

다음은 초왕(楚王)이 술을 권하는데, 이전의 의례와 같았다. 다음은 야율영(耶律英)이 술을 권하는데, 이전의 의례와 같았다. 한복(漢服)을 입은 관리가 술을 권하는데, 한인(漢人)에게 찬배(贊拜)하였다. 호복(胡服)을 입은 관리는 호인(胡人)에게 찬배하였다. 앉아 있는 자들은 모두 술을 마셨고, 모두 3잔을 마시고 물러났다.

【주석】

없음.

【원문】

二十七日, 自西掖門[40]入, 至第三門, 名曰文化門, 見國母於文化殿, 設山棚, 張樂, 引漢使升, 蕃漢官坐者如故. 國母約五十餘, 冠翠花, 玉充耳, 衣黃錦小襖袍, 束以白錦帶, 方床累茵而坐, 以錦裙環覆其足. 侍立者十餘人, 皆胡婢, 黃金爲耳瑺, 五色彩纏髮, 盤以爲髻, 純練彩衣, 束以繡帶. 有童子一人, 年十餘歲, 胡帽錦衣, 嬉戲國母前, 其狀類韓丞相, 蓋國母所生韓氏子也. 隆慶已下, 遞相瓘·盞進酒, 如進虜主儀. 二胡豎執之, 至國母前, 以授二胡婢, 婢以進, 伶官致辭於前, 大約敍兩朝通歡之意.[41] 虜主坐西偏, 其舊用器皿皆降殺, 以餘官進酒, 但用小玉巵, 蓋尊其國母故也.

【교감】

[40] 입력자주:『新雕皇朝類苑』에는 '門'이 빠져 있으나,『續談助』에 의거하여 보충하였다.
[41] 羅氏注: 원문은 '文約敍兩朝通歡之意'로 기록되어 있는데, '文'은 '大'의 오기로 보았다. 羅氏의 의견을 따라 수정하였다.

【번역】

[12월] 27일, 서액문(西掖門)으로부터 들어가면, 제3문에 이르는데 문화문(文化門)이라고 하였고, 문화전(文化殿)에서 국모(國母)를 알현하였다. 산붕(山棚)을 설치하고, 풍악을 마련하여 연주하고, 송 사신[漢使]을 인도하여 오르게 하고, 번관(蕃官)·한관(漢官)이 앉는 것은 이전과 같았다. 국모는 약 50여 세로, 비취옥을 박아 넣은 금화(金花) 모양의 머리꾸미개를 쓰고, 옥(玉)으로 만든 충이(充耳)를 하고, 옷은 황금(黃錦)으로 만든 소경포(小褧袍)를 입고, 백금대(白錦帶)로 묶으며, 네모진 상에 깔개를 겹겹이 쌓아서 앉았다. 비단 치마[錦裙]를 둘러 그녀의 발을 덮고 있었다.

시립(侍立)한 자는 10여 명으로, 모두 호비(胡婢)이고, 황금으로 된 귀고리를 달고, 5가지 색깔로 머리를 동이고, 밑받침을 얹어 묶은 머리를 하고, 순 명주실로 만든 순색 옷을 입고, 수대(繡帶)로 묶었다. 동자(童子) 1명이 있는데 나이는 10여 세로, 호모(胡帽)를 쓰고 금의(錦衣)를 입었으며 국모의 앞에서 장난치며 노는데 그 모습이 한 승상(韓丞相)을 닮았고, 대체로 국모가 낳은 한씨의 아들이라고 하였다.

융경(隆慶) 이하 [여러 관리가] 서로 번갈아 가면서 관(瓘) 및 잔(盞)으로 술을 권하는데, 거란 황제에게 올리는 의례와 같았다. 2명의 내시가 술잔을 들고 국모 앞에 이르면, 2명의 호비에게 주고, 비(婢)가 나아가면, 영관(伶官)이 [국모의] 앞에서 공덕을 칭송하고, 대략적으로 양조(兩朝)가 교류하면서 나타난 기쁜 뜻을 연주하였다. 거란 황제는 서쪽에 앉았는데, 그가 이전부터 쓰던 그릇들은 모두 등급이 이전보다 낮아졌다. 나머지 관리들이 술을 권하자, 다만 소옥완(小玉盌)을 사용하였는데 대체로 국모를 존경하였기 때문이다.

【주석】

없음.

【원문】

> 二十八日, 復宴武功殿, 卽虜主生辰也.[42] 設山棚, 張樂, 列漢服官于西廡, 胡服于東廡, 引漢使升, 坐西南廡隅. 國母當陽, 冠翠鳳大冠, 冠有綏纓, 垂覆于領, 鳳皆浮, 衣黃錦青鳳袍, 貂裘覆足. 俄而, 殿上施紅罽毯, 虜主先起, 具玉臺酌瓘·盞以進其國母, 拜訖, 復位. 次以餘官進虜主酒, 降殺如前儀. 次則諸王及蕃官皆進酒, 中置其虜食[43] 如幽州宴儀. 酒十數行, 國母三勸漢使酒, 酌以大玉盌, 卒食, 盤中餘肉, 悉以遺漢使.

【교감】

[42] 입력자注: 『續談助』에는 '二十八日, 復宴武功殿, 卽虜主生之日也'라고 기록되어 있고, 28일의 뒷부분은 실려 있지 않다.

[43] 賈氏注: '中置其虜食'의 구문은 오탈자가 있다고 하였다.

【번역】

[12월] 28일, 무공전(武功殿)에서 다시 연회가 열렸는데, 이날은 거란 황제의 생신이다. 산붕(山棚)을 설치하고 풍악을 마련하여 연주하였고, 한복(漢服)을 입은 관리는 서무(西廡)에 늘어서고 호복(胡服)을 입은 관리는 동무(東廡)에 늘어섰다. 송 사신[漢使]을 끌어서 오르게 하고, 서남무(西南廡) 구석에 앉게 하였다. 국모는 남면하였는데, 비취색의 봉대관(鳳大冠)을 썼으니, 관(冠)에는 수영(綏纓)이 있어서 늘어뜨려서 목 언저리[領]를 덮었고, 봉(鳳) [모양의 장식]은 모두 [관에서] 떠 있었다. 옷은 황금(黃錦)으로 만든 청봉포(青鳳袍)를 입고, 담비가죽으로 만든 가죽옷으로 발을 덮었다. 조금 후에, 전상(殿上)에는 붉은 모포[紅罽毯]가 깔려 있는데 거란 황제가 먼저 일어나서, 옥대(玉臺) 위에 갖춰진 관(瓘) 및 잔(盞)에 술을 따라 그 국

모에게 술을 권하고, 절하고 물러나서 자리에 돌아갔다.

다음으로 나머지 관리들이 거란 황제에게 술을 권하는데, 이전의 의례보다 등급이 낮았다. 다음으로 제왕(諸王) 및 번관(蕃官) 모두 술을 권하는데, [ ][73] 가운데 거란의 음식[虜食]이 놓여 있는데, 유주(幽州)의 연의(宴儀)와 같았다. 술을 십여 잔 마시니, 국모가 송 사신에게 3번 술을 권하고, 대옥가(大玉斝)에 술을 따랐으며, 먹기를 모두 마치자, 쟁반 중에 남은 고기를 모두 송 사신에게 보내 주었다.

【주석】

[3-73] 원문에 몇 글자가 빠진 것으로 보인다. 유주(幽州)의 연회 장면과 비교해 보면, 무늬가 새겨진 목기가 나오는데, 여기에서는 황제와 관련된 의례이기 때문에 등급이 더 높은 그릇이 놓여 있었을 것으로 추정된다.

【원문】

> 正月一日, 復宴文化殿, 如前儀. 胡服官一人, 先以光小玉杯酌酒, 以獻國母, 名曰上壽. 其次則諸王遞進酒, 如前儀, 國母亦三勸漢使酒, 仍遣贊酒者勞徠之.
> 四日, 又宴于文化殿, 階下列百戲, 有舞女八佾.

【교감】

없음.

【번역】

정월(正月) 1일, 문화전(文化殿)에서 다시 연회를 열었는데, 이전의 의례와 같았다. 호복(胡服)을 입은 관리 1명이 먼저 광소옥배(光小玉杯)에 술을 따라서 국모(國母)에게 바쳤는데, 이것을 상수(上壽)[74]라고 한다. 그다음은 제왕(諸王)이 번갈아 가면서 술을 올리기를 이전의 의례와 같이 하였으며, 국모 역시 송 사신[漢使]에게 3번 술을 권하니, 이에 술시중 드는 사람을 보내 송 사신을 위로하고 권면(勸勉)하였다.

[정월] 4일, 문화전에서 또 연회를 열었는데, 계단 아래에 백희(百戲)가 늘어서고, 팔일(八佾)[75]을 추는 무녀(舞女)가 있었다.

【주석】

[3-74] 상수(上壽): 웃어른에게 술잔을 올리며 장수를 비는 일로, 정단례(正旦禮)나 생신례(生辰禮)를 치를 때 황제와 황태후를 대상으로 백관(百官)과 외국 사신들이 함께 상수를 올렸다.

[3-75] 팔일(八佾): 천자가 쓰던 악무(樂舞)의 하나로, 일(佾)은 춤추는 사람의 줄로, 가로세로 8명씩 모두 64명이 추는 춤이다. 일(佾)은 일(溢)로도 쓴다.

【원문】

六日,[44] 又宴于武功殿, 國母不坐, 百戲·舞女如前儀, 隆慶先進虜主酒, 衆官皆拜, 韓丞相避席, 虜主遣一童子, 是前日所見狀貌類韓丞相者, 就請之, 丞相乃坐.

七日, 又宴射于南園, 園在朱夏門外, 虜遣大內惕隱·知政事令耶律英侑宴, 贈漢使中的者馬五疋[45]·彩二十段·弓一·矢十, 英又贈馬二疋. 園中有臺, 樹皆新植, 射畢, 就坐. 英擧大觴以屬漢使曰, 兩朝通歡千萬年, 今日也, 願飮此酒記英姓名耳.

八日, 辭國母于文化殿, 漢使升, 酒三行而出.

【교감】

[44] 입력자注: 『續談助』에는 '五日'이라 기록되어 있다.

[45] 羅氏注: 『新雕皇朝類苑』에는 원래 '贈漢巾的者馬五疋'로 기록되어 있으나, '漢' 다음에 '使'를 보충하고, '巾'도 '中'의 오기로 보았다. 羅氏의 의견을 따라 수정하였다.

【번역】

[정월] 6일, 무공전(武功殿)에서 또 연회를 베풀었는데, 국모는 참석하지 않고, 백희(百戲)와 무녀들은 이전 의례와 같았으며, 융경(隆慶)이 먼저 거란 황제[虜主]에게 술을 올리자, 여러 관원이 모두 절하였고, 한 승상(韓丞相)은 자리를 피하였다. 거란 황제가 아이 1명을 보냈는

데 전에 본 한 승상과 닮은 용모의 아이로, 아이가 자리를 청하자 [한] 승상이 이에 앉았다.

[정월] 7일, 남원(南園)에서 또 잔치와 활쏘기[宴射]를 하였는데, 남원은 주하문(朱夏門) 밖에 있었다. 거란 황제가 대내척은(大內惕隱) 지정사령(知政事令) 야율영(耶律英)을 보내 음식을 권하고, 송 사신[漢使] 중에서 표적을 맞춘 자에게 말 5필, 채단(綵段) 20단, 활 1개, 화살 10개를 선물로 주었으며, 야율영은 또 말 2필을 선물로 주었다. 남원 가운데에 대(臺)가 있으며, 나무는 모두 새롭게 심은 것이다. 활쏘기가 끝나자, [연회에] 참석하였다. 야율영이 큰 잔을 들며 송 사신에게 공경하며 말하기를 "양조(兩朝)가 천만년 동안 통환(通歡)할 것이니, 오늘이 그날입니다. 바라건대 이 술을 마시면서 야율영의 성명(姓名)을 기억해 주실 따름입니다."라고 하였다.

[정월] 8일, 문화전(文化殿)에서 국모에게 귀국할 것을 알리니, 송 사신이 [문화전으로] 올라가서 술이 세 차례 돈 뒤에 물러났다.

【주석】

없음.

【원문】

九日, 辭虜主于武功殿, 遣漢使及從人鞍馬·衣物·綵段·弓矢有差. 虜名其國曰中京, 府曰大定府, 無屬縣. 有留守·府尹之官, 官府·寺丞皆草創未就, 蓋與朝廷通使以來, 方議建立都邑. 內城中, 止有文化·武功二殿, 後有宮室, 但穹廬氊幕, 常欲遷幽·薊八軍及沿靈河之民以實中京, 民不堪命, 虜知其不可, 遽止. 中京南至幽州九百里,[46] 至雄州白溝河界一千一百四十五里, 東至靈河五百里.

【교감】

[46] 입력자주: '九百里', 『續談助』에는 '九百二十五里'라고 기록되어 있다.

【번역】

[정월] 9일, 무공전(武功殿)에서 거란 군주[虜主]에게 돌아간다고 하자, 송 사신[漢使] 및 종인(從人)들에게 안마(鞍馬)·의물(衣物)·채단(彩段)·궁시(弓矢)를 차등 있게 주었다. 거란은 수도의 이름을 중경(中京)이라 하고, 부(府)는 대정부(大定府)라고 하였으며, 속현(屬縣)은 없다. 유수(留守)·부윤(府尹)의 관이 있고 관부(官府)·시승(寺丞)은 초창기라서 아직 없었으며, 대체로 조정(朝廷, 송)과 통사(通使)한 이래로 이제 막 도읍(都邑)의 건립을 논의하였다.

내성(內城) 안에는 문화전(文化殿)과 무공전 2개의 전(殿)만 있고, 뒤에는 궁실(宮室)이 있는데 다만 궁려(穹廬)와 취막(毳幕)이 있었다. [거란은] 유주(幽州)·계주(薊州)의 팔군(八軍)[76] 및 영하(靈河)[77]에 인접한 백성들을 옮겨서 중경(中京)을 채우려고 했는데 백성들이 그 명을 감당할 수 없자, 거란은 그것이 불가함을 알고 마침내 그만두었다. 중경에서 남쪽으로 유주까지는 900리이고, 웅주(雄州)[78]의 백구하(白溝河) 경계까지는 1,145리 떨어져 있고, 동쪽으로는 영하(靈河)까지 500리이다.

【주석】

[3-76] 팔군(八軍): 산후팔군(山後八軍)으로, 노룡절도사(盧龍節度使)가 거느린 군단을 의미한다. 『자치통감석문(資治通鑑釋文)』 권28에 따르면, "산후팔군은 탁주(涿州)·영주(營州)·영주(瀛州)·막주(莫州)·평주(平州)·계주(薊州)·규주(嬀州)·단주(檀州)를 가리키는데, 모두 노룡절도사에 속하였다. 노룡은 곧 유주 범양군(范陽郡)이다."[355]라고 하였다. 『요사』에서는 산북팔군(山北八軍)으로 나오는데, 오대(五代) 때 유수광(劉守光)이 노룡절도사인 자기 아버지 유인공(劉仁恭)을 가두고 스스로 노룡절도사가 되었다. 그 후 유수광은 진왕(晉王) 이존욱(李存勗)과 거란 태조(太祖)의 협공을 받아 멸망당하였다. 거란은 얼마 지나지 않아서 산후팔군을 장악하였다.

[3-77] 영하(靈河): 지금의 랴오닝성(遼寧省) 다링하(大凌河)이다. 백랑산(白狼山)에서 발원한다고 하여 백랑하(白狼河) 또는 백랑수(白狼水)라고 하였고, 요대부터 영하라고 불렀다.

---

355 史炤, 『資治通鑑釋文』 卷28, 「後梁紀」 1, 通鑑 卷266, "山後八軍, 謂涿·營·瀛·莫·平·薊·嬀·檀, 皆隸盧龍節度. 盧龍, 乃幽州范陽郡也."

[3-78] 웅주(雄州): 지금의 허베이성(河北省) 슝현(雄縣)으로, 오대(五代) 때에는 탁주(涿州)에 속하였다. 후진(後晉)의 석경당(石敬瑭)이 거란과 손을 잡고 후당(後唐)과의 전쟁에서 승리하면서, 도와준 대가로 거란에게 탁주를 넘겨주면서 거란의 땅이 되었다. 그러나 후주(後周) 세종(世宗)이 현덕(顯德) 6년(959)에 거란을 공격하여 와교관(瓦橋關)을 수복하였고, 와교관을 웅주로 바꾸었다. 거란과 송의 국경 지대로, 송이 요에 대한 정보를 수집하고 활용하는 창구였다.[356]

【원문】

沿[47]靈河有靈·錦·顯·霸四州, 地生桑·麻·貝·錦,[48] 州民無田租, 但供蠶織, 名曰太后絲蠶戶. 又[49]東至黃龍府一千五百里, 虜謂黃龍府爲東府,[50] 有府尹, 留守之屬. 又東至高麗·女眞四千里.[51]【自靈河已下事, 皆接伴副使李詢言, 詢嘗使高麗, 經女眞涉靈河凡五十程.】[52] 東北至遼海二千里, 遼海即東海,[53] 樂浪·玄菟之地皆隷焉. 遼海民勇勁樂戰, 歲簡閱以爲渤海都.【遼海已下事, 館伴使劉經言.】[54] 北至上國一千里, 即林胡舊地, 本名林荒, 虜更其名曰臨潢府, 國之南有潢水故也. 皮室相公爲留守.

【교감】

[47] 입력자注: '沿', 『新雕皇朝類苑』에는 이 글자가 빠져 있으나, 『續談助』에 의거하여 보충하였다.

[48] 입력자注: '貝·錦', 『續談助』에는 이 글자가 빠져 있으나, 『新雕皇朝類苑』에 의거하여 보충하였다.

[49] 입력자注: '又', 『新雕皇朝類苑』에는 이 글자가 빠져 있으나, 『續談助』에 의거하여 보충하였다.

[50] 입력자注: '東府', 『續談助』에는 '東京'으로 기록하고 있으나, 契丹의 동경은 遼陽府를

---

[356] 웅주에서 송의 對契丹 첩보 활동에 대한 연구로는 洪性珉, 「송대 對遼 첩보조직 및 운영 연구」, 『東洋史學研究』 152, 서울: 東洋史學會, 2020 참조.

가리키며, 거란 太宗이 會同 원년(938)에 요양부를 동경으로 삼았다. 따라서 '東府'의 오기로 보인다.

[51] 입력자注: '女眞四千里', 원래 '女貞四十里'로 되어 있었지만, 賈氏의 고증을 따라 수정하였다.

[52] 입력자注: 『新雕皇朝類苑』에는 괄호 안의 原注가 기록되어 있다.

[53] 입력자注: '東海', 『續談助』에는 '遼東地'라고 기록되어 있다.

[54] 입력자注: 『新雕皇朝類苑』에는 괄호 안의 原注가 기록되어 있다.

【번역】

영하(靈河)를 따라 영주(靈州)[79]·금주(錦州)[80]·현주(顯州)[81]·패주(覇州)[82]의 4개 주(州)가 있다. [4개 주의] 땅에서는 뽕나무와 삼나무 및 조개와 비단이 나며, 주민들은 전조(田租)가 없고 다만 잠직(蠶織)을 바쳤는데 태후사잠호(太后絲蠶戶)라고 불렀다. 또 동쪽으로 황룡부(黃龍府)[83]까지 1,500리이다. 거란은 황룡부를 동부(東府)라고 불렀고, 부윤(府尹)·유수(留守)의 관리가 있다. 또 동쪽으로는 고려(高麗)와 여진(女眞)[84]에 이르는데, 4,000리 떨어져 있다.【영하 이하부터의 일들은 모두 접반부사(接伴副使)[85] 이순(李詢)이 말한 것으로, 이순이 일찍이 고려에 사신으로 갔는데, 여진을 거쳐 영하를 건넜으며 모두 50일 일정이라고 하였다.】 동북으로는 요해(遼海)가 2,000리 떨어져 있는데, 요해는 동해(東海)로, 낙랑(樂浪)[86]·현도(玄菟)의 땅에 모두 예속되었다고 한다. 요해의 백성들은 용감하고 강건하며 싸움을 좋아하는데, 해마다 검열하여 발해도(渤海都)로 삼았다.【요해 이하의 일은 관반사 유경(劉經)[87]이 말한 것이다.】북쪽으로는 상국(上國. 상경(上京)[88])이 1,000리 떨어져 있는데, 즉 임호(林胡)[89]의 옛 땅으로, 본래 이름은 임황(林荒)이다. 거란이 그 이름을 임황부(臨潢府)로 바꿨는데, 상경의 남쪽에 황수(潢水)[90]가 있기 때문이었다. 피실(皮室)[91] 상공(相公)이 [상경의] 유수(留守)이다.

【주석】

[3-79] 영주(靈州): 요의 영역에서 위치가 확인되지 않는다. 다무라 지쓰조(田村實造)는 이를

의주(宜州)의 잘못이라고 추정하고,[357] 자징옌(賈敬顔)은 이를 이주(利州)나 건주(建州)의 잘못이라고 추정하였다.[358]

[3-80] **금주(錦州)**: 지금의 랴오닝성(遼寧省) 진저우시(錦州市)이다. 군호(軍號)는 임해군(臨海軍)으로 절도주(節度州)이다. 태조가 한족 포로들로 주를 설치하였다. 경내에 대호승산(大胡僧山)·소호승산(小胡僧山)·대사아산(大查牙山)·소사아산(小查牙山)·도하도(淘河島)가 있다. 홍의궁(弘義宮)에 예속되었다. 1개 주와 2개 현을 거느렸다.[359] 『무경총요(武經總要)』에 따르면, 금주는 요서의 땅으로, 남쪽으로 큰 바다에 이르고 북쪽으로 유성(柳城)에 이르며, 야율아보기가 주를 세웠고, 지금은 임해군이라고 부른다. 동쪽으로 현주(顯州)에 이르기까지 200리이고, 서남쪽으로 엄주(嚴州)에 이르기까지 170리이며, 남쪽으로 대해(大海)에 이르기까지 30리이고, 북쪽으로 의주(宜州)에 이르기까지 120리라고 하였다.[360]

[3-81] **현주(顯州)**: 지금의 랴오닝성 베이전(北鎭) 일대이다. 군호는 봉성군(奉先軍)으로 절도주이다. 요 세종이 설치하여 동단왕(東丹王) 야율배(耶律倍)의 현릉(顯陵)을 받들게 하였다. 경내에 십삼산(十三山)과 사하(沙河)가 있다. 장령궁(長寧宮)과 적경궁(積慶宮)에 예속되었고, 군사에 관한 일은 동경도부서사(東京都部署司)에 소속되었다. 3개 주와 3개 현을 거느렸다.[361] 『무경총요』에 따르면 현주는 본디 발해국(渤海國)으로, 『황화사달기(皇華四達記)』를 살펴보면 "당의 천보(天寶) 연간 이전에 발해국이 현주에 수도를 두었고, 뒤에 거란에 병합되었다. 또 집주(集州)와 강주(康州) 2개 주가 있었는데, 모두 폐지하고 본주에 속하게 하였다. 동쪽으로 요주(遼州)에 이르기까지 90리이고, 또 390리를 가면 동경(東京)에 이르며, 서쪽으로 의주(宜州)에 이르기까지 20리이고,

---

357 田村實造, 「遼·宋交通資料註稿」, 259쪽.
358 賈敬顔, 「路振《乘軺錄》疏證稿」, 『五代宋金元人邊疆行記十三種疏證稿』, 北京: 中華書局, 2004, 67쪽.
359 『遼史』 卷39, 「地理志」 3, 中京道, 錦州條, "錦州, 臨海軍, 中, 節度. 本漢遼東無慮縣. 慕容皝置西樂縣. 太祖以漢俘建州. 有大胡僧山·小胡僧山·大查牙山·小查牙山·淘河島. 隸弘義宮. 統州一·縣二."
360 『武經總要』 前集 卷22, 北蕃地理, 東京四面諸州條, "錦州, 遼西之地, 南至大海, 北距柳城, 阿保機建爲州. 今號臨海軍. 東至顯州二百里, 西南至嚴州百七十里, 南至大海二十里, 北至宜州百二十里."
361 『遼史』 卷38, 「地理志」 2, 東京道, 顯州條, "顯州, 奉先軍, 上, 節度. 本渤海顯德府地. 世宗置, 以奉顯陵. 顯陵者, 東丹人皇王墓也. …… 有十三山, 有沙河. 隸長寧·積慶二宮, 兵事屬東京都部署司. 統州三·縣三."

남쪽으로 건주(乾州)에 이르기까지 7리이며, 북쪽으로는 의무려산(醫巫閭山)에 이른다."³⁶²라고 하였다.

[3-82] 패주(霸州): 지금의 랴오닝성 차오양시(朝陽市)이다. 수(隋)가 고보령(高保寧)을 평정하고 영주(營州)를 설치하였다. 수 양제(煬帝)가 영주를 폐하고 유성군(柳城郡)을 설치하였다. 당(唐) 무덕(武德) 초(618)에 영주총관부(營州總管府)로 고치고, 얼마 후에 도독부(都督府)로 삼았다. 뒤에 해(奚)가 점거하였다. 태조가 해를 평정하고 연(燕)의 백성을 포로로 잡고서, 성을 쌓고자 하여 한지고(韓知古)에게 명하여 장소를 정하게 하였다. 이에 유성(柳城)의 수축이 완비되자, 패주 창무군(彰武軍)이라 이름하고 절도사를 두었다. 통화(統和) 연간(983~1011)에 제치건패의금백천등오주제군사(制置建霸宜錦白川等五州諸軍事)를 두었다. 얼마 후에 제치에서 누락된 주는 적경궁(積慶宮)에 예속되었고, 뒤에 흥성궁(興聖宮)에 예속되었다. 중희(重熙) 10년(1041)에 흥중부(興中府)로 승격되었다. 경내에는 대화산(大華山), 소화산(小華山), 향고산(香高山), 사향애(麝香崖), 주룡욕(駐龍峪), 신사천(神射泉), 소령하(小靈河)가 있다. 2개 주와 4개 현을 거느린다.³⁶³ 『무경총요』에 따르면, "동쪽으로 요하(遼河)에 이르기까지 300리이고, 서쪽으로 중경(中京)에 이르기까지 300리이며, 서남으로 건주(建州)에 이르기까지 60리이고, 북쪽으로 황수(湟水)에 이르기까지 400리이며,【예전 거란의 경계이다.】서북쪽으로 송경령(松徑嶺)에 이르기까지 100리이고,【예전 해(奚)의 경계이다.】동남쪽으로 안동도호부(安東都護府)에 이르기까지 270리이며, 동북쪽으로 백천주(白川州)에 이르기까지 70리이다."³⁶⁴라고 하였다.

---

362 『武經總要』前集卷22, 北蕃地理, 東京四面諸州, 顯州條, "顯州, 本渤海國. 按『皇華四達記』, 唐天寶以, 前渤海國所都顯州, 後爲契丹所併. 又有集康二州, 並撥屬本州. 東至遼州九十里, 又三百九十里至東京, 西至宜州百二十里, 南至乾州七里, 北至醫巫閭山."

363 『遼史』卷39,「地理志」3, 中京道, 興中府條, "興中府. 本霸州彰武軍, 節度. …… 隋平高保寧, 置營州. 煬帝廢州置柳城郡. 唐武德初, 改營州總管府, 尋爲都督府. …… 後爲奚所據. 太祖平奚及俘燕民, 將建城, 命韓知古擇其處. 乃完葺柳城, 號霸州彰武軍, 節度. 統和中, 制置建·霸·宜·錦·白川等五州. 尋落制置, 隸積慶宮. 後屬興聖宮. 重熙十年升興中府. 有大華山·小華山·香高山·麝香崖·駐龍峪·神射泉·小靈河. 統州二·縣四."

364 『武經總要』前集卷22, 北蕃地理, 中京四面諸州, 興中府條, "興中府, 營州地, 漢末烏桓鮮卑所居, 唐平盧軍節度使治所, 今號興中府. 東至遼州三百里, 西至中京三百里, 西南至建州六十里, 北至湟水四百里.【舊契丹界.】西北至松徑嶺百里.【舊奚界.】東南至安東都護府二百七十里, 號平壤城, 東北至白川州七十里."

[3-83] **황룡부(黃龍府)**: 지린성(吉林省) 창춘시(長春市) 눙안현(農安縣)에 있다. 본래는 발해(渤海) 부여부(扶餘府)로, 거란 태조(太祖)가 발해를 평정하고 돌아가다가 부여부에 이르러 죽었는데, 이때 황룡(黃龍)이 나타났다고 해서 황룡부로 고쳤다. 보녕(保寧) 7년(975)에 연파(燕頗)의 반란 사건으로 폐지했으나, 개태(開泰) 9년(1020)에 다시 설치하였다.

[3-84] **여진(女眞)**: 앞의 [1-2] 참조.

[3-85] **접반(接伴)**: 접반사(接伴使)라고도 하며, 정사와 부사 2명으로 구성되었다. 요에서 접반 정사는 거란인(契丹人), 부사는 학식이 뛰어난 한인(漢人)을 주로 임명하였다. 요와 송의 국경 지점에서부터 송의 사신을 영접하였고, 요 황제가 있는 곳까지 사신을 데리고 가서, 관반사(館伴使)와 임무를 교대하였다. 더불어 송의 사신이 돌아갈 때 접반사가 송반사(送伴使)를 겸하는 경우가 많았던 것으로 보아, 대부분 접반과 송반의 업무를 함께 수행했을 것으로 추정된다. 또한 부사의 경우 송 사신을 주로 접객하는 업무를 맡았기 때문에 학식이 뛰어난 사람들이 주로 임명되었다.

[3-86] **낙랑(樂浪)**: 한무제(漢武帝)가 원봉(元奉) 3년(기원전 108)에 위만조선(衛滿朝鮮)의 수도 왕검성(王儉城)을 함락시키고, 그 땅에 세운 진번군(眞番郡)·임둔군(臨屯郡)·낙랑군(樂浪郡)·현도군(玄菟郡) 등 한사군(漢四郡)의 하나이다.

[3-87] **유경(劉經)**: 『요사』에서는 유경(劉涇) 혹은 유경(劉京)으로 표기하였다. 그의 관직은 통화 9년(991) 윤2월에 급사중(給事中),[365] 개태(開泰) 2년(1013) 정월에는 호부시랑(戶部侍郎)에 공부상서(工部尙書)를 더하였고,[366] 개태 6년(1017) 7월에 예부상서(禮部尙書),[367] 태평(太平) 3년(1023) 6월에 남원선휘사(南院宣徽使)에서 참지정사(參知政事)가 되었으며,[368] 태평 5년(1025) 12월에 참지정사에서 순의군절도사(順義軍節度使)가 된

---

[365] 『遼史』 卷13, 「聖宗本紀」 4, 統和9年 閏2月 壬申條, "遣翰林承旨邢抱朴·三司使李嗣·給事中劉京·政事舍人張幹·南京副留守吳浩分決諸道滯獄."

[366] 『遼史』 卷15, 「聖宗本紀」 6, 開泰2年 春正月 癸巳條, "以裴玄感爲翰林承旨, …… 王繼忠中京留守·檢校太師, 戶部侍郎劉涇加工部尙書, 駙馬蕭紹宗加檢校太師."

[367] 『遼史』 卷15, 「聖宗本紀」 6, 開泰6年 秋7月 辛亥條, "遣禮部尙書劉京·翰林學士吳叔達·知制誥仇正己·起居舍人程翬·吏部員外郎南承顔·禮部員外郎王景運分路按察刑獄."

[368] 『遼史』 卷16, 「聖宗本紀」 7, 太平3年 6月 戊申條, "以南院宣徽使劉涇參知政事, 蕭孝惠爲副點檢, 蕭孝恭東京統軍兼沿邊巡檢使."

것^{369}으로 확인된다.

『승초록』에서는 유경을 관반사(館伴使)로 표기하였지만, 거란 황제 생신사(契丹皇帝生辰使)의 관반사는 아니다. 노진(路振)이 중경에 도착했을 때, 용호대장군(龍虎大將軍) 야율조리(耶律照里)와 기거랑(起居郎) 형우(邢佑)가 관반사로 파견되었기 때문이다. 다만 노진이 생신사로 파견될 때, 송은 거란 황제 정단사(正旦使)와 거란 황태후 정단사를 함께 보냈다. 따라서 유경은 거란 황제 정단사 혹은 거란 황태후 정단사의 관반부사이다. 또한 유경이 한족이기 때문에 관반부사의 역할을 담당했을 것으로 추정되며, 이전에 유경은 송 경덕(景德) 2년(1005)에 송 황제 생신사로 송에 다녀온 적이 있다.

[3-88] 상경(上京): 요 오경(五京) 중의 하나로, 지금의 네이멍구자치구(內蒙古自治區) 츠펑시(赤峰市) 바린좌기(巴林左旗)에 있다. 거란 태조(太祖)가 신책(神冊) 3년(918)에 이곳에 성을 쌓고 이름을 황도(皇都)라 하였다. 태종(太宗)이 회동(會同) 1년(938)에 상경이라 고치고, 부(府)를 임황(臨潢)이라 하였다.^{370} 『무경총요』에서는 "상경은 황수(潢水)의 북쪽이며, 동으로 요하(遼河)에 인접해 있고 서쪽으로 냉형산(冷陘山)을 감싸고 있으며, 남으로 해인(奚人)의 부락과 서로 접하고 유주(幽州)로부터 1,700리 떨어져 있다. 본래 선비의 땅이며 그 군장의 성은 대하씨(大賀氏)로 8부가 있었는데, 당 정관(貞觀) 연간에 제부(諸部)가 모두 내속하기를 간청하자 이에 송막부(松漠府)를 설치하여 그곳에 거주하도록 하였으며, 이씨(李氏) 성을 하사하고 송막도독(松漠都督)을 겸하도록 하였다. 야율아보기 시기에 이르러 비로소 사사로이 연호를 세우고 대요국(大遼國)이라고 칭하였으며, 거주하는 부락에 서루(西樓)를 세웠는데 누[의 규모]는 몇 간(間)에 불과하였다. 후에 연(燕) 지역 사람들에게 배워 성곽과 궁실의 제도를 만드니, 읍옥(邑屋)의 문은 모두 동향으로 하여 군대 장막(帳幕)의 법과 같았다. 야율덕광에 이르러 상경을 건설하고 임황부를 두었다."^{371}라고 하였다. 한편, 12세기 초 이슬람의 문

---

369 『遼史』 卷17, 「聖宗本紀」 8, 太平5年 12月 庚午條, "以參知政事劉京爲順義軍節度使."
370 『遼史』 卷37, 「地理志」 1, 上京道, 上京臨潢府條, "上京臨潢府, 本漢遼東郡西安平之地. 新莽曰北安平. 太祖取天梯·蒙國·別魯等三山之勢于葦甸, 射金齠箭以識之, 謂之龍眉宮. 神冊三年城之, 名曰皇都. 天顯十三年, 更名上京, 府曰臨潢."
371 『武經總要』 前集 卷22, 「北蕃地理」, "上京, 潢水之北, 東際遼河, 西包冷陘, 南與奚人部落相接, 距幽州一千七百里. 本鮮卑之地, 君長姓大賀氏, 有八部, 唐貞觀中, 諸部鹹請內屬, 乃置松漠府以居之, 賜姓李氏, 兼松漠都督. 至

〈그림 3-3〉 현재 요 상경성(上京城) 내성(內城)의 모습(김인희 동북아역사재단 연구위원 제공)

헌 『동물의 자연속성』에서는 상경이 'ūtkīn'으로 표기되었다.[372] 상경은 거란의 발상지로 중요하게 여겨졌고, 초기에 황제들이 주로 이곳에 머물렀으며, 다른 지역에 비해서 거란인이 많이 거주하였다.

[3-89] **임호(林胡)** : 고대 종족으로 임인(林人) 혹은 담림(儋林)이라고도 하였다. 누번(樓煩), 동호(東胡)와 함께 '삼호(三胡)'라고 불렀다.

[3-90] **황수(潢水)** : 앞의 [2-23] 황수(湟水) 참조.

[3-91] **피실(皮室)** : 요의 군주가 세운 친위 부대를 가리킨다. 요 태조 야율아보기가 창시하였고, 야율덕광이 정식으로 건립하였다. 피실은 거란어로 '금강(金剛)'을 의미한다. 『송사(宋史)』「송기전(宋琪傳)」의 설명에 따르면, 후진(後晉) 말기에 거란의 우두머리 아래에 있는 군대를 일러 대장(大帳)이라 하였는데, 피실(皮室)의 병사는 약 3만 명으로

阿保機, 始私立年號, 稱大遼國, 建所居部落爲西樓, 有樓數間而已. 後燕人所敎, 乃爲城郭宮室之制, 邑屋門皆東向, 如軍帳之法. 至德光, 建爲上京, 置臨潢府."

[372] 康鵬, 「馬衛集書中的契丹 "都城"— 兼談遼代東西交通路線」, 『民族研究』, 北京: 中國社會科學院民族學與人類學研究所, 2017年 第2期, 92-94쪽.

이루어져 있고 모두 정예 병력이며 거란의 발톱과 어금니 같은 핵심적인 전력이었다고 설명하고 있다.[373] 『요사』「백관지」에 따르면, 요 태종 대가 되면 피실군은 북면군관(北面軍官)에 소속되어 그 규모가 30만 명에 달하게 되었다.[374]

【원문】

西至炭山七百里,[55] 炭山即黑山也, 地寒涼, 雖盛夏必重裘, 宿草之下, 掘深尺餘, 有層冰, 瑩潔如玉, 至秋分則消釋. 山北有涼殿, 虜每夏往居之. 西北至刑頭五百里, 地苦寒, 井泉經夏常凍, 虜小暑則往涼殿, 大熱則往刑頭,[56] 官屬·部落咸挈妻子以從.【自臨潢已下事, 亦劉經言.】[57] 東北百餘里有鴨池, 鶩之所聚也, 虜春種稗以飼鶩, 肥則往捕之.【接伴副使邢佑言之.】[58]

【교감】

[55] 입력자주: '七百里', 『續談助』에는 '七里'라고 기록되어 있다.
[56] 賈氏注: '虜小暑 …… 刑頭', 『續談助』에는 '虜小暑即往涼殿, 大熱即往刑頭'라고 기록되어 있다. 賈氏의 의견을 따라 '即往'을 모두 '則往'으로 수정하였다.
[57] 입력자주: 『新雕皇朝類苑』에는 괄호 안의 原注가 기록되어 있다.
[58] 입력자주: 『新雕皇朝類苑』에는 괄호 안의 原注가 기록되어 있다.

【번역】

서쪽으로는 탄산(炭山)이 700리 떨어져 있는데, 탄산은 흑산(黑山)이다. 땅이 차고 서늘해서, 비록 한여름에도 반드시 두꺼운 가죽옷을 입었고, 숙초(宿草)의 아래로 1척 정도를 파면 두꺼운 얼음이 있는데 투명하고 깨끗하여 마치 옥(玉)과 같았고, 추분(秋分)에 이르면 얼음이

---

373 『宋史』 卷264, 「宋琪傳」, "晉末, 契丹主頭下兵謂之大帳, 有皮室兵約三萬, 皆精甲也, 爲其爪牙."
374 『遼史』 卷46, 「百官志」 2, 北面軍官, "南皮室詳穩司. 太宗選天下精甲三十萬爲皮室軍. 初, 太祖以行營爲宮, 選諸部豪健千餘人, 置爲腹心部, 耶律老古以功爲右皮室詳穩. 則皮室軍自太祖時已有, 即腹心部是也. 太宗增多至三十萬耳."

녹았다. 탄산의 북쪽에는 양전(涼殿)이 있어, 거란 황제가 여름마다 이곳에 와서 머무른다.[92] 서북쪽으로는 형두(刑頭)가 500리 떨어져 있는데, 이곳은 매우 추워서 정천(井泉)이 여름이 지나도 항상 얼어 있었다. 거란 황제는 조금 더운 정도면 양전에 가고 매우 더우면 형두에 갔는데, 관속(官屬)과 부락(部落)이 모두 처자(妻子)를 데리고 [거란 황제를] 따랐다.【임황(臨潢) 이하부터의 일은 역시 유경(劉經)이 말한 것이다.】

동북으로 100여 리 떨어진 곳에는 압지(鴨池)가 있는데, 오리가 모이는 곳이다. 거란은 봄에 피[稗]를 심어서 오리를 사육하는데, 살이 찌면 압지에 와서 잡았다.【접반부사(接伴副使) 형우(邢佑)[93]가 말한 것이다.】

【주석】

[3-92] **거란 황제가 …… 와서 머무른다**: 거란 황제는 날발(捺鉢)이라고 해서 어느 한곳에 머물지 않고 사시사철 이동 생활을 하였다. 이러한 날발은 여름에 더위를 피해서 시원한 곳으로 이동하고, 겨울에는 따뜻한 곳으로 이동하는 목적 이외에도 정치적인 목적을 갖고 있었다. 황제가 순행을 할 때마다 주요 신하들과 관청들이 함께 움직이는 이동식 행궁 시스템으로, 거란의 독특한 정치 형태라고 볼 수 있다. 순행하면서 중요 현안들을 대신들과 함께 처리하였다. 따라서 매번 정기적으로 오는 외국 사신들은 거란 황제를 매번 같은 장소에서 만나는 것이 아니라, 사신이 방문할 때 황제의 위치에 따라서 만나는 장소가 바뀌었다.

[3-93] **접반부사(接伴副使) 형우(邢佑)**: 형우는 거란 황제 생신사(生辰使)로 파견된 노진(路振)의 관반부사(館伴副使)이며, 접반부사는 관반부사의 오기이다.

【원문】

> 西南至山後八軍八百餘里, 南大王·北大王統之, 皆耶律氏也. 控弦之士各萬人. 二王陸梁難制, 虜每有徵發, 多不從命, 虜亦姑息.【此二王事, 得之於檀州知州馬壽.】[59] 上國西百餘里有大池, 幅員三百里, 鹽生著岸, 如冰凌, 朝聚暮合, 年深者堅如巨石, 虜鑿之爲枕, 其碎者類顆鹽, 民得採鬻之. 上國之地, 北有秫笘國, 有鐵驪國, 二國産貂鼠, 尤爲溫潤, 歲輸皮數千枚.【鹽池·貂鼠事, 皆邢佑言之.】[60]

【교감】

[59] 입력자주:『新雕皇朝類苑』에는 괄호 안의 原注가 기록되어 있다.

[60] 입력자주:『新雕皇朝類苑』에는 괄호 안의 原注가 기록되어 있다.

【번역】

서남쪽으로는 산후팔군(山後八軍)이 800여 리 떨어져 있는데, 남대왕(南大王)과 북대왕(北大王)[94]이 이곳을 통솔하였고, 모두 야율씨(耶律氏)이다. 궁수가 각각 1만 명씩으로, 두 왕이 제멋대로 행동해서 통제하기 어렵다고 한다. 거란이 징발할 때마다 명령을 따르지 않는 경우가 많았는데, 거란도 당장에 탈이 없도록 대처하였다.【두 왕의 일은 단주지주(檀州知州) 마수(馬壽)에게서 얻은 정보이다.】

상국(上國, 상경)에서 서쪽으로 100여 리 떨어진 곳에 대지(大池)가 있는데, 둘레는 300리 정도 된다. 소금이 생겨서 물가의 언덕에 붙은 것이 마치 얼음처럼 아침·저녁으로 모여 합쳐져서, 해가 오래된 것은 단단하기가 거석(巨石)과 같았는데, 거란인은 이것을 잘라 베개로 삼았다. 부서진 것은 모양이 과염(顆鹽, 낱알 모양의 소금)과 비슷하였으니 백성들이 이것을 캐서 팔 수 있었다. 상국의 땅 북쪽에는 말단국(秣愳國)과 철려국(鐵驪國)[95]이 있는데, 두 나라에서는 생산되는 초서피(貂鼠皮)는 특별히 더 따뜻하고 빛깔이 좋아서, 해마다 가죽 수천 장을 가져왔다.【염지(鹽池)와 초서피의 일은 모두 형우(邢佑)가 이야기한 것이다.】

【주석】

[3-94] **남대왕(南大王)과 북대왕(北大王)**: 남원(南院, 육원(六院))과 북원(北院, 오원(五院))을 관리하는 장관으로, 원래는 이리근(夷離堇)이라고 불렀다. 거란 태조(太祖)가 질랄부(迭剌部)를 중심으로 국가를 세웠으나, 부족들의 힘이 커져서 질랄부를 다시 북원과 남원 2개로 나누었다. 거란 태종(太宗)이 다시 회동(會同) 원년(938)에 북원과 남원의 이리근을 왕으로 삼아서, 이때부터 북원대왕(北院大王)과 남원대왕(南院大王)으로 부르게 되었다. 또 줄여서 북대왕(北大王)과 남대왕(南大王)이라고도 하였다. 업무는 각각 북원과 남원의 군민(軍民)에 관한 정사를 관장하였다. 유목 민족들은 전통적으로 부족 연합체를 중심으로 운영되었지만, 거란은 점차 질랄부 중심으로 통합되었다. 그러나 거

란은 그중에서도 횡장삼부방(橫帳三父房) 및 국구장(國舅帳) 중에서 발리(拔里)·을실(乙室) 2족 중심으로 중앙집권체제를 지향했기 때문에, 거란 부족민들의 반발이 심했을 것으로 생각된다.

[3-95] 철려국(鐵驪國): 앞의 [2-52] 철전(鐵甸) 참조.

【원문】

虜之兵有四, 一曰漢兵, 二曰奚兵, 三曰契丹, 四曰渤海兵, 駙馬都尉蘭陵郡王蕭寧統之. 契丹諸族曰橫帳兵, 惕隱相公統之, 即虜相耶律英也. 奚兵常溫相公統之, 歲籍其兵, 辨其耗, 登以授於虜. 給衣糧者, 唯漢兵, 餘皆散處帳族, 營種如居民. 每[61]欲南牧, 皆集於幽州, 兵入幽州有四路,[62] 一曰榆關路, 二曰松亭路, 三曰虎北口路, 四曰石門關路. 榆關在薊州北百餘里, 松亭關在幽州東二百六十里,[63] 虎北口在幽州北[64]三百里, 石門關在幽州西一百八十里. 其險絶悉類虎北口, 皆古控扼奚·虜要害之地也. 虎北口東三十餘里又有奚關, 奚兵多由此關而南入, 山路險隘, 止通單騎.【榆關事, 涿州刺史李質言. 松亭關·石門關等路, 幽州客司牛榮言之.】[65]

【교감】

[61] 입력자주: '每', 『續談助』에는 '虜之兵'이라 기록되어 있다.

[62] 입력자주: 『續談助』에는 '兵入幽州有四路'라고 기록되어 있고, 『新雕皇朝類苑』에는 '有四路'라고 기록되어 있다. 『續談助』에 의거하여 수정하였다.

[63] 입력자주: '二百六十里', 『續談助』에는 '一百六十里'라고 기록되어 있다.

[64] 입력자주: 『新雕皇朝類苑』에는 '口在幽州北'이 빠져 있으나, 『續談助』에 의거하여 보충하였다.

[65] 입력자주: 『新雕皇朝類苑』에는 괄호 안의 原注가 기록되어 있다. 『續談助』의 原注에는 '榆關路, 涿州刺史李質言. 松亭·石門·奚關路, 幽州客司牛營言.'이라 기록되어 있다.

【번역】

거란의 군대는 네 종류가 있는데, 첫 번째는 한병(漢兵), 두 번째는 해병(奚兵), 세 번째는 거란병(契丹兵), 네 번째는 발해병(渤海兵)으로, 부마도위(駙馬都尉) 난릉군왕(蘭陵郡王) 소녕(蕭寧)이 이를 통솔하였다. 거란의 여러 부족은 횡장병(橫帳兵)[96]이라 했는데, 척은(惕隱) 상공(相公)이 이를 통솔하였으니 즉 거란의 재상[虜相] 야율영(耶律英)이다. 해병은 상온(常溫) 상공(相公)이 통솔하였고, 해마다 그 병사들을 병적(兵籍)에 기록하여 그 소모한 병사 수를 밝혀서 곧장 거란에게 주었다. 옷과 양식을 주는 것은 오직 한병에게만 해당되었고, 나머지는 모두 장족(帳族)에 흩어져 머물렀지만, 농사일을 하는 것[營種]이 거주민과 같았다. 남쪽을 공격하려고 할 때마다 모두 유주(幽州)로 모였다. 유주로 들어갈 수 있는 4개의 길이 있는데,[97] 첫 번째는 유관로(榆關路), 두 번째는 송정로(松亭路), 세 번째는 호북구로(虎北口路), 네 번째는 석문관로(石門關路)이다.

유관은 계주(薊州)에서 북쪽으로 100여 리 떨어져 있고, 송정관(松亭關)[98]은 유주에서 동쪽으로 260리 떨어져 있고, 호북구는 유주에서 북쪽으로 300리 떨어져 있다. 석문관은 유주에서 서쪽으로 180리 떨어져 있다. [석문관은] 몹시 험하여 호북구와 닮았고, 모두 예로부터 해(奚)와 거란을 막는 요충지이었다. 호북구에서 동쪽으로 30여 리 떨어진 곳에 또 해관(奚關)이 있는데, 해병의 대부분이 이 해관을 통해 남쪽으로 들어갔으며 산길이 험하여 겨우 단기(單騎)로 통과할 수 있다.【유관의 일은 탁주자사(涿州刺史) 이질(李質)이 말한 것이고, 송정관 및 석문관 등의 길은 유주객사(幽州客司) 우영(牛榮)이 말한 것이다.】

【주석】

[3-96] 횡장병(橫帳兵): 횡장병은 『요사』 「국어해」에 따르면, "덕조(德祖)의 집안 자손들을 삼부방(三父房)이라 일컫고 횡장(橫帳)이라고 칭하였으니, 종실(宗室) 중에서 가장 귀한 자들이다."[375]라고 하였다. 여기서 덕조는 거란 태조(太祖)의 아버지이다. 또 『요사』 「백관지」에 따르면, "숙조(肅祖)의 맏아들 흡신(洽脣)의 일족은 오원사(五院司)에 있었고, 셋째 아들 갈랄(葛剌)과 막내아들 흡례(洽禮) 및 의조(懿祖)의 둘째 아들 첩랄(帖

---

[375] 『遼史』 卷116, 「國語解」, 景宗·聖宗紀, "德祖族屬號三父房, 稱橫帳, 宗室之尤貴者."

剌)과 막내아들 요고직(裏古直)의 일족은 모두 육원사(六院司)에 있었다. 이 다섯 사람의 자손[五房]을 이원황족(二院皇族)이라고 부른다. 현조(玄祖)의 맏아들 마로(麻魯)에게 후사가 없어서 둘째 아들 암목(巖木)의 후손을 맹부방(孟父房)이라고 하였고, 셋째 아들 석로(釋魯)를 중부방(仲父房)이라 하며, 막내아들이 덕조가 되니 덕조의 원자(元子)가 태조 천황제(天皇帝)로 이를 횡장이라고 한다. 다음은 갈랄·질랄(迭剌)·인저석(寅底石)·안단(安端)·소(蘇)이니 모두 계부방(季父房)이라고 한다. 이 일장삼방(一帳三房)을 사장황족(四帳皇族)이라 한다. 이원(二院)을 다스리는 것은 북왕과 남왕이고, 사장(四帳)을 다스리는 것은 대내척은(大內惕隱)이니, 모두 대척은사(大惕隱司)가 통할한다."[376]라고 하였다. 따라서 횡장은 일장삼방으로 사장황족을 의미한다.

[3-97] 남쪽을 공격하려고 …… 길이 있는데: 『요사』 「병위지」에 따르면 "남벌할 때 병사의 점검은 대부분 유주(幽州) 북쪽 1천 리의 원앙박(鴛鴦泊)에서 행했다. 행군하기에 이르러 거용관(居庸關)·조왕곡(曹王峪)·백마구(白馬口)·고북구(古北口)·안달마구(安達馬口)·송정관(松亭關)·유관(榆關) 등의 길을 취한다."[377]라고 하여, 요 남경(南京)으로 들어갈 수 있는 8곳의 길을 확인할 수 있다.

[3-98] 송정관(崧亭關): 송정관(松亭關)의 오기로, 현재는 허베이성(河北省) 청더시(承德市) 콴청현(寬城縣) 서남쪽에 있다. 『무경총요』에 따르면, "송정관은 관의 동북쪽 5리에 난하관성(灤河關城)이 있고, 유주로부터 동쪽으로 영평로를 따라가면 매우 평탄하였고, 예로부터 흉노가 변경을 침범할 때 자주 이 길을 이용하였다."[378]라고 하였다. 고대의 관문(關門)으로, 험악한 지세를 활용하여 만든 요새이다. 송 사신이 요 남경(南京)에서 중경(中京)까지 갈 때 꼭 거쳐 간 길이다.

---

[376] 『遼史』 卷45, 「百官志」 1, 北面 1, 北面皇族帳官條, "肅祖長子洽昚之族在五院司, 叔子葛剌·季子洽禮及懿祖仲子帖剌·季子裏古直之族皆在六院司. 此五房者, 謂之二院皇族. 玄祖伯子麻魯無後, 次子巖木之後曰孟父房, 叔子釋魯曰仲父房. 季子爲德祖, 德祖之元子是爲太祖天皇帝, 謂之橫帳. 次曰剌葛, 曰迭剌, 曰寅底石, 曰安端, 曰蘇, 皆曰季父房. 此一帳三房, 謂之四帳皇族. 二院治之以北·南二王, 四帳治之以大內惕隱, 皆統於大惕隱司."

[377] 『遼史』 卷34, 「兵衞志」 上, 兵制, "其南伐點兵, 多在幽州北千里鴛鴦泊. 及行, 並取居庸關·曹王峪·白馬口·古北口·安達馬口·松亭關·榆關等路."

[378] 『武經總要』 前集 卷22, 「北蕃地理」, 關口, "松亭關, 關東北五里至灤河關城, 自幽州東趣營平路, 甚平坦, 自古匈奴犯邊, 多由此路."

【원문】

虜有翰林學士一人, 曰劉晟, 知制誥五人, 其一曰劉經. 歲開貢擧以登漢民之俊秀者, 榜帖授官, 一效中國之制. 其在廷之官, 則有俸祿.【李詢爲工部郎中, 月得俸錢萬, 米·麥各七石.】[66] 典州縣則有利潤莊. 藩·漢官子孫, 有秀茂者, 必令學中國書篆, 習讀經史. 自與朝廷通好已來, 歲選人材, 尤異聰敏知文史者, 以備南使, 故中朝聲敎, 皆略知梗槪. 至若營井邑以易部落, 造館舍以變穹廬, 服冠帶以却氈毳, 享廚爨以屛毛血, 皆慕中國之義也. 夫惟義者可以漸化, 則豺虎之性, 庶幾乎變矣.

【교감】

[66] 입력자注: 『新雕皇朝類苑』에는 괄호 안의 原注가 기록되어 있다.

【번역】

거란에는 한림학사(翰林學士) 1명이 있는데 유성(劉晟)이고, 지제고(知制誥)는 5명으로 그중의 1명이 유경(劉經)이다. 해마다 공거(貢擧)를 열어 한민(漢民) 중에서 준수(俊秀)한 자를 등용하였다. 합격자들은 방문(榜文)으로 고시하고 벼슬을 주었는데, 하나같이 중국(中國)의 제도를 본받은 것이다. 그중에서 조정에서 일하는 벼슬은 봉록(俸祿)을 받았다.【이순(李詢)은 공부낭중(工部郎中)으로, 달마다 봉록으로 전(錢) 1만과 쌀과 보리 각각 7석을 받는다고 한다.】 주현(州縣)을 관장하면 장원(莊園)에서 이윤을 얻는다. 번관(藩官)·한관(漢官)의 자손 중에서 뛰어난 인재가 있으면, 반드시 중국(中國)의 서전(書篆)을 배우게 하고 경사(經史)를 읽어 익히게 하였다.

조정(朝廷)과 통호한 이래부터 해마다 인재를 뽑고, 특히 뛰어나고 총민하여 문사(文史)를 아는 자로 남사(南使)를 대비하게 했는데, 중조(中朝, 송)의 성교(聲敎)가 [널리 퍼졌기] 때문에 모두 대강의 내용을 알 수 있었다. 정읍(井邑)을 경영하여 부락(部落)을 바꾸고 관사(館舍)를 조성하여 궁려(穹廬)를 변화시켰으며, 관대(冠帶)를 착용하여 전취(氈毳)를 물리치고 요리[廚爨]를 누려서 희생의 털과 피[毛血]을 물리쳤으니, 모두 중국의 의(義)를 우러러 받들어 본받은 것이다. 오직 의로운 자만이 점차 교화될 수 있는데, 승냥이와 호랑이의 성품이 어찌 변할 수 있겠는가!

【주석】

없음.

【원문】

去年車駕東巡, 虜受諜者之訴, 遂徵兵幽·薊, 以備王師之至. 朝廷推示[67]大信, 邊郡徹警, 虜聞之, 大慚, 自以爲誤於小民, 失信於大國, 於是械送諜者, 以歸於我. 洎臣等持國信以至境上, 虜乃下令曰, 昨者, 徵兵燕·薊, 以備南, 敢有言於漢使者, 誅及其族.【虜下令事, 殿侍魯進聞之於契丹語.】[68] 自是迎待國信, 彌勤至矣.

【교감】

[67] 羅氏注: 원래 '推誓'이다. 羅氏의 의견을 따라 '誓'를 '示'로 수정하였다.
[68] 입력자주: 『新雕皇朝類苑』에는 괄호 안의 原注가 기록되어 있다.

【번역】

작년에 거가(車駕)가 동순(東巡)하였는데, 거란이 첩자(諜者)의 보고를 받고서 마침내 유주(幽州)·계주(薊州)에서 병사를 징발하여 왕사(王師)가 이를 것을 대비하게 하였다. 조정(朝廷)이 큰 믿음을 추고(推考)하여 변군(邊郡)의 경계를 거두었는데, 거란이 이런 소식을 듣고 크게 부끄러워하며 스스로 소민(小民)보다 잘못했다고 여겼고, 대국으로서의 믿음을 잃었기 때문에 이때에 첩자를 형틀에 채워서 우리에게 돌려보냈다.

신들이 국서(國書)를 가지고 경계에 이르자, 거란은 이에 영(令)을 내려 말하기를 "지난번에 연주(燕州)와 계주(薊州)에서 징병(徵兵)하여 남쪽을 대비한 일을 가지고 감히 송 사신[漢使]에게 말하는 자가 있다면 그 친족까지 주살할 것이다."라고 하였다.【거란이 하령(下令)한 일은 전시(殿侍)[99] 노진(魯進)이 거란어(契丹語)로 들었다.】이때부터 국신(國信, 사절단)을 영접하여 대우하는 것을 더욱 힘쓰기에 이르렀다.

【주석】

[3-99] 전시(殿侍): 원문의 내용을 보았을 때, 역어전시(譯語殿侍)를 가리키는 듯하다. 역어전시는 사행(使行) 중에 수시로 사인(使人)의 언행을 기록하여 정부의 조사에 대비하는 역할을 담당하였다.[379] 일반적인 전시는 송대(宋代)에 품계가 없는 말단 무관직(武官職)으로, 휘종(徽宗) 정화(政和) 6년(1116)에 하반지응(下班祗應)으로 바뀌었다.

【원문】

> 自白溝至契丹國凡二十驛, 近歲已來, 中路又添頓館, 供帳鮮潔, 器用完備, 燭臺炭爐, 悉鑄以銅鐵. 奚民守館者, 皆給土田, 以營養焉.[69] 國信所至, 則蕃官具芻秣[70], 漢官排頓置, 大閹執丞案, 舍利勸酒食, 與漢使言, 率以子孫爲契, 觀其畏威懷德, 必能久守歡約矣.

【교감】

[69] 입력자注: 『續談助』에는 '俾營養焉'이라 기록되어 있다.
[70] 입력자注: '芻秣', 『續談助』에는 '芻'라고 기록되어 있다.

【번역】

백구(白溝)에서부터 거란국(契丹國, 중경(中京))까지 모두 20개의 역(驛)[100]이 있었고, 요 몇 해 사이에 중로(中路)에는 또 돈관(頓館)을 더했으며, 공장(供帳)은 깨끗해지고 기용(器用)은 완비되었다. 촉대(燭臺)와 탄로(炭爐)는 모두 동과 철로 주조하였다. 해민(奚民) 중에서 관(館)을 지키는 자에게는 모두 토전(土田)을 주어 생계를 도모하게 하였다. 사절단[國信]이 이르는 곳마다 번관(蕃官)이 말과 소에게 먹일 꼴[芻秣]을 갖추었고, 한관(漢官)은 돈치(頓置)를 준비하였고, 환관[大閹]이 상[案]을 잡았으며, 사리(舍利)[101]가 주식(酒食)을 권하였다. 송 사신[漢使]과 함께 이야기를 하는데, 모두 자손(子孫)을 걸고서 약속을 하였다. 그들이 위엄을 두려워하고 덕을 사모하는 모습을 보니, 반드시 오랫동안 맹약[歡約]을 지킬 수 있어 보였다.

---

379 傅樂煥, 『遼史叢考』, 北京: 中華書局, 1984의 「宋人使遼語錄行程考」(初出은 1936), 4쪽.

【주석】

[3-100] 백구(白溝)에서부터 거란국(契丹國)까지 모두 20개의 역(驛) : 백구역에서부터 중경까지 20개의 역은 백구역(白溝驛)-신성현(新城縣)-영녕관(永寧館)-양향현(良鄉縣)-영화관(永和館)-손후관(孫侯館)-순주(順州)-단주(檀州)-[금구관(金溝館)]-호북관(虎北館)-신관(新館)-와여관(卧如館)-유하관(柳河館)-부락관(部落館)-우산관(牛山館)-녹아관(鹿兒館)-철장관(鐵漿館)-부욕관(富谷館)-통천관(通天館)-대동역(大同驛)이다. 총 20개의 역이지만, 19개의 역이 나온다. 단주와 호북관 사이에 3일의 차이가 있고 다른 행정록(行程錄) 등에 모두 금구관이 나오는 것으로 볼 때, 금구관이 누락된 것으로 보인다.

[3-101] 사리(舍利) : 존호(尊號)의 의미를 가진 거란어(契丹語)로, 한역(漢譯)하면 낭군(郎君)이다. 거란이 건국하기 전 8개의 부족으로 나누어져 있던 때부터, 귀족 자제 중에서 관직이 없는 사람을 높여 부르는 칭호로 사용되었다. 거란 건국 후에도 계속해서 사용되었지만, 건국 후 사리의 의미에 대해서는 명확하지 않다. 『요사』「국어해」에서는 "거란의 호민(豪民)으로 두건을 두르려는 자가 소와 낙타 10두, 말 100필을 바치면, 사리라는 관직을 내려 주었다. 나중에는 제장(諸帳)의 관직이 되었고, 낭군을 그 뒤에 붙여서 불렀다."[380]라고 하였다.

---

[380] 『遼史』 卷116, 「國語解」, 帝紀, 太祖紀, "舍利, 契丹豪民要裹頭巾者, 納牛駝十頭, 馬百正, 乃給官名曰舍利. 後遂爲諸帳官, 以郎君繫之."

4

왕증(王曾)의
『거란지(契丹志)』

유빛나

해제

왕증(王曾)은 대중상부(大中祥符) 5년(1012)에 그해 거란 황제 생신사(契丹皇帝生辰使)의 정사(正使)로 임명되어, 부사(副使)인 고계훈(高繼勳)과 함께 사신으로 파견되었다. 당시 거란 황제의 생신이 12월 말이었기 때문에, 왕증이 요로 출발할 때 거란 황제의 정단(正旦)을 축하하는 정단사도 같이하였다. 왕증은 사행을 수행하면서 자기의 행정(行程)을 글로 남겼고, 다음 해(1013)에 송(宋)으로 돌아와서 황제에게 오고 간 행정과 자신이 경험한 내용들을 정리해서 송 진종(眞宗)에게 바쳤다.

왕증은 청주(青州) 익도(益都) 출신으로 자는 효선(孝先)이며, 함평(咸平) 5년(1002)에 진사과(進士科) 시험에서 1등으로 합격하였고, 이후 이부시랑(吏部侍郎)에 올랐다가 참지정사(參知政事)를 두 번 역임하였다. 진종이 천서(天書)를 만들고 옥청소응궁(玉淸昭應宮)을 크게 짓자, 이 일에 대해 간언하였다. 인종(仁宗)이 즉위하자 유 태후(劉太后)가 청정(聽政)했는데, 재상의 반열에 올라 조정이 크게 의지하였다. 태후 친인척의 발호를 억제하다가 지청주(知青州)로 쫓겨났다. 경우(景祐) 원년(1034)에 다시 부름을 받아 추밀사(樞密使)가 되고, 다음 해 다시 재상에 올라 기국공(沂國公)에 봉해졌다.

이처럼 재상의 반열에까지 올랐던 왕증이 남긴 행정록(行程錄)은 『거란지(契丹志)』, 『상거란사(上契丹事)』, 『왕기공행정록(王沂公行程錄)』, 『북행록(北行錄)』 등 다양하게 불리고 있다. 그러나 류푸장(劉浦江)이 지적하였듯이, '상거란사'는 서명이 아니고 '행정록'도 어록(語錄)의 범칭일 뿐 이 책의 실제 이름이 아니며, 『원사(元史)』에서 확인되는 『북행록(北行錄)』은 출현 시기가 매우 늦다.[381] 따라서 여기서는 송대 사람의 표기에 따라 '왕증의 『거란지』'라고 하겠다.

이 행정록은 여러 사서에 전하는데, 『속자치통감장편(續資治通鑑長編)』,[382] 『송회요집고(宋會要輯稿)』, 『거란국지(契丹國志)』, 『문헌통고(文獻通考)』, 『요사(遼史)』 등에서 보인다. 여기서는 남송대에 편찬된 『속자치통감장편』을 저본으로 삼아서 다른 사료들과 비교·검토하면서

---

381 劉浦江, 「宋代使臣語錄考」, 張希清 등 3인 主編, 『10-13世紀中國文化的碰撞與融合』, 上海: 上海人民出版社, 2006, 266쪽.
382 『續資治通鑑長編』 卷79, 眞宗 大中祥符5年 冬10月 己酉條.

원문을 교정하였다. 또한 자징옌(賈敬顏)과 자오융춘(趙永春)의 교점(校點)과 주석을 참고하여, 여기에 새롭게 역주(譯註)를 추가하였다. 행정록의 내용을 살펴보면, 송과 요의 국경인 백구역(白溝驛)에서 출발하여 요 중경(中京)에서 거란 황제를 만난 것으로 보이며, 돌아가는 여정은 나오지 않는다.

이 왕증의 『거란지』는 다른 행정록들에 비해서 약간 소략하지만, 출발하는 곳부터 도착지까지의 행정을 자세하게 알 수 있다. 왕증은 또 지나가면서 본 풍경과 자연에 대해서 비교적 상세하게 적어 놓았고, 성의 제도와 백성들의 삶에 대해서 관심을 가졌다. 특히 유하관(柳河館)을 지날 때에 남긴 발해인 관련 기록은 마치 발해인의 축제에 참여한 것 같은 생생한 현장감을 보여 준다. 또한 요에 살던 발해인들이 어떻게 대우를 받고 어떠한 환경 속에서 살아가고 있었는지를 볼 수 있는 중요한 자료이다. 더불어서 요의 사료가 많이 부족한 상황 속에서 요의 또 다른 모습들을 볼 수 있다.

특히 송대의 재상 왕증이 남긴 기록이라는 점에서 의미가 있다고 볼 수 있다. 다소 기록이 소략하다고 생각할 수도 있지만, 송대에 요에 갔다 돌아온 송나라 사람이 남긴 기록이 많이 남아 있지 않은 상황 속에서 이 행정록은 더없이 소중한 자료라고 생각한다.

판본 설명

이용판본 : [宋] 李燾 撰, 『續資治通鑑長編』, 北京: 中華書局, 2004.
참고판본 : 趙永春, 『奉使遼金行程錄(增訂本)』, 北京: 常務印書館, 2017. (약어: 趙氏)
　　　　　賈敬顏, 『五代宋金元人邊疆行記十三種疏證稿』, 北京: 中華書局, 2004. (약어: 賈氏)

【원문】

己酉, 以主客郎中·知制誥王曾爲契丹國主生辰使, 宮苑使·榮州刺史高繼勳副之. 屯田郎中兼侍御史知雜事李士龍爲正旦使, 內殿崇班·閤門祗候李餘懿副之. 舊制, 出使必假官, 繼勳本秩旣崇, 不復假官, 自是爲例. 契丹使邢祥接伴, 祥詑其國中親賢賜鐵券, 曾折之曰, 鐵券者, 衰世以寵權臣, 用安反側, 豈所以待親賢耶. 祥愧不復語. 曾使還, 言, 是歲[1]契丹改統和三十一年爲開泰元年, 以幽州爲析津府. 國主弟隆裕祐卒, 隆裕初封吳王, 後封楚國王.[2]

【교감】

[1] 입력자주: '己酉 …… 是歲', 『宋會要輯稿』, 「蕃夷」(이하 『宋會要輯稿』)에는 줄여서 '六年, 知制誥王曾充使還. 上契丹事. 曾上七事'로 기록되어 있다.

[2] 입력자주: '己酉 …… 後封楚國王', 『契丹國志』, 「王沂公行程錄」(이하 『契丹國志』)에는 위의 문구가 없고, 뒤의 원문 '初, 奉使者止達幽州'로 시작한다.

【번역】

기유일(己酉日)에 주객낭중(主客郎中)[1] 지제고(知制誥)[2] 왕증(王曾)[3]을 거란국주(契丹國主) 생신사(生辰使)[4]로 삼았고, 궁원사(宮苑使)[5] 형주자사(榮州刺史)[6] 고계훈(高繼勳)[7]을 부사(副使)로 삼았다. 둔전낭중(屯田郎中) 겸 시어사지잡사(侍御史知雜事)[8] 이사룡(李士龍)을 [거란국주] 정단사(正旦使)[9]로 삼았고, 내전숭반(內殿崇班)[10] 합문지후(閤門祗候)[11] 이여의(李餘懿)를 부사(副使)로 삼았다. 구제(舊制)에 따르면, [거란에] 사신을 보낼 때 반드시 가관(假官)하였는데, [고]계훈의 본래 관직이 이미 높았기 때문에 더는 가관을 하지 않았으니, 이때부터 관례로 삼았다.[12]

거란이 형상(邢祥)[13]으로 하여금 접반(接伴)[14]하게 했는데, 형상이 그 나라에서 어질다 하여 철권(鐵券)[15]을 받았다는 것을 자랑하자, 왕증이 반박하며 말하기를 "철권은 말세에 권신(權臣)을 총애하여 준 것인데, 법도에 어긋난 것이지 어찌 어질다고 대우한 것이겠는가?"고 하자, 형상이 부끄러워서 다시는 말하지 않았다.

왕증이 사신으로 갔다가 돌아와서 다음과 같이 말하였다. 올해 거란은 통화(統和) 31년(통화 30년의 오기임)을 개태(開泰) 원년(1012)[16]으로 바꾸고, 유주(幽州)[17]를 석진부(析津府)로 삼았다. 국주(國主)의 동생 융유(隆裕)[18]가 죽었다. 융유는 처음에 오왕(吳王)에 봉해졌고, 후에는 초국왕(楚國王)으로 봉해졌다.

【주석】

[4-1] **주객낭중(主客郎中)**: 주객(主客)이라고도 하며, 외국 사절단을 빈례(賓禮)로써 접대하는 일을 담당하였다. 세부적으로 주객낭중은 외국 사절단이 도착하면 사절단의 교영(郊勞)·수관(授館)·연설(宴設)·사여(賜予) 등을 담당하고, 그 외국의 등급을 구분하여 규정을 공포하였다. 송 전기에는 직사(職事)가 없었지만, 송 신종(神宗) 때 원풍(元豊) 연간의 관제 개혁 이후 직사관(職事官)이 되었다.

[4-2] **지제고(知制誥)**: 앞의 [3-2] 참조.

[4-3] **왕증(王曾)**: 왕증(978~1038)은 청주(青州) 익도(益都) 출신으로, 자(字)는 효선(孝先)이다. 함평(咸平) 5년(1002)에 과거에 급제하고, 이후에 이부시랑(吏部侍郎)과 참지정사(參知政事)를 역임하였다. 송 진종(眞宗)이 천서(天書)를 만들고 옥청소응궁(玉清昭應宮)을 크게 짓는 일에 대해 간언하였다. 인종(仁宗)이 즉위하자 유 태후(劉太后)가 청정(聽政)했는데, 중서시랑(中書侍郎)과 동중서문하평장사(同中書門下平章事)에 오르니 조정이 크게 의지하였다. 태후 친인척의 발호를 억제하다가 지청주(知青州)로 쫓겨났다. 경우(景祐) 원년(1034)에 다시 추밀사(樞密使)가 되었고, 다음 해 다시 재상(宰相)에 올라 기국공(沂國公)에 봉해졌다. 여이간(呂夷簡)과 불화하여 운주(鄆州)로 나갔다. 『송사』에 왕증의 열전이 수록되어 있다.

[4-4] **생신사(生辰使)**: 요와 송 사이에 오고 간 정기 사행 중의 하나로, 양국 황제의 생신을 축하하기 위해서 파견된 사신이다. 최초의 생신사는 개보(開寶) 8년(975)에 이루어졌고, 송 태종이 즉위한 뒤 양국 간 전쟁이 발발하면서 중단되었다. 전연의 맹 이후 다시 양국의 생신사가 복원되었다. 이러한 생신사는 요와 송 사이에서뿐만 아니라 보통의 책봉과 조공 관계 속에서, 피책봉국이 책봉국 황제의 생신을 축하하기 위해서 보내는 것 외에도 책봉국에서 피책봉국 군주의 생신을 축하하는 하생신사(賀生辰使)를 파견하기

도 하였다. 생신사는 요와 서하(西夏), 요와 고려(高麗) 사이에서도 나타나고 송 또한 서하와 고려에도 사신을 파견하면서, 동아시아 외교 사행의 하나로 자리 잡았다. 더불어 요에서는 황제뿐만 아니라 황태후의 생신도 절일(節日)로 지정하여 송뿐만 아니라 주변 나라들이 절일을 축하하기 위해서 사신을 보냈다. 또한, 송은 상호주의 원칙에 따라서 황태후나 태황태후의 생신을 절일로 지정하여 요의 사신을 받았다.[383]

[4-5] **궁원사(宮苑使)**: 당대(唐代)에 설치되어, 궁원(宮苑)과 궁원에 속한 전지(田地)를 관리하였다.

[4-6] **형주자사(滎州刺史)**: 형주(滎州)의 장관으로, 형주는 지금의 허난성(河南省) 정저우시(鄭州市)이다.

[4-7] **고계훈(高繼勳)**: 박주(亳州) 몽성(蒙城) 출신으로, 자(字)는 소선(紹先)이고, 고경(高瓊)의 아들이다. 처음에 우반전직(右班殿直)이 되었다가 군공(軍功)을 세워 숭의사(崇儀使)로 옮겼다. 몇몇 로(路)의 검할(鈐轄)과 지주(知州)를 역임하고 요와 싸워 공을 세웠다. 인종(仁宗)이 즉위하자 농주단련사(隴州團練使) 지웅주(知雄州)에 올랐다. 나중에 지활주(知滑州)로 있을 때 황하가 갑자기 범람하자, 몸소 독려하면서 밤늦도록 그치지 않아 활주 사람들이 고맙게 여겼다. 성품이 청렴하고 기략(機略)이 있었으며, 병사와 관원을 잘 다독여 전쟁에 나가면 곧 승리를 거두었다. 촉(蜀)에 있을 때에도 위명(威名)을 떨쳐 '신장(神將)'이라는 말을 들었다.

[4-8] **둔전낭중(屯田郎中) 겸 시어사지잡사(侍御史知雜事)**: 둔전낭중과 시어사지잡사를 겸하면서도 실제 업무는 시어사지잡사라는 의미이다. 둔전낭중은 기록관(寄祿官)으로, 봉록(俸祿)과 위서(位序)를 나타낼 뿐 실제 업무[職事]는 없었다. 시어사지잡사는 차견명(差遣名)으로, 송 전기에는 어사대(御史臺)의 부장관(副長官)으로서 어사대와 관련한 일을 담당하였다.

[4-9] **정단사(正旦使)**: 하정사(賀正使)라고도 하며, 정월 초하루에 상대국 황제의 신년을 축하하기 위해서 파견된 사신이다. 정월 초하루는 황제가 조회를 열어 외국 사신들뿐만 아니라 내외신 신료들과 함께 정단(正旦)을 축하함과 동시에 국가의 안녕을 기원하는 중

---

[383] 金成奎, 「宋·遼·金 및 高麗 帝王 生日考」, 『歷史敎育』 126, 서울: 歷史敎育硏究會, 2013 참조.

요한 날이었다. 이러한 행사는 이 시대의 고유한 풍습이 아니고, 한대(漢代) 이전부터 청대(淸代)에 이르기까지 계속되었다. 송과 요 사이의 최초의 정단사는 개보(開寶) 8년 (975)에 파견되었지만, 양국 관계의 변화에 따라서 중단되는 해가 더 많았다. 그러나 전연의 맹 이후 양국 간의 평화가 정착되면서, 해마다 정단사를 파견하여 상대국의 정단을 축하하였다. 또한 황제뿐만 아니라 황태후와 태황태후에게, 심지어 요 성종(聖宗) 때에는 성종의 황후에게까지 정단사를 파견하기도 하였다.

[4-10] 내전숭반(內殿崇班): 송 태종(太宗) 순화(淳化) 2년(991)에 만들어졌는데, 무산계(武散階) 관직이다.

[4-11] 합문지후(閤門祗候): 합문통사사인(閤門通事舍人)과 함께 궁중(宮中)에서 일하던 황제 측근의 환위근직(環衛近職)으로, 주로 무신의 자제를 임명하였다. 합문은 편전(便殿)의 앞문이다. 무과에 합격한 자를 대우하여 황제의 시립(侍立)과 행행(行幸) 때에 근위(近衛)를 맡기도 하였다.

[4-12] 구제(舊制)에 따르면 …… 관례로 삼았다: 가관은 양국이 사신을 파견하기에 앞서 임시로 본래의 관직보다 더 높은 관직을 부여하는 것을 가리킨다. 가관을 해서 보내는 이유는 국가를 대표해서 사행의 임무를 수행해야 했기 때문이다. 또한 사행을 수행하는 과정 중에 만나는 사람들과의 관계에서도 관직이 미치는 영향이 크기 때문이라고도 볼 수 있다.

[4-13] 형상(邢祥): 요의 한인(漢人)으로 통화(統和) 20년(1002)에 과거에 급제하였고, 급사중(給事中)을 역임하였다. 더불어 지공거(知貢擧)를 두 번이나 역임할 정도로 학식이 뛰어났을 것으로 추정된다. 왕증(王曾)의 사절단을 맞이한 접반부사(接伴副使)였다.

[4-14] 접반(接伴): 앞의 [3-85] 참조.

[4-15] 철권(鐵券): 황제가 공신(功臣)에게 대대로 특권을 누릴 수 있게 나누어 준 부신(符信)이다. 한(漢) 고조(高祖)가 처음 만들었는데, 철권 위에 단사(丹砂)로 맹세하는 글을 써서 반으로 나눈 뒤에 오른쪽은 내장(內藏)에 두고, 왼쪽은 공신에게 주었다. 당대(唐代) 이후에는 금으로 상감하고 권문(券文)에 '면사(免死)' 등의 문자를 새겨 넣었다.

[4-16] 개태(開泰) 원년(1012): 통화(統和) 30년으로, 1012년이다. 통화 31년이라고 한 표기는 오기로 보인다.

[4-17] 유주(幽州): 앞의 [1-47] 참조.

[4-18] 융유(隆裕): 앞의 [3-30] 초왕(楚王) 참조.

【원문】

> 初, 奉使者止達幽州, 後至[3]中京, 又至上京,[4] 或西涼淀·北安州·炭山·長泊. 自雄州白溝驛渡河, 四十里至新城縣, 古督亢亭之地. 又七十里至涿州. 北度涿水·范水·劉李河, 六十里至良鄉縣. 度盧溝河,[5] 六十里至幽州, 僞號燕京.[6] 子城就羅郭西南爲之, 正南曰啓夏門, 內有元和殿·洪政殿, 東門曰宣和. 城中坊門[7]皆有樓. 有閔忠寺, 本唐太宗爲征遼陣亡將士[8]所造. 又有開泰寺, 魏王耶律漢寧造,[9] 皆邀[10]朝使遊觀. 城南門內[11]有于越王廨, 爲宴集之所. 門外永平館, 舊名碣石館, 請和後易之也, 南[12]卽桑乾河.

【교감】

[3] 입력자주: '至', 『宋會要輯稿』에는 '置'로 기록되어 있고, 『文獻通考』에는 '署'로 기록되어 있다.

[4] 입력자주: 『宋會要輯稿』에는 '至'가 '置'로 기록되어 있고, 『文獻通考』에는 '上京'이 '中京'으로 기록되어 있다.

[5] 입력자주: '盧溝河', 『文獻通考』 및 『宋會要輯稿』에는 '盧孤河'로 기록되어 있다.

[6] 입력자주: '僞號燕京', 『契丹國志』 및 『遼史』「地理志」(이하 『遼史』)에는 '號燕京'으로 기록되어 있고, 『宋會要輯稿』에는 '爲燕京'으로 기록되어 있다.

[7] 입력자주: '坊門', 『遼史』에는 '坊閈'으로 기록되어 있다.

[8] 입력자주: '士', 『宋會要輯稿』에는 '校'로 기록되어 있다.

[9] 입력자주: '造', 『宋會要輯稿』에는 '造建'으로 기록되어 있다.

[10] 입력자주: '邀', 『遼史』에서 '遣'으로, 『契丹國志』에서는 '士'로 기록되어 있다.

[11] 입력자주: '城南門內', 『宋會要輯稿』 및 『契丹國志』 및 『遼史』에는 '城南門外'로 기록되어 있다. 또한 『遼史』에는 '南門內'로 기록되어 있다.

[12] 입력자주: '南', 『文獻通考』 및 『宋會要輯稿』에는 이 글자가 없다.

【번역】

처음에는 요에 사신으로 가는 자는 단지 유주(幽州)에 이르렀고, 후에는 중경(中京)[19]에 이르렀으며, 또 상경(上京)[20] 혹은 [거란 황제가 위치하는 곳에 따라] 서량정(西涼淀) 및 북안주(北安州)[21] 및 탄산(炭山)[22] 및 장박(長泊)[23]에 이르렀다.

웅주(雄州)[24] 백구역(白溝驛)[25]에서 강을 건너 40리를 가면 신성현(新城縣)[26]에 이르는데, 옛 독항정(督亢亭)[27]의 땅이다. 또 70리를 가면 탁주(涿州)[28]에 이른다. 북쪽으로 탁수(涿水)[29]와 범수(范水)와 유리하(劉李河)[30]를 건너 60리를 가면, 양향현(良鄕縣)[31]에 이른다. 노구하(盧溝河)[32]를 건너 60리를 가면 유주에 이르는데, 위연경(僞燕京)이라고 불렀다.[33] 자성(子城)은 나곽(羅郭, 외성(外城))의 서남쪽에 있다. 정남문(正南門)은 계하문(啓夏門)이라 하고 안에 원화전(元和殿)과 홍정전(洪政殿)이 있으며, 동문(東門)은 선화문(宣和門)이라고 한다.

성중의 방문(坊門)에는 모두 누(樓)가 있다. 민충사(閔忠寺)[34]가 있는데, 원래 당(唐) 태종(太宗)[35]이 요동(遼東)을 정벌하러 갔을 때 죽은 장병(將兵)들을 위해서 지은 것이었다. 또 개태사(開泰寺)가 있는데, 위왕(魏王) 야율한녕(耶律漢寧)[36]이 지은 것이다. 모두 송의 사신을 맞이하여 유람하게 하였다. 성의 남문 안쪽에는 우월왕(于越王)[37]의 관사[廨]가 있는데, 연회를 위한 곳이다. 문밖에는 영평관(永平館)[38]이 있는데, 이전 명칭은 갈석관(碣石館)이었으나 전연의 맹[澶淵之盟] 이후에 이름을 바꾸었다. 남쪽에는 상건하(桑乾河)[39]가 있다.

【주석】

[4-19] 중경(中京): 앞의 [3-63] 참조.

[4-20] 상경(上京): 앞의 [3-88] 참조.

[4-21] 북안주(北安州): 지금의 허베이성(河北省) 청더시(承德市) 일대에 위치한다. 당대(唐代)에는 해왕부(奚王府) 서생(西省)의 땅이었다. 요 성종(聖宗) 때 한호(漢戶)를 가지고 북안주를 설치하였다.

[4-22] 탄산(炭山): 앞의 [3-27] 참조.

[4-23] 장박(長泊): 지금의 네이멍구자치구(內蒙古自治區) 나이만기(奈曼旗) 서쪽에 있다. 거란 태조(太祖)에서 성종(聖宗)까지 시기에 봄 날발(春捺鉢) 소재지의 하나였다. 송 진종(眞宗) 대중상부(大中祥符) 6년(1013)에 거란 황제 생신사로 파견된 조형(晁迥)이 그해 장

박에서 거란 황제를 만났다.[384]

[4-24] **웅주(雄州)**: 앞의 [3-78] 참조.

[4-25] **백구역(白溝驛)**: 송과 요는 백구하(白溝河)를 경계로 국경을 삼았다. 백구(白溝)는 지금의 허베이성 가오베이뎬시(高碑店市) 관할의 바이거우진(白溝鎭)이다. 당시 송의 웅주에 속하였고, 웅주 관사에서 30리 떨어져 있었다.[385] 백구역은 백구관(白溝館)이라고도 하는데, 송에서 요로 넘어가는 마지막 지점으로, 송인(宋人)이 황제의 사명을 받아 요에 들어갈 때 요 측의 접반사가 백구역까지 나가서 송 사신을 맞이하였다.[386]

[4-26] **신성현(新城縣)**: 앞의 [3-5] 참조.

[4-27] **독항정(督亢亭)**: 전국(戰國) 시대 연(燕)의 비옥한 땅으로, 현재는 허베이성 바오딩시(保定市)에 있다. 진왕(秦王, 후에 진시황(秦始皇))이 연나라 독항(督亢)의 땅을 갖고 싶어 하자, 연의 태자(太子) 단(丹)이 형가(荊軻)로 하여금 진왕에게 독항의 지도를 바치게 했는데, 형가가 그 지도 속에 비수를 숨겨 놓았다. 형가가 진왕의 앞에까지 가서 지도를 펼치는 순간, 비수가 떨어져서 진왕을 죽이지 못하고 진왕의 옷자락만 베었다는 이야기가 있다.

[4-28] **탁주(涿州)**: 앞의 [3-6] 참조.

[4-29] **탁수(涿水)**: 앞의 [3-10] 탁하(涿河) 참조.

[4-30] **유리하(劉李河)**: 앞의 [3-14] 참조.

[4-31] **양향현(良鄕縣)**: 앞의 [3-9] 참조.

[4-32] **노구하(蘆溝河)**: 노구하(蘆溝河), 노구하(盧駒河) 또는 녹고하(鹿孤河)라고도 하며, 지금의 허베이성 경내의 융딩하(永定河)이다.[387] 원명대(元明代)에는 혼하(渾河)라고 불렸다. 노구하는 현재 네이멍구, 산시성(山西省), 허베이성과 베이징시(北京市)를 지나 톈진

---

384 『宋會要輯稿』「蕃夷」2, 遼下, 眞宗 大中祥符 6年條, "是歲, 翰林學士晁迥·龍圖閣待制查道充使, 至長泊, 及還, 上虜中風俗. 迥言, 長泊多野鵝鴨, 戎主射獵, 領帳下騎擊扁鼓, 繞泊驚鵝鴨飛起, 乃縱海東青擊之, 或親射焉."
385 賈敬顔, 『五代宋金元人邊疆行記十三種疏證稿』, 133쪽.
386 『遼史』卷86, 「耶律合里只傳」, "重熙中, 累遷西南面招討都監. 充宋國生辰使, 館于白溝驛. 宋宴勞, 優者嘲蕭惠河西之敗."
387 趙永春, 『奉使遼金行程錄(增訂本)』, 96쪽.

시(天津市)를 통해 바다로 흘러간다.

[4-33] 위연경(僞燕京): 가짜 연경이라는 의미이다. 연경은 오대(五代) 후진(後晉)의 석경당(石敬瑭)이 거란과 손을 잡고 후당(後唐)과의 전쟁에서 승리하자, 자신을 도와준 대가로 거란에게 연경을 넘겨주면서 거란의 땅이 되었다. 오대 후주(後周) 세종(世宗)은 현덕(顯德) 6년(959)에 거란을 공격하여 와교관(瓦橋關)·어구관(淤口關)·익진관(益津關) 등 관남십현(關南十縣)을 회복하였다. 송 태종(太宗)은 태평흥국 4년(979)에 북한(北漢)을 멸망시켜 중국을 통일하고, 그 기세를 몰아 연운십육주(燕雲十六州)의 회복을 기치로 내걸고 거란을 공격하였으나 고량하(高梁河)에서 대패하고 돌아왔다. 거란이 다스리고는 있지만 송은 인정하고 싶지 않았던 모습이 반영된 것으로 보인다.『구오대사』「외국열전(外國列傳)」에 보면, 거란을 표현할 때 '위(僞)' 자가 들어간 표현들이 종종 보인다.

[4-34] 민충사(閔忠寺): 민충사(憫忠寺)라고도 한다. 정관(貞觀) 19년(645)에 당 태종이 고구려와의 전쟁에서 죽은 장병들을 추념하기 위해 유주(幽州)에 짓기 시작해서 측천무후(則天武后) 만세통천(萬歲通天) 원년(696)에 완공되었다. 지금의 베이징시 서남쪽에 위치하는데 파위안쓰(法源寺)라는 이름으로 현재까지 사찰이 전해 오고 있다.

[4-35] 당(唐) 태종(太宗): 당의 제2대 황제(재위 626~649)로, 이름은 이세민(李世民)이다. 아버지는 이연(李淵)이고 어머니는 두씨(竇氏)다. 중국 역사상 최고의 영주(英主)로 알려져 있으며, 북방 민족의 피가 섞인 무인(武人) 귀족 집안에서 태어났다. 수(隋) 양제(煬帝)의 폭정으로 내란의 양상이 짙어지자 수를 타도하려는 뜻을 품고 태원(太原) 방면 군사령관이던 아버지를 설득하여 거병했으며, 장안(長安)을 점령하고 당을 건립하였다. 왕위 쟁탈전을 치르면서 무덕(武德) 9년(626)에 아버지의 양위를 받아 즉위하였다. 수 양제의 실패를 거울삼아 명신 위징(魏徵) 등의 의견을 받아들여 사심을 누르고 백성을 불쌍히 여기는 지극히 공정한 정치를 하기에 힘썼다. 그의 치세는 '정관의 치[貞觀之治]'라 칭송받았고, 후세 제왕의 모범이 되었다.

[4-36] 야율한녕(耶律漢寧): 야율사진(耶律斜軫, ?~999)이다. 자(字)는 한은(韓隱)이고, 우월(于越) 야율갈로(耶律曷魯)의 후손이다. 요 경종(景宗) 때 북원추밀사(北院樞密使) 소사온(蕭思溫)이 천거하였고, 황제의 신임을 받아 황후의 질녀(姪女)와 결혼하였다. 건형(乾

〈그림 4-1〉 베이징 파위안쓰(法源寺)의 현재 모습(김인희 동북아역사재단 연구위원 제공)

후) 원년(979)에 송 태종이 연운십육주의 회복을 꾀하여 남경(南京)을 포위하자 병사를 이끌고 남경을 구원하고, 야율휴가(耶律休哥)와 함께 고량하(高梁河)에서 송군을 대파하였다. 통화(統和) 원년(983)에 황태후가 수렴청정을 하자, 야율사진을 더욱 신임하여 북원추밀사(北院樞密使)가 되었고, 계속된 송과의 전쟁에서 '양무적(楊無敵)'이라 불리던 송의 명장 양계업(楊繼業)을 물리치고 돌아와 수태보(守太保)의 벼슬이 더해졌다. 통화 17년(999)에 승천황태후를 따라 남쪽 정벌에 나섰다가 군대에서 죽었다.

[4-37] **우월왕(于越王)**: 우월(于越)이라고도 부른다. 거란의 고유 관명으로, 『요사』「국어해(國語解)」에 따르면, "우월은 존귀한 벼슬로 특별하게 맡고 있는 직책이 없지만, 그 지위는 북원대왕(北院大王)과 남원대왕(南院大王)의 위로, 큰 공덕을 세운 사람이 아니면 임명되지 못한다."라고 기록되어 있다. 일종의 명예직이지만, 실제로 임명된 사례들을 보면 탁월한 공을 세운 사람들이 임명되었고, 임명된 사례는 거란 전체에서 그렇게 많지 않았다.

[4-38] **영평관(永平館)**: 앞의 [3-31] 영화관(永和館) 참조.

[4-39] 상건하(桑乾河): 상근하(桑根河) 또는 상간하(桑幹河)라고도 한다. 중국 허베이성 북서쪽, 산시성 북쪽에서 흐르는 강으로 지금의 쌍간하(桑幹河)와 융딩하(永定河)에 해당한다. 『무경총요(武經總要)』에서 상건하는 흡수(溼水)가 안문(雁門)에서 나와 동으로 흘러 상건수(桑乾水)와 만난다고 하였다.[388] 중당(中唐) 시기 시인인 가도(賈島)의 「상건하를 건너다[渡桑乾]」라는 시에서 "병주(幷州)에서의 타향살이 10년 동안, 밤낮 없이 함양(咸陽)으로 돌아갈 생각뿐이었는데, 이제 느닷없이 상건 강물을 건너, 되돌아 병주 땅을 보니 아아 거기가 바로 고향인 것을."[389]이라고 읊고 있다.

【원문】

出北門,[13] 過古長城·延芳淀, 四十里至孫侯館, 後[14] 改爲望京館, 稍移故處. 望楮谷山[15]·五龍池, 過溫餘河·大夏坡, 坡西北卽涼淀, 爲避暑之地. 五十里至順州. 東北過白嶼河, 北望銀冶山, 又有黃羅·螺盤·牛闌山,[16] 七十里至檀州.[17] 自北漸入山, 五十里至金溝館. 將至館,[18] 川原平廣,[19] 謂之金溝淀, 國主嘗于此過冬. 自此入山, 詰[20] 曲登陟, 無復里堠,[21] 但以馬行記日景而約其里數.[22]

【교감】

[13] 입력자주: '出北門', 『遼史』에는 '出燕京北門'으로 기록되어 있다.

[14] 입력자주: '後', 『契丹國志』에는 이 글자가 없다.

[15] 입력자주: '楮谷山', 『宋會要輯稿』에는 '栢谷山'으로 기록되어 있다.

[16] 입력자주: 趙氏는 '又有黃羅螺盤·牛闌山.'으로 표점하였다.

[17] 입력자주: '七十', 『宋會要輯稿』에는 '數十'으로 기록되어 있다.

[18] 입력자주: '將至館', 『文獻通考』에는 이 글자가 없다.

[19] 입력자주: '廣', 『遼史』에는 '曠'으로 기록되어 있다.

---

388 『武經總要』 前集 卷22, 「蕃界有名山川」, "桑乾河, 溼水源出雁門, 東流與桑乾水會."
389 『全唐詩』 卷574, 賈島, 「渡桑乾」, "客舍幷州已十霜, 歸心日夜憶咸陽. 無端更渡桑乾水, 却望幷州是故鄉."

[20] 입력자注: '詰', 『文獻通考』에는 '屈'로 기록되어 있다.

[21] 입력자注: '堠', 『文獻通考』에는 '候'로 기록되어 있다.

[22] 입력자注: 『遼史』에는 '景而'가 없고, 『宋會要輯稿』에는 '景'이 없다. 趙氏는 '但以馬行, 記日景而約其里數.'로 표점하고, 賈氏는 '但以馬行記日景, 而約其里數.'로 표점하였다.

【번역】

북문을 나와서, 옛 장성(長城)과 연방정(延芳淀)을 지나 40리를 가면 손후관(孫侯館)에 이르는데, [손후관은] 후에 망경관(望京館)으로 고쳤고, 잠시 이전의 장소로 옮겼다. 저곡산(楮谷山) 및 오룡지(五龍池)를 바라보며, 온여하(溫餘河)[40] 및 대하파(大夏坡)를 지났는데, 대하파의 서북쪽은 양정(涼淀)으로, 더위를 피하기 위한 곳이다.

50리를 가면 순주(順州)[41]에 이른다. 동북쪽으로 백서하(白嶼河)[42]를 지나면, 북쪽으로 은야산(銀冶山)이 보인다. 또 황라(黃羅), 나반(螺盤), 우란산(牛闌山)이 있고, 수십 리를 가면 단주(檀州)[43]에 이른다. 이곳에서부터 점점 산으로 들어가고, 50리를 가면 금구관(金溝館)[44]에 이른다. [금구]관에 이를 즈음에 하천과 평원이 평평하고 넓어지는데 이곳을 금구정(金溝淀)이라 불렀으며, 국주가 항상 이곳에서 겨울을 보낸다. 이곳에서부터 산으로 들어가면 구불구불한 길을 올라가는데, 다시는 거리를 알 만한 이정이 없어서, 단지 말을 타고 가면서 일자와 경치를 기록하여 그 이수(里數)를 가늠하였다.

【주석】

[4-40] 온여하(溫餘河): 앞의 [3-46] 온유하(溫渝河) 참조.

[4-41] 순주(順州): 앞의 [3-45] 참조.

[4-42] 백서하(白嶼河): 백서하(白絮河)·백수하(白遂河)·백하(白河)라고도 했고, 오늘날의 바이하(白河)이다. 백하는 물속에 모래가 많은데 모래가 새하얗다고 해서 붙은 이름이다. 바이하는 중국 인산산맥(陰山山脈) 동부에서 시작하여 베이징시(北京市) 북부와 톈진시(天津市)를 지나 보하이만(渤海灣)으로 들어간다.390 『금사(金史)』 「종망전(宗望傳)」에

---

390 趙永春, 『奉使遼金行程錄(增訂本)』, 97쪽.

따르면, 금의 장수 완안종망(完顏宗望)이 곽약사(郭藥師)의 군대를 백하에서 격파하였다는 내용이 있다.[391]

[4-43] **단주(檀州)**: 앞의 [3-47] 참조.

[4-44] **금구관(金溝館)**: 지금의 베이징시 미윈구(密雲區)의 미윈댐 호수 아래에 위치한다고 추정된다.[392] 『무경총요(武經總要)』에서 인용한 증공량(曾公亮)의 『북번지리(北蕃地理)』에 따르면, "동북쪽으로 백서하(白嶼河)를 지나 70리를 가면 단주(檀州)에 이른다. 여기서부터 점차 산으로 들어가는데, 50리를 지나면 금구정(金溝淀)에 이른다. 산에 들어가면 구불구불해서 더는 이정표[里堠]가 없다. 조선하(朝鮮河)를 지나 90리를 가면 고북하구(古北河口)에 이른다."[393]라고 하였다. 심괄(沈括)의 『희녕사로도초(熙寧使虜圖抄)』에서도 단주와 금구관 사이의 거리가 50리 떨어져 있다고 하였다.[394]

【원문】

過朝鯉河, 亦名七度河.[23] 九十里至古北口. 兩旁[24]峻崖, 中有路, 僅容車軌. 口北有鋪, 縠弓連繩, 本范陽防扼奚·契丹[25]之所, 最爲隘束. 然幽州東趨營·平州, 路甚平坦, 自頃犯邊, 多由斯出. 又度德勝嶺, 盤道數層, 俗名思鄕嶺,[26] 八十里至新館. 過雕窠嶺·偏槍嶺, 四十里至臥如來館, 蓋山中有臥佛像故也. 過烏灤河, 東有灤州, 因河爲名. 又過墨斗嶺,[27] 亦名渡雲嶺,[28] 長二十里許.

【교감】

[23] 입력자주: '七度河', 『宋會要輯稿』 및 『文獻通考』에는 '七渡河'로 기록되어 있다.

---

391 『金史』 卷74 「宗望傳」, "宗望至三河, 破郭藥師兵四萬五千于白河, 蒲莧敗宋兵三千于古北口, 郭藥師降."
392 澤本光弘, 「北京~朝陽の地勢と宋遼交通路 — 檀州から中京にかけての航空寫眞をてがかりに —」, 金子修一先生古稀記念論文集編纂委員會 編, 『東アジアにおける皇帝權力と國際秩序』, 東京: 汲古書院, 2020, 489쪽.
393 『武經總要』 前集 卷22, 「北番地里」, 燕京州軍十二, "東北過白嶼河七十里至檀州. 自此漸入山, 五十里至金溝淀. 入山詰曲, 無復里堠. 過朝鮮河九十里, 至古北河口."
394 沈括, 『熙寧使虜圖抄』, "自州(檀州)東北行隘中, 二十里餘至中頓. 又二十里餘至金溝館. 金溝館, 西南距檀州五十里."

[24] 입력자注: '旁', 『遼史』에는 '傍'으로 기록되어 있다.

[25] 입력자注: '丹', 『文獻通考』에는 이 글자가 없다.

[26] 입력자注: 『宋會要輯稿』에는 '嶺' 다음에 '盤'이 추가로 기록되어 있다.

[27] 입력자注: '墨斗嶺', 『遼史』에는 '摸斗嶺'으로 기록되어 있다.

[28] 입력자注: 『遼史』에는 '亦'이 '一'로 기록되어 있다. 賈氏는 『遼史』의 기록이 옳다고 보았고, '渡雲嶺'을 '度雲嶺'으로 보았다.

【번역】

조리하(朝鯉河)를 지났는데, 또한 칠도하(七渡河)라고도 불렀다. 90리를 가면, 고북구(古北口)[45]에 이른다. 양옆으로 가파른 벼랑이 있고, 그 가운데에 길이 있는데, 겨우 수레 한 대가 지나갈 수 있다. 고북구의 북쪽에는 포(鋪)가 있는데, 활시위를 당긴 채 끈으로 꿰어 놓았다. 본래 범양(范陽)은 해(奚)[46]와 거란(契丹)을 방어하던 곳으로, 가장 좁고 험한 곳이었다. 그러나 유주(幽州)의 동쪽으로 영주(營州)[47]와 평주(平州)[48]로 달리면 길이 매우 평탄하니, 근래 변경을 침범할 때에는 대부분 이 길에서 나온다.

또 덕승령(德勝嶺)을 지나면, 굽은 길이 층층이 나있는데 속칭 사향령(思鄕嶺)[49]이라고 하였다. 80리를 가면, 신관(新館)에 이른다. 조과령(雕窠嶺)과 편창령(偏槍嶺)을 지나 40리를 가면 와여래관(臥如來館)에 이르는데, 대체로 산중에 와불상(臥佛像)이 있기 때문이다. 오란하(烏灤河)를 지나면 동쪽에 난주(灤州)[50]가 있는데, 하천으로 인해서 이름이 지어졌다. 또 묵두령(墨斗嶺)[51]을 지나니, 묵두령은 도운령(渡雲嶺)이라고도 하는데 [영(嶺)의] 길이가 20리 정도 된다.

【주석】

[4-45] 고북구(古北口): 호북구(虎北口) 또는 호구(虎口)라고도 하며, 지금의 베이징시 미원구 동북쪽에 위치하고 옛 장성의 북쪽 문에 해당한다.[395] 『무경총요(武經總要)』에 따르면, 고북구는 유주(幽州) 정북쪽 270리에 위치한다. 양옆은 산세가 가파르고 험하며,

---

395 趙永春, 『奉使遼金行程錄(增訂本)』, 97쪽.

가운데에 길이 있는데 겨우 수레가 지나간다. 본래 범양절도사가 해(奚)·거란을 방어하던 곳으로 가장 중요한 길목이 되었다고 하였다.³⁹⁶ 부필(富弼)은 고북구를 거용관(居庸關), 송정관(松亭關), 부가채(符家寨)와 함께 거란군의 남진을 차단하는 요충지로서 언급하였다.³⁹⁷ 또『독사방여기요(讀史方輿紀要)』에 따르면, "고북구는 밀운현(密雲縣) 동북 120리에 있는데, 두 절벽이 솟아 있고 그 가운데 길이 나서 겨우 수레 하나가 지나갈 정도이다. 아래에는 깊게 물줄기가 흐르고 큰 돌이 무더기로 쌓여 있다. 길이는 45리로 험준한 길이다."³⁹⁸라고 하였다.

[4-46] 해(奚): 앞의 [2-57] 참조.

[4-47] 영주(營州): 앞의 [1-10] 참조.

[4-48] 평주(平州): 앞의 [1-11] 참조.

[4-49] 사향령(思鄉嶺): 앞의 [2-20] 사향령(辭鄉嶺) 참조.

[4-50] 난주(灤州): 지금의 허베이성(河北省) 란저우시(灤州市)에 위치한다.『요사』「지리지」에 따르면, 난주는 군호(軍號)가 영안군(永安軍)으로 자사주(刺史州)이다. 본래는 옛 황락성(黃洛城)이었다. 성은 난하(灤河)가 둘러싸고 있으며, 노룡산(盧龍山) 남쪽에 있다. 요 태조가 포로로 잡은 민호들로 설치하였다. 난주는 산을 등지고 강물이 띠처럼 둘러쳐져 있어, 한(漢)의 북방에서 빼어난 지형이다. 경내에 부소천(扶蘇泉), 임유산(臨榆山), 유하(榆河)가 있다. 3개 현을 거느렸다.³⁹⁹『무경총요(武經總要)』에 따르면, 난주는 치소가 의풍현(義豐縣)이다. 당말에 유수광(劉守光)이 이 주에서 반란을 일으켰는데, 폭정이 더욱 심해졌다. 영주(營州)와 평주(平州)의 땅은 남쪽으로 중국과 바다를 사이

---

396 『武經總要』前集 卷16下,「北番地里」, 關口, "古北口. 幽州正北二百七十里. 兩邊陡峻, 中有路, 僅容車軌. 本范陽防扼奚契丹之所最爲隘口."

397 『長編』卷150, 仁宗 慶曆4年 6月 戊午條, "先是, 仲淹受命主西事, 弼主北事. 弼條上河北守禦十二策曰, …… 以兵守居庸關·古北口·松亭關·符家寨【此四關口皆險隘, 各以三千兵守之固矣.】則敵騎無復南者."

398 『讀史方輿紀要』卷11,「北直」2, 順天府 昌平州 密雲縣, "古北口, 在縣東北百二十里. 兩崖壁立, 中有路僅容一車. 下有深澗, 巨石磊砢, 凡四十五里, 爲險絶之道. 亦曰虎北口."

399 『遼史』卷40,「地理志」4, 南京道, 平州條, "灤州, 永安軍, 中, 刺史. 本古黃洛城. 灤河環繞, 在盧龍山南. 齊桓公伐山戎, 見山神俞兒, 即此. 秦爲右北平. 漢爲石城縣, 後名海陽縣. 漢末爲公孫度所有. 晉以後屬遼西. 石晉割地, 在平州之境. 太祖以俘戶置. 灤州負山帶河, 爲朔漢形勝之地. 有扶蘇泉, 甚甘美. 秦太子扶蘇北築長城嘗駐此. 臨榆山, 峰巒崛起, 高千餘仞, 下臨榆河. 統縣三."

에 두고 떨어져 있어서, 그 백성들이 부득이하게 거란에 귀순하였다. 때마침 석진(石晉)이 연주(燕州), 계주(薊州), 역주(易州) 지역을 떼어 주고 삼도(三都)를 정하자, 그 백성을 모두 내몰아 거란에 들어가게 하였다. 오란하(烏灤河)에서 주의 이름을 따오고 여기에 거주하게 하였다. 현읍은 아직 망도(望都), 안희(安喜)의 이름을 고치지 않았다. 동북쪽은 난하이고, 서쪽으로 석성(石城)에 이르기까지가 90리이며, 남쪽으로 바다에 이르기까지가 120리이고, 북쪽으로 평주에 이르기까지가 40리라고 하였다.[400]

[4-51] **묵두령(墨斗嶺)**: 앞의 [3-56] 전두령(纏斗嶺) 참조.

【원문】

又過芹菜嶺, 七十里至柳河館. 河在館旁, 西北有鐵冶, 多渤海人所居, 就河漉沙石鍊得[29]鐵. 渤海俗, 每歲時聚會作樂, 先命善歌舞者數輩前行, 士女相隨, 更相唱和, 回旋宛轉, 號曰踏鎚.[30] 所居屋,[31] 皆就山牆開門. 過松亭嶺, 甚險峻. 七十里至打造部落館, 有[32] 蕃戶百餘, 編荊爲[33]籬, 鍛鐵爲兵器.[34] 東南行五十里至牛山館. 八十里至鹿兒峽館. 過蝦蟆嶺, 九十里至鐵漿館. 過石子嶺, 自此[35] 漸出山, 七十里至富谷館, 居民多造車者, 云渤海人.

【교감】

[29] 입력자주: '得鐵', 『契丹國志』에는 '得' 다음에 '得成鐵'이 추가로 기록되어 있다.

[30] 입력자주: '踏鎚', 『宋會要輯稿』에는 '踏鎚'로 기록되어 있고, 『文獻通考』에는 '踏追'로 기록되어 있다.

[31] 입력자주: '屋', 『宋會要輯稿』에는 '屋室'로 기록되어 있다.

[32] 입력자주: 『契丹國志』에는 '有' 앞에 '惟'가 추가로 기록되어 있다.

[33] 입력자주: '爲', 『宋會要輯稿』에는 이 글자가 없다.

---

400 『武經總要』 前集 卷22, 北蕃地理, 幽州四面州軍, 灤州條, "灤州, 治義豐縣. 唐末, 劉守光據州叛, 暴虐尤甚. 營平之地於中國南爲海隔, 其民不得已歸於北虜. 會石晉割賂燕薊易, 定帥三都, 盡驅其民入契丹, 因以烏灤河爲名以居之, 縣邑猶不改望都·安喜之名. 東北灤河【按賈耽所說, 自薊州西北一百二十里至鹽城守地, 又至渡灤河至盧龍鎭】西至石城九十里, 南至海一百二十里, 北至平州四十里."

[34] 입력자注: '兵器', 『契丹國志』에는 '軍器'로 기록되어 있다.

[35] 입력자注: '此', 『文獻通考』에는 '北'으로 기록되어 있다.

【번역】

또 근채령(芹菜嶺)을 지나, 70리를 가면 유하관(柳河館)에 이른다. 하천은 유하관 옆에 있고, 서북쪽에는 철야(鐵冶)가 있는데, 발해인(渤海人)이 많이 거주하였고, 하천에서 사석(沙石)을 걸러서 제련하여 철을 얻었다. 발해(渤海)의 풍속은 매번 절기 때마다 모여서 음악을 연주하고, 먼저 노래를 잘 부르고 춤을 잘 추는 사람으로 하여금 여러 무리를 앞서 가게 하고 사녀(士女)들이 뒤따르게 하였다. 서로 화답하여 노래를 부르고 둥글게 원을 그리며 빙글빙글 돌았으니, 이것을 답추(踏鎚)라고 불렀다. 거주하는 가옥은 모두 산장(山牆)이고, 문이 열려 있었다.

송정령(松亭嶺)을 지나면, 길이 매우 험준하였다. 70리를 가면 타조부락관(打造部落館)[52]에 이르렀고, 번호(蕃戶) 100여 호가 있는데 가시나무를 엮어서 울타리로 삼았고 쇠를 담금질하여 병기를 만들었다. 동남쪽으로 50리를 가면 우산관(牛山館)에 이르렀고, 80리를 가면 녹아협관(鹿兒峽館)[53]에 이르렀다. 하마령(蝦蟆嶺)을 지나 90리를 가면, 철장관(鐵漿館)에 이르렀다. 석자령(石子嶺)[54]을 지나면서부터는 점점 산에서 벗어나고, 70리를 가면 부욕관(富谷館)에 이르렀다. [이곳에] 거주하는 사람들은 대부분 수레를 만들었는데, 발해인이라고 하였다.

【주석】

[4-52] 타조부락관(打造部落館): 앞의 [3-58] 부락관(部落館) 참조.

[4-53] 녹아협관(鹿兒峽館): 앞의 [3-60] 녹아관(鹿兒館) 참조.

[4-54] 석자령(石子嶺): 앞의 [3-54] 참조.

【원문】

正[36]東望馬雲山, 山多烏[37]獸·林木,[38] 國主多于此打圍. 八十里至通天館. 二十里至中京大定府, 城垣卑小, 方圓纔四里許, 門但重屋, 無築闉之制. 南門曰朱夏, 門內夾道[39]步廊,多坊門. 又有市樓四, 曰天方[40]·大衢[41]·通闠·望闕. 次至大同館, 其北門[42]曰陽德·閶闔, 城內西南隅岡上[43]有寺. 城南有園圃, 宴射之所. 自過古北口, 即蕃境. 居人草庵板屋, 亦務[44]耕種, 但無[45]桑柘, 所種皆從壟[46]上, 蓋虞吹沙所壅. 山中長松鬱然, 深谷中多燒炭爲業. 時見畜牧牛·馬·橐駞, 尤多靑羊·黃豕. 亦有挈車帳, 逐水草射獵. 食止糜粥·炒糒.

【교감】

[36] 입력자注: '正', 『文獻通考』에는 이 글자가 없다.

[37] 입력자注: '烏', 『契丹國志』에는 '禽'으로 기록되어 있다.

[38] 趙氏注: '林木', 『契丹國志』를 제외한 모든 기록은 '材木'이나, 『契丹國志』에 의거하여 수정하였다.

[39] 입력자注: '來道', 『宋會要輯稿』에는 '通'으로 기록되어 있다.

[40] 입력자注: '天方', 『宋會要輯稿』에는 '天市'로 기록되어 있다.

[41] 입력자注: '大衢', 『宋會要輯稿』에는 '天衢'로 기록되어 있다.

〈그림 4-2〉 케식텐기(克什克騰旗) 얼바디(二八地) 1호묘 속 거란 초원 방목도[401]

---

[401] 叢密林, 「契丹騎兵研究」, 東北師範大學博士學位論文, 2018, 110쪽.

[42] 입력자注: '其北門', 『宋會要輯稿』 및 『文獻通考』에는 '其北正門'으로 기록되어 있고, 『遼史』에는 '其門正北'으로 기록되어 있다.

[43] 입력자注: '上', 『文獻通考』에는 '山'으로 기록되어 있다. 趙氏도 '山'으로 보았다.

[44] 입력자注: '務', 『宋會要輯稿』에는 이 글자가 없다.

[45] 입력자注: '無', 『文獻通考』에는 '有'로 기록되어 있다.

[46] 입력자注: '壠', 『契丹國志』에는 '隴'으로 기록되어 있다.

【번역】

정동쪽으로 마운산(馬雲山)이 보이는데, 산에 까마귀와 숲과 나무 들이 많아서, 국주가 대부분 이곳에서 사냥을 한다. 80리를 가니 통천관(通天館)에 이르렀고, 20리를 가니 중경 대정부(中京大定府)에 이르렀다. 성의 담장은 보잘것없이 작고, 성의 둘레는 겨우 4리 정도 되었다. 다만 문은 중층으로 지어졌는데, 망루를 쌓는 제도는 없었다. 남문(南門)은 주하문(朱夏門)으로, 문의 안쪽은 좁은 길의 보랑(步廊)이었는데, 방문(坊門)이 많았다. 또 시루(市樓)가 4개 있었는데, 천방(天方), 대구(大衢), 통환(通闤), 망궐(望闕)이다. 다음으로 대동관(大同館)에 이르고, 그 북쪽 정문을 양덕문(陽德門) 혹은 창합문(閶闔門)이라 불렀다. 성내 서남쪽 언덕 위에는 절이 있고, 성 남쪽에는 원포(園圃)가 있는데 연사(宴射)를 하는 곳이었다.

고북구(古北口)를 지나고 나서부터 번경(蕃境)이다. 사람들은 초암(草庵, 초가집)과 판옥(板屋)에 거주하였고, 역시 농사를 짓지만 다만 뽕나무는 없다. 씨뿌리기는 모두 밭이랑 위에 하였고, 대체로 모래바람이 불어서 날아갈 것을 염려해서 북을 돋우었다. 산중에는 큰 소나무가 울창하였고, 깊은 계곡에서는 많은 사람이 숯 굽는 것을 업으로 삼았다. 때때로 소, 말, 낙타를 목축하는 것을 볼 수 있었는데, 특히 청색 양 및 황색 돼지가 많았다. 또한 거장(車帳)을 끌고 수초(水草)를 따라 사냥하였다. 식사는 겨우 죽[糜粥]과 볶음밥[炒糒]뿐이었다.

【주석】

없음.

5
설영(薛映)의 행정록(行程錄)

유빛나

해제

설영(薛映)은 대중상부(大中祥符) 9년(1016)에 거란 황제 생신사(契丹皇帝生辰使) 정사(正使)로 임명되어, 부사(副使)인 유승종(劉承宗)과 함께 사신으로 파견되었다. 당시 거란 황제의 생신이 12월 말이었기 때문에, 설영이 요(遼)로 출발할 때 거란 황제의 정단(正旦)을 축하하는 정단사 장사손(張士遜)과 함께 출발하였다. 설영이 사행을 수행하면서 자기의 행정(行程)을 글로 남겼고, 다음 해(1017)에 송(宋)으로 돌아와서 오고 간 행정과 자신이 경험한 내용들을 정리해서 송 진종(眞宗)에게 바쳤다.

설영이 쓴 기록은 일찍이 유실되었으나, 『요사(遼史)』 권37에서 요 중경(中京)에서 상경(上京)까지 설영의 행정이 기록되어 있을 뿐 아니라, 이도(李燾)가 쓴 『속자치통감장편(續資治通鑑長編)』 권88에도 설영의 행정록이 나온다. 또한 『거란국지(契丹國志)』 권24에 부필행정록(富弼行程錄)이 기록되어 있으나, 내용상 설영의 기록과 대부분 일치하는 것으로 보아, 제목이 부필로 잘못 기록되었음을 알 수 있다. 마지막으로 『송회요집고(宋會要輯稿)』에도 설영의 행정록이 기록되어 있다.

이러한 설영의 기록들을 여러 판본과 비교하면서 정리하고 연구한 대표적 연구자는 중국의 자징옌(賈敬顏)을 들 수 있는데, 원문을 정리하고 역주 작업을 병행하였다.[402] 그 다음으로 중국의 자오용춘(趙永春)은 자징옌의 연구 성과를 바탕으로 지리적 고증 및 역주 작업을 추가로 진행하였다.[403] 여기서는 두 연구자의 역주를 기본 바탕으로 작업하였고, 판본은 『속자치통감장편』을 저본으로 삼았으며, 그 외 다른 사서들을 비교·검토하면서 보충하였다.

이 행정록은 『요사』에서 『설영기(薛映記)』라는 이름으로 수록하였고, 자징옌은 『요중경계(遼中境界)』라는 이름으로 수록하였다. 그러나 류푸장(劉浦江)이 지적하였듯이, 『설영기』도 『요중경계』도 정식 명칭은 아니다.[404] 따라서 여기서는 잠정적으로 '설영(薛映)의 행정록(行程錄)'이라고 하겠다.

---

402 賈敬顏, 『五代宋金元人邊疆行記十三種疏證稿』, 北京: 中華書局, 2004.
403 趙永春, 『奉使遼金行程錄(增訂本)』, 北京: 常務印書館, 2017.
404 劉浦江, 「宋代使臣語錄考」, 張希清 主編, 『10-13世紀中國文化的碰撞與融合』, 上海: 上海人民出版社, 2006, 267-268쪽.

행정록의 내용을 살펴보면, 요 중경을 출발해서 상경에 도착하기까지의 여정을 중심으로 하며, 송 개봉을 출발하면서부터 중경에 이르는 과정에 대해서는 나오지 않는다. 더불어 상경 도착 후 상경에 관한 간단한 설명이 나오고, 그 이후 돌아오는 여정 또한 생략되어 있음을 볼 수 있다. 약간 내용도 소략하고 행정이 주된 기록이지만, 요 상경에 이르렀다는 점에서 남아 있는 행정록 가운데 상경에 대한 최초의 기록이라고 볼 수 있다. 또한 상경의 구조에 대한 설명은 다른 사료 속에서 찾아볼 수 없는 중요한 기록으로, 고고학적 자료로만 남아 있는 형태를 간접적으로나마 유추해 볼 수 있는 자료이다.

더불어 요 성종의 생일이 12월 말로 보이는데, 생신사와 함께 곧 있을 정단사도 따로 구분하여 개별의 사절단을 보낸 것으로 볼 때 예법을 상당히 중시했음을 알 수 있다. 이러한 특징은 요에서도 잘 나타나며, 요와 송 사이에 상당히 많은 사신이 명목을 달리하여 정기적으로 오고 갔음을 유추해 볼 수 있다.

또한 행정록은 발해 멸망 이후 요 내부로 흩어져 버린 발해에 관한 기록을 찾아볼 수 있는 중요한 자료이다. 『요사』에서 거란이 발해를 멸망시킨 후 발해인을 동경과 상경 일대로 이주시켰다는 기록을 확인할 수 있지만, 송의 행정록을 통해 실제로 상경도에 발해민들이 거주하는 모습을 확인할 수 있다. 특히 이들이 거란에 동화되지 않은 채 자신들의 정체성을 유지하면서 살아갔다는 것을 유추해 볼 수 있다. 더불어 이러한 양상은, 요 말기까지 『요사』의 기록을 통해서 발해인의 모습을 찾아볼 수 있고 심지어 금대(金代)에도 발해인들의 활약상이 나타나는 것으로 볼 때, 발해라는 국가가 사라졌지만 자신들의 정체성을 유지하면서 살아갔음을 알 수 있다.

행정록은 요에 대한 기록이 많이 남아 있지 않은 상황에서, 사료의 부족함을 조금이라도 채워 줄 수 있다는 점에서 소중한 자료라고 볼 수 있다. 특히 행정록은 당시의 상황을 알 수 있는 1차 사료로, 매우 중요한 가치를 지닌다. 끝으로 행정록 자체가 많이 남아 있지 않은 상황에서 중경에서부터 상경까지의 경로와 관련한 기록들을 다른 행정록과 비교해 볼 수 있어, 요의 지리와 교통로를 이해하는 데 중요한 사료라고 볼 수 있다.

판본 설명

이용판본 : [元] 脫脫 等 撰, 『遼史』(點校本二十四史修訂本), 北京: 中華書局, 2016.

[宋] 李燾 撰, 『續資治通鑑長編』, 北京: 中華書局, 2004.

[宋] 葉隆禮 撰, 『契丹國志』, 北京: 中華書局, 2000.

[淸] 徐松 輯, 劉琳 等 校點, 『宋會要輯稿』, 上海: 上海古籍出版社, 2014.

참고판본 : 賈敬顔, 『五代宋金元人邊疆行記十三種疏證稿』, 中華書局, 2004. (약어 : 邊疆)

趙永春, 『奉使遼金行程錄(增訂本)』, 常務印書館, 2017. (약어 : 奉使)

【원문】

> 大中祥符九年九月己酉, 命樞密直學士·工部侍郎薛映爲契丹國主生辰使, 東染院使劉承宗副之, 壽春郡王友·戶部郎中·直昭文館張士遜爲正旦使, 供備庫使王承德副之.[1]

【교감】

[1] 賈氏注:『宋會要輯稿』에는 '九年樞密直學士薛映, 直昭文館張士遜充使.'로 간략하게 적혀 있다.『遼史』에는 '宋遣張遜·王承德來賀千齡節.'이라고 되어 있어 '士'가 빠져 있다.『宋史』에 역시 '士'가 빠져 있다.

【번역】

대중상부(大中祥符)[1] 9년(1016), 9월 기유일(己酉日)에, 추밀직학사(樞密直學士)[2]·공부시랑(工部侍郎)[3] 설영(薛映)[4]을 거란국주(契丹國主) 생신사(生辰使)[5]로 삼았고, 동염원사(東染院使)[6] 유승종(劉承宗)을 부사(副使)로 삼았다. 수춘군왕우(壽春郡王友)[7]·호부낭중(戶部郎中)[8]·직소문관(直昭文館) 장사손(張士遜)[9]을 [거란 황제] 정단사(正旦使)[10]로 삼았고, 공비고사(供備庫使)[11] 왕승덕(王承德)을 부사로 삼았다.[12]

【주석】

[5-1] 대중상부(大中祥符): 앞의 [3-1] 참조.

[5-2] 추밀직학사(樞密直學士): 황제를 시종하면서 황제 고문 역할을 담당하였고, 아울러 추밀원(樞密院)의 군정 문서를 담당하였다. 송 휘종(徽宗) 정화(政和) 연간에, 술고전직학사(述古殿直學士)로 고쳤다가, 남송(南宋) 초에 다시 복구되었다. 추밀원(樞密院)은 추밀사(樞密使)가 관장하던 중앙의 관서 이름이다. 후당(後唐)의 장종(莊宗) 때 숭정원(崇政院)을 고친 이름으로, 군사를 관장하는 최고 관서가 되었다. 송대(宋代)에는 군정을 나누어 관장하여 민정을 관장하는 중서성(中書省)과 함께 이부(二府)라고 일컬어졌으며, 원대(元代)에도 존속되다가 명 태조(明太祖) 때 대도독부(大都督府)로 대치되면서 폐지되었다.

[5-3] 공부시랑(工部侍郎): 육부(六部)의 하나인 공부(工部)의 차관(次官)으로, 국가의 영건(營建)·공작(工作)·수리(水利)·교통 등에 관한 일을 관장하였다. 그러나 송대에는 직장(職掌)이 없었고, 단지 4품(四品)의 기록관(寄祿官)이었다. 신종(神宗) 원풍(元豊) 연간(1078~1085)의 관제 개혁 때 다시 공부 차관의 직장을 받았고, 종3품(從三品)으로 승격되었다.

[5-4] 설영(薛映): 설영(951~1024)은 자(字)가 경양(景陽)으로, 당대(唐代) 중서령을 지낸 설원초(薛元超)의 8대손이다. 설영은 학문을 좋아하고 문재(文才)에 뛰어났으며, 지방관을 수행할 때에도 직무를 엄격하게 수행하여, 관리들도 그를 속일 수 없었다고 한다. 동경전운사(京東轉運使)와 공부상서(工部尙書) 등을 역임하였다.

[5-5] 생신사(生辰使): 앞의 [4-4] 참조.

[5-6] 동염원사(東染院使): 송대 태평흥국(太平興國) 3년에 염방(染坊)을 동염원(東染院)과 서염원(西染院)으로 나누었고, 염방사(染坊使)를 고쳐 동염원사(東染院使)와 서염원사(西染院使)로 삼았다. 이후에 무계관(武階官)이 되었고, 서반제사사(西班諸司使)에 속하였다. 송 휘종(徽宗) 정화(政和) 2년(1112)에 무의대부(武義大夫)로 고쳤다.

[5-7] 수춘군왕우(壽春郡王友): 수춘군왕(壽春郡王)의 왕우(王友)로, 왕우는 사우(師友)라고도 하며, 즉 수춘군왕의 스승을 뜻한다. 수춘군왕은 송 인종(仁宗)으로, 송 진종(眞宗)의 여섯째 아들이다. 대중상부(大中祥符) 8년(1015)에 수춘군왕으로 책봉을 받았고, 그 이듬해에 진종이 공부낭중(工部郞中) 장사손(張士遜)과 최준도(崔遵度)를 수춘군왕우로 삼았다.

[5-8] 호부낭중(戶部郎中): 육부의 하나인 호부(戶部)의 관원으로, 상서(尙書)와 시랑(侍郎)의 다음 관직이며, 송대에는 직장은 없고, 단지 5품(五品)의 기록관이었다. 신종 원풍 연간의 관제 개혁 때 다시 직장을 받았고, 종6품(從六品)으로 고쳐졌다.

[5-9] 장사손(張士遜): 장사손(964~1049)은 자(字)가 순지(順之)로, 태어난 지 7일 만에 어머니를 여의어 고모에 의해 양육되었다. 과거에 급제한 후, 송 진종 때 능력을 인정받아, 황자(皇子) 교육을 위해 수춘군왕우로 임명되었다. 송 인종이 즉위하면서 중용되어, 동중서문하평장사(同中書門下平章事)와 2번의 문하시랑(門下侍郎)을 역임하였다.

[5-10] 정단사(正旦使): 앞의 [4-9] 참조.

[5-11] 공비고사(供備庫使): 무관직으로, 북송(北宋) 때 처음 설치되었고, 서반제사사(西班諸司

使)에 속하였다. 대부분 직장은 없고, 6품(六品)의 관직이었다. 송 신종 원풍 연간의 관제 개혁 때 정7품(正七品)으로 바뀌었고, 송 휘종 정화 2년(1112)에 무익대부(武翼大夫)로 고쳐졌다.

[5-12] 수춘군왕우(壽春郡王友) …… 부사로 삼았다.: 『요사』 개태(開泰) 5년(1016) 12월 기록에 "송이 장손(張遜)과 왕승덕(王承德)을 보내서 천녕절(千齡節)을 축하하였다."[405]라고 하여, 요 성종(聖宗)의 생일이 천녕절이었음을 알 수 있다.

【원문】

映·士遜始[2]至上京. 及還, 上虜中境界.[3] 自中京正北八十里至臨都館.[4] 又四十里至官窯館.[5] 又七十里[6]至松山館. 又[7]七十里至崇信館. 又[8]九十里至廣寧館. 又[9]五十里至姚家寨館.[10] 又[11]五十里至咸寧館. 又[12]三十里至度[13]潢水石橋, 旁有饒州. 蓋唐朝嘗于契丹置饒樂州也,[14] 今渤海人居之.[15] 又[16]五十里至保和館. 度黑水河,[17] 七十里至宣化館.[18] 又五十里至長泰館.[19] 館西二十里許,[20] 有佛寺·民舍.[21] 云即祖州, 亦有祖山. 山中有阿保機廟, 所服靴尚在, 長四五尺許.[22] 又四十里至上京[23]臨潢府.

【교감】

[2] 趙氏注: '映·士遜始', 『宋會要輯稿』에는 이 4자가 빠져 있다.

[3] 입력자 주: 『續資治通鑑長編』에는 '至上京', 『宋會要輯稿』에는 '至上京. 及還, 上虜中境界.'라고 되어 있다. 『宋會要輯稿』에 의거하여 보충하였다.

　趙氏注: 『文獻通考』에는 '富鄭公之使北朝也'라고 되어 있다.

[4] 賈氏注: 『遼史』의 志(이하 『遼志』로 약칭)에는 '自'가 없다. 『文獻通考』에는 '正'이라고 되어 있지만 '至'의 오자이다.

[5] 賈氏注: '官窯館', 『文獻通考』에는 '窯館'으로 되어 있다.

[6] 賈氏注: '又七十里', 『遼志』에는 '中京正北八十里'로 되어 있다.

---

405 『遼史』 卷15, 「聖宗本紀」 6, 開泰5年 12月 丁酉條, "宋遣張遜·王承德來賀千齡節."

[7] 賈氏注: '又', 『遼志』에는 이 글자가 빠져 있다.

[8] 賈氏注: '又', 『遼志』에는 이 글자가 빠져 있다.

[9] 賈氏注: '又', 『遼志』에는 이 글자가 빠져 있다.

[10] 賈氏注: '姚家寨館', 『文獻通考』에는 '姚家館'으로 되어 있고, 『資治通鑑』과 『後漢紀』에는 '姚家州'로 되어 있다.

[11] 賈氏注: '又', 『遼志』에는 이 글자가 빠져 있다.

[12] 賈氏注: '又', 『遼志』에는 이 글자가 빠져 있다.

[13] 賈氏注: '度', 『契丹國志』에는 '渡'로 되어 있다.

[14] 賈氏注: '蓋唐朝嘗于契丹置饒樂州也', 『遼志』에는 '唐朝于契丹嘗置饒樂'으로 되어 있다.
    趙氏注: '蓋唐朝嘗于契丹置饒樂州也', 『遼史』에는 '唐嘗于契丹置饒樂州'로 되어 있다.

[15] 賈氏注: '今渤海人居之', 『文獻通考』에는 '渤海人居之'로 되어 있다. 또 『遼志』・『宋會要輯稿』에는 '今渤海人居'로 되어 있다. 『遼志』에 饒州의 세 현에 대한 기록에 각각 "長東縣【太祖伐渤海, 迁其民, 建縣居之.】", "臨河縣【本豊永縣人, 太宗分兵伐渤海,迁于潢河之西.】", "安民縣【太宗以渤海請邑所俘雜戶置.】"라고 되어 있다.

[16] 賈氏注: '又', 『遼志』에는 이 글자가 빠져 있다.

[17] 賈氏注: '度黑水河', 『契丹國志』에는 '渡黑水河'로 되어 있다. 『續資治通鑑長編』・『文獻通考』에는 '度黑河'로 되어 있다.

[18] 賈氏注: '七十里至宣化館', 『遼志』에는 '七十里宣化館'으로 되어 있다.
    趙氏注: '七十里至宣化館', 『續資治通鑑長編』에는 이 부분이 빠져 있다.

[19] 賈氏注: '又五十里至長泰館', 『遼志』에는 '五十里長泰館'으로 되어 있다. 『文獻通考』에는 '又五十里至長館'으로 되어 있다.

[20] 賈氏注: '館西二十里許', 『續資治通鑑長編』에는 '西十里許'로 되어 있다. 『遼志』에는 '館西二十里'로 되어 있다.
    趙氏注: '館西二十里許', 『契丹國志』에는 '西十二里許'로 되어 있다.

[21] 賈氏注: '佛寺・民舍', 『遼志』에는 '佛寺民居'로 되어 있다. 『契丹國志』에는 '佛寺・民社'로 되어 있는데, 이는 '佛寺・民舍'의 잘못이다.

[22] 賈氏注: 『遼志』에는 '云'이 없으며, '亦有' 이하 19자가 빠져 있다. 『契丹國志』에는 '所服

靴' 이하 7자가 빠져 있다.

[23] 賈氏注: '上京', 『宋會要輯稿』·『遼志』에는 이 2자가 빠져 있다.

【번역】

설영(薛映)과 장사손(張士遜)이 처음으로 상경(上京)[13]에 이르렀다.[14] 돌아와서 거란 내부[虜中]의 경계(境界)를 보고하였다. 중경(中京)[15]에서 정북쪽으로 80리를 가면, 임도관(臨都館)[16]에 이른다. 또 [임도관에서] 40리를 가면, 관요관(官窯館)에 이른다. 또 [관요관에서] 70리를 가면, 송산관(松山館)에 이른다. 또 [송산관에서] 70리를 가면, 숭신관(崇信館)[17]에 이른다. 또 [숭신관에서] 90리를 가면, 광녕관(廣寧館)[18]에 이른다. 또 [광녕관에서] 50리를 가면, 요가채관(姚家寨館)에 이른다. 또 [요가채관에서] 50리를 가면, 함녕관(咸寧館)[19]에 이른다. 또 [함녕관에서] 30리를 가서, 황수(潢水)[20]의 석교(石橋)를 건너면, 곁에 요주(饒州)[21]가 있다. 생각하건대 당조(唐朝)가 일찍이 거란에 요동주(饒東州)[22]를 세웠다고 한다.[23] 지금은 발해인(渤海人)이 거주하고 있다. 또 [요주에서] 50리를 가면, 보화관(保和館)에 이른다. 흑수하(黑水河)를 건너, 70리를 가면 선화관(宣化館)에 이르고, 또 50리를 가면 장태관(長泰館)에 이른다. [장태]관에서 서쪽으로 20리 남짓을 가면, 불사(佛寺)와 민가가 있다. 조주(祖州)[24]라고 하는데, 역시 조산(祖山)[25]이 있다. 산중에는 야율아보기(耶律阿保機)[26]의 묘가 있는데, 입었던 갖옷과 신발이 아직도 남아 있으며 길이가 4, 5척 정도였다. 또 [조주에서] 40리를 가면 상경 임황부(上京臨潢府)에 이른다.

【주석】

[5-13] 상경(上京): 앞의 [3-88] 참조.

[5-14] 처음으로 상경(上京)에 이르렀다: 송과 요는 전연의 맹[澶淵之盟]을 맺으면서 정식적으로 외교 관계를 수립하였다. 따라서 양국의 우호를 다지기 위해서 정단사(正旦使)와 생신사(生辰使) 등을 해마다 파견하였는데, 거란 황제는 날발(捺鉢)이라고 하는 제도를 갖고 있었기 때문에 한 곳에 머물지 않고 이동 생활을 하였다. 즉 거란 황제가 송의 사신을 맞이하는 장소 또한 거란의 남경(南京), 중경(中京), 상경 등으로 매번 달라졌다.

[5-15] 중경(中京): 앞의 [3-63] 참조.

[5-16] 임도관(臨都館): 자오융춘의 비정에 따르면, 지금의 쿤두이하(坤兌河) 북쪽의 시차오(西橋)에 해당한다.[406] 심괄(沈括)의 『희녕사로도초(熙寧使虜圖抄)』에 따르면, "서북쪽으로 가서 10리를 지나 삼부하(三膚河)를 건너면 임도관에 도달하니 모두 평야 지대이다. 작은 언덕을 지나서 노곡으로부터 동쪽으로 나와 7, 8리를 가서 바라보면 보이는 곳이 은주(恩州)라고 불리는 곳이다. 임도관은 약간 서남쪽에 위치한 중경으로부터 70리 떨어져 위치한다."라고 하여 중경에서 임도관까지의 거리가 70리로 되어 있다. 은주는 요의 중경도(中京道)에 속한 주현(州縣)으로, 지금의 네이멍구자치구(內蒙古自治區) 츠펑시(赤峰市) 일대로서 그 부근에 임도관이 있었을 것으로 추정된다.

[5-17] 숭신관(崇信館): 북송대(北宋代) 진양(陳襄)이 쓴 『신종황제 즉위 사요어록(神宗皇帝即位

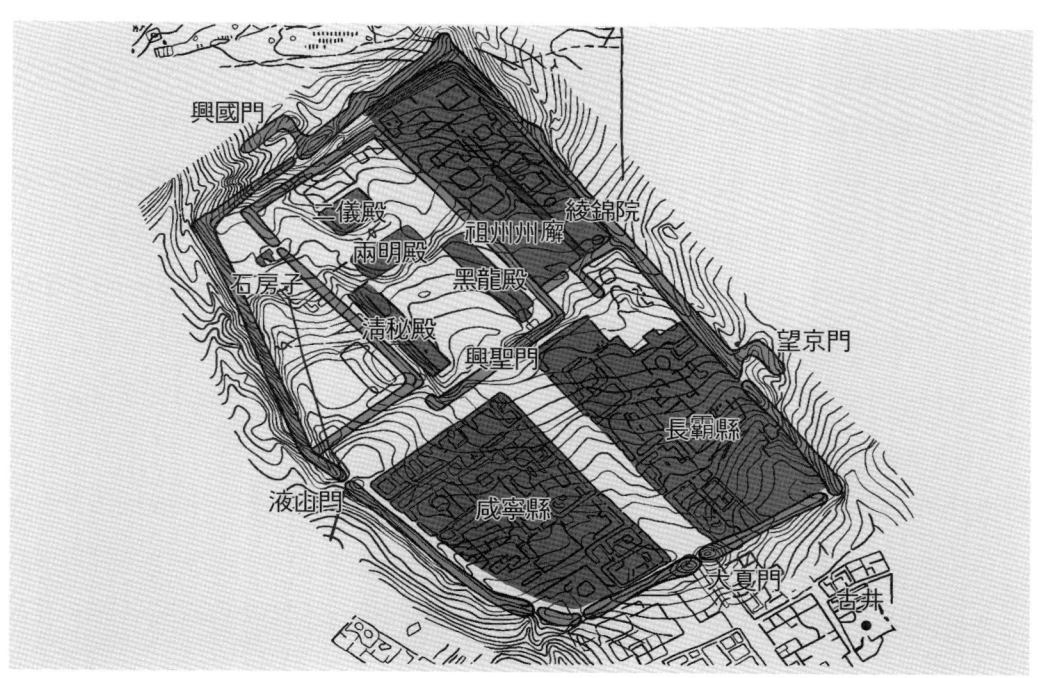

〈그림 5-1〉 요 조주(祖州)의 평면도[407]

---

406 趙永春, 『奉使遼金行程錄(增訂本)』, 99쪽.
407 內蒙古博物院 編, 『遼代貴族喪葬制度研究』, 北京: 文物出版社, 2014, 圖版3.

使遼語錄)』에 따르면, 숭신관을 숭신전관(崇信甋館)이라고 표현하였다. 중경에서부터 상경까지의 사신이 머무는 역관(驛館)을 살펴보면, 대부분 전관(甋館)으로 이루어졌음을 알 수 있다. 심괄이 쓴 『희녕사로도초』에 따르면, 송산관에서 숭신관까지의 거리가 60리로 되어 있다.

[5-18] 광녕관(廣寧館): 정확한 위치는 알 수 없으나, 진양의 『신종황제 즉위 사요어록』에 따르면, "7일, 광녕관에 이르렀다. 작은 성 서쪽을 지나갔는데, 주민이 고작 200가(家)뿐이었다. 소호고(蕭好古)가 여기가 풍주(豐州)라고 하였다."[408]라는 기록이 있다.

[5-19] 함녕관(咸寧館): 정확한 위치는 알 수 없고, 심괄의 『희녕사로도초』에 따르면 함희장(咸熙帳)이라 하였고, 진양의 『신종황제 즉위 사요어록』에 따르면 함희전관(咸熙甋館)이라 하였다.

[5-20] 황수(潢水): 앞의 [2-23] 참조.

[5-21] 요주(饒州): 지금의 네이멍구자치구 츠펑시 바린우기(巴林右旗) 린시진(林西鎭) 일대이다. 해족(奚族)이 거주하였고, 이후에 그들이 당(唐)에 귀부하자, 당은 이곳에 기미주(羈縻州)인 요락도독부(饒樂都督府)를 설치하였다. 거란 태조(太祖)가 해족을 복속하면서 이곳에 요주를 설치하였다.

[5-22] 요동주(饒東州): 지금의 네이멍구자치구 시라무렌하(西拉木倫河) 일대에 위치한다. 요락부(饒樂府) 혹은 요락부(饒樂府)의 동쪽 주의 의미로 해석해 볼 수 있는데, 거란이 해족 요락부의 동쪽에 위치해 있었기 때문이다. 당은 거란이 거주한 곳에 기미주인 송막부(松漠府)를 설치하였다.

[5-23] 생각하건대 당조(唐朝)가 …… 세웠다고 한다: 당(唐)은 주변 이민족이 투항해 오거나, 이민족의 땅을 정복할 경우 간접 통치 방식인 기미지배(羈縻支配)를 실시하였다. 기(羈)는 말의 굴레, 미(縻)는 소의 고삐로, 중국식의 군현을 설치하였지만 이민족을 견제하기만 할 뿐 직접적으로 통치하지는 않았다. 따라서 이민족의 족장이나 수령의 군현의 통치자로 임명하여 그 권한을 인정하며 더불어 그 부족 고유의 체제를 인정하는 느슨한 형태의 지배 방식이라고 볼 수 있다. 이러한 기미지배는 당 전기의 모습이

---

408 『神宗皇帝即位使遼語錄』, "七日, 至廣寧館. 道過小城之西, 居民僅二百家. [蕭]好古云, 此豐州也."

전형적인 형태로 볼 수 있고, 중국의 힘이 강할 때 이민족을 통제할 수 있는 힘이 있었다. 그러나 안사(安史)의 난 이후로 당이 걷잡을 수 없는 혼란에 빠져들면서 주변의 이민족을 통제할 수 없게 되자 기미지배 체제는 붕괴되었다.

[5-24] **조주(祖州)**: 현재 네이멍구자치구 바린좌기(巴林左旗) 린둥진(林東鎭) 서남 일대이다. 이곳은 거란 태조 야율아보기(耶律阿保機)의 고조부·증조부·조부·아버지가 태어난 땅이었기 때문에, 주의 이름을 태조가 조주라고 하였다. 또한 태조는 이곳에서 가을 사냥을 많이 하였다. 성 높이는 2장(丈) 정도 되었고, 조주의 서북쪽에는 내성 및 여러 궁전이 있었다. 양명전(兩明殿)에는 태조의 조부와 아버지의 어용(御容)을 봉안하였고, 이의전(二儀殿)에는 백금으로 태조상을 주조하여 보관하였다고 하며, 흑룡전(黑龍殿)과 청비전(淸祕殿)에는 각각 태조가 등극하기 전에 사용한 병장기와 가죽이나 털가죽 따위의 옷가지 등을 보관하고 이를 보존하여 뒤를 잇는 황제에게 거란의 근본을 잊지 않게 했다고 한다. 따라서 거란의 발상지로 중요시되어 역대 요 황제들이 이

〈그림 5-2〉 요 태조 기공비(遼太祖紀功碑)에서 본 조주(祖州)의 모습(홍성민 동북아역사재단 연구위원 제공)

곳을 자주 찾았다.

[5-25] 조산(祖山): 현재 네이멍구자치구 바린좌기에 있다. 『요사(遼史)』 「지리지(地理志)」 1, 상경도(上京道) 조주(祖州)에 따르면, 조주의 서쪽에 조산이 있고, 산 위에는 거란 태조의 사당이 있는데, 사당에 태조의 가죽신이 있었다고 한다.

[5-26] 야율아보기(耶律阿保機): 앞의 [1-19] 참조.

【원문】

> 自過崇信館, 卽[24]契丹舊境. 蓋其南皆奚地也.[25] 入西門, 門曰金德.[26] 內有臨潢館.[27] 子城東門曰順陽.[28] 入門北行至景福門.[29] 又至承天門,[30] 內有昭德[31]·宣政二殿. 皆東向, 其[32]氈廬亦皆東向.[33] 臨潢西北二百餘里, 號涼淀, 在漫實山[34]南, 避暑之處多豐草, 掘丈餘,[35] 卽有堅冰云.[36]

【교감】

[24] 賈氏注: '卽', 『文獻通考』에는 이 글자가 빠져 있다. 『遼志』에는 '乃'로 되어 있다.

[25] 賈氏注: '蓋其南皆奚地也', 『遼志』에는 '其南奚地也'로 되어 있다.

[26] 賈氏注: '金德', 『遼志』에는 上京의 西門이 '金鳳'이라고 되어 있다. '金鳳'을 잘못 기록한 것이다.

[27] 賈氏注: '內有臨潢館', 『遼志』에는 '上京西南同文驛, 驛西南臨潢驛, 以待夏國使.'라고 되어 있다.

[28] 賈氏注: '子城東門曰順陽', 『遼志』에는 '上京南門曰順陽'이라 하여 薛映의 기록과 다르다.

[29] 賈氏注: '入門北行至景福門', 『遼志』에는 '北行至景福門'으로 되어 있다. 『續資治通鑑長編』에는 '入門北行至景福館'으로 되어 있다.

[30] 賈氏注: '又至承天門', 『遼志』에는 '上京大內南門曰承天, 有樓閣.'으로 되어 있다.

[31] 賈氏注: 『遼志』에는 '昭德殿'이 전하지 않으며, '安德殿'이 확인된다.

[32] 賈氏注: '其', 『遼志』에는 이 글자가 빠져 있다.

[33] 賈氏注: '亦皆東向', 『遼志』에는 '皆東向'으로 되어 있다.

[34] 賈氏注: '漫實山', 『遼志』에는 '鏝實山'으로 되어 있다. 『遼志』에는 慶州에 '鏝實山'이 있다고 되어 있으며, 『宋會要輯稿』에는 '曼實山'으로 되어 있다.

[35] 賈氏注: '掘丈餘', 『遼志』에는 '掘地丈餘'로 되어 있다.

趙氏注: '掘丈餘', 『遼史』에는 '掘地丈餘'로 되어 있다.

[36] 賈氏注: '卽有堅冰云', 『宋會要輯稿』・『遼志』에는 '卽有堅冰'으로 되어 있다.

趙氏注: '卽有堅冰云', 『遼志』에는 '卽堅冰云'으로 되어 있다. 『宋會要輯稿』에는 '卽有堅冰'으로 되어 있다.

【번역】

숭신관(崇信館)을 지나고 나서부터는 즉 거란의 옛 영토로, 생각하건대 그 남쪽은 모두 해(奚)[27]의 땅이었다. 서문으로 들어섰는데, 문 이름은 금덕문(金德門)이라고 하였다. 안쪽에는 임황관(臨潢館)이 있었고, 자성(子城)의 동문은 순양문(順陽門)이라 하였다. 순양문을 들어가 북쪽으로 가면, 경복문(景福門)에 이르고, 또 [북쪽으로 가면] 승천문(承天門)에 이르는데, 안쪽에 소덕전(昭德殿)과 선정전(宣政殿)이 있다. 모두 동향하고 있고, 전려(氈廬) 또한 모두 동향이다.[28] 임황에서 서북쪽 200리에는 양정(凉淀)이라 불리는 곳이 있는데, 만실산(漫實山)이 남쪽에 있고, 피서하는 곳은 풀이 매우 풍부하고, 1장(丈) 남짓을 파면 단단한 얼음이 나온다고 한다.

【주석】

[5-27] 해(奚): 앞의 [2-58] 참조.

[5-28] 안쪽에 소덕전(昭德殿)과 …… 모두 동향이다: 『요사(遼史)』 권45, 백관지(百官志) 1에 따르면 "요의 풍속은 동쪽을 향하고 왼쪽을 숭상하므로, 어장(御帳)은 동쪽을 향하고 요련 9장(遙輦九帳)은 남쪽을 향하며, 황족 3부장(皇族三父帳)은 북쪽을 향한다. 동서를 경(經)으로 하고 남북을 위(緯)로 하기 때문에 어영(御營)을 횡장(橫帳)이라고 한다."[409]

---

409 『遼史』 卷45, 「百官志」1, 北面1, 北面諸帳官, "遼俗東嚮而尙左, 御帳東嚮, 遙輦九帳南嚮, 皇族三父帳北嚮. 東西爲經, 南北爲緯, 故謂御營爲橫帳云."

라고 하였다. 이를 통해 거란에서는 동서 방향을 남북 방향보다 더 중시했음을 알 수 있다. 이러한 현상은 궁전을 지을 때나 능묘(陵墓)를 세울 때에도 적용되었다.

6

송수(宋綬)의 행정록(行程錄)

유빛나

해제

송수(宋綬)는 천희(天禧) 4년(1020)에 거란 황제 생신사(契丹皇帝生辰使) 정사(正使)로 임명되어, 부사(副使)인 담륜(譚倫)과 함께 사신으로 파견되었다. 송수가 사행을 수행하면서 자기의 행정(行程)을 글로 남겼고, 다음 해(1021)에 송(宋)으로 돌아와서 오고 간 행정과 자신이 경험한 내용들을 정리해서 송 진종(眞宗)에게 바쳤다.

이러한 송수의 기록은 이미 산일되었으나,『속자치통감장편(續資治通鑑長編)』,『송회요집고(宋會要輯稿)』,『문헌통고(文獻通考)』,『거란국지(契丹國志)』등에서 일부 확인할 수 있다. 여러 판본과 비교하면서 정리하고 연구한 대표적 연구자는 중국의 자징엔(賈敬顔)을 들 수 있는데, 원문을 정리하고 역주 작업을 병행하였다.[410] 그 다음으로 중국의 자오융춘(趙永春)은 자징엔의 연구 성과를 바탕으로 지리적 고증 및 역주 작업을 추가로 진행하였다.[411] 필자는 두 연구자의 역주를 기본 바탕으로 작업하였고, 판본은『속자치통감장편』을 저본으로 하여, 그 외 다른 사서들을 비교·검토하면서 보충하였다.

이 행정록에 대해서 자징엔과 자오융춘은『거란풍속(契丹風俗)』이라는 이름으로 각각의 자료집에 수록하였다. 그러나 류푸장(劉浦江)이 지적하였듯이『거란풍속』은 정식 명칭이 아니다.[412] 따라서 여기서는 잠정적으로 '송수(宋綬)의 행정록(行程錄)'이라고 하겠다.

행정록의 내용을 살펴보면, 요(遼) 중경(中京)을 출발해서 목엽관(木葉館)까지의 여정을 중심으로만 확인이 가능할 뿐, 송 개봉을 출발하면서부터 중경에 이르는 과정에 대해서는 나오지 않는다. 더불어 목엽관에 도착하고 나서 그 이후 돌아오는 여정 또한 생략되어 있음을 볼 수 있다. 다만 "거란 내부[虜中]의 풍속(風俗)을 보고하였다."라는 구절에서도 알 수 있듯이, 요의 풍속에 대한 내용이 상세하게 기록되어 있다. 특히 요의 수렵과 의복에 관한 이야기를 통해『요사』의 기록과 비교·검증해 볼 수 있다는 점에서 거란의 풍속을 이해하는 데 중요한 자료라고 볼 수 있다.

---

410 賈敬顔,『五代宋金元人邊疆行記十三種疏證稿』, 北京: 中華書局, 2004.
411 趙永春,『奉使遼金行程錄(增訂本)』, 北京: 常務印書館, 2017.
412 劉浦江,「宋代使臣語錄考」, 張希清 主編,『10-13世紀中國文化的碰撞與融合』, 上海: 上海人民出版社, 2006, 268-269쪽.

또한 중경에서 목엽관까지의 여정에서 보고 들은 내용들을 상세하게 기록하였는데, 특히 중경 이후부터는 해족(奚族)이 많이 거주하고 있을 뿐 아니라 발해인(渤海人)도 함께 거주하고 있었음을 볼 수 있다. 요의 지배하에서 여러 부족이 자기의 정체성을 유지하면서 살아가고 있었다는 점에서 요의 이민족 통치 방식을 간접적으로 엿볼 수 있는 중요한 자료라고 볼 수 있다.

특히 거란의 발상지로 불리는 목엽산에 관한 기록은 매우 중요하다고 볼 수 있다. 보통 중경 또는 상경(上京)에서 거란 황제를 알현하였는데, 송수는 목엽산에서 직접 황제를 만났음을 알 수 있다. 즉 거란 황제의 행궁이 머무르는 곳에서 황제를 만났다는 점에서 거란 황제가 머무는 곳에서 송의 사신을 맞이하였다고 볼 수 있다. 따라서 거란의 발상지이자 태조의 무덤이 있어 신성시되는 목엽산에서 요가 송의 사신을 맞이했다는 점에서 시사하는 바가 크다고 볼 수 있다.

또한 요의 행궁 시스템에 대한 기록도 주목된다. 『요사』의 기록이 소략할 뿐 아니라 요가 자체적으로 남긴 기록이 많지 않은 상황에서, 이 기록을 통해 행궁의 모습과 배치 양상을 확인할 수 있다. 이는 다른 사료들과 비교·검증을 통해서 요의 행궁 시스템을 어느 정도 복원해 볼 수 있다는 점에서 중요한 사료적 가치가 있다고 하겠다.

판본 설명

이용판본 : [宋] 李燾 撰, 『續資治通鑑長編』, 北京: 中華書局, 2004.
　　　　　[宋] 葉隆禮 撰, 『契丹國志』, 北京: 中華書局, 2000.
　　　　　[元] 馬端臨 撰, 『文獻通考』(上海師範大學古籍研究所 等 點校), 北京: 中華書局, 2011.
　　　　　[淸] 徐松 輯, 劉琳 等 校點, 『宋會要輯稿』, 上海: 上海古籍出版社, 2014.
참고판본 : 賈敬顔, 『五代宋金元人邊疆行記十三種疏證稿』, 中華書局, 2004. (약어 : 邊疆)
　　　　　趙永春, 『奉使遼金行程錄(增訂本)』, 常務印書館, 2017. (약어 : 奉使)

【원문】

天禧四年, 工部員外郞·知制誥宋綬充使.[1]

始至木葉山, 及還, 上虜中風俗.[2] 富谷館八十里至通天館, 距中京二十里.[3] 山在中京東微北. 自中京過[4]小河, 唱叫山, 道北奚王避暑莊, 有亭臺. 由古北口北[5]至中京, 北皆奚境. 奚本與契丹等. 後爲契丹所幷. 所在分奚·契丹·漢人·渤海雜處之. 奚有六節度·都省·統領. 言語·風俗與契丹不[6]同. 善耕種·步射, 入山采獵, 其行如飛.

【교감】

[1] 賈氏注: '工部員外郞'은 『文獻通考』에만 나온다. 또 『文獻通考』에는 '綬'가 '綬'로 되어 있는데, 이는 잘못 기록된 것이다. 『宋史』와 『遼史』에도 '綬'로 되어 있다.

趙氏注: 『續資治通鑑長編』에는 이 부분이 빠져 있다. 『宋會要輯稿』에는 '四年, 知制誥宋綬充使.'로 되어 있다.

[2] 賈氏注: 『文獻通考』에는 '及還, 上虜中風俗.' 7자가 빠져 있다. 『續資治通鑑長編』에는 '先是, 宋綬等使還, 上契丹風俗, 云綬等始至木葉山, ……'으로 되어 있다.

[3] 賈氏注: 원래 기록에는 없으나, 『元一統志』에 의거하여 '富谷館八十里至通天館, 距中京二十里.'를 보충하였다.

[4] 賈氏注: 『續資治通鑑長編』에는 '過' 앞에 '東'이 있다.

[5] 賈氏注: 『文獻通考』에는 '口北'이 빠져 있다. 『續資治通鑑長編』에는 '北'만 빠져 있다.

[6] 賈氏注: '不'은 확실치 않다.

【번역】

천희(天禧)[1] 4년(1020), 공부원외랑(工部員外郞)[2] 지제고(知制誥)[3] 송수(宋綬)[4]를 거란 황제 생신사(生辰使)[5]로 임명하였다. 처음으로 목엽산(木葉山)[6]에 이르렀고, 돌아와서 [송 진종(眞宗)에게] 거란 내부[虜中]의 풍속(風俗)을 보고하였다. 부욕관(富谷館)에서 80리를 가면 통천관(通天館)에 이르고, [통천관은] 중경(中京)[7]에서 20리 정도 떨어져 있다. 목엽산은 중경에서 동쪽 방향으로 약간 북쪽에 위치하고 있다. 중경에서 작은 하천을 지나면, 창규산(唱叫

山)이 나오고, 길 북쪽에는 해왕(奚王)의 피서장(避暑莊)으로, 누각(정대(亭臺))이 있다. 고북구(古北口)[8]에서 북쪽으로 가면 중경에 이르렀는데, 북쪽은 모두 해(奚)[9]의 경계이다. 해는 본래 거란(契丹)과 차이가 없다. 후에 거란에게 병탄되었고, 해인(奚人)·거란(契丹人)·한인(漢人)·발해인(渤海人)이 잡거하고 있다. 해는 6절도사(六節度使), 도성(都省), 통령(統領)이 있다. 언어와 풍속은 거란과 같지 않다. 논밭을 갈고 씨를 뿌려 작물을 가꾸는 일과 걷거나 뛰면서 활을 쏘는 것을 잘하는데, 산에 들어가서 사냥을 할 때 그 행동거지가 마치 나는 것과 같이 민첩하였다.

【주석】

[6-1] 천희(天禧): 송의 제3대 황제인 진종(眞宗)이 사용한 네 번째 연호(1017~1021)이다.

[6-2] 공부원외랑(工部員外郞): 정원 이외 공부(工部)의 낭관(郞官)을 의미하는데, 공부는 국가의 영건(營建)·공작(工作)·수리(水利)·교통 등에 관한 일을 관장하였다. 수대(隋代) 상서성(尙書省)의 24사에 각기 원외랑(員外郞)을 1명씩 두어서 차관(次官)으로 업무를 담당하게 하였다. 정원 이외에 둔 낭관으로, 진(晉) 무제(武帝)가 원외산기상시(員外散騎常侍)와 원외산기시랑(員外散騎侍郞)을 두어 원외랑이라 칭한 데에서 비롯되었다. 수 개황(開皇) 3년(583)에 상서성의 24사에 각각 1명씩 원외랑을 두어 차관으로 업무를 담당하게 하였다. 당대(唐代)에는 각 부(部)의 정식 관원으로 삼아 낭중(郞中)의 아래와 주사(主事)의 위로 대우하였고, 청대(淸代)에 이르기까지 그 제도를 유지하여 원외가 아닌 실제 편제상 정원으로 들어갔다. 송대(宋代)에는 직장(職掌)이 없었고, 단지 육품(六品)의 기록관(寄祿官)이었다. 신종(神宗) 원풍(元豐) 연간(1078~1085)의 관제 개혁 때 다시 직장을 받았고, 정7품(正七品)으로 낮아졌다.

[6-3] 지제고(知制誥): 앞의 [3-2] 참조.

[6-4] 송수(宋綬): 송수(991~1041)는 자(字)가 공수(公垂)이고, 조주(趙州) 평극(平棘) 출신이다. 송수는 학자이자 장서가(藏書家)로, 송수를 매우 사랑한 외조부 양휘(楊徽)가 아들이 없어 자신이 소유한 모든 장서를 그에게 주었다. 대략 그의 집에는 만 권이 넘는 책이 있었으며, 또한 스스로 책을 교감했다고 한다.『진종실록(眞宗實錄)』편찬에도 참여했으며, 송 인종(仁宗) 명도(明道) 연간(1032~1033)에는 참지정사(參知政事)를 제수받았고, 예

부상서(禮部尙書) 및 지하남부(知河南府)을 역임하였다. 강정(康定) 원년에는 서하(西夏) 이원호(李元昊)와 전쟁을 하면서, 인종에게 공수십책(攻守十策)을 올려 지추밀원사(知樞密院事)로 발탁되었고, 그해 9월에는 병부상서 겸 참지정사가 되었다.

[6-5] 생신사(生辰使): 앞의 [4-4] 참조.

[6-6] 목엽산(木葉山): 지금의 네이멍구자치구(內蒙古自治區) 시라무렌하(西拉木倫河)와 라오하하(老哈河)가 합류하는 지점에 있는 옹뉴트기(翁牛特旗) 하이진산(海金山)으로 추정된다.[413] 거란의 선조가 대대로 이곳에서 살았기 때문에, 거란 민족의 성산으로 여겨진다. 『요사』「지리지」에 따르면 목엽산에 거란 시조묘를 세웠는데, 기수가한(奇首可汗)은 남묘(南廟)에, 가돈(可敦)은 북묘(北廟)에 모셨다. 흙으로 두 분의 신상과 여덟 아들의 신상도 만들었다고 한다. 전해 오는 이야기에 따르면 "신인(神人)이 흰 말을 타고 마우산(馬盂山)에서 토하를 따라 동으로 오고, 천녀(天女)가 청우(靑牛)가 끄는 수레를 타고 황하(潢河, 시라무렌하)를 따라 내려왔다. 목엽산에 이르러서 두 강이 합류되자 거기서 서로 만나 짝을 이루어 여덟 아들을 낳았고, 그 후 족속이 점차 번성하여 나누어 8부가 되었다."라고 전한다. 거란은 매번 행군하거나 봄, 가을 시제(時祭) 때 반드시 백마와 청우를 제수를 삼았다고 한다.[414]

[6-7] 중경(中京): 앞의 [3-63] 참조.

[6-8] 고북구(古北口): 앞의 [4-45] 참조.

[6-9] 해(奚): 앞의 [2-58] 참조.

---

413 목엽산의 위치에 대해서는 여러 설이 존재하는데, 그중 하나가 조주(祖州)에 있다는 설이다. 최근 천샤오웨이(陳曉偉)는 목엽산이 조주에 있다는 설을 부정하였다. 이에 대해서는 陳曉偉, 「契丹木葉山地望新探 — 兼談遼太祖阿保機葬所之傳聞」, 『漢學研究』 35卷 1期, 臺北: 漢學研究資料及服務中心, 2017을 참고.

414 『遼史』 卷37, 「地理志」 1, 上京道, 永州條, "有木葉山, 上建契丹始祖廟, 奇首可汗在南廟, 可敦在北廟, 繪塑二聖幷八子神像. 相傳有神人乘白馬, 自馬盂山浮土河而東, 有天女駕靑牛車由平地松林泛潢河而下. 至木葉山, 二水合流, 相遇爲配偶, 生八子. 其後族屬漸盛, 分爲八部. 每行軍及春秋時祭, 必用白馬靑牛, 示不忘本云. 興王寺, 有白衣觀音像. 太宗援石晉主中國, 自潞州回, 入幽州, 幸大悲閣, 指此像曰, '我夢神人令送石郎爲中國帝, 即此也.' 因移木葉山, 建廟, 春秋告賽, 尊爲家神. 興軍必告之, 乃合符傳箭於諸部."

【원문】

凡六十里至[7]殺騕河館. 過惠州, 城二重,[8] 至低小, 外城無人居, 內城有瓦屋[9]·倉廩, 人多漢服.

七十里至榆林館, 館前有小河,[10] 屈曲北流. 自此入山, 小人居.

七十里至訥[11]都烏館. 蕃語謂山爲'訥都',[12] 水爲'烏'.

七十里至香山子館.[13] 前倚土山, 臨[14]小河. 其東北三十里, 卽長泊也. 涉沙磧, 過白馬淀.

九十里至水泊館. 度土河, 亦云撞水.[15] 聚沙成墩, 少人烟, 多林木. 其河邊平處, 國主曾於此過冬.

【교감】

[7] 賈氏注: '凡六十里至', 『續資治通鑑長編』에는 '北六十里至'로 되어 있다. 『文獻通考』에는 '凡六十里'로 되어 있다.

[8] 賈氏注: '城二重', 『續資治通鑑長編』에는 '城二里'으로 되어 있고, 『總要』에는 '城方二里'로 되어 있다.

[9] 賈氏注: '屋', 『文獻通考』와 『總要』에는 '舍'로 되어 있다.

[10] 賈氏注: 『續資治通鑑長編』에는 '七十里至榆林館, 前有小河.'로 되어 있다.

[11] 賈氏注: '訥', 『文獻通考』에는 '內'로 되어 있는데, 이는 잘못된 것이다.

[12] 賈氏注: '蕃語謂山爲訥都', 『文獻通考』에는 '蕃語山爲訥'로 되어 있다.

[13] 賈氏注: '山子館', 『宋會要輯稿』·『文獻通考』에는 '子山館'으로 되어 있다.

[14] 입력자注: 臨, 『續資治通鑑長編』에는 '依'로 되어 있으나, 『宋會要輯稿』·『文獻通考』에 의거해 수정하였다.

[15] 賈氏注: '撞水', 『文獻通考』에는 '撞撞水'로 되어 있다.

【번역】

대략 60리를 가니, 고력하관(殺騕河館)에 이르렀다. 혜주(惠州)를 지나는데 성이 이중으로 되어 있었고, 낮고 작은 곳에 이르자 외성(外城)은 사람이 살지 않고 내성에는 기와집과 창고가 있었으며, 사람들이 대부분 한복(漢服)을 입고 있었다. [혜주에서] 70리를 가니 유림관(榆林館)에 이르렀고, 관 앞에 작은 하천이 있었는데 이리저리 굽어 북쪽으로 흘러갔다. 이곳에서 산으로 들어가면, 거주하는 사람들이 적었다. [유림관에서] 70리를 가니, 눌도오관(訥都烏館)에 이르렀다. 거란어[蕃語]로 산을 '눌도(訥都)'[10]라 하고, 물을 '오(烏)'[11]라고 하였다. [눌도오관에서] 70리를 가니, 향산자관(香山子館)에 이르렀다. 관 앞에는 토산(土山)이 옆에 있고, 작은 하천을 끼고 있었다. 그 동북쪽으로 30리를 가면, 즉 장박(長泊)[12]이다. 모래섬을 건너고 백마정(白馬淀)[13]을 지나 90리를 더 가면, 수박관(水泊館)에 이르렀다. 토하(土河)[14]를 건너는데, 또한 동수(撞水)라고도 불렸다. 모래를 모아 돈대를 이루었는데, 인가는 많지 않았고, 수풀의 나무는 많았다. 그 동수 주변의 평평한 곳은 거란 황제[國主]가 일찍이 이곳에서 겨울을 지냈다.

【주석】

[6-10] 눌도(訥都) : 쑨보쥔(孫伯君)과 녜훙인(聶鴻音)은 거란어 '산(山)'을 ˚nudu로 재구(再構)하였지만, 그 어원은 상세하지 않다고 하였다.[415]

[6-11] 오(烏) : 쑨보쥔과 녜훙인은 거란어 '수(水)'를 ˚u로 재구(再構)하였다. 현대 몽골어의 'usun', 다우르어의 'os'와 같은 어원으로, 옛 몽골어로는 『지원역어(至元譯語)』「지리문(地理門)」에서 "沃速, 水."라고 하였고, 『화이역어(華夷譯語)』「지리문(地理門)」에서 "兀孫, 水."라고 하였다.[416]

[6-12] 장박(長泊) : 앞의 [4-23] 참조.

[6-13] 백마정(白馬淀) : 광평정(廣平淀)이라고도 하며, 토하(土河) 하류 부근이지만 정확한 위치는 알 수 없다. 거란 황제가 겨울 날발에 주로 머무르는 곳이다. 『요사(遼史)』「영위지(營衛志)」중(中)에 따르면, "겨울 날발은 광평정(廣平淀)이라고 한다. 영주(永州)의 동남쪽 30리에 있고, 본래 이름은 백마정(白馬淀)이다. 너비는 동서 20여 리이고, 남북 10여 리이다. 땅이 매우 평탄하고 사방에는 모두 모래 둔덕이 보이며, 느릅나무와 버

---

415 孫伯君·聶鴻音, 『契丹語研究』, 北京: 中國社會科學出版社, 2008, 86쪽.
416 孫伯君·聶鴻音, 『契丹語研究』, 113쪽.

드나무가 많다. 그 땅은 기름진 모래인데, 겨울은 조금 따뜻하여 황제의 아장(牙帳)이 대부분 이곳에서 겨울을 보내면서, 북면·남면 대신들과 국사(國事)를 논의하고 때때로 사냥으로 무예를 익히며, 아울러 남쪽 송(宋)과 여러 나라의 조공을 받는다."[417]라고 하였다.

[6-14] 토하(土河): 지금의 네이멍구자치구(內蒙古自治區) 라오하하(老哈河)로, 거란(契丹)의 시조(始祖)인 기수가한(奇首可汗)이 황하(潢河, 시라무렌하)와 토하(土河, 老哈河)가 합류하는 곳에 머물렀다고 한다.

【원문】

凡八十里至張司空館.

七十里至木葉館. 離中京, 皆無館舍, 但宿穹帳.[16] 欲至木葉三十里許, 始有居人瓦屋[17]及僧舍. 又[18]歷荊棒荒草, 復渡土河.[19] 木葉山本阿保機葬處, 又云祭天之地.[20] 東向設氈屋, 題[21]曰省方殿. 無階, 以氈藉地, 後有二大帳. 次北又設氈屋, 題[22]曰慶壽殿. 去山尙遠. 國主帳在氈屋西北, 望之不見. 嘗出三豹, 甚馴, 馬上附胡人[23]而坐, 獵則以捕獸. 蕃俗[24]喜[25]罩魚, 設氈廬[26]於河冰[27]之上, 密掩其門, 鑿冰[28]爲竅, 擧火[29]照之, 魚盡來湊, 卽垂釣竿, 罕有失者.

回[30]至張司空館, 聞國主在土河上罩魚. 以魚來饋.

【교감】

[16] 賈氏注: '穹帳', 『宋會要輯稿』에는 '空帳'으로 되어 있는데, 이는 잘못된 것이다.

[17] 賈氏注: '瓦屋', 『宋會要輯稿』에는 '瓦舍'로 되어 있다.

[18] 賈氏注: '又', 『文獻通考』에는 '及'으로 되어 있다.

[19] 賈氏注: '復渡土河', 『續資治通鑑長編』에는 '復渡土河至'로 되어 있다.

---

417 『遼史』卷32, 「營衛志」中, 行營, 冬捺鉢條, "冬捺鉢, 曰廣平淀. 在永州東南三十里, 本名白馬淀. 東西二十餘里, 南北十餘里. 地甚坦夷, 四望皆沙磧, 木多楡柳. 其地饒沙, 冬月稍暖, 牙帳多於此坐冬, 與北·南大臣會議國事, 時出校獵講武, 兼受南宋及諸國禮貢."

[20] 賈氏注: '地', 『文獻通考』에는 '所'로 되어 있다.
[21] 賈氏注: '題', 『續資治通鑑長編』·『文獻通考』에는 '署'로 되어 있다.
[22] 賈氏注: '題', 『續資治通鑑長編』에는 이 글자가 빠져 있으며, 『文獻通考』에는 '署'로 되어 있다.
[23] 賈氏注: '胡人', 『續資治通鑑長編』에는 '人'으로 되어 있다.
[24] 賈氏注: '蕃俗', 『宋會要輯稿』·『文獻通考』에는 '俗'으로 되어 있다.
[25] 賈氏注: '喜', 『文獻通考』에는 이 글자가 없다.
[26] 賈氏注: '毡로廬', 『宋會要輯稿』에는 '毡'으로 되어 있다.
[27] 賈氏注: '冰', 『文獻通考』에는 이 글자가 빠져 있다.
[28] 趙氏注: '冰', 『續資治通鑑長編』에는 '木'으로 되어 있는데, 이는 잘못된 것이다.
[29] 趙氏注: '火', 『續資治通鑑長編』에는 이 글자가 빠져 있다.
[30] 입력자注: '回', 『續資治通鑑長編』에는 '廻'로 되어 있다.

【번역】

대략 [동수에서] 80리를 가면, 장사공관(張司空館)에 이른다.

[장사공관에서] 70리를 가면, 목엽관(木葉館)에 이르렀다. 중경(中京)을 떠나고 나서부터 모두 관사(館舍)가 없어서 다만 궁장(穹帳)에서 묵었고, 장차 목엽관에 이르려고 하는데 30리 남짓 남겨 두고 비로소 거주민, 기와집과 승사(僧舍)가 있었다.

가시덤불과 거친 풀을 지나고 다시 토하(土河)를 건넜다. 목엽산은 본래 야율아보기(耶律阿保機)[15]의 장지(葬地)로 또 하늘에 제사를 지내는 곳이라고도 하였다. 동쪽을 향해서 전옥(毡屋)들이 세워져 있는데, 제액(題額)에 성방전(省方殿)[16]이라 쓰여 있었다. 계단이 없고, 모전을 땅에 깔았고, 뒤에는 두 개의 큰 장(帳)이 있었다. 다음으로는 북쪽에 또 전옥들이 세워져 있는데, 경수전(慶壽殿)[17]이라 쓰여 있었다. 산을 지나도 [거란 황제가 머무는 곳까지는] 아직도 멀었다. 거란 황제의 장막은 전옥의 서북쪽에 위치했는데, 이것을 엿보려고 해도 볼 수 없었다. 일찍이 3마리의 표범이 나왔는데 매우 길들여 있었고, 말 옆에서 호인(胡人)이 앉아 있다가 사냥할 때에는 짐승을 잡았다. 거란의 풍속[蕃俗]은 가리[罩]로 물고기 잡는 것을 좋아해서, 호수의 얼음 위에 전려(毡廬)를 설치하고 그 문을 촘촘하게 하여 얼음을 깨고 구멍을 내서, 횃불을 들어 구멍을 비추면 물고기가 모두 몰려드는데 바로 낚싯대를 내리면 놓치는 일이 드물었다.

돌아와서 장사공관에 이르렀고, 거란 황제가 토하 위에서 가리로 물고기를 잡는다고 들었는데 물고기를 보내왔다.

【주석】

[6-15] 야율아보기(耶律阿保機): 앞의 [1-19] 참조.

[6-16] 성방전(省方殿): 겨울 날발에서 거란 황제의 아장(牙帳) 남쪽에 위치하였다. 『요사(遼史)』「영위지(營衛志)」에 따르면, "남쪽에 성방전(省方殿)이 있고, 전(殿)의 북쪽 약 2리에 수녕전(壽寧殿)이 있는데 모두 나무기둥과 대나무로 서까래를 만들었고, 모전(毛氈)으로 지붕을 덮었다. 기둥에는 그림을 그리고 비단으로 벽을 둘렀으며, 붉은 비단 편액을 달았다. 또 황포(黃布)에 용을 수놓아 지장(地障)으로 삼고, 창문과 창살은 모두 모전으로 만들었으며, 기름 먹인 황색 비단을 그 위에 덮었다. 단의 높이는 1척(尺) 남짓이고, 양쪽 행랑의 지붕 또한 모전으로 덮었으며, 출입문은 없다."[418]라고 하였다.

[6-17] 경수전(慶壽殿): 거란 황제의 아장 북쪽에 위치하였고, 『요사』「영위지」 중에는 '수녕전(壽寧殿)'이라고 기록되어 있다.

【원문】

> 是歲隆慶卒.[31] 隆慶初封常王,[32] 及請盟, 改梁王, 後封秦國, 又加秦晉國王.[33] 隆裕有子宗業, 封廣平王, 爲中京留守. 改幽州幽都縣爲宛平縣.

【교감】

[31] 賈氏注: '隆慶卒', 『文獻通考』에는 이 3자가 빠져 있다.

---

418 『遼史』卷32,「營衛志」中, 行營, 冬捺鉢條, "南有省方殿, 殿北約二里曰壽寧殿, 皆木柱竹榱, 以氈爲蓋, 彩繪韜柱, 錦爲壁衣, 加緋繡額. 又以黃布繡龍爲地障, 窓・棩皆以氈爲之, 傅以黃油絹. 基高尺餘, 兩廂廊廡亦以氈蓋, 無門戶."

[32] 賈氏注: '常王', 송나라 사람이 진종(眞宗)의 이름(恒)을 피휘하여 야율융경의 왕호 '恒王'을 '常王'으로 표기한 것이다.

[33] 賈氏注: '秦晉國王', 『文獻通考』에는 '秦國王'으로 되어 있다.

【번역】

이해에 융경(隆慶)[18]이 죽었다. 융경은 초에 상왕(常王)에 봉해졌고, 전연의 맹[澶淵之盟][19]을 청했을 즈음에 양왕(梁王)으로 고쳐졌고, 후에 진국왕(秦國王)으로 봉해졌다. 또 진진국왕(秦晉國王)을 더했다. 융유(隆裕)[20]에게는 종업(宗業)[21]이라는 아들이 있었는데, 광평왕(廣平王)으로 봉하고 중경유수(中京留守)로 삼았다. 유주(幽州)[22]의 유도현(幽都縣)을 고쳐 완평현(宛平縣)으로 삼았다.

【주석】

[6-18] **야율융경(耶律隆慶)**: 앞의 [3-24] 참조.

[6-19] **전연의 맹[澶淵之盟]**: 1004년에 요와 송이 맺은 평화 조약이다. 송과 요가 서로 황제임을 인정하면서 일종의 의제 가족 관계(擬制家族關係)를 맺었는데, 나이 차에 따라 송 진종(眞宗)이 형이 되고 요 성종(聖宗)이 아우가 되었다. 더불어 송은 해마다 은 10만 냥, 비단 20만 필을 세폐(歲幣)로 요에 보냈다. 또한 양국은 국경에서 상대방을 자극하는 행위를 하지 않고 문제가 있으면 서로 만나 문제를 해결하고자 하였으며, 이러한 맹약은 100년 동안 지속되어 송과 요 사이에 평화가 정착되었다.

[6-20] **야율융유(耶律隆裕)**: 앞의 [3-30] 초왕(楚王) 참조.

[6-21] **야율종업(耶律宗業)**: 야율융우(耶律隆祐)의 장자로, 호도고(胡都古)라고도 불렀다. 『요사(遼史)』 권16, 개태(開泰) 8년(1017) 12월 을사일에 "광평군왕(廣平郡王) 야율종업을 중경유수(中京留守) 대정윤(大定尹)으로 삼았다."[419]라고 하였고, 『요사』 권15, 개태 3년(1012) 6월 갑신일에 "황질(皇姪) 야율호도고(耶律胡都古)를 책봉하여 광평군왕으로 삼

---

[419] 『遼史』 卷16, 「聖宗本紀」 7, 開泰8年 12月 乙巳條, "乙巳, 以廣平郡王宗業爲中京留守·大定尹."

았다."⁴²⁰라는 기록에서 볼 수 있듯이, 호도고가 바로 종업이다.

[6-22] 유주(幽州): 앞의 [1-47] 참조.

【원문】

其衣服之制, 國母與蕃臣皆胡服.[34] 國主與漢官則[35]漢服. 蕃官[36]戴氈冠. 上以金華爲飾, 或加珠玉翠毛, 盖漢·魏時遼人步[37]搖冠之遺象也. 額後垂金花織成, 夾帶中貯髮一總.[38] 服紫窄[39]袍, 加義襴繫鞊鞢帶,[40] 以黃紅色絛裏革[41]爲之, 用金·玉·水晶·壁石綴飾. 又有紗冠, 制如烏紗帽, 無[42]簷. 不擫雙耳. 額前綴金花, 上結紫帶, 帶末綴珠,[43] 或紫皁[44]幅巾, 紫窄[45]袍, 束帶.[46] 大夫[47]或綠巾,[48] 綠花窄[49]袍, 中單多紅綠色. 貴者被貂裘, 貂以紫黑色[50]爲貴, 青色爲次. 又有銀鼠, 尤潔白. 賤者被貂毛·羊·鼠·沙狐裘. 弓以皮爲弦, 箭削樺爲簳. 轡勒輕駃,[51] 便於馳走. 以貂鼠或鵝項[52]·鴨頭爲扞腰. 蕃官有夷離畢, 參聞國政, 左右林牙, 掌命令, 惕隱, 若司宗之類. 又有九行宮, 每宮置[53]使及總管.[54] 掌領部族, 有永興·積慶·洪義·昭敏等名.

【교감】

[34] 賈氏注: '國母與蕃臣皆胡服', 『文獻通考』·『契丹國志』에는 '國母與蕃官皆胡服'으로 되어 있으며, 『契丹國志』에는 '國母與蕃臣皆番服'으로 되어 있다.

　　입력자注: '國母與蕃臣皆胡服', 『續資治通鑑長編』에는 '國母與蕃官國服'으로 되어 있다.

[35] 賈氏注: '則', 원래 '卽'으로 되어 있는데, 『契丹國志』에 따라 수정하였다.

[36] 賈氏注: '蕃官', 원래 '蕃冠'으로 되어 있는데 이는 잘못된 것이므로, 『文獻通考』·『契丹國志』·『遼史』에 따라 수정하였다.

[37] 賈氏注: '步', 『續資治通鑑長編』·『宋會要輯稿』에는 이 글자가 빠져 있다.

[38] 입력자注: 『續資治通鑑長編』에는 '額後垂金花織成夾帶, 中貯髮一總.'으로 표점하였다.

[39] 趙氏注: '窄', 『文獻通考』에는 '穿'으로 되어 있다.

---

420 『遼史』 卷15, 「聖宗本紀」 6, 開泰3年 6月 甲申條, "封皇姪胡都古爲廣平郡王."

[40] 賈氏注: '繫靺鞨帶', 『契丹國志』에는 '紫靺鞨帶'로 되어 있다. 『續資治通鑑長編』·『宋會要輯稿』에는 '繫靺帶'로 되어 있다.

[41] 趙氏注: '革', 『續資治通鑑長編』에는 '帶'로 되어 있다.

[42] 賈氏注: '無', 『文獻通考』에는 小字로 쓰여 있다.

[43] 賈氏注: 『文獻通考』·『遼史』에는 '上結紫帶, 末綴珠.'로 되어 있다.

[44] 賈氏注: '皁', 『續資治通鑑長編』·『宋會要輯稿』에는 '帛'으로 되어 있는데, 이는 잘못된 것이다.

[45] 趙氏注: '窄', 『文獻通考』에는 '穿'으로 되어 있다.

[46] 입력자注: '或紫皁幅巾, 紫窄袍, 束帶.' 『遼史』 권56, 「儀衛志」, 國服에는 '皇帝紫皁幅巾, 紫窄袍, 玉束帶, 或衣紅襖. 臣僚亦幅巾, 紫衣.'로 되어 있다.

[47] 賈氏注: '大夫', 『契丹國志』에는 '丈夫'로 되어 있다.

[48] 입력자注: '綠巾', 『續資治通鑑長編』에는 '綠中單'으로 되어 있다.

[49] 趙氏注: '窄', 『文獻通考』에는 '穿'으로 되어 있다.

[50] 賈氏注: '紫黑色', 『宋會要輯稿』에는 '紫黑水色'으로 되어 있다.

[51] 賈氏注: '駛', 『續資治通鑑長編』에는 '簡'으로 되어 있으며, 『文獻通考』는 '缺'로 잘못 기록되어 있으며, 『契丹國志』에는 '快'로 되어 있다.

[52] 賈氏注: '鵝項', 『宋會要輯稿』에는 '鵝頂'으로 되어 있다.

[53] 賈氏注: '置', 『續資治通鑑長編』에는 '署'로 되어 있다.

[54] 賈氏注: '總管', 『續資治通鑑長編』에는 '部署'로 되어 있다.

【번역】

거란의 의복 제도는 국모(國母)와 번신(蕃臣)은 모두 호복(胡服)을 입었고, 국주(國主)와 한관(漢官)은 한복(漢服)을 입었으며, 번관(蕃官)은 전관(氈冠)을 썼다. 위에는 화려한 빛깔이 있는 금으로 장식하고, 혹 구슬이나 물총새의 깃을 더했는데, 대체로 한(漢)·위(魏) 때 선비족[遼人]들이 쓰던 보요관(步搖冠)[23][의 형태]가 남아 있는 모습이다. 이마 뒤로 금화(金花)를 드리워서 땋아 내리고, 협대(夾帶)의 중간 머리를 모아서 하나로 땋는다. 옷은 자착포(紫窄袍)를 입고 의란(義襴)을 더했으며, 첩섭대(鞊鞨帶)[24]를 매달았는데 황홍색(黃紅色) 끈으로 가죽을

싸서 만들었고, 금과 옥, 수정(水晶)과 벽석(壁石)을 꿰어서 장식하였다. 또 사관(紗冠)[25]이 있는데, 그 형태가 마치 오사모(烏紗帽)[26]와 같았으나 챙이 없고 두 귀를 덮지 않는다. 이마 앞으로는 금화로 장식하고, 위로 자대(紫帶)를 묶었으며, 자대 끝에는 진주로 장식하였다. 혹 자조복건(紫皁幅巾)과 자착포를 입었고, 속대(束帶)를 찼다. 대부(大夫)는 혹 녹건(綠巾)을 썼고, 녹화착포(綠花窄袍)를 입었으며, 중단(中單)은 홍록색(紅綠色)이 많았다. 신분이 높은 사람은 담비 가죽으로 만든 갖옷[貂裘]을 입었는데, 담비는 자흑색(紫黑色)이 제일 귀하고 다음은 청색이었다. 은서(銀鼠) 가죽으로 만든 옷이 있는데, 완전히 하얀 것을 으뜸으로 생각하였다. 신분이 낮은 사람은 담비 털과 양과 쥐와 사막여우로 만든 가죽옷을 입었다. 활은 가죽으로 시위를 삼았고, 화살은 자작나무를 깎아 화살대를 만들었다. 언치와 굴레[鞦勒]는 자유자재로 경쾌하여 질주하는 데 편리하였다. 초서(貂鼠) 혹은 아항(鵝項), 압두(鴨頭)를 사냥하여 허리에 차고 다녔다. 번관에는 이리필(夷離畢)[27]이 있는데 국정에 참여하였고, 좌우 임아(林牙)[28]는 명령을 관할하였고, 척은(惕隱)[29]은 사종시(司宗寺)와 대체로 같다. 또 9개의 행궁(行宮)이 있는데, 궁마다 관리(사(使))와 총관(總管)을 두었다. 부족을 관할하고 통솔했으며, 영흥궁(永興宮)·적경궁(積慶宮)·홍의궁(洪義宮)·소민궁(昭敏宮)[30] 등이 있다.

〈그림 6-1〉『동단왕출행도(東丹王出行圖)』속 승마 모습(미국 보스턴미술관 소장)

【주석】

[6-23] 보요관(步搖冠): 선비족(鮮卑族)의 금제 관식을 흔히 보요관으로 불렀는데, 위쪽이 점차 넓어지는 장방형 금판(金版)에 삼엽문(三葉文)이 투각되고 그 위에 나뭇가지 모양으로 구부러진 금선에 보요가 가득 매달린 형태이다. 주로 모용씨(慕容氏)가 쓰던 관이다. 후에 모용씨 보요관의 영향을 받아 북위(北魏)에서도 주로 사용되었다.[421]

[6-24] 첩섭대(鞊鞢帶): 접섭대(鞊鞢帶), 접섭대(蹀躞帶)라고도 하며, 허리에 물건을 찰 수 있도록 만든 허리띠이다. 주로 유목 민족들이 사용한 물건으로, 돌궐의 석인상에서도 이를 착용한 모습이 확인된다. 접섭대(첩섭대)의 종류는 크게 실용품을 늘어뜨린 것, 금속 장식끈에 상징적인 모형물들이 달려 있는 것, 휴대품 없이 장식끈만 늘어뜨린 것, 휴대품을 매단 끈과 장식 끈을 혼용하여 늘어뜨린 것의 네 가지로 구분된다.[422] 송수(宋綬)의 기록에 따르면, 요대 접섭대(첩섭대)는 휴대품을 매단 끈과 장식 끈을 혼용하여 늘어뜨린 것에 해당한다.

『요사』권116, 「국어해(國語解)」에서 무관(武官)이 차는 띠라고 설명하였고,[423] 『요사』 권56, 「의위지(儀衛志)」 2에 따르면, 거란인 신료가 조회할 때 자착포를 입고 첩섭대를 맨다는 기록이 있다. 거란에서 무관들이 주로 조회할 때 착용하던 것으로, 상당히 격식 있는 패용품이라고 볼 수 있다.

[6-25] 사관(紗冠): 깁으로 만든 모자로, 『요사』권56, 「의위지」 2에 따르면, 신료가 조회할 때 사관을 쓰기도 한다고 하였다. 『송사』「오규전(吳奎傳)」에 따르면, 거란에서는 금관(金冠)을 제일 중요시하고 사관을 그다음으로 여긴다고 하였고, 사신이 서로 만나면 그 의복의 등급[重輕]에 따라서 서로 대해야 한다고 하였다. 마침 거란에 사신으로 갔다가 송으로 돌아오는 길에 거란 사신을 만났는데, 그 사신이 사관을 쓰고 맞이하니

---

421 이송란, 「중국 위진남북조시대 金蟬紋璫과 金步搖冠의 시원과 전개」, 『고문화』 78, 서울: 한국대학박물관협회, 2011 참조.
422 권현주, 「접섭대(鞊鞢帶)에 관한 연구」, 『中央아시아 硏究』 第11號, 파주: 중앙아시아학회, 2006, 224쪽.
423 『遼史』卷116, 「國語解」, 儀衛志, "鞊鞢帶,【上他協切, 下徒協切.】武官束帶也."

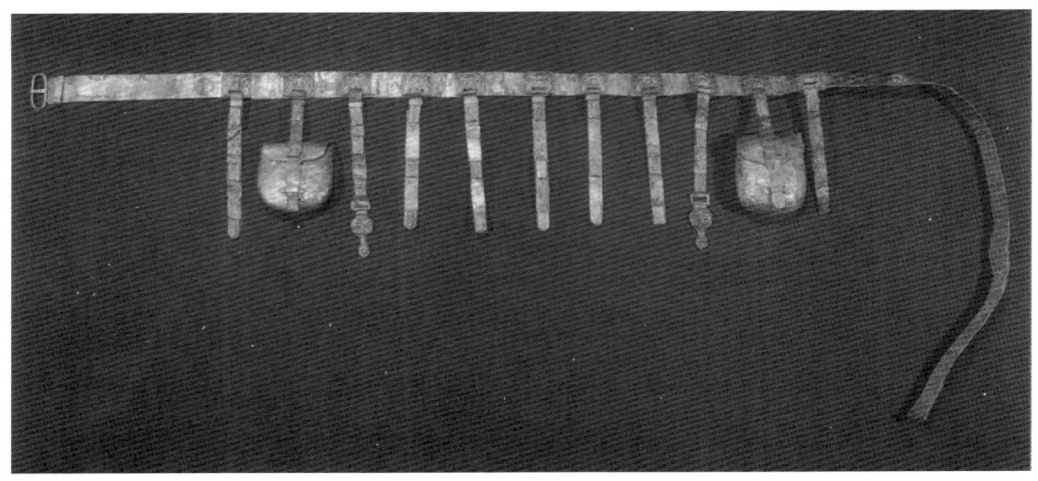

〈그림 6-2〉 진국공주묘(陳國公主墓) 출토 금과은정 접섭대(金銙銀鞓蹀躞帶)[424]

사신의 의관이 격에 맞지 않아서 거란 사신에게 실수했다는 기록이 있다.[425] 거란인들이 조회할 때 사관을 쓰던 것을 보면 오규가 인식한 것처럼 격이 낮은 의관이라고 볼 수 없고, 금관보다는 낮지만 어느 정도 격식이 있는 의관이라고 볼 수 있다.

[6-26] 오사모(烏紗帽): 검은 깁으로 짜서 만든 관모(官帽)로, 진(晉) 성제(成帝) 때 궁관(宮官)들이 오사홉(烏紗帢)을 썼고, 남조(南朝) 유송(劉宋) 때 오사모가 처음 만들어졌으며, 수대(隋代)에는 관원들이 썼다. 당대(唐代) 초기에는 귀천의 구별 없이 썼으나, 그 이후에는 주로 관원들이 썼다.

[6-27] 이리필(夷離畢): 북면조관(北面朝官)의 관직으로, 북면관 계통의 형옥(刑獄)을 관장하던 관청이다. 『요사』 권116, 「국어해(國語解)」에 따르면, "이리필은 곧 참지정사(參知政事)로, 뒤에 이리필원(夷離畢院)을 설치하여 형벌에 관한 일을 관장하게 하였다. 송(宋)의 조약(刁約)이 요에 사신으로 가서 지은 시에 '잔치를 주관하는 이리필[押宴夷離畢]'이라는 구절이 있는데, 이들이 집정관(執政官)이었음을 알 수 있다."[426]라고 하였다.

---

424 內蒙古自治區文物考古硏究所·哲里木盟博物館, 『遼陳國公主墓』, 三河: 文物出版社, 1993, 彩版 17쪽.
425 『宋史』 卷316, 「吳奎傳」, "奉使契丹, 會其主加稱號, 要入賀. 奎以使事有職, 不爲往. 歸遇契丹使於塗, 契丹以金冠爲重, 紗冠次之. 故事, 使者相見, 其衣服重輕必相當. 至是, 使者服紗冠, 而要奎盛服."
426 『遼史』 卷116, 「國語解」, 帝紀, 太祖紀, "夷離畢, 即參知政事, 後置夷離畢院以掌刑政. 宋刁約使遼有詩云, 押宴

[6-28] 임아(林牙): 거란인이 한림학사(翰林學士)에 대해 부르던 고유 명칭이다. 요 초기에 야율돌려불(耶律突呂不)과 야율노불고(耶律魯不古)가 거란 문자를 창제하는 데 공이 있어서 이 관직에 제수되었는데, 이때는 문반임아(文班林牙)라고 하였다. 뒤에 북면관(北面官)과 남면관(南面官)에 모두 임아를 두고 문장에 관한 일을 관장하게 하였다. 북면관에서는 대임아원(大林牙院)이라고 하였고, 속관(屬官)으로 북면도임아(北面都林牙), 북면임아승지(北面林牙承旨), 북면임아(北面林牙), 좌임아(左林牙), 우임아(右林牙)가 있었다. 남면관에서는 한림원(翰林院)이라고 하였고, 속관으로 한림도임아(翰林都林牙), 남면임아(南面林牙), 한림학사승지(翰林學士承旨), 한림학사(翰林學士) 등이 있었다. 남면임아는 한림학사와 같은 직책인데, 거란인이 임명되면 임아라고 하고 한인이 임명되면 한림학사라고 한 것으로 이해된다.[427]

[6-29] 척은(愓隱): 앞의 [3-71] 참조.

[6-30] 영흥궁(永興宮)·적경궁(積慶宮)·홍의궁(洪義宮)·소민궁(昭敏宮): 요 행궁의 명칭이다. 『요사』「영위지」에 따르면, 요의 제도는 천자가 제위에 오르면 궁위(宮衛)를 두고, 주현(州縣)과 부족(部族)을 나누어 관부(官府)를 설치하며, 호구(戶口)를 장부에 올려 병마를 준비하였다. 천자가 붕어하면 호종(扈從)과 후비의 궁장(宮帳)들은 능침(陵寢)을 받들게 하였다. 군사를 징발할 때에는 장정들은 전쟁터에 나가고 노약자들이 능침을 지키게 하였다. 태조는 홍의궁(弘義宮), 응천황후(應天皇后)는 장녕궁(長寧宮), 태종은 영흥궁(永興宮), 세종은 적경궁(積慶宮), 목종은 연창궁(延昌宮), 경종은 창민궁(彰愍宮), 승천태후(承天太后)는 숭덕궁(崇德宮), 성종은 흥성궁(興聖宮)이라 하였다. 또 효문황태제(孝文皇太弟)는 돈목궁(敦睦宮)이 있었고, 승상 야율융운에게는 문충왕부(文忠王府)가 있었다.[428] 여기서 홍의궁(洪義宮)과 소민궁은 각각 『요사』에서 태조의 홍의궁(弘義宮)과 경종의 창민궁을 가리키는 것으로 보인다.

夷離畢, 知其爲執政官也."
427 曹流, 『《亡遼錄》輯釋與硏究』, 成都: 巴蜀書社, 2022, 177-178쪽.
428 『遼史』 卷31, 「營衛志」 上, 宮衛條, "遼國之法, 天子踐位置宮衛, 分州縣, 析部族, 設官府, 籍戶口, 備兵馬. 崩則扈從后妃宮帳, 以奉陵寢. 有調發, 則丁壯從戎事, 老弱居守. 太祖曰弘義宮, 應天皇后曰長寧宮, 太宗曰永興宮, 世宗曰積慶宮, 穆宗曰延昌宮, 景宗曰彰愍宮, 承天太后曰崇德宮, 聖宗曰興聖宮, 興宗曰延慶宮, 道宗曰太和宮, 天祚曰永昌宮. 又孝文皇太弟有敦睦宮, 丞相耶律隆運有文忠王府."

7
심괄(沈括)의 『희녕사로도초(熙寧使虜圖抄)』

김한신

해제

『희녕사로도초(熙寧使虜圖抄)』는 북송(北宋) 희녕(熙寧) 8년(1075) 심괄(沈括, 1031~1095)이 우정언(右正言) 지제고(知制誥) 가한림시독학사(假翰林院侍讀學士)로서 영주자사(榮州刺史) 이평(李評)과 함께 요(遼)에 사신으로 다녀온 내용을 기록한 것이다.

북송 조정은 1004년 전연의 맹[澶淵之盟] 이후 요에 은과 비단을 세폐(歲幣)로 바치는 것으로써 변경의 안정을 유지해 왔다. 그러나 전근대 시기에 국경의 지리적 개념이 미약하던 상황 속에서 국가 간 국경의 비정을 두고 상호 충돌하기 일쑤였고, 특히 유약한 북송을 얕잡아 본 요가 지속적으로 강역(疆域)의 비정(比定) 문제를 제기하였다. 심괄의 출사(出使)와 『희녕사로도초』의 작성이 이루어진 신종 희녕 8년(1075)에도 요는 소희(蕭禧)를 보내어 두 나라 간의 국경을 다시 정하자고 요구하였다. 소희는 황외산(黃嵬山, 산시성(山西省) 위안핑시(原平市) 서남쪽) 일대 30여 리가 요의 땅이라고 주장했지만, 북송에서는 이에 대해 적절히 반박하지 못하였다. 이에 신종은, 신법(新法)을 지지하는 학자 관료이면서 천문·수학·지리·본초 같은 자연과학에도 능통하던 심괄이 이 문제를 해결할 수 있는 적합한 인물이라고 여겨 소희와 담판을 하게 하였다.

심괄은 추밀원(樞密院)에 가서 변경과 관련된 서류들을 면밀히 검토해 보고 황외산 일대 30리 땅이 송의 땅임을 고증하였다. 여기서 그치지 않고, 신종은 이에 다시 심괄을 요에 사신으로 보내 강역 비정 문제를 종식하고자 하였다.[429] 심괄은 신종의 기대에 부응할 만반의 준비를 하여 요의 재상 양익계(楊益戒)와 변경 문제를 담판하였고, 요에서 제기한 문제에 대해 확실한 증거를 갖고서 반박하였다.[430]

『희녕사로도초』는 일찍이 심괄의 문집에 수록된 적이 있다고 알려졌지만, 현재는 『영락

---

[429] 『宋史』 卷15, 「神宗本紀」, 熙寧8年 3月 庚子條, "庚子, 遼蕭禧再來, 遣韓縝往河東會議. 癸丑, 知制誥沈括 報聘."

[430] 『宋史』 卷331, 「沈遘·弟遼·從弟括傳」, "遼蕭禧來理河東黃嵬地, 留館不肯辭, 曰, '必得請而後反'. 帝遣括往聘. 括詣樞密院閱故牘, 得頃歲所議疆地書, 指古長城爲境, 今所爭蓋三十里遠, 表論之. 帝以休日開天章閣召對, 喜曰, '大臣殊不究本末, 幾誤國事.' 命以畫圖示禧, 禧議始屈. 賜括白金千兩使行. 至契丹庭, 契丹相楊益戒來就議, 括得地訟之籍數十, 預使吏士誦之, 益戒有所問, 則顧吏擧以答. 他日復問, 亦如之. 益戒無以應, 謾曰, '數里之地不忍, 而輕絶好乎.' 括曰, '師直爲壯, 曲爲老. 今北朝棄先君之大信, 以威用其民, 非我朝之不利也.' 凡六會, 契丹知不可奪, 遂舍黃嵬而以天池請. 括乃還, 在道圖其山川險易迂直, 風俗之純龐, 人情之向背, 爲使契丹圖抄上之. 拜翰林學士·權三司使."

대전(永樂大全)』권10,877 '[송] 심존중(沈存中)의 『서계집(西溪集)』「희녕사로도초(熙寧使虜圖抄)」'에서만 살펴볼 수 있다. 심괄에게는 『장흥집(長興集)』41권이 있었고, 『서계집』은 조카 심구(沈遘)가 지은 책이다. 남송 초에 처주사리참군(處州司理參軍) 고포(高布)가 심괄의 『장흥집』을 필두로 심구의 『서계집』, 심료(沈遼)의 『운소집(雲巢集)』을 묶어서 『심씨 삼선생 문집(沈氏三先生文集)』으로 편찬하였는데, 『영락대전(永樂大典)』을 엮은 사람이 『서계집』을 심괄의 저서로 잘못 기록하였다. 현재 『사부총간(四部總刊)』3편에 수록된 『심씨 삼선생 문집』중에 『장흥집』은 일부가 남아 있지만 『희녕사로도초』는 그중에 결권(缺卷)되어 있고, 현재는 『영락대전』에 『서계집』「희녕사로도초」만이 남아 있다.[431] 『희녕사로도초』외에도, 심괄은 임시 사절[泛使]로 요에 사신으로 갔다가 조정에 돌아온 뒤에 『을묘입국주청(乙卯入國奏請)』과 『을묘입국별록(乙卯入國別錄)』이라는 두 편의 특별 보고서를 조정에 제출하였다. 비록 이 두 편의 글은 송인(宋人)의 저록에서는 발견되지 않지만, 이도(李燾)의 『속자치통감장편(續資治通鑑長編)』권265, 희녕 8년 6월 임자조(壬子條)의 주(注)에서 "심괄은 『을묘입국주청』과 『을묘입국별록』이 있었는데, 사행의 일을 매우 상세하게 싣고 있다."[432]라고 언급하였다. 이 두 글은 송과 요 쌍방의 대담 실록(對談實錄)이었을 것으로 추정된다.

 이러한 『희녕사로도초』에 대한 연구로는 왕민신(王民信), 자징옌(賈敬顏), 그리고 자오융춘(趙永春)의 역주를 참고할 수 있다.[433] 이 밖에도 천톈우(陳天宇)의 연구[434]에서는 본래 『희녕사로도초』가 도본(圖本)과 함께 작성되었으나 현재는 그중 문장만이 남아 있다고 지적하면서, 『희녕사로도초』에 근거하여 북송 시기 요에 사신으로 갔던 다른 관원들의 행정(行程)과 관련된 어록(語錄)들을 종합하여 송의 경계인 거마하(巨馬河)에서 선우정(單于庭)에 이르는 노선도를 그렸다. 마지막으로 사와모토 미쓰히로(澤本光弘)의 연구[435]에서는 요의 역대 황제

---

431 趙永春, 『奉使遼金行程錄(增訂本)』, 北京: 常務印書館, 2017, 93쪽.
432 『續資治通鑑長編』卷265, 熙寧8年 6月 壬子條, "沈括自有乙卯入國奏請並別錄, 載使事甚詳, 須參考別修."
433 王民信, 『沈括熙寧使虜圖抄箋證』, 臺北: 學海出版社, 1976; 賈敬顏, 『五代宋金元人邊疆行記十三種疏證稿』, 北京: 中華書局, 2004; 趙永春, 『奉使遼金行程錄(增訂本)』, 北京: 常務印書館, 2017.
434 陳天宇, 「《熙寧使虜圖抄》出使線路圖與部分館驛考」, 『赤峰學院學報(漢文哲學社會科學版)』, 赤峰: 赤峰學院, 2015年 第2期.
435 澤本光弘, 「契丹(遼)の交通路と往来する人」, 鈴木靖民·荒井秀規 編, 『古代東アジアの道路と交通』, 東京: 株式會社 勉誠社, 2011; 同, 「北京~朝陽の地勢と宋遼交通路 - 檀州から中京にかけての航空寫眞をてがかりに - 」, 『東アジアにおける皇帝權力と國際秩序 金子修一先生古稀記念論文集』, 東京: 汲古院, 2020.

시기별로 당시 교통(交通) 상황을 알려 주는 다양한 기행록(紀行錄)과 행정록(行程錄) 등을 소개하고 그 특징에 대해서 설명하였는데, 그중 심괄의 『희녕사로도초』와 『을묘입국별록』에 대해서도 소개하고 있다.

　유목 민족이 세운 요의 교통로는 정주 민족의 경우와 크게 다르다. 요의 경우, 교통로라는 것이 물과 풀의 보급지를 연결하는 대략적인 것이었으며 항상 고정되어 있지 않았다. 초원의 하천은 큰비가 내릴 때마다 강줄기가 움직이고 초지는 춥고 따뜻함에 따라 변화하기 때문에, 엄밀한 루트를 추정하는 것은 용이하지 않다. 이러한 유목 민족 특유의 교통로는 10, 11세기가 되면 역사(驛舍)를 따라서 도로가 정비된다. 옛 발해의 영역과 연운십육주(燕雲十六州)를 지배함에 따라서 요의 통치하에서도 주현이 성립되는 등, 정주 거점이 증가하게 되었다. 이러한 교통로의 모습을 심괄의 『희녕사로도초』와 같이 현존하는 어록, 행정록과 그 단편으로부터 엿볼 수 있다.[436] 송 태조 이래 송 조정의 안보에 가장 큰 위협이던 요의 대송 침략 루트를 파악하고 더 나아가 향후 전개될지 모르는 요에 대한 군사적 공세를 준비하기 위해, 요의 교통로를 파악하는 것은 대단히 중요한 일이었다. 따라서 송 조정은 시기에 따라 변화하는 요의 교통로를 파악하기 위해 심괄과 같이 과학적 관찰에 뛰어난 인물을 사신으로 파견하여 지리 정보를 파악하도록 하였다.

　심괄의 『희녕사로도초』는 송 신종 시기 요의 교통로에 대한 상세한 정보를 제공해 주고 있을 뿐만 아니라, 우리에게 발해유민에 대한 귀중한 정보를 제공해 준다는 점에서도 큰 의미가 있다. 요는 태조 야율아보기 이래 강력한 발해의 부활을 두려워하여 발해의 유민들을 강제로 분산·이주시켰다. 또한 정주 농경을 위주로 하던 발해인들을 요의 내지로 이주시켜 안정적인 물자의 공급을 꾀하기도 하였다.[437] 『희녕사로도초』에서도 심괄은 발해유민들에 대해서 "해와 발해의 풍속은 연(燕) 지역과 유사하지만, 발해는 오랑캐의 말[夷語]로 말한다. 그 백성은 대개 가옥에 거주하는데, 기와가 없고 흙으로 쌓아 올렸고 혹은 화목(벗나무)의 껍질로 지붕을 덮었다."[438]라고 설명한다. 심괄의 눈에 포착된 발해인들은 유목 민족인 거란과

---

[436] 澤本光弘, 「契丹(遼)の交通路と往來する人」, 鈴木靖民·荒井秀規 編, 『古代東アジアの道路と交通』, 東京: 株式會社 勉誠社, 2011, 257-258쪽.
[437] 羅永男, 「契丹의 渤海遺民에 대한 移住政策」, 『東洋史學研究』124, 서울: 東洋史學會, 2013 참조.
[438] "奚·渤海之俗類燕, 而渤海爲夷語. 其民皆屋居, 無瓦者墁上, 或苫以樺木之皮."

달리 가옥에 거주하고, 거란인들과도 다른 언어를 사용하고 있었다. 결국 발해유민들은 거란의 영역으로 이주된 이후에도 농경 정주의 생활을 유지하고 고유의 언어와 풍습을 지키고 있었음을 알 수 있다.

이 밖에도 본 『희녕사로도초』는 우리들에게 거란 영내의 다양한 자연환경과 거란을 비롯한 다양한 민족 주민들의 생활 방식에 대해서도 자세하게 설명해 준다. 결국 이러한 기록은 요대 자체의 기록이나 후대의 정사류(正史類) 기록에 담기지 못한 다채로운 모습들을 이방인의 눈으로 더욱 객관적으로 전달해 주고 있는 점에서 후대 연구자들에게 시사하는 사료적 가치가 크다고 할 것이다.

판본 설명

이용판본 : 賈敬顔, 『五代宋金元人邊疆行記十三種疏證稿』, 北京: 中華書局, 2004.

참고판본 : 趙永春, 『奉使遼金行程錄(增訂本)』, 北京: 常務印書館, 2017.

【원문】

> 臣某·臣評準三月癸丑詔書, 充大遼國信使·副使.
> 是時, 契丹以永安山爲庭, 自塞至其庭, 三十有六日.[1] 日有舍, 中舍有亭, 亭有饔飱. 以閏四月己酉出塞, 五月癸未至單于庭. 凡三十有六日. 以六月乙未還. 己未復至于塞下. 凡二十有五日. 山川之夷險·遠近·卑高·橫從之殊, 道途之涉降紆屈, 南北之變, 風俗·車服·名秩·政刑·兵民·貨食[2]·都邑·音譯, 覘察變故之詳, 集上之外, 別爲『圖抄』二卷. 轉相補發, 以備行人以五物反命, 以周知天下之故. 謹條如右. 臣某昧死上.

【교감】

[1] 賈氏注: '三十有六日', 원래 '三十有三日'로 되어 있으나, 뒤의 '以閏四月己酉出塞, 五月癸未至單于庭. 凡三十有六日.'에 의거하여 수정하였다.

[2] 賈氏注: '貨食', '食貨'의 잘못인 것 같다.

【번역】

신 심괄(沈括)과 신 이평(李評)은 3월 계축일의 조서에 의거하여 대요국신사와 부사에 임명되었습니다.

당시 거란은 영안산(永安山)[1]에 행궁[庭]을 두었습니다. [송과 요의] 국경에서 그 행궁까지 36일이 걸렸습니다. 날마다 객사[舍]가 있었고, 중사(中舍)에 정자가 있었는데 정자에서 차조로 밥을 지어 먹었습니다. 윤4월 기유일에 경계[塞]를 넘어, 5월 계미일에 선우정(單于庭)[2]에 도달하니 대략 36일이 소요되었습니다. 6월 을미일에 돌아와서 기미일에 다시 경계에 도달하니, 대략 25일이 걸렸습니다. 산천의 평탄하고 험준함·원근·높고 낮음·가로와 세로 등의 차이, 도로를 건너고 내려가고 굽이굽이 휘어짐, 남북의 변화, 풍속·수레와 의복·이름과 직급·정령(政令)과 형벌·군인과 백성·식화·도읍·음역(音譯)의 변고에 대한 상세한 관찰[覘察]을 모아 올린 것[3] 이외에 별도로『도초(圖抄)』2권을 작성하여 수록하였습니다. [『을묘입국주청(乙卯入國奏請)』및『을묘입국별록(乙卯入國別錄)』과] 서로 보완이 되도록, 사신이 다섯 가지 토산물[五物]을 보고하여 널리 천하에 알리는 데 대비하기 위함입니다. 삼가 조목을 나누기를 오른쪽과 같이 하였습니다.

신 심괄은 죽기를 무릅쓰고 아룁니다.

【주석】

[7-1] 영안산(永安山): 자징옌은 영안산을 옌지가묘(彦吉嘎廟) 동남쪽에 있는 작은 산으로 보았다.[439] 『요사』 「도종본기(道宗本紀)」에 따르면 "청녕(淸寧) 3년(1057) 여름 4월 병진일에 영안산(永安山)에서 피서하였다."[440]라고 하여, 도종 시기에도 영안산이 피서지로 선정되었음을 알 수 있다. 심괄은 『몽계필담(夢溪筆談)』에서도 "희녕 연간에 나는 거란에 사신으로 가게 되었는데, 그 북쪽 끝의 수안산(水安山, '永安山'의 오기인 듯함) 아래의 큰 장막[卓帳]에 이르렀다."라고 하면서 그곳에서 본 무지개와 관련된 신이한 현상들에 대해서 설명하고 있다.[441]

[7-2] 선우정(單于庭): 본디 흉노(匈奴) 선우(單于)가 거처하는 왕정(王庭)과 흉노의 정치 중심을 지칭한다. 『한서(漢書)』 권7 「소제본기(昭帝本紀)」에 "소무(蘇武)가 전에 흉노에 사자로 갔다가 선우정에 억류되었다가 19년 만에 돌아오니, 사명을 받들어 절의를 온전히 하였으므로 소무를 전속국(典屬國)으로 삼고 100만 전(錢)을 하사하였다."[442]라는 기사에서 볼 수 있듯이, 선우정이 한대(漢代) 흉노의 선우가 거처하던 정치의 중심지였음을 알 수 있다. 그런데 여기서 선우정이라 칭하는 것은 요(遼)의 경우에는 알로타(斡魯朶, 혹은 궁위(宮衛)라고도 함)에 해당된다고 볼 수 있다. 요대에는 다른 왕조와 다른 독특한 조직인 알로타가 있었다. 요의 역대 황제가 즉위하면 주현(州縣)과 호구(戶口)를 편성하여 자신의 알로타를 설치하였는데, 현재 요대 알로타는 12궁(宮) 1부(府)가 알려져

---

439 賈敬顔, 『五代宋金元人邊疆行記十三種疏證稿』, 167쪽.
440 『遼史』 卷21, 「道宗本紀」, 淸寧 3年 夏4月 丙辰條, "淸暑永安山."
441 沈括, 『夢溪筆談』 卷21, 「異事」, "世傳虹能入溪澗飮水, 信然. 熙寧中, 予使契丹, 至其極北黑水境水安山下卓帳. 是時新雨霽, 見虹下帳前澗中. 予與同職扣澗觀之, 虹兩頭皆垂澗中. 使人過澗, 隔虹對立, 相去數丈, 中間如隔綃穀. 自西望東則見【蓋夕虹也.】 立澗之東西望則爲日所鑠, 都無所觀. 久之稍稍正東, 踰山而去. 次日行一程, 又復見之【孫彦先云, '虹乃雨中日影也, 日照雨即有之.'】"
442 『漢書』 卷7, 「昭帝本紀」, 始元6年 2月條, "栘中監蘇武前使匈奴, 留單于庭十九歲乃還, 奉使全節, 以武爲典屬國, 賜錢百萬."

있다.[443] 거란족이 거주하는 지역은 몹시 추워서 일정한 곳에 머물지 못하고 따뜻한 곳을 따라 옮겨 다녔으며, 이러한 관습이 제도화되었다. 머무를 때에는 궁위가 있는데 이것을 알로타라 하고, 나갈 때에는 행영(行營)이 있는데 이것을 날발(捺鉢)이라 하였으며, 변방을 나누어 지키는 것을 부족(部族)이라 하였다.[444]

[7-3] 산천의 평탄하고 …… 올린 것: 1075년 심괄은 송과 요 사이에 분쟁이 발생하자 요에 사신으로 파견되었다. 이때 요와 송의 경계를 확정하는 담판에 참여한 그는 수십 권에 달하는 경계 관련 자료를 수집하고 직접 현지 고찰을 진행하였다. 그로 인해 요와 6차례 진행한 담판에서 송은 시종 주도권을 잡을 수 있었다. 심괄은 요에 사신으로 다녀와서 『희녕사로도초』 외에도 『을묘입국주청(乙卯入國奏請)』과 『을묘입국별록(乙卯入國別錄)』을 작성하였는데, 이들을 가리키는 듯하다. 『을묘입국주청』과 『을묘입국별록』은 『속자치통감장편』 중에 그 내용의 일부분이 수록되어 있다.[445]

【원문】

> 永安山,[3] 契丹之北部, 東南距京師驛三千二百十有五里. 自慶州·上京皆有便道. 由驛道之西, 自鐵漿館徑度, 馬馳不三日, 至幽州. 永安, 地宜畜牧, 畜宜馬·牛·羊, 草宜荔挺·枲耳,[4] 穀宜粱·蕎, 而人不善蓺.[5] 四月始稼, 七月畢斂. 地寒多雨, 盛夏重裘. 七月隕霜, 三月釋凍. 其人剪髮, 妥其兩髦. 行則乘馬, 食牛羊之肉酪, 而衣其皮. 間啖麨粥. 單于庭依犢兒山之麓, 廣薦之中, 氈廬數十, 無垣牆溝表, 至暮, 則使人坐草, 褰廬擊柝. 大率其俗簡易, 樂深山茂草, 與馬牛雜居, 居無常處.

【교감】

[3] 입력자注: '永安山', 賈氏는 '大安山', 趙氏는 '永安山'이라고 하였다. 앞의 원문에 '契丹以

---

443 林相先, 「遼代 提轄司와 東京지역의 軍事組織」, 『中國史研究』 92, 大邱: 中國史學會, 2014, 103쪽.
444 『遼史』 卷31 「營衛志」 上, "居有宮衛, 謂之斡魯朶, 出有行營, 謂之捺鉢, 分鎭邊圉, 謂之部族."; 林相先, 「遼代 斡魯朶의 宮主와 그 名稱」, 『東洋史學硏究』 128, 서울: 東洋史學會, 2014, 233쪽 참조.
445 『續資治通鑑長編』 卷261, 神宗 熙寧8年 3月 壬子條, "沈括自有乙卯入國奏請並別錄, 載使事甚詳, 須參考別修."

永安山爲庭'으로 되어 있으므로, 이에 따라 '永安山'으로 표기하였다.

[4] 賈氏注: '挺', 원래 '梃'으로 되어 있는데, 뜻에 맞게 수정하였다.

[5] 賈氏注: '粱', 원래 '梁'으로 되어 있는데, 뜻에 맞게 수정하였다.

【번역】

영안산(永安山)은 거란의 북부에 있다. 동남쪽으로 [송의] 경사(京師)[4]의 역에서 3,215리 떨어져 있다. 경주(慶州)[5]와 상경(上京)[6]에서부터는 모두 평탄한 길이다. 역참 길의 서쪽을 따라서 철장관(鐵漿館)[7]에서부터 지름길로 가면, 말로 달려서 3일이 안 되어 유주(幽州)[8]에 도달한다. 영안산의 토지는 목축에 적합하고, 가축은 말·소·양이 적합하며, 풀은 향초인 여정(荔挺)·도꼬마리[枲耳]가 자라기에 적합하고, 곡식은 기장과 메밀 재배에 적합하나 사람들이 경작에 능하지 않았다. 4월에 곡식을 심고 7월에 수확을 마친다. 지대가 한랭하고 많은 비가 내려 한여름에도 갖옷을 겹쳐 입는다. 7월부터 서리가 내리기 시작하고, 3월부터 얼음이 녹기 시작한다. 그 사람들은 머리를 깎고 나서 양 갈래로 딴 머리를 아래로 늘어뜨린다. 다닐 때에는 말을 타고 소와 양의 고기와 젖을 먹으며 그 가죽을 입는다. 가끔 가다 미숫가루죽을 먹기도 한다. 선우정(單于庭)은 독아산 기슭의 광활한 초원 위에 위치하며, 양탄자로 만든 장막[氈廬, 毛氈]이 수십 채가 있지만 울타리나 도랑은 없었다. 해질 무렵이 되면, 곧 사람들을 풀 위에 자리하도록 하였고 [순라병들이] 딱따기를 치면서[擊柝] 순찰하였다. 대체로 그들의 풍속은 소박하였으니, 깊은 산속과 무성한 수풀에 익숙하고 말과 소들과 잡거하였으며 주거에는 일정한 곳이 없었다.

【주석】

[7-4] 경사(京師): 북송의 수도 개봉(開封)을 지칭한다. 『송사(宋史)』 권85 「지리지(地理志)」에 따르면, "동경(東京)은 변주(汴州)의 개봉이다. 후량은 동도(東都)로 삼았고, 후당에서는 이를 없앴으며, 후진은 다시 동경으로 하였고, 송에서는 후주의 관례에 따라서 수도로 삼았다. 건륭 3년(962) 황성의 동북쪽 구석을 확장하고자 유사에게 명하여 낙양(洛陽)의 궁전을 그려 와서 그 그림을 근거로 수리하니, 황성이 비로소 장대하고 화려해졌다. 옹희 3년(986) 궁성을 확장하고자 하여 전전지휘사 유연으로 하여금 그것을 담

당하도록 하였으나, [궁성 주위의] 거주민들 대부분이 옮겨가기를 원하지 않았으므로 이에 [확장 사업을] 그만두었다. 궁성의 둘레는 5리였다."446라고 하였다.

[7-5] 경주(慶州): 지금의 네이멍구자치구(內蒙古自治區) 츠펑시(赤峰市) 바린우기(巴林右旗) 부근에 위치한다. 『요사』「지리지」에 따르면, "군호(軍號)는 현녕군(玄寧軍)이다. 상등주로 절도주(節度州)이다. 본래 태보산(太保山) 흑하(黑河)의 땅이다. 바위와 계곡이 험준하다. 목종이 성을 쌓고 흑하주(黑河州)라고 하였으며, 매년 이곳에 행차하여 호랑이를 쏘아 잡고 매를 잡아 두었으며 군국의 사무는 대부분 대신에게 맡겼다. 뒷날 이곳에서 시해당하였다. 이 지역은 몹시 추워서 통화 8년(990)에 주를 폐하였다. 성종이 가을 사냥을 나왔다가 그 골짜기의 수려함을 사랑하여 경주라 이름 붙여 다시 설치하였다."447라고 하였다.

『무경총요(武經總要)』에서 인용한 증공량(曾公亮)의 『북번지리(北蕃地理)』에 따르면, "경주는 거란에서 과거에 흑하주(黑河州)라 불렸고, 흑산(黑山)의 남쪽에 주를 두었고 북으로 흑산까지 30리였다. 야율융서의 탄생지이며 이후 경주로 고쳤다."448라고 하였다.

심괄은 『몽계필담(夢溪筆談)』에서 흑산과 흑수(黑水)에 대해서 "옛 사람들이 북방의 일을 인용하는 경우 흑산을 많이 언급한다. 흑산은 대막(大幕)의 북쪽에 있고 오늘날 그것을 일러 '요가족(姚家族)'이라 일컬었는데, 성(城)은 그 서남부에 있었고 '경주'라고 불렀다. 내가 사신으로 가서 그 아래에 있는 장막에서 숙식을 경험하였다. 산의 길이는 수십 리이고, 토석이 모두 자흑색(紫黑色)인데 오늘날의 자석과 유사하였으며, 그 아래로 물이 흘러나오는데 흑수라고 일컬어진다."449라고 설명하였다.

---

446 『宋史』卷85,「地理志」1, 京城, 東京條, "東京, 汴之開封也. 梁爲東都, 後唐罷, 晉復爲東京, 宋因周之舊爲都. 建隆三年, 廣皇城東北隅, 命有司畫洛陽宮殿, 按圖修之, 皇居始壯麗矣. 雍熙三年, 欲廣宮城, 詔殿前指揮使劉延翰等經度之, 以居民多不欲徙, 遂罷. 宮城周廻五里."

447 『遼史』卷37,「地理志」1, 上京道, 慶州條, "慶州, 玄寧軍, 上, 節度. 本太保山黑河之地, 巖谷險峻. 穆宗建城, 號黑河州, 每歲來幸, 射虎障鷹, 軍國之事多委大臣, 後遇弒於此. 以地苦寒, 統和八年, 州廢. 聖宗秋畋, 愛其奇秀, 建號慶州."

448 『武經總要』前集 卷22, 上京四面諸州, "慶州, 契丹舊號黑河州, 置州在黑山之陽, 北至黑山三十裏, 即虜主隆緖所生也, 近年改爲慶州."

449 沈括, 『夢溪筆談』卷24,「雜誌」1, "昔人文章用北方事多言黑山. 黑山在大幕之北, 今謂之'姚家族', 有城在其西南, 謂之'慶州'. 予奉使嘗帳宿其下. 山長數十里, 土石皆紫黑, 似之今之磁石, 有水出其下, 所謂黑水也."

[7-6] 상경(上京): 앞의 [3-88] 참조.

[7-7] 철장관(鐵漿館): 앞의 [3-61] 참조.

[7-8] 유주(幽州): 앞의 [1-47] 참조.

【원문】

自澄州大山之西, 爲室韋, 今爲之皮室, 其俗類契丹. 恩州以東爲渤海, 中京以南爲東奚. 其王衙西京數十里. 其西南山間奚·西奚, 有故霫之區. 其西治牛山谷. 奚·渤海之俗類燕, 而渤海爲夷語. 其民皆屋居, 無瓦者墁上,[6] 或苫以樺木之皮. 奚人業伐山, 陸種榾車. 契丹之車, 皆資于奚. 車工所聚, 曰打造館. 其[7]輥牛之制如中國, 後廣前殺而無般, 材儉易敗, 不能任重而利于行山. 長轂廣輪, 輪[8]之牙, 其厚不能四寸, 而輮之材不能五寸. 其乘車駕之以駝,[9] 上施幰,[10] 惟[11]富者加氀氈·文繡之飾.

【교감】

[6] 賈氏注: '上', '土'의 잘못인지도 모르겠다. 아니라면 다음 구절에 붙여서 읽어야 한다.

[7] 趙氏注: '其', 원래는 없다.『資治通鑑』권 284「後晉紀」開運 2年 3月 癸亥條의 호삼성 주석에서 인용한 沈括의『使虜圖抄』에 의거하여 보충하였다.

[8] 趙氏注: '輪, 輪', 원래 1자만 있다.『資治通鑑』권 284「後晉紀」의 胡三省 주석에서 인용한 沈括의『使虜圖抄』에 의거하여 보충하였다.

[9] 입력자注: 賈氏는 '其乘車, 駕之以駝,'로 표점하고, 趙氏는 '其乘車駕之以駝,'로 표점하였는데, 趙氏를 따랐다.

[10] 賈氏注: '幰', 원래 '荒'으로 되어 있는데,『資治通鑑』「後晉紀」의 호삼성 주석에서 인용한 沈括의『使虜圖抄』에 의거하여 수정하였다.

[11] 賈氏注: '惟', 원래 '帷'로 되어 있는데, 호삼성의 주석에 의거하여 수정하였다.

【번역】

징주(澄州)[9]의 큰 산의 서쪽부터는 실위(室韋)가 되는데, 지금 그들을 피실(皮室, 侍衛親軍)[10]

로 삼았으니, 그들의 풍속은 거란과 유사하다. 은주(恩州)[11]의 동쪽은 발해(渤海)[12]가 되고, 중경(中京)의 남쪽은 동해(東奚)[13]가 된다. 해왕(奚王)의 아장(牙帳)[14]은 서경에서 수십 리 밖에 있었다. 그 서남쪽 산간(山間)은 해(奚)와 서해(西奚)로, 옛 습(霫)[15]의 지역이 있다. 그 서쪽에서는 산골짜기에서 소를 키운다. 해와 발해의 풍속은 연(燕) 지역과 유사하지만, 발해는 오랑캐의 말[夷語]로 말한다. 그 백성은 대개 가옥에 거주하는데 기와가 없는 자는 흙벽을 올렸고, 혹은 벗나무의 껍질로 지붕을 덮었다. 해인은 산에서 벌목하기를 업으로 삼으니, 씨를 뿌리거나 수레를 깎아 만든다.[16] 거란의 수레는 대개 해에서 조달한다. 수레를 만드는 공인들이 모였기 때문에, 타조관(打造館)이라고 하였다. 그 소로 끄는 [수레의] 형식은 중국과 같아서, 뒤쪽이 넓고 앞쪽이 좁지만 일반적인 형태는 없었고, 재료가 조악하여 쉽게 부서져서 무거운 것을 실을 수는 없지만 산행에는 편리하였다. 바퀴통은 길고 바퀴가 넓었으며, 바퀴의 테는 그 두께가 4촌을 넘지 않았고 수레의 뒤쪽 가로장[軨]은 5촌이 안 되었다. 그 수레는 낙타를 부려서 몰았고, 황제가 염색공을 보내 주어 오직 부유한 자들만이 전헌(氈幰)과 문수(文繡)로 꾸밀 수 있었다.

【주석】

[7-9] 징주(澄州): 지금의 네이멍구자치구 옹뉴트기(翁牛特旗) 오단성(烏丹城)에 위치한다고 추정된다.[450] 심괄의 『희녕사로도초』 뒷부분의 서술을 통해 풍주(豐州)가 징주로 고쳐졌음을 알 수 있다. 『요사』 「지리지」에 따르면, 풍주는 상경도(上京道)에 속한 두하군주(頭下軍州)로 요련씨(遙輦氏) 승은(僧隱)의 목초지였으며, 북으로 350리를 가면 상경에 이른다고 하였다.[451] 풍주는 통화(統和) 13년(995)에 야율아몰리(耶律阿沒里)가 설치한 두하군이다.[452]

[7-10] 피실(皮室): 앞의 [3-91] 참조.

[7-11] 은주(恩州): 지금의 네이멍구자치구 츠펑시(赤峰市) 관할의 카라친기(喀喇沁旗) 일대에

---

[450] 趙永春, 『奉使遼金行程錄(增訂本)』, 北京: 常務印書館, 2017, 95쪽.
[451] 『遼史』 卷37, 「地理志」 1, 上京道, 頭下軍州, 豐州條, "豐州. 本遼澤大部落, 遙輦氏僧隱牧地. 北至上京三百五十里. 戶五百."
[452] 『遼史』 卷13, 「聖宗本紀」 4, 統和13年 6月 甲申條, "以宣徽使阿沒里私城爲豐州."

위치한다. 군호(軍號)는 회덕군(懷德軍)이고, 주(州)의 규모는 하(下)이며, 자사주(刺史州)이다. 태종(太宗)이 주를 세웠고 개태(開泰) 연간(1012~1021)에 발해(渤海)의 호(戶)로서 그곳을 채웠으며, 처음에는 영흥궁(永興宮)에 속하게 하였다가 후에 중경(中京)에 속하였다.[453] 또 『무경총요』에 따르면, "은주는 야율덕광(耶律德光) 시기에 건설되었고 본래 오환(烏桓)의 옛 땅이다. 남쪽의 중경에서부터 60리 떨어져 있다."[454]라고 하였다.

[7-12] 발해(渤海): 앞의 [1-3] 참조.

[7-13] 동해(東奚): 앞의 [2-58] 해(奚) 참조.

[7-14] 해왕(奚王)의 아장(衙帳): 해왕부(奚王府)를 가리키는데, 해 6부(奚六部)라고도 한다. 요의 6대 번부(六大蕃府)의 하나로, 산하의 해 부족의 군정과 민정을 관리하기 위한 기구이다. 『요사』 「백관지」에 따르면, 해왕부 안에 상곤(常袞) 2, 재상(宰相) 2, 토리태위(吐里太尉), 상온(詳穩), 달람(撻覽)의 관직이 있었다.[455] 당말에 해(奚)는 음량천(陰凉川)에 거주하다가, 후에 비파천(琵琶川)으로 이주하였다. 여정(余靖)의 「거란관의(契丹官儀)」에서는 해왕부의 위치에 대해 "해왕부는 해의 병사를 담당하고, 중경의 남쪽에 있었다."[456]라고 하였다. 따라서 자징옌(賈敬顔)은 본문의 "해왕의 아장이 서경(西京)에서 수십 리 떨어진 곳에 있었다."라는 서술에 오류가 있다고 보았다.[457]

[7-15] 습(霫): 습족은 백습(白霫)이라고도 하는데, 중국 고대 동북 소수민족의 하나로, 수·당 시대에는 황수(黃水, 지금의 시라무렌하) 이북에 있었다가 황수 이남으로 이주하여 해족에 병합되었다. 『구당서(舊唐書)』 「습전(霫傳)」에 따르면, "습은 흉노(匈奴)의 별종(別種)으로 황수(潢水) 북쪽에 거주하는데 또한 선비(鮮卑)의 옛 땅이며, 그 나라는 경사(京師) 동북쪽으로 5,000리에 있다. 동쪽으로는 말갈(靺鞨)에 접하고, 서쪽으로는 돌

---

453 『遼史』 卷39 「地理志」 3, 中京道, 中京大定府, 恩州條, "恩州, 懷德軍, 下, 刺史. 本漢新安平縣地. 太宗建州. 開泰中, 以渤海戶實之. 初隸永興宮, 後屬中京. 統縣一."
454 『武經總要』 前集 卷22, 「北蕃地理」, 中京四面諸州, "德光所建, 本烏桓舊地. 南至中京六十里, ……."
455 『遼史』 卷46, 「百官志」 2, 北面 2, 北面部族官條, "奚六部. 在朝曰奚王府. 有二常袞, 有二宰相, 又有吐里太尉, 有奚六部漢軍詳穩, 有奚拽剌詳穩, 有先離撻覽官."
456 『武溪集』 卷18, 「雜文」, 「契丹官儀」, "又有奚王府, 掌奚兵, 在中京之南."
457 賈敬顔, 『五代宋金元人邊疆行記十三種疏證稿』, 129쪽.

궐(突厥)에 이르며, 남쪽으로는 거란(契丹)에 이르고 북쪽으로는 오라혼(烏羅渾)과 접한다. 땅의 둘레는 2,000리이고, 사면으로 산이 있어 그 경계를 둘러싼다. 사람들은 대부분 사냥을 잘하고, 붉은 가죽으로 옷의 가장자리 만들기를 좋아하며, 부인은 동[銅]으로 된 팔찌를 귀히 여기고 옷깃 위아래에 작은 동으로 된 방울이 달려 있으며, 풍속은 대략 거란과 같다. 도륜흘근(都倫紇斤) 부락 4만 호가 있고 잘 싸우는 병사[勝兵] 1만여 명이 있다. [당 태종] 정관(貞觀) 3년(629)에 그 군장이 사신을 파견하여 토산물을 조공하였다."458라고 하였다.

[7-16] 해와 발해의 …… 깎아 만든다: 『신오대사(新五代史)』에 기록된 해인에 대한 기록을 일부 살펴보면, "거란의 야율아보기가 강성해지자 실위, 해, 습을 모두 복속시켰다. 해인은 항상 거란의 경계를 지키도록 하여 그 고생이 가혹하였다. 해왕이 그 모든 원한을

〈그림 7-1〉 선화(宣化) 한사훈묘(韓師訓墓) 벽화 속 수레459

---

458 『舊唐書』 卷 199下, 「北狄傳」, "霫, 匈奴之別種也, 居于潢水北, 亦鮮卑之故地, 其國在京師東北五千里. 東接靺鞨, 西至突厥, 南至契丹, 北與烏羅渾接. 地周二千里, 四面有山, 環繞其境. 人多善射獵, 好以赤皮爲衣緣, 婦人貴銅釧, 衣襟上下懸小銅鈴, 風俗畧與契丹同. 有都倫紇斤部落四萬戶, 勝兵萬餘人. 貞觀三年, 其君長遣使貢方物."
459 河北省文物研究所 編, 『宣化遼墓壁畫』, 北京: 文物出版社, 2001의 「86. 出行圖(局部)」.

풀고 거란을 배반하여 부를 나누어 규주(嬀州)로 옮겨가서 북산(北山)에서 사냥을 하면서 지냈는데, 항상 북산의 사향(麝香)과 인삼을 채취하여 연왕(燕王) 유수광(劉守光)에게 뇌물로 바쳐 스스로 의탁하였다. 해족은 [그 규모가] 수천 장(帳)에 이르자 동해(東奚)와 서해(西奚)로 나뉘게 되었다. 과거에 해족은 농경하는 법을 익히게 되자, [중국의] 변경 주민들에게 황무지를 빌려서 기장을 심고 가을에 기장이 여물면 와서 수확하여 그것을 산 아래에 저장해 두었는데 다른 사람들은 그 위치를 알지 못하였다. 밥을 지을 때 바닥이 평평한 흙솥[瓦鼎]으로 하고, 기장을 삶아서 죽으로 만들어 먹으며, 차가운 물을 녹여 마신다."460라고 하였다.

【원문】

中京始有果蓏而所植不蕃. 契丹之粟·果瓠, 皆資于燕. 粟, 車轉, 果瓠, 以馬, 送之虜庭.[12] 山之南乃燕·薊八州, 衣冠·語言皆其故俗, 惟男子靴足幅巾而垂其帶, 女子連裳, 異于中國.

【교감】

[12] 입력자注: 賈氏는 '粟車轉, 果瓠以馬, 送之虜庭.'으로 표점하고, 趙氏는 '粟, 車轉, 果瓠, 以馬送之虜庭.'으로 표점하였다.

【번역】

중경(中京) 지역은 본디 과라(果蓏)가 있었지만 씨를 뿌려도 잘 자라지 않았다. 거란의 곡식과 과호(果瓠)는 모두 연경(燕京) 지역에서 조달하였다. 곡식은 수레로 운반하고 과호는 말을 이용해 거란의 행궁[虜庭]으로 보내졌다. 산남(山南)[17] 지역에는 곧 연경과 계주(薊州)[18] 등 여덟 주가 있었는데, 의관이나 언어는 모두 그 옛 습속대로였지만 오직 남자만이 가죽 장화

---

460 『新五代史』 卷74, 「四夷附錄」 3, "契丹阿保機彊盛, 室韋·奚·霫皆服屬之. 奚人常爲契丹守界上, 而苦其苛虐, 奚王去諸怨叛, 以別部西徙嬀州, 依北山射獵, 常採北山麝香·仁參賂劉守光以自託. 其族至數千帳, 始分爲東·西奚. 去諸之族, 頗知耕種, 歲借邊民荒地種穄, 秋熟則來穫, 窖之山下, 人莫知其處. 饔以平底瓦鼎, 煮穄爲粥, 以寒水解之而飮."

를 신고 머리에 복건(幅巾)을 하며 띠를 늘어뜨리고 여자는 치마를 둘렀으니 중국과 달랐다.

【주석】

[7-17] **산남(山南)**: 연운십육주(燕雲十六州) 중 태항산맥(太行山脈)과 연산산맥(燕山山脈) 남쪽의 평야 지역을 가리킨다. 연운십육주는, 중국 오대(五代) 후진(後晉)의 건국자 석경당(石敬瑭)이 후당을 멸망시킬 때 거란으로부터 군사 원조를 받은 것에 대한 대가로 936년에 거란에게 할양해 준 지역을 말한다. 지금의 베이징(北京, 유주(幽州))과 다퉁(大同, 운주(雲州))을 중심으로 하는 지역이다. 이 지역은 지형적으로 태항산맥과 연산산맥이 만나서 형성된 산악 지역과 그 남쪽의 하북평야(河北平野) 북부 지역으로 구분된다. 평야 지역에 유(幽), 계(薊), 탁(涿), 단(檀), 순(順), 영(瀛), 막(莫), 규(嬀)의 여덟 주가 위치하고, 산악 지역에 운(雲), 환(寰), 응(應), 삭(朔), 신(新), 유(儒), 무(武), 울(蔚)의 여덟 주가 위치하였다. 여기서 언급하고 있는 산의 남쪽은 평야 지역에 있는 여덟 주를 의미한다.

[7-18] **계주(薊州)**: 앞의 [1-13] 참조.

【원문】

北, 白溝館, 南距雄州三十八里. 面拒馬河, 負[13]北塘, 廣三·四里, 陂澤繹屬, 略如三關. 近歲, 狄人稍爲繚堤畜水, 以仿塞南.
新城, 涿之屬邑, 南距白溝六十里. 中道有頓, 皆北行, 道西循廢溝, 北屬涿州. 隋煬帝伐高麗, 治軍涿郡, 穿渠水運以餉軍. 疑此故渠也.

【교감】

[13] 賈氏注: '負', 원래 '員'으로 되어 있는데, 뜻에 맞게 수정하였다.

【번역】

북쪽의 백구관(白溝館)[19]은 남쪽으로 웅주(雄州)[20]에서 38리 떨어져 있다. 앞으로는 거마하

(拒馬河)[21]가 있고 뒤로는 북당(北塘)이 있으니, 너비는 3, 4리로 호수와 늪이 연속해서 이어져 있어 대략 삼관(三關)[22]과 같았다. 요 몇 해 사이 거란 사람들[狄人]이 점차 둑을 둘러 물을 가두어서 새남(塞南) 지역[23]을 모방하였다.

신성(新城)[24]은 탁주의 속읍으로서 남쪽으로 백구로부터 60리 떨어져 있고, 가는 길 중에 휴식하는 곳[頓]이 있고 모두 북쪽으로 향하며, 길 서쪽에는 폐기된 도랑이 따라가고 북쪽으로 탁주(涿州)까지 이어진다. 수(隋) 양제(煬帝)가 고구려를 정벌하고자 군사를 탁군(涿郡)에 두고, 운하를 뚫어 군량을 운반했다고 한다. 이것이 [수 양제의] 옛 운하인 것 같다.

【주석】

[7-19] 백구관(白溝館): 앞의 [4-25] 백구역(白溝驛) 참조.

[7-20] 웅주(雄州): 앞의 [3-78] 참조.

[7-21] 거마하(拒馬河): 앞의 [3-4] 백구하(白溝河) 참조.

[7-22] 삼관(三關): 와교관(瓦橋關, 후의 웅주(雄州)), 익진관(益津關, 후의 패주(覇州)), 어구관(淤口關)을 가리킨다. 관남지(關南地), 관남십현(關南十縣)이라고도 한다. 후진(後晉)이 요에 할양한 연운십육주 중에서 현덕(顯德) 6년(959)에 후주(後周) 세종(世宗)이 북벌하여 탈환한 지역이다.[461] 요는 관남지를 잃어버린 영토로 인식하고 있었는데, 송 태종이 옹희(雍熙) 3년(986)에 기구관(岐溝關) 전투에서 대패하여 송이 수세에 몰린 시점부터 다시 이 접경 지역 백성들에게 부세(賦稅)와 역역(力役)을 부과하면서 양속민(兩屬民)이 형성되기도 하였다.[462] 요는 전연의 맹[澶淵之盟]에서 관남지의 할양을 송에 요구하기도 하였다.[463]

[7-23] 새남(塞南) 지역: 송은 요의 기병을 방어하기 위해서 당박(塘泊)을 설치하였는데, 북방

---

461 『資治通鑑』 卷294, 「後周紀」 6, 世宗 顯德6年條, "[四月] 甲辰, 契丹莫州刺史劉楚信舉城降. 五月, 乙巳朔, 侍衛親軍都指揮使·天平節度使李重進等始引兵繼至, 契丹瀛州刺史高彦暉舉城降, 彦暉薊州人也. 於是, 關南悉平. …… 己酉, 以瓦橋關爲雄州, 割容城·歸義二縣隸之, 以益津關爲覇州, 割文安·大城二縣隸之."
462 洪性珉, 「稅役から見た宋遼兩屬民」, 『內陸アジア史研究』 28, 東京: 內陸アジア史學會, 2013, 7-9쪽.
463 『長編』 卷58, 眞宗 景德元年 12月 癸未條, "曹利用與韓杞至契丹寨, 契丹復以關南故地爲言, 利用輒沮之, 且謂曰'北朝旣興師尋盟, 若歲希南朝金帛之資以助軍旅, 則猶可議也.' 其接伴政事舍人高正始遽曰, '今茲引衆而來, 本謀關南之地, 若不遂所圖, 則本國之人負媿多矣."

에 널리 존재하는 천연의 비탈과 소택지 등을 이용하고 더불어 인공적으로 방죽과 물도랑 등을 만들었다. 그 결과 송대에 웅주(雄州)에서 동쪽으로 바닷가에 이르기까지 900여 리에 걸친 방어 시설이 완성되었다. 소동파(蘇東坡)는 고려 사신의 입공(入貢)을 반대하면서, "경력(慶曆) 연간에 요가 맹약을 깨뜨리고자 할 때 우선 [송이] 당박을 증치한 것을 중국이 저지른 잘못으로 문제 삼았는데, 지금 거란의 이웃 국가인 고려를 초래하여 빈번하게 입공하도록 하니 그 잘못은 당박[의 증치]보다 훨씬 심할 것이다."[464]라고 하였다. 여기서도 당박이 대거란 방어선이었음을 알 수 있다.

[7-24] 신성(新城): 앞의 [3-5] 신성현(新城縣) 참조.

【원문】

> 涿州, 南距新城六十里, 州据涿水. 州北二里餘, 渡涿, 又二里, 復渡涿. 涿之廣渡三百步, 其溢爲城下之涿,[14] 廣才百步而已. 又北數里, 渡泒[15]水. 通三十里至中頓. 過頓又三十里, 至良鄉, 皆東行少北.
> 良鄉, 幽州之屬邑, 西南距涿州六十里. 自邑東北三十里至中頓, 濟桑[16]乾水, 水廣數百步, 燕人謂之盧駒河. 絶水而東, 小北三十里至幽州.

【교감】

[14] 입력자注: '涿', 趙氏는 '琢'으로 적었다.
[15] 賈氏注: '泒', 원래 '洛'으로 되어 있는데, 뜻에 맞게 수정하였다.
[16] 賈氏注: '桑', 원래 '栗'로 되어 있는데, 수정하였다.

【번역】

탁주(涿州)[25]는 남쪽으로 신성(新城)으로부터 60리 떨어져 있는데, 주(州)가 탁수(涿水)와 맞닿아 있다. 주 북쪽 2리 정도에서 탁수를 건너고, 또 2리를 가서 다시 탁수를 건넌다. 탁수의

---

464 『蘇東波集』卷16, 「奏議」13, 論高麗買書利害劄子, "慶曆中, 契丹欲渝盟, 先以增置塘泊爲中國之曲, 今乃招來其與國, 使頻歲入貢, 其曲甚於塘泊."

폭은 300보 정도로, 이것이 흘러서 성 아래의 탁수가 되지만 그 폭은 겨우 100보 정도가 될 뿐이다. 또한 북쪽으로 몇 리를 가서 협수(浹水)를 건넌다. 30리를 지나면 중간 휴식처[中頓]에 이른다. 휴식처를 지나 다시 30리를 가면 양향(良鄕)[26]에 이르니 [방향은] 모두 동쪽으로 가지만 다소 북쪽 방향이다.

양향은 유주(幽州)의 속읍으로서, 서남쪽으로 탁주로부터 60리 떨어져 있다. 읍으로부터 동북 30리에 중간 휴식처가 있고, 상건수(桑乾水)[27]를 건너게 되는데 강의 폭은 수백 보이고, 연(燕) 지역 사람들은 이를 일컬어 노구하(蘆駒河)[28]라고 하였다. 강을 가로질러서 동쪽으로 가는데, 다소 북쪽 방향으로 30리를 가면 유주에 이르게 된다.

【주석】

[7-25] 탁주(涿州): 앞의 [3-6] 참조.

[7-26] 양향(良鄕): 앞의 [3-9] 양향현(良鄕縣) 참조.

[7-27] 상건수(桑乾水): 앞의 [4-39] 상건하(桑乾河) 참조.

[7-28] 노구하(蘆駒河): 앞의 [4-32] 노구하(蘆溝河) 참조.

【원문】

> 幽州, 西南距良鄕六十里. 館曰永平. 州西距山數十里. 自順州[17]以南, 皆平陸廣饒, 桑谷沃茂, 而幽爲大府, 襟帶八州. 提控中會, 將家所保也. 自州東北行三十里至望京館. 望京館, 西南距幽州三十里. 自館東行少北十[18]里餘, 出古長城. 又二十里至中頓. 過頓, 逾孫侯河. 又二十里至順州. 古長城, 望之, 出東北山間, 至順州, 乃折而南, 至順州, 負城西走, 出望京之北, 西南至廣信之北二十里. 屬于西山.

【교감】

[17] 賈氏注: '順州', 원래는 '順'으로 되어 있지만, 뜻에 맞게 '州'를 보충하였다.

[18] 賈氏注: '十', 원래 '千'이지만, 문맥에 맞게 수정하였다.

【번역】

유주(幽州)는 서남쪽에 있는 양향(良鄕)으로부터 60리 떨어져 있다. 관(館)은 영평관(永平館)[29]이라고 한다. 주는 서쪽으로 산에서 수십 리 떨어져 있다. 순주(順州)[30]로부터 이남에는 모두 지대가 평평하고 넓고 기름지며 뽕나무가 울창하다. 유주를 대부(大府)로 하여 여덟 주가 옷깃과 띠처럼 둘러싸고 있다. 중회(中會)를 관리하고 장군 가문이 보호하는 바이다. 유주로부터 동북쪽으로 30리를 가면 망경관(望京館)[31]에 도달한다.

망경관은 서남쪽에 있는 유주로부터 30리 떨어져 있다. 관에서 동쪽으로 가다가 조금 북쪽 방향으로 10여 리를 가면, 옛 장성(長城)[32]에서 나간다. 또한 20리를 가면 중간 휴식처에 이른다. 휴식처를 지나 손후하(孫侯河)를 건너가게 된다. 또한 20리를 가면 순주에 도달한다. 옛 장성은 이를 조망해 보면, 동북 산간에서 나와서 순주에 이르는데, 이에 꺾어져서 남쪽으로 가서 순주[33]에 이르고, 성을 등진 채 서쪽으로 가서 망경[관]의 북쪽으로 나가고, 서남쪽으로 광신군(廣信軍)의 북쪽 20리[의 지점]에 도달하며, 서산(西山)[34]까지 이어진다.

【주석】

[7-29] **영평관(永平館)**: 앞의 [3-31] 영화관(永和館) 참조.

[7-30] **순주(順州)**: 앞의 [3-45] 참조.

[7-31] **망경관(望京館)**: 앞의 [3-44] 손후관(孫侯館) 참조.

[7-32] **옛 장성(長城)**: 자징옌은 '옛 장성'이 북제(北齊) 시기에 건설된 장성을 지칭한다고 보았다.[465]

[7-33] **순주**: 자징옌은 이 '순주'는 잘못이라고 보았다.[466]

[7-34] **서산(西山)**: 태항산(太行山)을 지칭한다.[467]

---

465 趙永春, 『奉使遼金行程錄(增訂本)』, 96쪽.
466 賈敬顔, 『五代宋金元人邊疆行記十三種疏證稿』, 138쪽.
467 賈敬顔, 『五代宋金元人邊疆行記十三種疏證稿』, 138쪽.

【원문】

順州, 西距望京館六十里少南, 館曰懷柔, 城依古長城. 其地[19]平斥, 土厚宜稼. 城北倚澗水爲險, 水之袤[20]數百步. 地廣多粟, 可以積卒, 以扼北山之冲. 北當洞道而幽州壓其後, 背勢面奇, 此謀將之地也. 自州東北數里出古長城, 十里濟白水. 又十餘里至中頓. 過頓, 東行三十餘里, 至檀州, 皆車騎之道, 平無險阻.

檀州, 西南距順州七十里,[21] 古密雲之區, 館曰密雲. 城据北山之東, 南北距皆數里, 惟衢道北皆北[22]之險, 而順州策其後, 管鑰所寄, 鷙將之地也. 自州東北行隘中, 二十里餘至中頓. 又二十里餘至金溝館.

【교감】

[19] 賈氏注: '其地', 『資治通鑑』 권268, 「後梁紀」, 乾化3年 正月 丁巳條의 호삼성 주석에는 '其北'으로 되어 있다.

[20] 賈氏注: '袤', 원래 '菉'로 되어 있는데, 뜻에 맞게 수정하였다.

[21] 입력자注: '檀州, 西南距順州七十里,', 賈氏에는 빠져 있어, 趙氏의 교감에 따라 보충하였다.

[22] 입력자注: '皆北', 趙氏는 '皆□北'으로 적었다.

【번역】

순주(順州)는 서쪽에 있는 망경관(望京館)에서 60리 떨어져 다소 남쪽에 있는데, 그 관을 회유관(懷柔館)이라고 말하였고 성은 옛 장성에 의지하였다. 그 땅은 평평하고 넓었으며, 토질이 비옥하여 농사짓기에 좋았다. 성 북쪽은 간수(澗水)에 의지하여 험준함으로 삼으니, 강의 길이가 수백 보였다. 땅이 넓고 곡식이 많이 생산되니, 병졸을 모아서 북산(北山)의 요충지를 지킬 수 있었다. 북쪽은 골짜기 길에 해당하고 유주(幽州)가 그 뒤를 누르고 있어서 기세를 등에 업고 기이함을 마주하였으니, 이는 지략이 뛰어난 장수가 취할 만한 지세[謀將之地]이다.[35] 순주로부터 동북쪽으로 몇 리를 가면 옛 장성에서 나가고, 10리를 가면 백수(白水)[36]를 건너게 된다. 또 10리를 가면 중간 휴식지에 도달한다. 휴식지를 지나 동쪽을 30여 리를 가면 단주(檀州)[37]에 이르게 되는데, 모두 수레와 말로 가는 길로서 평탄하고 험준하지 않았다.

단주는 서남쪽에 있는 순주로부터 70리 떨어져 있는데, 과거 밀운(密雲)[38]의 지역으로서 관을 밀운관(密雲館)이라고 하였다. 성은 북산의 동쪽에 의지하니 남북의 간격이 모두 몇 리에 달하며, 갈림길[衢道]의 북쪽 방향은 모두 북쪽의 험준함이 있고 순주가 그 뒤를 대비하니, 요충지로 의지할 수 있어서 웅크리고 있다가 공격할 수 있는 지세[鷙將之地][39]이다. 주에서 동북쪽으로 좁고 험준한 지역을 지나 20여 리를 가면 중간 휴식처에 도착한다. 다시 20여 리를 가면 금구관(金溝館)에 도달한다.

【주석】

[7-35] 지략이 뛰어난 장수가 취할 만한 지세[謀將之地]: 모장(謀將)은 지략이 뛰어난 장수의 의미이고, 즉 지략이 뛰어난 장수가 취할 만한 지세를 뜻한다.

[7-36] 백수(白水): 앞의 [4-42] 백서하(白嶼河) 참조.

[7-37] 단주(檀州): 앞의 [3-47] 참조.

[7-38] 밀운(密雲): 『요사』「지리지」에 따르면, "밀운현은 원래 한(漢)의 백단현(白檀縣)이고 후한(後漢) 때의 근해(斤奚)라고 하였다. 원위(元魏)는 밀운군(密雲郡)을 두어 백단(白檀)·요양(要陽)·밀운(密雲) 등 3개 현을 관할하였다. 북제[高齊]에서는 군과 2개 현을 폐하고 [단주에] 속하게 하였다. 가구 수는 5,000이다."[468]라고 하였다.

[7-39] 웅크리고 있다가 공격할 수 있는 지세[鷙將之地]: '지장(鷙將)'은 '지조장격(鷙鳥將擊)'의 줄임말로서, 태공망(太公望)의 저작으로 알려진 『육도삼략(六韜三略)』에서는 "매가 다른 새를 치려 할 때에는 낮게 날면서 날개를 움츠리고, 맹수가 먹이를 덮칠 때에는 귀를 접고 납작 엎드려 긴다. 성인이 행동에 나설 때에는 반드시 어리석게 보이도록 한다."[469]라고 하였다.

---

468 『遼史』 卷40, 「地理志」 4, 南京道, 南京析津府, 密雲縣條, "密雲縣. 本漢白檀縣, 後漢以居斤奚. 元魏置密雲郡, 領白檀要陽密雲三縣. 高齊廢郡及二縣, 來屬. 戶五千."
469 『六韜三略』 「武韜」 發啓, "鷙鳥將擊, 卑飛斂翼, 猛獸將搏, 弭耳俯伏, 聖人將動, 必有愚色."

【원문】

金溝館, 西南距檀州五十里. 自館少東北行, 乍原乍隰, 三十餘里之中頓. 過頓, 屈折北行峽中, 濟欒水, 通三十餘里, 鉤折投山隙以度, 所謂古北口也. 古北之險, 雖可守, 而南有潮里, 平磧百餘,[23] 可以方車連騎, 然金鉤之南, 至于古北, 皆行峽中, 而潮里之水出其間. 逾古北而南距中頓, 皆奇地. 可以匿奸藉勢, 而南有密雲, 其會沖,[24] 此古北之所以爲固也.

古北館, 南距金溝七十里小東. 自館北行數里, 度峻山之麓, 乃循潮里東北行山間, 數涉潮里, 通三十五里至中頓. 過頓, 入大山間, 委回東北, 又二十里, 登思鄕嶺. 逾嶺而降, 少東, 折至新館. 自古北至新館, 山川之氣險麗雄峭. 路由峽間, 詭屈降陟, 而潮里之水貫瀉淸洌. 虜境之勝, 殆鍾于此.

【교감】

[23] 賈氏注: '餘' 다음에 '里'가 빠진 것으로 보인다.
[24] 입력자注: '其會沖', 趙氏는 '柩其會沖'으로 적었다.

【번역】

금구관(金溝館)[40]은 서남쪽에 있는 단주(檀州)로부터 50리 떨어져 있다. 관사로부터 조금 더 동북쪽으로 가면 평원과 저습지가 번갈아 나타나고, 30여 리를 가면 중간 휴식처에 도달한다. 휴식처를 지나 북쪽으로 꺾어서 골짜기로 들어가 난수(欒水)[41]를 건너고 30여 리를 지나면, 구불구불하게 꺾어 산 사이로 들어가 통과하니 소위 고북구(古北口)[42]라는 곳이었다. 고북의 험준함은 지킬 만하지만, 남쪽에는 조리[하](潮里[河])[43]가 있어서 모랫벌이 백여 리에 걸쳐 있으니, 마부가 내려서 수레를 끌고 가야 할 정도이다. 그렇지만 금구(金鉤, 金溝)의 남쪽에서 고북에 이르기까지는 골짜기 사이를 지나가는데, 조리[하]의 물이 그 사이에서 나온다. 고북을 지나서 남쪽으로 중간 휴식처에 이르면 특이한 지역으로서, 가히 간악한 자들을 숨겨 두어 기회를 엿볼 수 있고 남쪽으로는 밀운현(密雲縣)이 있어서 중요한 요충지가 되니, 이 고북이 견고해지는 이유이다.

고북관(古北館)은 남쪽에 있는 금구관으로부터 70리 정도 떨어져 다소 동쪽에 위치한다. 관에서 북쪽으로 몇 리를 가서 험준한 산기슭을 건너면 이에 조리[하]를 따라서 동북쪽의 산 사이로 가는데, 거듭 조리[하]를 건너면서 35리를 지나면 중간 휴식처에 이른다. 휴식처를 지나서 큰 산 사이에 들어가 동북쪽으로 굽어 감돌고, 또다시 20리를 가면 사향령(思鄕嶺)[44]에 오르게 된다. 사향령을 넘어 내려와 약간 동쪽으로 가다가 꺾으면 신관(新館)에 이른다. 고북에서 신관에 이르기까지 산천의 기세가 험준하면서 아름답고 웅장하고 가팔랐다. 길은 골짜기 사이를 따라 이어지고 기이하게도 오르락내리락하였으며, 조리[하]의 물이 세차게 흐르는데 푸르고 맑았다. 거란 강역[虜境]의 형승(形勝)이 거의 여기에 집중되어 있다.

【주석】

[7-40] 금구관(金溝館): 앞의 [4-44] 참조.

[7-41] 난수(灤水): 오늘날의 차오하(潮河)이다. 차오하는 베이징 부근에 위치한 차오바이하(潮白河, 차오하(潮河)와 바이하(白河)를 합쳐 부르는 말) 상류의 한 지류이다. 그 물소리가 커서 조수(潮水)처럼 울린다고 하여 조하(潮河)라고 칭해졌다.[470]

[7-42] 고북구(古北口): 앞의 [4-45] 참조.

[7-43] 조리[하](潮里[河]): 앞의 [3-50] 참조.

[7-44] 사향령(思鄕嶺): 앞의 [2-20] 참조.

【원문】

新館, 西南距古北七十里. 自館北行, 少西北屈行, 復東北二十餘里至中頓. 其東逾小嶺, 有岐路, 小近而隘, 不能容車. 過頓, 東北十餘里, 乃復鉤折而南, 數里至臥如館.

臥如館, 西南距新館四十里. 館宅川間, 中有大水, 曰霤水, 乃故霤之區也. 絶霤有佛寺, 隳崖石以爲偃佛, 此其所以名館也. 自館而[25]行八九里, 逾霤水, 入山間, 東北逾小嶺, 二十餘里至中頓. 過頓, 濟灤水. 東出, 度摸斗嶺. 三十五里至柳河館.

---

470 趙永春, 『奉使遼金行程錄(增訂本)』, 97쪽.타

【교감】

[25] 입력자注: '而', 賈氏는 '西'의 잘못이라고 보았고, 趙氏는 '東' 혹은 '北'의 잘못이라고 보았다.

【번역】

신관(新館)[45]은 서남쪽에 있는 고북관(古北館)에서 70리 떨어져 있다. 신관에서 북쪽으로 가다가 약간 서북쪽으로 꺾어서 가고, 다시 동북쪽 20여 리를 가면 중간 휴식처에 도달한다. 그 동쪽으로 작은 고개를 넘어가면 갈림길이 나타나는데, 조금 가까운 길은 협소해서 수레가 지나갈 수 없었다. 휴식처를 지나 동북쪽으로 10여 리를 가고 이에 다시 구불구불하게 꺾어서 남쪽으로 가면 몇 리 지나 와여관(臥如館)[46]에 도달한다.

와여관은 서남쪽에 있는 신관에서 40리 떨어져 있고 관(館)이 하천 사이에 자리 잡고 있으며, 가운데에 큰 물줄기가 있는데 습수(霫水)[47]라고 하였으니 옛 습족(霫族)의 땅이다. 습수가 끝나는 곳에 불사(佛寺)가 있는데 절벽의 바위를 깨뜨려 부처를 누워 있는 형태로 만들었으니, 이것이 와여관이라 명명한 이유이다. 관으로부터 8, 9리를 가서 습수를 건너 산 사이로 들어가고 동북쪽으로 작은 고개를 넘어가서 20여 리를 가면 중간 휴식처에 이른다. 휴식처를 지나서 난수(灤水)를 건넌다. 동쪽으로 나와 모두령(摸斗嶺)[48]을 넘어간다. 35리를 가면 유하관(柳河館)에 도달한다.

【주석】

[7-45] 신관(新館): 앞의 [3-49] 참조.

[7-46] 와여관(臥如館): 앞의 [3-52] 참조.

[7-47] 습수(霫水): 자징옌은 지금의 싱저우하(興州河)로 비정하였다.[471]

[7-48] 모두령(摸斗嶺): 왕증(王曾)의 『거란지(契丹志)』에서는 "오란하(烏灤河)를 지나면 동쪽에 난주(灤州)가 있는데, 하천으로 인해서 이름 지어졌다. 또한 묵두령(墨斗嶺)을 지나는데, 묵두령은 도운령(渡雲嶺)이라고도 하며 길이가 20리 정도 된다. 근채령(芹菜嶺)을

---

471 賈敬顔, 『五代宋金元人邊疆行記十三種疏證稿』, 144쪽.

지나서 70리를 가면 유하관(柳河館)이 있다."라고 하였다. 한편, 점교본이십사사수정본(點校本二十四史修訂本) 『요사(遼史)』에서는 흑두령(黑斗嶺)을 교감하여 묵두령(墨斗嶺)으로 고쳤다.[472]

【원문】

柳河館, 西距臥如館七十里. 自館循山行十里, 下俯大川, 曰柳河. 乃北二十餘里, 至中頓. 過頓, 逾度雲嶺, 三十五里至打造館.[26] 有徑路行于巖阢[27] 薈翳之間, 校之驛道, 近差十里餘.

打造館, 西距柳河七十里小北, 自館西南行十里餘至中頓. 頓之西南有大山, 上有建石, 望之如人, 曰會仙石. 山下大川流水, 川間有石, 屹然對山, 乃築館其上, 傍有茂木, 下湍水,[28] 對峙大山. 大山之西有斷崖, 上聳數百尺, 挺擢如屏, 而鳴泉漱其下. 使人過此, 必置酒其上, 遂以爲常. 過頓二十五里, 南行至牛山館.

【교감】

[26] 賈氏注: '館', 원래 '嶺'으로 되어 있는데, 뜻에 맞게 수정하였다.

[27] 입력자注: '巖阢', 趙氏는 '巖阬'으로 적었다.

[28] 賈氏注: '湍水' 앞에 글자가 빠진 것 같은데, '臨'인 것 같다.

【번역】

유하관(柳河館)[49]은 서쪽에 있는 와여관(臥如館)으로부터 70리 떨어져 있다. 관에서 산을 따라 10리를 가면 아래로 큰 하천이 굽어보이는데, 유하(柳河)[50]라고 한다. 이에 북으로 20여 리를 가면 중간 휴식처에 이른다. 휴식처를 지나서 도운령(渡雲嶺)[51]을 넘어가 35리를

---

[472] 『遼史』卷39,「地理志」3, 中京道, 中京大定府條, "宋王曾上契丹事曰, …… 過烏灤河, 東有灤州, 又過墨斗嶺, 亦名渡雲嶺[一七], 芹菜嶺, 七十里至柳河館. 校勘記 [一七] 墨斗嶺亦名渡雲嶺: 「墨斗」原作「黑斗」, 據『大全』卷一一九八一引『遼史』「地理志」及『長編』卷七九大中祥符五年十月己酉·『宋會要』「蕃夷」二之七引王曾「上契丹事」·『通考』卷三四六「四裔考」二三「契丹」中·『契丹國志』卷二四「王沂公行程錄」改. 又「亦名」二字原闕, 據上引『長編』等書補."

가면, 타조관(打造館)[52]에 이른다. 지름길이 있어 험준한 봉우리와 무성한 잡초 사이를 지나가는데, 그 지름길을 역참 길과 비교한다면 10여 리 가까이 차이가 난다.

타조관은 서쪽에 있는 유하관에서 70리 정도 떨어져서 다소 북쪽에 위치하는데, 타조관에서 서남쪽으로 10리 정도를 가면 중간 휴식처에 이른다. 휴식처의 서남쪽에는 큰 산이 있고 꼭대기에는 서 있는 바위가 있는데, 멀리서 그것을 바라보면 사람과 같아서 회선석(會仙石)[53]이라고 하였다. 산 아래에는 큰 강물이 흘러가고 하천 가운데 바위가 있는데, 우뚝 솟아 산에 필적하여 이에 그 위에 관(館)을 지었으니, 곁에는 나무들이 우거지고 아래에는 물이 소용돌이 치고 큰 산과 대치하고 있었다. 큰 산의 서쪽에는 절벽이 있는데, 위로 수백 척 솟아 있으며 마치 병풍 같고 명천(鳴泉)이 그 아래를 세차게 씻어 내고 있었다. 사절들이 여기를 지나가면 반드시 그 위에 술을 두었는데, 마침내 상례(常例)가 되었다. 휴식처를 지나 25리를 가면 남쪽으로 우산관(牛山館)에 도달한다.

【주석】

[7-49] 유하관(柳河館): 앞의 [3-53] 참조.

[7-50] 유하(柳河): 앞의 [3-57] 참조.

[7-51] 도운령(渡雲嶺): 왕증(王曾)의 『거란지(契丹志)』에서는 모두령(摸斗嶺)과 도운령을 동일한 것으로 보았으나, 본 『희녕사로도초』에서는 모두령을 지나 유하관이 있고 유하관을 지나 타조관으로 가는 길에 도운령이 나오는 것으로 설명하였다.

[7-52] 타조관(打造館): 앞의 [3-58] 부락관(部落館) 참조.

[7-53] 회선석(會仙石): 중경도(中京道) 북안주(北安州)에 위치한다.[473] 치평(治平) 4년(1067)에 요에 신종(神宗)의 즉위를 알리러 간 진양(陳襄)의 『신종황제 즉위 사요어록(神宗皇帝卽位使遼語錄)』에 따르면, 회선석은 타조관과 우산관 사이에 위치한다.[474]

---

[473] 『武經總要』 前集 卷22, 「北蕃地里」, 幽州四面州軍, "北安州, 後魏置安州, 築城. 在幽州之北, 正當松漠之地. 契丹今建爲北安州. 墨斗嶺. 牛山. 會仙石. 灤河. 柳河皆在其境. 東北至中京二百五十里, 西南至北口二百八十里, 南至幽州二百五十里, 西北至柳河五十里."

[474] 『神宗皇帝卽位使遼語錄』, "[五月] 二十四日, 登摸斗嶺, 接伴使副與臣等互置酒如前. 宿打造館. 二十五日, 過會仙石, 接伴使副請會食, 酒七琖. 規中問臣愈, '劉忠太保今在何處.' 答以見在闕下. 宿牛山館."

【원문】

牛山館, 東北距打造館五十里. 館之西南數,[29] 有大山, 曰牛山. 自館逾牛山之麓, 西南屈折三十里至中頓. 過頓, 復西南數里, 濟車河. 又二十餘里, 度松子嶺. 嶺東有夷路, 回屈數[30]里, 車之所由也. 逾嶺三所,[31] 至鹿峽館.

鹿峽館, 東北距牛山館六十里. 自館東南行數里, 度痺嶺, 又四十里至中頓. 過頓, 又東南數里逾小山,[32] 復三十里至路口村, 有歧路, 西南出幽州. 自幽州由歧路出松亭關, 走中京, 五百里. 循路稍有聚落, 乃狄人常由之道. 今驛[33]回屈幾千里, 不欲使人出夷路, 又以示疆域之險遠. 過路口村東北行, 十里至鐵漿館.[34]

【교감】

[29] 賈氏注: '數' 뒤에 글자가 빠진 것 같은데, '里'인 것 같다.

[30] 賈氏注: '數' 뒤에 '十'이 빠진 것 같다.

[31] 賈氏注: '所', '折'의 잘못된 표기이다.

[32] 趙氏注: '小山', '黑山'의 잘못으로 보인다.

[33] 賈氏注: '驛' 뒤에 '路' 혹은 '道'가 빠진 것 같다.

[34] 입력자주: 趙氏는 '過路口村東北行十里, 至鐵漿館.'으로 표점하였다.

【번역】

우산관(牛山館)[54]은 동북쪽에 있는 타조관(打造館)에서 50리 떨어져 있다.[55] 관의 서남쪽으로 몇 리 떨어진 곳에 큰 산이 있는데 우산(牛山)이라고 한다. 관에서 우산의 산기슭을 넘어 서남쪽으로 꺾어서 30리를 가면 중간 휴식처에 도달한다. 휴식처를 지나 다시 서남쪽으로 몇 리를 더 가서 차하(車河)[56]를 건넌다. 다시 20리를 가서 송자령(松子嶺)[57]을 넘어간다. 송자령의 동쪽에는 평탄한 길이 있는데, 구불구불하게 몇 리를 가면 차하가 지나가는 곳이다. 송자령을 넘어 세 차례 꺾으니 녹협관(鹿峽館)[58]에 도달하였다.

녹협관은 우산관에서 동북쪽으로 60리 떨어져 있다. 관에서 동남쪽으로 몇 리를 가서 비령(痺嶺)[59]을 넘어가고 또 45리를 가면 중간 휴식처에 이른다. 휴식처를 지나 다시 동남쪽으로 몇 리를 가서 작은 산[小山]을 넘어간다. 다시 30리를 가면 노구촌(路口村)에 이르는데, 갈림 길이 있어서 서남쪽은 유주(幽州)로 나아간다. 유주에서 갈림길을 쫓아가면 송정관(松亭關)[60] 으로 나아가니, 중경(中京)까지는 500리이다. 도로를 따라서 조금씩 취락이 있고 이는 거란인[狄人]들이 항상 거쳐 가는 길이다. 지금 역참 [길]은 구부러져서 거의 천 리에 가까우니, [송의] 사신(使臣)이 평탄한 길로 가기를 원치 않았으며, 또 [요의] 강역이 멀고도 험난함을 보여 주고자 한 것이다. 노구촌을 지나 동북쪽으로 10리 정도 가면 철장관(鐵漿館)에 도달한다.

【주석】

[7-54] 우산관(牛山館): 앞의 [3-59] 참조.

[7-55] 우산관(牛山館)은 동북쪽에 …… 떨어져 있다: 담기양(譚其驤)의 『중국역사지도집(中國歷史地圖集)』에 따르면, 타조관은 우산관의 서북쪽에 위치하고 있다.[475] 『무경총요(武經總要)』에서는 "타조부락관(打造部落館)에서 동남쪽으로 50리를 가면 우산관(牛山館)에 이른다."[476]라고 서술하고 있다.

[7-56] 차하(車河): 자오융춘은 지금의 첸바이하(前白河)로, 첸바이하(乾白河)라고도 한다고 설명하였다.[477]

[7-57] 송자령(松子嶺): 자오융춘은 지금의 자산(甲山)에 해당한다고 보았다.[478]

[7-58] 녹협관(鹿峽館): 앞의 [3-60] 녹아관(鹿兒館) 참조.

[7-59] 비령(痺嶺): 자징옌은 지금의 샹윈령(祥雲嶺)에 해당한다고 보았다.[479]

[7-60] 송정관(松亭關): 앞의 [3-98] 참조.

---

475 譚其驤 主編, 『中國歷史地圖集』 宋·遼·金時期, 北京: 中國地圖出版社, 1985, 5쪽.
476 『武經總要』 前集 卷22, 燕京州軍十二, "八十里至新館, 過雕窠嶺四十里至臥如來館, 又七十里至柳館, 過松亭嶺七十里至打造部落. 又東南行五十里至牛山館, 八十里至鹿兒峽館, 又九十里至鐵漿館."
477 趙永春, 『奉使遼金行程錄(增訂本)』, 98쪽.
478 趙永春, 『奉使遼金行程錄(增訂本)』, 98쪽.
479 賈敬顔, 『五代宋金元人邊疆行記十三種疏證稿』, 151쪽.

【원문】

鐵漿館, 西北距鹿峽三十里. 自館東北行, 二十餘里, 逾痺嶺, 乃東數[35]中頓. 過頓, 東行, 山間之川二十五里, 折而小北, 五里至富谷館.

富谷館, 西南距鐵漿館六十里. 自館東北行四十里, 至中頓. 過頓, 稍東出, 又三十里至長興館, 皆行山間.

長興館, 西距富谷館七十里. 依北山之迤, 循虎河. 逶迤正東, 至中京.

【교감】

[35] 趙氏注: '東數' 뒤에 '里至'가 빠진 듯하다.

【번역】

철장관(鐵漿館)은 서북쪽에 있는 녹협관(鹿峽館)에서 30리 떨어져 있다.[61] 철장관에서 동북쪽으로 20여 리를 가서 비령(痺嶺)을 넘고, 곧 동쪽으로 몇 리를 가면 중간 휴식처에 도달한다. 휴식처를 지나서 동쪽으로 가서 산 사이의 하천을 따라 25리를 가고, 꺾어서 조금 북쪽으로 5리를 가면 부욕관(富谷館)[62]에 도달한다.

부욕관은 서남쪽에 있는 철장관에서 60리 떨어져 있다. 부욕관에서 동북쪽으로 40리를 가면 중간 휴식처에 이른다. 휴식처를 지나서 약간 동쪽으로 나아가서 또다시 30리를 가면 장흥관(長興館)[63]에 도달하는데, 모두 산 사이를 지나간다.

장흥관은 서쪽에 있는 부욕관에서 70리 떨어져 있다. 북산(北山)의 경사면을 따라서 호하(虎河)[64]를 따라간다. 구불구불한 길을 따라서 정동쪽으로 가면 중경(中京)에 도달한다.

【주석】

[7-61] 철장관(鐵漿館)은 서북쪽에 …… 떨어져 있다: 자오융춘은 왕증의 『거란지(契丹志)』에서 "녹아협관(鹿兒峽館)에서 철장관에 이르기까지 90리"라고 하고, 노진(路振)의 『승초록(乘軺錄)』에서 "두 거리는 80리 떨어져 있다."라고 하였으니, 30리는 잘못인 것 같다

고 하였다.[480]

[7-62] 부욕관(富谷館): 앞의 [3-62] 참조.

[7-63] 장흥관(長興館): 통천관(通天館)이라고도 한다. 왕증의 『거란지』에서 "[부욕관에서] 80리를 가니 통천관(通天館)에 이르렀고, 20리를 가니 중경 대정부(中京大定府)에 이르렀다."라고 하였으니, 장흥관이 통천관과 같음을 알 수 있다.

[7-64] 호하(虎河): 자징옌은 『원일통지(元一通志)』에서, 호하가 무평현(武平縣) 서남쪽 60리에 있는 호로산(葫蘆山)에서 발원하여 현의 패주포(覇州鋪)를 경유하여 요랄하(遙剌河)와 합류한다고 하였다. 무평현(武平縣)은 지금의 아오칸기(敖漢旗) 신후이촌(新惠村) 동쪽 60리에 있는 바이타쯔(白塔子)이며, 요랄하는 오늘날 아오라이하(敖來河)이고, 호하는 오늘날 바이타쯔하(白塔子河)가 분명하다고 하였다.[481]

【원문】

中京, 西距長興館二十里少南. 城周十[36]餘里, 有廛閈宮室, 其民皆燕·奚·渤海之人. 由其東南曰中和門, 循城以北, 至城之隅.[37] 乃稍東北行, 其東一路歧出, 逾隴走靴淀. 又三十里餘至中頓. 又十里餘, 路曲, 走西北, 逾十里濟三膚河, 至臨都館, 皆平川. 經小坂, 自路曲東出七·八里, 望之可見, 曰恩州.

臨都館, 南距中京七十里小西. 自館稍西北行, 路小平, 二十里至中頓氈廬. 過頓, 乃登馬疲嶺. 嶺不甚[38]峻. 度嶺, 行坂間二十里至[39]崇信館.

【교감】

[36] 賈氏注: 『熱河志』卷97 「古迹志」 1에 '大寧古城, 城周二十里, 南北四門, 東西二門.'으로 나와 있고, 『乘軺錄』에 역시 중경의 너비를 '三十里'라고 하고 있으므로, '十' 앞에 빠진 글자가 있는 것으로 보인다.

---

480 趙永春, 『奉使遼金行程錄(增訂本)』, 99쪽.
481 賈敬顏, 『五代宋金元人邊疆行記十三種疏證稿』, 154쪽.

[37] 賈氏注: '隅', 원래 '喁'로 되어 있는데, 뜻에 맞게 수정하였다.

[38] 賈氏注: '甚', 원래 '堪'으로 되어 있는데, 뜻에 맞게 수정하였다.

[39] 賈氏注: '至', 원래 없으나, 뜻에 맞게 보충하였다.

【번역】

중경(中京)[65]은 서쪽에 위치한 장흥관(長興館)에서 20리 떨어져 다소 남쪽에 위치한다. 성의 둘레는 10여 리로, 가게와 마을, 궁실이 있으며, 그 주민들은 대개 연인(燕人), 해인(奚人), 발해인(渤海人)[66]이었다. 그 동남쪽의 중화문(中和門)[67]에서 성을 따라서 북쪽으로 가면 성의 모퉁이에 이르게 된다. 이에 조금 동북쪽으로 가면 그 동쪽으로 길 하나가 갈라져 나가는데, 언덕을 넘어 화정(靴淀)[68]으로 간다. 또다시 30여 리를 가면 중간 휴식처가 나온다. 또 10리 정도를 가면 노곡(路曲)이고, [다시] 서북쪽으로 가서 10리를 지나 삼부하(三膚河)를 건너면[69] 임도관(臨都館)[70]에 도달하는데 모두 평야 지대이다. 작은 언덕을 지나서 노곡에서 동쪽으로 나와 7, 8리를 가서 바라보면 보이는 곳이 은주(恩州)[71]이다.

임도관은 남쪽에 위치한 중경에서 70리 떨어져 다소 서쪽에 위치한다. 임도관에서 약간 서북쪽으로 가면 도로가 작고 평탄한데, 20리를 가면 중간 휴식처인 전려(氈廬)에 도달한다. 중간 휴식처를 지나서 마피령(馬疲嶺)[72]을 오른다. 마피령은 그다지 험준하지 않았다. 영을 지나서 언덕 사이로 20리를 가면 숭신관(崇信館)에 도달한다.

【주석】

[7-65] 중경(中京): 앞의 [3-63] 참조.

[7-66] 중경의 주민: 거란은 인속이치(因俗而治)를 바탕으로 각 민족의 정황에 따라 지역적으로 분리하여 거주하도록 하였다. 민족별로 구분하면, 거란과 해 등이 거주하는 유목 지역은 부족 제도, 한인과 발해인이 거주하는 농경 지역은 주현 제도, 그 외 여진 및 서북제족의 거주지는 속국·속부 제도로 구분하여 통치하였다. 거란 통치자들이 자신의 고유한 부락제와 성격이 다른 주현제를 적극적으로 추진한 이유는, 발해인의 사례를 통해 분명하게 이해할 수 있다. 우선 경제적 원인으로 농경을 생활 방식으로 하는 한인과 발해인을 거란 내지로 이주시켜 북방의 농업을 개발하고, 이를 통해 곡

물과 자원을 안정적으로 획득하기 위해 정주 문명의 체제방식이던 주현제를 점차 확대하였던 것이다. 이는 일회성 약탈보다는 장기적 소득원인 농경을 중시해야 함을 인식한 결과였다고 볼 수 있다. 피정복 민족, 특히 반요(反遼) 성향이 강한 발해인을 분산시켜 효율적으로 통제하기 위한 정치적 목적으로 주현을 설치하였다. 발해의 중심 지역이 거란의 본토로부터 거리가 너무 멀어서, 만일 자치를 허용한다면 통제할 수 없는 국면이 형성되어 발해가 다시 일어나는 후환이 남을 수 있었기 때문이다. 이와 같이 거란 통치자들은 발해인을 내지로 이주시켜 그들의 정체성을 희석시켰을 뿐만 아니라, 거란 주민으로 순치하여 요조(遼朝)의 재원을 확보하고자 하였다. 이로써 결국 중앙은 북남면관 제도, 지방은 군현제와 부락제가 병존하는 이원체제가 구현되었다.[482]

[7-67] 중화문(中和門): 동신림(董新林)의 요 중경(中京) 평면도에 따르면, 중화문이 중경 동남쪽에 지금의 라오하하(老哈河)가 흐르는 곳에 위치하였다고 보았다.[483] 앞의 〈그림 3-2〉 참조.

[7-68] 화정(靴淀): 옛 호수 이름으로서, 일설에는 광평정(廣平淀)의 다른 이름이라고도 한다. 화정과 관련된 기사로는 『송사(宋史)』「염순전(閻詢傳)」에서 "[염순이] 거란에 사신으로 가게 되었다. 염순은 자못 북방의 강리(疆理)를 알고 있었는데, 당시 거란은 화정에 있었고, 영접자인 왕혜(王惠)가 염순 일행을 송정(松亭)에서부터 인도하여 갔다."[484]라고 하였다.

[7-69] 노곡(路曲), 삼부하(三膚河): 자징옌은 노곡을 대략 지금의 허쉬진잉쯔(和碩金營子) 일대로, 삼부하를 지금의 쿤두이하(坤兌河)로 추정하였다.[485]

[7-70] 임도관(臨都館): 앞의 [5-16] 참조.

[7-71] 은주(恩州): 앞의 [7-11] 참조.

[7-72] 마피령(馬疲嶺): 자징옌은 현재 네이멍구자치구 카라친기(喀喇沁旗) 동쪽 러우쯔뎬산

---

482 羅永男,「契丹의 渤海遺民에 대한 移住政策」,『東洋史學研究』124, 서울: 東洋史學會, 2013.
483 董新林,「遼上京規制和北宋東京模式」,『考古』, 북경: 中國社會科學院考古研究所, 2019年 第5期, 11쪽.
484 『宋史』卷333「閻詢傳」, "使契丹. 詢頗諳北方疆理, 時契丹在靴淀, 逆者王惠導詢由松亭往, ……."
485 賈敬顏,『五代宋金元人邊疆行記十三種疏證稿』, 155쪽.

(樓子店山)의 서남부에 위치한다고 비정하였다.[486]

【원문】

崇信館, 南距臨道館西十里小東. 自館稍西北行, 逾原坂數疊, 北三十里至中頓. 過頓, 又歷行坂間十餘里, 乃平陸. 又十餘里, 過陰凉河, 至松山館. 河自西來, 廣度百步, 河之流才二十許步, 至館東, 迎小石山, 乃折而北, 與駱馬河會.

松山館, 東南距崇信館六十里. 自館稍西北行十許里, 乃東折, 濟駱馬河. 河廣數丈, 東南與陰凉河會. 逾河, 東北二十里至中頓. 頓西有歧路, 西北走饒州·慶雲嶺. 逾[40]濟岡子河.[41] 河之廣度五步, 詰曲[42]蛇行, 西南與駱馬會. 又三十餘里至廌[43]駞帳. 皆平川. 帳以氈爲之, 前設青布拂廬.[44]

【교감】

[40] 賈氏注: '逾' 다음에 '頓'이 빠진 것 같다.

[41] 입력자注: '罔子河', 趙氏는 '岡子河'로 적었다.

[42] 입력자注: '詰曲', 趙氏는 '詰屈'로 적었다.

[43] 賈氏注: '廌', 원래 '廌'라고 되어 있으나, 뜻에 맞게 수정하였다. 이후의 '廌' 역시 모두 수정하였다.

[44] 賈氏注: 原注에는 이 다음에 '其他氈帳類此.'라고 적혀 있다.

【번역】

숭신관(崇信館)[73]은 남쪽으로 임도관(臨道館)에서 40리 떨어져 다소 동쪽에 위치한다. 숭신관에서 점점 서북쪽으로 향해 겹겹이 겹쳐진 언덕을 지나서, 북으로 30리를 가면 중간 휴식처에 도달한다. 휴식처를 지나서 다시 언덕 사이를 10여 리를 지나면 곧 평평한 언덕이다. 또다시 십여 리를 가서 음량하(陰凉河)[74]를 지나면 송산관(松山館)[75]에 도달한다. 음량하는

---

486 賈敬顔, 『五代宋金元人邊疆行記十三種疏證稿』, 156쪽.

서쪽에서부터 흘러왔는데 그 폭은 100보이지만 흐르는 강물의 폭은 겨우 20보 정도로, 송산관의 동쪽에 도달하면 작은 석산과 만나고 이에 꺾어져 북쪽으로 가서 낙마하(駱馬河)[76]와 합류한다.

송산관은 동남쪽으로 숭신관에서 60리 떨어져 있다. 송산관에서 약간 서북쪽으로 10여 리를 가고, 이에 동쪽으로 꺾어 낙마하를 건넌다. 강의 폭은 몇 장 정도이고, 동남쪽으로는 음량하와 합류한다. 강을 건너서 동북쪽으로 20리를 가면, 중간 휴식처에 도달한다. 휴식처의 서쪽에는 갈림길이 있는데, 서북쪽은 요주(饒州)·경운령(慶雲嶺)[77]으로 간다. [휴식처를] 지나 망자하(罔子河)를 건너간다. 망자하의 폭은 5보 정도로서, 구불구불하게 뱀처럼 흘러가는데 서남쪽에서 낙마하와 합류한다. 또다시 30여 리를 가면 포타장(廳駝帳)에 도달한다. 모두 평원으로서, 포타장은 양탄자로 만들고 그 앞에는 청포(靑布)로 장막을 가렸다.

【주석】

[7-73] 숭신관(崇信館): 앞의 [5-17] 참조.

[7-74] 음량하(陰凉河): 지금의 시버하(錫白河)이다.487

[7-75] 송산관(松山館): 지금의 네이멍구 츠펑시(赤峰市) 부근이다.488

[7-76] 낙마하(駱馬河): 지금의 잉진하(英金河)이다.489

[7-77] 경운령(慶雲嶺): 경운산(慶雲山) 또는 영안산(永安山)으로 불린다. 지금의 네이멍구 바린우기(巴林右旗) 바이타쯔(白塔子) 폐성(廢城) 서북쪽의 와얼만한산(瓦爾漫汗山)에 해당한다.490

---

487 趙永春,『奉使遼金行程錄(增訂本)』, 99쪽.
488 趙永春,『奉使遼金行程錄(增訂本)』, 99쪽.
489 趙永春,『奉使遼金行程錄(增訂本)』, 99쪽.
490 趙永春,『奉使遼金行程錄(增訂本)』, 100쪽.

【원문】

麃駝甋帳, 西南距陰涼河七十里. 自館東北逾山, 數里得平川.[44] 又二十餘里, 至中頓. 頓傍蒼耳河, 河廣三丈, 東流. 過頓, 陟坂衍十餘疊, 三十餘里至新店. 又行坂間, 三十里至廣寧館.

廣寧館, 南距麃駝甋帳九十里少西. 自館東北行, 五里至[45]澄州. 路由西門之外. 州有土垣, 崇六·七尺, 廣度一里, 其中半空, 有民家一·二百, 屋多泥墁, 間有瓦覆者, 舊曰[46]豐州. 州將率部落和[47]扣河西內附, 詔置豐州以處之. 自尔改今名.[48] 又十五里至中頓. 過頓, 行原坂間, 三十里, 至會星館.

【교감】

[44] 입력자注: 趙氏는 '自館東北逾山數里, 得平川.'으로 표점하였다.

[45] 賈氏注: '至', 원래 없었으나, 뜻에 맞게 보충하였다.

[46] 賈氏注: '曰', 원래 '日'로 되어 있는데, 뜻에 맞게 수정하였다.

[47] 賈氏注: '和', '私'의 잘못인지 의심스럽다.

[48] 賈氏注: '尔', 원래 '尒'로 되어 있는데, 수정하였다.

【번역】

포타전장(麃駝甋帳)[78]은 서남쪽으로 음량하에서 70리 떨어져 있다. 송산관(松山館)에서 동북쪽으로 산을 넘어 몇 리를 가면 평원에 이른다. 또다시 20여 리를 가면 중간 휴식처에 도달한다. 휴식처 가까이에는 창이하(蒼耳河)가 있는데, 창이하의 폭은 3장 정도이고 동쪽으로 흐른다. 휴식처를 지나서 언덕을 오르내리기를 넉넉히 10여 차례 거듭하고 30여 리를 가니, 신점(新店)에 도달한다. 또다시 언덕 사이를 지나가니 30리를 가서 광녕관(廣寧館)[79]에 이르렀다.

광녕관은 남쪽으로 포타장에서 90리 떨어져 약간 서쪽에 위치한다. 광녕관에서 동북쪽으로 가서 5리를 가면 징주(澄州)에 도달한다. 길은 서문의 밖을 거친다. 징주는 흙으로 쌓은 성벽이 있었는데, 높이가 6, 7척 정도이고 너비가 1리였다. 그 안은 절반이 비어 있고 민가가

1, 2백 채 정도로, 집은 대부분 흙벽으로 지었지만 간간이 기와지붕도 있었으니, 예전에는 풍주(豐州)라고 하였다. 풍주의 장수가 부락을 거느리고 하서(河西)로 와서 조정에 귀부하자, 조서를 내려 풍주를 설치하여 그들을 거주하게 하였다. 이때부터 지금의 이름(정주)으로 바뀌었다. 또 15리를 가면 중간 휴식처에 도달한다. 휴식처를 지나서 언덕 사이로 30리를 가면 회성관(會星館)에 도달한다.

【주석】

[7-78] 포타전장(廛駝氈帳): 자징옌의 비정에 따르면, 포타전장은 대략 지금의 쓰다오거우량(四道溝梁)에 해당한다.[491] 전장(氈帳)은 모전(毛氈), 즉 양탄자용 모직물로 만든 장막으로, 이동식 텐트이다. 전포(氈包) 또는 전장(氈帳)이라고 부른다. 중경(中京)을 지나서 북으로 가면서부터 전장, 즉 이동식 텐트로 이루어진 관역(館驛)이 등장하기 시작함을 알 수 있다.

[7-79] 광녕관(廣寧館): 앞의 [5-18] 참조.

【원문】

會星館, 南距廣寧館五十里. 自館北行山間, 登降曲折, 二十里, 至大山之顚爲中頓. 行原藪間, 三十里至咸熙帳.

咸熙氈帳, 東距會星館七十里小南. 自館西行, 稍西北過大磧, 二十餘里至黃河. 迎河行數里, 乃乘橋, 濟河至中頓. 河廣數百步, 今其流廣度數丈而已. 俯中頓有潭. 潭南沙涸, 潭北流廣四丈. 岸皆密石, 峻立如壁, 長數十步, 雖回屈數折而廣狹如一, 疑若人力爲之. 河出硤中, 有聲如雷, 桁溝以橋. 狄人言, 此大河之別派. 以臣度之, 大不然, 大河距此已數千里, 千里之水, 不應如是之微, 凡雨暴至, 輒漲溢, 不終日而復涸, 此其源不遠, 勢可見也. 以臣考之, 乃古所謂潢水也, 虜人不知, 謬爲大河耳. 過中頓, 循河東南行, 又二十餘里, 乃北行, 稍

---

491 賈敬顔, 『五代宋金元人邊疆行記十三種疏證稿』, 159쪽.

稍西北十許里, 復正北. 又三十里至保和館, 皆行磧中.[49] 其曲折如此者, 趣河橋與避大山之阻也.

【교감】

[49] 입력자注: '磧中', 원문에는 '磧'으로 되어 있다. 賈氏는 '磧' 다음에 '中' 혹은 '間'이 빠진 것으로 보았고, 趙氏는 '中'이 빠진 것으로 보았다. 문장의 뜻을 고려하여 '中'을 보충하였다.

【번역】

회성관(會星館)[80]은 남쪽에 위치한 광녕관(廣寧館)에서 50리 떨어져 있다. 회성관에서 북쪽으로 산 사이로 나아가 구불구불한 길을 오르내리면서 20리를 가면 큰 산[大山]의 정상에 이르게 되는데, 그곳이 중간 휴식처가 된다. 평평한 수풀 사이를 지나서 30리를 가면 함희장(咸熙帳)에 이른다.

함희전장(咸熙氈帳)은 동쪽에 위치한 회성관에서 70리 떨어져 약간 남쪽에 위치한다. 관에서 서쪽으로 가다가 점차 서북쪽으로 큰 모래벌판을 지나서 20여 리를 가면, 황하(黃河)[81]에 도달한다. 황하를 향하여 몇 리를 가면 곧 다리를 오르게 되는데, 황하를 건너면 중간 휴식처에 도달한다. 강의 폭은 수백 보이지만, 지금 그 물줄기의 폭은 몇 장에 불과하다. 중간 휴식처를 굽어보면 모래 둔덕[澶]이 있는데, 둔덕의 남쪽은 모래가 말라 있고 둔덕의 북쪽은 강물의 폭이 4장이었다. 강기슭에는 모두 빽빽한 바위로 벽처럼 우뚝 서 있는데 길이가 수십 보에 이르고, 구부러져 꺾이는 것이 수차례 이어지는데도 그 강의 폭이 항상 일정해서 마치 사람의 힘으로 만든 것이 아닐까 의심할 정도였다. 강은 골짜기에서 나오는데 그 소리가 우레와 같았고, 배다리를 두어 다리를 만들었다. 거란인[狄人]들은 "이는 대하(大河)[82]에서 갈라져 나온 것이다."라고 말하는데, 신(臣)이 헤아려 보건대 매우 잘못되었다. 대하는 여기에서 이미 수천 리 떨어져 있는데, 천 리를 흐른 물이 이 정도로 미미한 것은 맞지 않다. 무릇 폭우가 내려서 번번이 물이 넘쳐도 하루가 지나지 않아 다시 말라 버리니, 이는 그 수원이 멀지 않은 것이므로 그 형세가 가히 짐작할 만하다. 신이 생각하건대, 이는 옛날에 황수

(潢水)라고 부르던 강으로, 오랑캐들이 잘못하여 '대하'라고 한 사실을 몰랐을 뿐이다. 중간 휴식처를 지나면 강을 따라서 동남쪽으로 가고 또다시 20여 리를 가며 이에 북쪽으로 가서 점점 서북쪽으로 10여 리를 가서 다시 정북 방향으로 향한다. 또다시 30리를 가면 보화관(保和館)에 도달하니, 대개 모래 톱(사막) 가운데로 간다. 이와 같이 구불구불하게 복잡하게 가는 것은 강의 다리로 서둘러 가고 큰 산의 험준함을 피하기 위함이었다.

【주석】

[7-80] 회성관(會星館): 자징옌의 비정에 의하면, 설영(薛映)의 행정록(行程錄)에서 "또 [숭신관에서] 90리를 가면, 광녕관(廣寧館)에 이른다. 또 [광녕관에서] 50리를 가면, 요가채관(姚家寨館)에 이른다."라고 하였기에, 회성관은 요가채관임이 분명하다고 하였다.[492]

[7-81] 황하(黃河): 여기서의 황하(黃河)는 황하(潢河)를 지칭한다. 황하(黃河)에 대해서는 앞의 [2-23] 황수(湟水) 참조.

[7-82] 대하(大河): 황하(黃河)를 가리킨다.

【원문】

保和館, 西南距咸熙館九十里. 自館北行數里, 有路北出走上京. 稍西, 又數里, 濟黑水, 水廣百餘步. 絶水, 有百餘家, 墁[50]瓦屋相半, 筑垣周之, 曰黑河州. 過州西北行十餘里, 復東北行, 出大山之東, 又三十餘里至中頓. 頓西數里, 大山之顛, 有廢壘, 曰燕王城. 逾頓, 西北三十里餘, 至牛山帳, 皆平川.

牛山麁帳, 南距保和館九十里. 自帳西行, 稍稍[51]西北, 甫三十里, 內復北至中頓. 過頓, 北[52]二十餘里, 稍西北, 又十里餘, 逾山, 復東北行十里餘, 回走東, 甫一里至鍋窯帳.[53]

---

492 賈敬顔,『五代宋金元人邊疆行記十三種疏證稿』, 161쪽.

【교감】

[50] 賈氏注: '墁' 앞에 '泥'가 빠진 것 같다.

[51] 賈氏注: 두 번째 '稍'는 중복된 것 같다.

[52] 賈氏注: '北' 앞뒤로 빠진 글자가 있는 것 같다.

[53] 입력자注: 趙氏는 '回走, 東甫一里至鍋窯帳.'으로 표점하였다.

【번역】

보화관(保和館)[83]은 서남쪽에 위치한 함희관(咸熙館)에서 90리 떨어져 있다. 보화관에서 북쪽으로 몇 리를 가면 도로가 있어 북쪽으로 상경(上京)으로 나아간다. 점점 더 서쪽으로 또다시 몇 리를 가서 흑수(黑水)[84]를 건너게 되는데, 강의 폭은 백여 보이다. 강을 가로질러 가면 백여 가가 있는데 기와를 얹은 집과 흙으로 만든 가옥이 각각 반반이고 그 주위로 성벽을 둘러쌓으며, 흑하주(黑河州)[85]라고 불렀다. 흑하주를 지나 서북쪽으로 10여 리를 가서 다시 동북쪽으로 향하면 큰 산의 동쪽으로 나오고, 다시 30여 리를 가면 중간 휴식처에 도달한다. 휴식처에서 서쪽으로 몇 리를 가면 큰 산의 꼭대기에 도달하는데 버려진 보루가 있고 연왕성(燕王城)[86]이라 불린다. 휴식처를 지나서 서북쪽으로 30여 리를 가면, 우산장에 도달하는데 그 주위는 모두 평원이었다.

우산전장(牛山氈帳)[87]은 남쪽에 위치한 보화관에서 90리 떨어져 있다. 우산전장에서 서쪽으로 가다가 약간 서북쪽으로 30리 정도만 간 후, 다시 들어가 북쪽으로 가면 중간 휴식처에 도달한다. 휴식처를 지나 북쪽으로 30여 리를 가다가 다소 서북쪽으로 또다시 10리 정도를 가서, 산을 넘어 다시 동북쪽으로 10리 정도를 가다가 되돌아서 동쪽으로 1리 정도만 가면 과요장(鍋窯帳)이 나온다.

【주석】

[7-83] 보화관(保和館): 『무경총요(武經總要)』에서는 보화관이 요락주(饒樂州)에서 50리 떨어져 있고, 보화관에서 흑수하를 건너 70리를 가면 선화관이 나온다고 설명한다.[493]

---

493 『武經總要』前集 卷22, 戎狄舊地, "旁有饒樂州, 蓋唐常於契丹置饒樂府, 又五十裏至保和館, 又七十裏渡黑水河

[7-84] 흑수(黑水): 앞의 [2-24] 참조.

[7-85] 흑하주(黑河州): 지금의 네이멍구 바린우기(巴林右旗) 첸진촌(前進村) 고성(古城)에 비정된다. 『요사(遼史)』「지리지」에서는 경주(慶州)가 곧 흑하주라고 하였지만, 심괄의 기록에서는 다른 지역으로 서술하였다. 차오류(曹流)의 고찰에 따르면, 1980년에 네이멍구 바린우기 우쑤투산(烏蘇圖山)에서 발견된 〈숭선비(崇善碑)〉에 흑하주가 열거되어 있다고 한다.[494] 『무경총요』에서는 "흑하주는 경주(慶州)로서, 거란에서 예전에 흑하주라 불렀다. 흑산(黑山)의 남쪽에 주를 두었고, 북으로 흑산까지 30리였다. 야율융서(耶律隆緒)의 탄생지이며, 이후 경주로 고쳤다."[495]라고 하였다.

[7-86] 연왕성(燕王城): 자징옌은 지금의 왕괴산(王拐山) 산정으로 추정하였다.[496]

[7-87] 우산전장(牛山氈帳): 자징옌의 비정에 따르면, 우산전장은 우산(牛山)이라는 지명에서 비롯된 것으로서, 『요사』「유행표(遊幸表)」에 개태(開泰) 4년 4월과 중희(重熙) 원년 9월에 우산에서 사냥을 하였다는 기록이 있다.[497]

【원문】

鍋窯氈帳, 南距牛山帳八十里少東. 自帳稍西北行平川間, 二十餘里, 涉沙陁, 乃行磧間, 十餘里至中頓. 過頓,[54] 西北二十里, 復逾沙陁十餘疊, 乃轉趣東北, 道西一里許慶州. 塔廟廛廬, 略似燕中. 過慶州東北十里, 經黑水鎭, 濟黑河, 至大河帳. 帳之東南有大山, 曰黑山, 黑水之所出也. 水走西南百餘里, 復東出保和帳之北大山之間.

大和[55] 氈帳, 東南距鍋窯帳七十里. 自帳復度黑水, 乃東北出兩山之間. 平川, 四十里至中頓. 又東北五·六里, 乃折西北, 逾寶都嶺. 嶺間行十餘里, 復北行原阜間, 又十餘里, 牛心山帳.[56]

至宣化館."

494 曹流,『《亡遼錄》輯釋與研究』, 成都: 巴蜀書社, 2022, 204-205쪽.
495 『武經總要』前集 卷22,「北蕃地理」, 上京四面諸州, "慶州, 契丹舊號黑河州, 置州在黑山之陽, 北至黑山三十裏, 即虜主隆緒所生也, 近年改爲慶州."
496 賈敬顔,『五代宋金元人邊疆行記十三種疏證稿』, 164쪽.
497 賈敬顔,『五代宋金元人邊疆行記十三種疏證稿』, 165쪽.

【교감】

[54] 賈氏注: '頓', 원래 없었으나, 뜻에 맞게 보충하였다.

[55] 입력자注: '大和', 賈氏는 의미상 '大河'가 맞을 것이라고 보았다.

[56] 賈氏注: '牛心山帳' 앞에 '至'가 빠진 것 같다.

【번역】

과요전장(鍋窯氈帳)[88]은 남쪽으로 우산장(牛山帳)에서 80리 떨어져 있는데, 조금 동쪽에 위치한다. 과요전장으로부터 약간 서북쪽으로 평원 사이로 20여 리를 가서 모래톱을 건너고, 이어 사막 사이를 가서 10여 리를 가면 중간 휴식처에 도달한다. 휴식처를 지나서 서북쪽으로 20리를 가고 다시 십여 차례 이어지는 모래톱을 건너고, 이어서 동북쪽으로 방향을 바꾸어 재촉해 가니 길의 서쪽 1리 정도에서 경주(慶州)에 [도달하였고,] 탑과 묘, 가게와 가옥 들이 대략 연(燕) 지역과 비슷하였다. 경주를 지나 동북쪽으로 10리를 가서 흑수진(黑水鎭)을 지나 흑하(黑河)를 건너면 대하장(大河帳)[89]에 도달한다. 대하장의 동남쪽에는 큰 산이 있는데 흑산(黑山)[90]이라고 일컬어지며 흑수가 기원하는 곳이다. 흑수는 서남 지역으로 백여 리를 가고 다시 동쪽으로 가서 보화장(保和帳)의 북쪽 큰 산 사이로 나오게 된다.

대화전장(大和氈帳, 大河氈帳)은 동남쪽에 있는 과요전장에서 70리 떨어져 있다. 대화전장에서 다시 흑수를 건너면, 이에 동북쪽으로 두 산 사이로 나오게 된다. 평원 지대에서 40리를 가면 중간 휴식처에 도달한다. 또다시 동북쪽으로 5, 6리를 가서 이에 서북쪽으로 꺾어지고 두도령(竇都嶺)[91]를 건너게 된다. 두도령의 사이로 10여 리를 가서, 다시 북쪽으로 언덕 사이로 다시 10여 리를 가면 우심산장(牛心山帳)에 도달한다.

【주석】

[7-88] 과요전장(鍋窯氈帳): 자오융춘의 비정에 의하면, 설영(薛映)의 행정록(行程錄)과 진양(陳襄)의 『사요어록(使遼語錄)』의 기록에서 과요[전]장(鍋窯[氈]帳) 또는 관요장(官窯帳)은 임도관(臨都館) 이북 그리고 송산관(宋山館) 이남에 위치한다고 하였는데, 여기서의

기록과 큰 차이가 있다.[498]

[7-89] **대하장(大河帳)**: 자징옌은 지금의 차간무렌하(查干木倫河) 동쪽의 다이자잉쯔(戴家營子) 부근으로 비정하였다.[499]

[7-90] **흑산(黑山)**: 지금의 한산(汗山)으로, 차간무렌하가 발원하는 곳이다.[500]

[7-91] **두도령(竇都嶺)**: 자징옌은 지금의 울란카(烏蘭卡)와 아이란카(埃蘭卡) 사이에 있는 이름 없는 산에 비정하였다.[501]

【원문】

> 牛心山氈帳, 西南距里河帳[57]八十里. 自帳東北逾山, 乃東行二十餘里, 又北十里至中頓. 過頓, 北行稍東, 三十里至新添帳. 帳之東南有土山, 痺迤盤折, 木植甚茂, 所謂永安山也. 新添氈帳, 西南距牛心山帳六十里. 自帳東北行, 三十里至中頓. 過頓, 北十里餘, 度隴, 復西北數里至頓程帳.

【교감】

[57] 賈氏注: '里河帳', '黑河帳'의 잘못으로 보인다.

【번역】

우심산전장(牛心山氈帳)[92]은 서남으로 이하장(里河帳, 흑하장(黑河帳)의 잘못)에서 80리 떨어져 있다. 우심산전장에서 동북쪽으로 산을 지나고 곧 동쪽으로 20여 리를 가고, 또다시 10리를 가면 중간 휴식처에 도달한다. 휴식처를 지나서 북쪽으로 가다가 약간 동쪽으로 30리를 가면, 신첨장(新添帳)에 도달한다. 신첨장의 동남쪽에는 토산이 있는데, 낮고 비스듬하며 구불구불 돌아가며 뻗어 있고 나무와 식물이 매우 무성하였으며 이른바 영안산(永安山)이다.

---

498 趙永春, 『奉使遼金行程錄(增訂本)』, 101쪽.
499 賈敬顔, 『五代宋金元人邊疆行記十三種疏證稿』, 166쪽.
500 趙永春, 『奉使遼金行程錄(增訂本)』, 101쪽.
501 賈敬顔, 『五代宋金元人邊疆行記十三種疏證稿』, 167쪽.

신첨전장(新添氈帳)[93]은 우심산장으로부터 서남쪽으로 60리 떨어져 있다. 신첨전장으로부터 동북쪽으로 30리를 가면 중간 휴식처에 도달한다. 휴식처를 지나서 북쪽으로 10리 정도를 가서 언덕[隴]을 넘고 다시 서북쪽으로 몇 리를 가면 돈정장(頓程帳)에 도달한다.

【주석】

[7-92] 우심산전장(牛心山氈帳): 지금의 주루신우쑤허(久路信烏蘇河)의 남쪽에 해당한다.[502]

[7-93] 신첨전장(新添氈帳): 자징옌은 지금의 옌지가묘(彦吉嘎廟) 서북쪽에 해당한다고 보았다.[503]

【원문】

> 頓程帳, 東南距新添帳六十里. 帳西北又二十里至單于庭. 有屋, 單于之朝寢·蕭后之朝寢[58]凡三. 其餘皆氈廬, 不過數十, 悉東向. 庭以松干表其前, 一人持牌立松干之間, 曰閤[59]門, 其東向[60]六·七帳, 曰中書·樞密院·客省. 又東, 氈廬一, 旁駐氈車六, 前植纛, 曰太廟, 皆草莽之中. 東數里有潦澗. 澗東原隰十餘里, 其西與北, 皆山也. 其北山, 庭之所依者, 曰犢兒. 過犢兒北十餘里, 曰市場, 小民之爲市者, 以車從之于山間.

【교감】

[58] 賈氏注: '蕭后之朝寢', 원래 '后蕭之寢'이지만, 수정하였다.

[59] 賈氏注: '閤', 원래 "閣'이지만, 수정하였다.

[60] 입력자注: '其東向', 趙氏는 '其東相向'으로 적었다.

【번역】

돈정장(頓程帳)[94]은 동남쪽으로 신첨장(新添帳)에서 60리 떨어져 있다. 돈정장의 서북쪽으로

---

502 賈敬顔, 『五代宋金元人邊疆行記十三種疏證稿』, 167쪽.
503 賈敬顔, 『五代宋金元人邊疆行記十三種疏證稿』, 167쪽.

다시 20리를 가면 선우정(單于庭)에 도달한다.[95] 건물이 있는데 선우의 침전과 소후의 침전으로서 3채이다. 그 외에는 모두 전려(氈廬)로서, 수십 채에 불과하였으며 모두 동향을 하고 있었다. 조정은 소나무 방패를 그 앞에 두어 표시하고 한 명이 패를 잡고 소나무 방패 사이에 서 있는데 합문(閤門)[96]이라고 하였고, 그 동향을 한 6, 7채의 장막은 중서성(中書省)[97]·추밀원(樞密院)[98]·객성(客省)[99]이라고 하였다. 또 동쪽에는 전려가 한 채 있는데, 그 옆에 전거(氈車) 6대를 세워 두고 앞에는 독(纛)을 세워 두었고 태묘(太廟)[100]라고 하였으며 모두 수풀 속에 있었다. 동쪽으로 몇 리를 가면 웅덩이와 산골짜기가 나타난다. 산골짜기 동쪽으로는 평원과 저습지가 10여 리 펼쳐져 있었고, 그 서쪽과 북쪽은 모두 산이었다. 그 북쪽의 산은 선우정이 의지하는 곳으로, 독아[산](犢兒[山])이라고 불렸다. 독아를 지나서 북쪽으로 10여 리[의 지점]은 시장(市場)이라고 하는데, 일반 백성으로 매매하려는 자는 수레를 타고 산간에까지 이를 쫓아간다.

【주석】

[7-94] 돈정장(頓程帳): 본래 중간 휴식처의 도정(途程)에 있는 임시 행장(行帳)이고, 고정된 장소가 아니었다.[504]

[7-95] 선우정(單于庭)에 도달한다: 자징옌의 비정에 의하면, 당시 요 황제는 독아산(犢兒山)에 머물고 있었다.[505] 심괄은 『몽계필담』에서 선우정에 도착하였을 때의 목격한 모습을 묘사하고 있는데, "중국 의관은 북제(北齊) 이래 모두 호복을 착용하였다. 좁은 소매, 붉고 푸른 짧은 옷, 긴 가죽 장화, 안장과 띠는 모두 호복이다. 좁은 소매는 말달리면서 활을 쏠 때 유리하고, 짧은 옷과 긴 가죽 장화는 모두 풀숲을 지나갈 때 편리하였다. 호인들은 무성한 풀숲을 좋아하여 항상 그 곳에 숙소를 마련하였으니, 내가 요(遼)에 사신으로 갔을 때 그들의 모습을 목격하였다. 심지어 선우정조차도 깊은 수풀 속에 있었다. 내가 선우정에 도착하던 날에, 조금 전에 비가 내려서 풀숲을 지나가자

---

504 賈敬顔,『五代宋金元人邊疆行記十三種疏證稿』, 168쪽.
505 賈敬顔,『五代宋金元人邊疆行記十三種疏證稿』, 168쪽.

내 저고리와 바지가 모두 젖었지만, 호인들은 모두 물에 젖은 바가 없었다."⁵⁰⁶라고 하였다.

[7-96] 합문(閤門): 고대 궁전의 측문을 지칭하며, 송대(宋代)에는 관원의 조회 참석, 연회 음식, 예의 등의 일을 담당하는 기관이었다. 『요사(遼史)』 「예지(禮志)」에 따르면 "황제와 황후가 천신과 지기의 신위에 이르러 치전(致奠)하고, 합문사는 축문을 읽기를 마치면 다시 본래의 위치로 돌아와 앉는다."⁵⁰⁷라고 하여 황제가 제산의(祭山儀)와 같은 제사를 지낼 때 의례를 담당하는 관직이었음을 알 수 있다.

[7-97] 중서성(中書省): 문하성(門下省), 상서성(尙書省)과 함께, 중국의 수·당 시대 이후 동아시아 국가에서 중앙정치기구의 기본적인 틀인 '3성 6부제'의 '3성'을 구성하던 정치기구이다. 중당(中堂)이라고 불리기도 했으며, 당 고종(高宗) 때에는 서대(西臺), 무측천(武則天) 때에는 봉각(鳳閣), 당 현종(玄宗) 때에는 자미성(紫微省) 등으로 명칭이 바뀌기도 하였다. 요대에 들어서는 태조(야율아보기)가 관을 설치하였고, 세종(世宗) 천록(天祿) 4년(950)에 정사성(政事省)을 세웠으며, 흥종(興宗) 중희(重熙) 13년(1044)에 중서성으로 바꾸었다.⁵⁰⁸

[7-98] 추밀원(樞密院): 중국에서 군사(軍事)에 관한 일을 관장한 정부 기관으로서, 그 기원은 당대(唐代)에서 시작되었다. 송대(宋代)에 더욱 중요시되어 내각(內閣)에 해당하는 중서(中書)와 상대되는 지위가 되고, 합하여 2부(二府)라 불리었다. 요대에는 북추밀원(北樞密院)과 남추밀원(南樞密院)을 각각 두었다. 북추밀원과 남추밀원은 각각 그 장막의 위치에 따라 북원(北院) 또는 남원(南院)으로 불렸고, 각각 담당하는 업무에 차이가 있었다. 북추밀원은 병기(兵機)·무전(武銓)·군목(群牧)의 행정을 담당하였는데, 거란의 군마(軍馬)에 관한 업무가 모두 이에 속하였다.⁵⁰⁹ 한편 남추밀원은 문전(文銓)·부

---

506 沈括, 『夢溪筆談』 卷1, 「故事一」, "中國衣冠, 自北齊以來乃全用胡服. 窄袖緋緣, 短衣, 長靿靴, 有鞢(韘)帶, 皆胡服也. 窄袖利於馳射, 短衣長靿皆便於涉草. 胡人樂茂草, 常寢處其間, 予使北時, 皆見之, 雖王庭亦在深薦中. 予至胡庭日, 新雨過, 涉草, 衣袴皆濡, 唯彼人都無所霑."
507 『遼史』 卷49, 「禮志」 1, "皇帝·皇后詣天神·地祇位, 致奠; 閤門使讀祝訖, 復位坐."
508 『遼史』 卷47, 「百官志」 3, 南面1, 南面朝官, 中書省條, "中書省. 初名政事省. 太祖置官, 世宗天祿四年建政事省, 興宗重熙十三年改中書省."
509 『遼史』 卷45, 「百官志」 1, 北面1, 北面朝官, 契丹北樞密院條, "契丹北樞密院. 掌兵機·武銓·羣牧之政, 凡契丹軍

족(部族)·정부(丁賦)의 행정을 담당하였는데, 거란의 백성들에 관한 업무가 모두 이에 속하였다.510

[7-99] 객성(客省): 국신사(國信使)의 조현, 외국 사신 접대를 위한 고별 연회, 사이(四夷) 수령의 공납과 예우, 조서와 상사(賞賜) 등을 관장하던 곳이다. 『요사』「예지」의 서하국 진봉사 조현의(西夏國進奉使朝見儀)에서, 예를 마친 뒤에 "밖에서 연회를 하사할 경우 객성에서 반연(伴宴)을 하고 이어서 의복과 선물을 하사한다."511라고 하였고, 진양(陳襄)의 『신종황제 즉위 사요어록(神宗皇帝卽位使遼語錄)』에 따르면, "객성에 이르자 대장군(大將軍) 객성사(客省使)인 야율의(耶律儀)·조평(趙平)과 상견(相見)하고, 술이 세 차례 돌았다."512라고 하여, 객성의 활동 모습을 확인할 수 있다.

[7-100] 태묘(太廟): 요의 '태묘(太廟)'는 엄격하게 중원 전통의 정치·문화 규정에 따라 건립한 천자종묘(天子宗廟)가 아니라, 이미 죽은 황제를 모신 묘(廟)를 가리킨다.513 채경(蔡京)이 원풍(元豊) 6년(1083)에 요주 생신사(遼主生辰使)가 되어 요에 갔다 온 뒤, "신이 요에 있을 때, 야외에 해거(奚車) 몇 량이 있어서 갈대를 좌우에 심고 작은 끈을 묶었는데, 지나가는 자는 반드시 종종걸음을 하였고 말에 탄 자는 반드시 말에서 내렸다. 신이 무엇인지 묻자 태묘행궁(太廟行宮)이라고 하였다."514라고 태묘에 대해 기록하였다.

馬皆屬焉. 以其牙帳居大內帳殿之北, 故名北院. 元好問所謂'北衙不理民'是也."
510 『遼史』 卷45, 「百官志」 1, 北面1, 北面朝官, 契丹北樞密院條, "契丹南樞密院. 掌文銓·部族·丁賦之政, 凡契丹人民皆屬焉. 以其牙帳居大內之南, 故名南院. 元好問所謂'南衙不主兵'是也."
511 『遼史』 卷51, 「禮志」 4, "西夏國進奉使朝見儀, …… 禮畢. 於外賜宴, 客省伴宴, 仍賜衣物."
512 『神宗皇帝卽位使遼語錄』, 6月 15日條, "引至客省, 與大將軍·客省使耶律儀·趙平相見, 置酒三踐."
513 蕭愛民, 「遼朝皇帝廟號三題」, 『河北大學學報(哲學社會科學版)』, 保定: 河北大學, 2020年 第5期.
514 『長編』 卷338, 神宗 元豊6年 8月 乙酉條, "奉議郞·試起居郞蔡京爲遼主生辰使, 西上閤門使狄詠副之, 承議郞·駕部郞中吳安持爲正旦使, 供備庫使趙思明副之.【…… 臣在彼時, 見其野外有奚車數輛, 植葦左右, 繫一小繩, 然過者必趨. 騎者必下. 臣詢謂何, 則曰'太廟行宮也'.】"

8

육전(陸佃)의
『사요록(使遼錄)』
일문(逸文)

홍성민

해제

　원부(元符) 3년(1100) 1월에 송 철종(哲宗)이 붕어하였다. 같은 해 6월에 요(遼)에서 소진충(蕭進忠)과 소안세(蕭安世)를 보내어 조문하였고, 송은 7월에 요의 조문에 사례하고자 육전(陸佃)과 이사휘(李嗣徽)를 요에 파견하였다.[515] 육전의 『사요록(使遼錄)』은 이때의 경험을 바탕으로 작성된 사요어록(使遼語錄)이다.

　육전은 자(字)가 농사(農師)로, 월주(越州) 산음(山陰) 사람이다. 그의 손자는 남송의 애국 시인으로 알려진 육유(陸游)이다. 육전은 희녕(熙寧) 3년(1070)에 진사에 급제하면서 정계 활동을 시작하였다. 그는 신법당(新法黨) 계통의 인물이었지만, 신법당의 모든 정책에 찬동하지는 않았다. 숭녕(崇寧) 원년(1102)에 죽었고, 『비아(埤雅)』, 『예상(禮象)』, 『춘추후전(春秋後傳)』의 저서를 남겼다.[516]

　육전의 『사요록』은 육유의 발문[517]을 통해 그 존재를 확인할 수 있지만, 서적이 이미 산일되어 그 온전한 형태를 확인할 방도가 없다. 서명에 대해서도 표기가 통일되지 않은 실정이다. 류푸장(劉浦江)은 '육전(陸佃)의 『사요록(使遼錄)』'[518]으로 소개하였고, 자오융춘(趙永春)은 『육전사요견문(陸佃使遼見聞)』[519]으로 소개하였다. 그러나 서명은 육유의 발문에 의거하여 『사요록(使遼錄)』(혹은 『사요어록(使遼語錄)』)으로 호칭하는 것이 타당하다고 본다. 따라서 여기서는 저자의 이름을 병기하여 다른 『사요어록』과의 혼동을 없애며 원형이 아니라 다른 사료에서 해당 기록을 모은 점을 밝혀서, '육전(陸佃)의 『사요록(使遼錄)』 일문(逸文)'이라고 하겠다.

　육전의 『사요록』 일문의 수집 작업은 자오융춘과 홍성민[520]에 의해서 이루어졌다. 우선

---

[515] 『宋史』 卷19, 「徽宗本紀」 1, "元符三年正月己卯, 哲宗崩, 皇太后垂簾. …… 六月丙申朔, 遼主遣蕭進忠·蕭安世等來弔祭. …… [秋七月] 癸未, 遣陸佃·李嗣徽報謝于遼."

[516] 『宋史』 卷343, 「陸佃傳」.

[517] 陸游, 『渭南文集』 卷27, 「先左丞使遼錄」, "右, 先楚公『使遼錄』一卷, 三十八伯父手書. 伯父自幼被疾, 以左手書, 然筆力清健如此. 平生凡鈔書至數十百卷云. 淳熙八年四月五日, 某謹識."

[518] 劉浦江, 「宋代使臣語錄考」, 張希清 主編, 『10-13世紀中國文化的碰撞與融合』, 上海: 上海人民出版社, 2006, 279-280쪽.

[519] 趙永春 輯注, 『奉使遼金行程錄(增訂本)』, 北京: 常務印書館, 2017, 151-153쪽.

[520] 洪性珉, 「陸佃『使遼錄』の佚文とその史料價値について―陸游の筆記史料を中心に―」, 『東洋學報』 98-1, 東京:

자오융춘은 육유의 필기인 『가세구문(家世舊聞)』에서 육전이 요에서 사신으로 갔을 때의 '견문 5조목(條目)'을 확인하고 이를 채록하였다.[521] 홍성민은, 육유의 또 다른 필기인 『노학암필기(老學庵筆記)』에서도 요 관련 기사가 확인되는데 그중 일부 기사가 『가세구문』속 요 관련 기사와 출처를 공유하고 있기 때문에, 두 필기의 요 관련 기사를 통합적으로 검토해야 한다고 지적하였다. 또한 두 필기의 요 관련 기사는, 크게 조부 육전의 『사요록』에서 유래한 것과 부친 육재(陸宰)에서 유래한 것으로 나뉘므로, 이를 구분하였다. 그리고 『송사(宋史)』권 343, 「육전전(陸佃傳)」에서 확인된 『사요록』 일문도 포함하여 육전의 행정(行程)에 맞추어 사료를 재배열하는 작업을 하였다.[522] 따라서 본 역주에서는 홍성민의 작업을 기준으로 삼았다.

『가세구문』은 순희(淳熙) 3년(1176)부터 9년(1182) 사이에 완성된 것으로 추정된다.[523] 중화서국(中華書局)의 당송사료필기총간(唐宋史料筆記叢刊)은 베이징도서관에서 소장한 영초혈연재사본(影鈔穴硯齋寫本)을 저본으로 하고, 중국사회과학원도서관에서 소장한 췌민당본(萃閔堂本)을 참고하였다고 한다.[524] 한편 장젠(張劍)은 『가세구문』의 다른 판본으로 명(明)의 혈연재원초본(穴硯齋原鈔本, 이하 穴本)과 타이완국가도서관에서 소장한 장형장본(張珩藏本, 이하 張本)이 있음을 지적하고, 각 판본 간 글자의 이동(異同)에 대해서 정리하였다.[525] 따라서 여기에서는 중화서국 당송사료필기총간의 판본을 저본으로 하고, 장본(張本)의 이표기에 관해서는 장젠의 연구 성과를 참고하였다. 아울러 출처를 명확하게 하기 위해 당송사료필기총간의 조목도 함께 표기하였다.

『노학암필기』는 소희(紹熙) 3년(1192)부터 5년(1194) 사이에 완성된 것으로 추정된다.[526] 이 책은 육유 생전에 출간되지 못하고, 송 이종(理宗) 소정(紹定) 원년(1228)에 육유의 아들

東洋文庫, 2016.
521 趙永春, 『奉使遼金行程錄(增訂本)』, 151쪽.
522 洪性珉, 「陸佃『使遼錄』の佚文とその史料價値について」.
523 吳珊珊, 「《家世舊聞》研究」, 華東師範大學碩士學位論文, 2007.
524 孔凡禮, 「家世舊聞流傳的經過及其他」, 『西溪叢語 家世舊聞』, 北京: 中華書局, 1993, 168쪽.
525 張劍, 「《家世舊聞》版本補議 — 兼議垄陸游家世詩數量稀少的原因」, 『國學學刊』, 北京: 中國人民大學, 2015年 第2期, 91-93쪽 및 96-100쪽.
526 阮怡, 「《老學庵筆記》校勘補議及成書時間小議」, 『圖書館研究與工作』, 杭州: 浙江圖書館, 2013年 第2期, 77쪽.

육자휼(陸子遹)에 의해 10권으로 간행되었다. 이 판본을 육씨가각본(陸氏家刻本)이라고 하는데, 현전하지 않는다. 이후『노학암필기』는 원말 명초에 편찬된 도종의(陶宗儀)의『설부(說郛)』, 명 만력(萬曆) 연간(1573~1620)에 편찬된『패해총서(稗海叢書)』, 명말에 편찬된『진체비서(津逮祕書)』에 실렸다. 이 중『패해총서』에 실린『노학암필기』가 가장 널리 퍼졌다. 이 밖에도 명대에는 천계(天啓) 3년(1623) 주응의(周應儀, 혹은 周元度)의 각본(刻本), 숭정(崇禎) 연간(1628~1644) 혈연재초본(穴硯齋鈔本)의『노학암필기』도 있는데, 이 중 혈연재초본이 송대 육씨가각본의 모습과 가장 가깝다고 한다. 청대에는 두 종류의 영송본(影宋本)이 있는데, 하나는 잔본(殘本)이고 하나는 전질(全帙)이다.[527]

현재 많은 연구자들이 이용하는 중화서국 당송사료필기총간의『노학암필기』는 혈연재초본을 저본으로 삼았다. 또『전송필기(全宋筆記)』제5편 8에 수록된『노학암필기』는『패해총서』를 저본으로 삼았다. 따라서 여기서는 중화서국 당송사료필기총간을 저본으로 하고『전송필기』의 판본을 참고하여, 글자의 이표기를 확인하였다.

이『사요록』의 서술은, 지역적으로 송의 경계를 넘은 후 요의 연경(燕京)에서부터 시작하여 도종(道宗)을 알현한 후 귀로(歸路) 중에 있었던 일까지로 확인된다.

육전의『사요록』일문에 실린 중요한 내용은 다음 두 가지로 볼 수 있다. 첫째, 요의 한인 유육부(劉六符)에 의한 연운(燕雲) 지역의 감세 정책이다.(『노학암필기』권7) 이 지역의 한인들은 이민족인 거란의 통치를 받았기 때문에, 민심이 매우 불안정하였다. 이를 해결하기 위한 효과적인 방법은 감세 정책이지만, 감세는 국가 재정 수입에 영향을 미치는 사안이었다. 결국 이 감세 정책이 요송 관계 속에서 증폐 교섭(增幣交涉)까지 연동되는 사안이었음을 확인할 수 있다. 둘째, 요에서 불교가 성행한 데 비해 도교는 그다지 성행하지 않았던 상황에 대한 묘사이다.(『가세구문』권상)『가세구문』에서는 이 이야기 바로 뒤에 육재가 고려(高麗)의 도교 신앙에 대해서 부연하여 설명하고 있다.[528] 여기서 임영소(林靈素)는 송 휘종을 위해 도교의 새로운 학설인 신소설(神霄說)을 주장한 도사이다. 이를 통해 신소파(神霄派) 도교가 고

---

[527] 王永波,「《老學庵筆記》版本小考」,『古典文學知識』, 南京: 鳳凰出版社, 2016年 第3期를 요약함.
[528]『家世舊聞』卷上, "先君言, 高麗之俗, 亦不喜道敎. 宣和中, 林靈素得幸, 乃白遣道士數人, 隨奉使往, 謂之行敎, 留數月而歸. 所遣皆庸夫, 靈素特假此爲丐恩澤爾, 不知所謂行敎者, 竟何爲也."

려에 포교된 모습을 확인할 수 있다. 이 부분은 물론 육전의 『사요록』 일부라고 볼 수 없지만, 한국사와 관계된 부분이므로 특별히 역주 부분에 포함시켰다. 이처럼 육전, 육재, 육유로 이어지는 육씨 가문의 기록에서 요와 고려에 관한 실정을 확인할 수 있다는 점에서 육전의 『사요록』 일문은 중요한 사료적 가치를 가진다고 하겠다.

판본 설명

이용 판본 : [宋] 陸游 撰, 李劍雄·劉德權 點校, 『老學庵筆記』, 北京: 中華書局, 1979.

[宋] 陸游 撰, 孔凡禮 點校, 『家世舊聞』(『西溪叢語 家世舊聞』), 北京: 中華書局, 1993.

참고 판본 : 張劍, 「《家世舊聞》版本補議 — 兼議陸游家世詩數量稀少的原因」, 『國學學刊』, 北京: 中國人民大學, 2015년 제2기 所引 張珩藏本. (약어: 張本)

[宋] 陸游 撰, 李昌憲 整理, 『老學庵筆記』, 上海師範大學古籍整理研究所 編, 『全宋筆記』 제5편 8, 鄭州: 大象出版社, 2012. (약어: 全筆本)

【원문】

1. 元符庚辰冬, 自權吏部尙書受命爲回謝北朝國使, 與西上閤門使·泰州團練使李嗣徽偕行.【嗣徽字公美, 仁廟朝駙馬都尉瑋[1]之子.】[『家世舊聞』卷上, 第46條]

【교감】

[1] 입력자注: '瑋', 張本은 '璋'으로 잘못 적었다.

【번역】

1. 회사사(回謝使)에 임명됨

원부(元符) 경진년(1100) 겨울, 권이부상서(權吏部尙書)[1]가 되고서 명을 받아 회사북조국사(回謝北朝國使)[2]가 되었고, 서상합문사(西上閤門使)[3] 태주단련사(泰州團練使)[4] 이사휘(李嗣徽)[5]와 함께 갔다.【이사휘의 자(字)는 공미(公美)이고, 인종 조의 부마도위(駙馬都尉) 이위(李瑋)[6]의 아들이다.】[『가세구문(家世舊聞)』권상, 제46조]

【주석】

[8-1] 권이부상서(權吏部尙書): 이부상서는 송 원풍(元豐) 때의 관제 개혁 이후 직사관(職事官)의 일종이 되었다. 관품은 종2품으로 문무백관의 선시(選試), 의주(擬注) 및 천수(遷授), 음자(蔭子), 서복(敍復) 등의 정령을 총괄한다.529 한편, 송대에는 직사관의 관품과 본인의 산관(散官)의 차이를 메우는 방법이 고안되었다. 원풍 때의 관제 개혁 이후 기록관(寄祿官)이 직사관보다 1품 이상 높을 때에는 '행(行)', 1품이 낮을 때에는 '수(守)', 2품이 낮을 때에는 '시(試)'를 사용하도록 규정하였다. 또한 본인의 자서(資序), 즉 관위의 자격과 서열이 직사관의 관품보다 낮을 경우, 1급(級)이면 '권(權)', 2급 이상이면 '권발견(權發遣)'을 사용하였다.530 따라서 '권이부상서'라고 한 것을 통해 당시 육전의 자서가 종

---

529 龔延明 編著, 『宋代官制辭典(增補本)』, 北京: 中華書局, 2017, 214-215쪽.
530 梅原郁, 『宋代官僚制度研究』, 京都: 同朋社, 1985, 218쪽.

2품보다 1급 낮았음을 알 수 있다. 육전은 이후 건중정국(建中靖國) 원년(1101) 7월에 시이부상서(試吏部尙書)에서 중대부(中大夫) 상서우승(尙書右丞)에 제수되었다.[531] 이때에는 육전의 기록관이 직사관보다 2품 낮았음을 알 수 있다.

[8-2] 회사북조국사(回謝北朝國使): 송이 거란으로 보내는 국신사(國信使)의 하나인 회사예신사(回謝禮信使)를 가리킨다. 회사예신사는 회사사(回謝使), 회사조위제존사(回謝弔慰祭尊使), 도사사(都謝使)라고도 불리는데, 상장 의례가 끝나면 아픔과 슬픔을 나누고 도와준 것에 대한 답례이자 감사의 표시로서 황제와 황태후의 명의로 상대국에 사신을 파견한 것이다.[532] 원부(元符) 3년(1100) 정월에 송 철종(哲宗)이 붕어하였다. 2월에 이 사실이 요에 전해지자 요 도종(道宗)이 조제사(弔祭使)를 파견하여, 6월에 송 조정에 도착하였다.[533] 육전이 사신으로 파견된 것은, 요 조제사에 대한 회사사에 해당한다.

[8-3] 서상합문사(西上閤門使): 횡행(橫行) 무계(武階)의 명칭이다. 오대 후량(後梁) 시기에 서상합문사가 확인된다. 북송 전기에는 횡행계(橫行階) 중 6번째였고, 『원우령(元祐令)』에서 정6품이었다.[534]

[8-4] 단련사(團練使): 정임(正任) 무계(武階)의 명칭이다. 직사(職事)가 없고 무신·종실·내시의 승천(陞遷)을 위한 관계(官階)이다. 부마도위는 처음 이 계(階)를 받는다. 원풍 연간(1078~1085) 이후에는 종5품이 되었다.[535]

[8-5] 이사휘(李嗣徽): 원래 이위(李瑋)의 형 이장(李璋)의 11번째 아들 이악(李偓)이다. 희녕(熙寧) 원년(1068) 4월에 양자로 들어갔고, 신종(神宗)으로부터 사휘(嗣徽)라는 이름을 하사받았다.[536]

---

531 『宋史』 卷212, 「宰輔表」 3, 執政進拜加官, "建中靖國元年辛巳, [七月丁亥] 陸佃自試吏部尙書除中大夫·尙書右丞."

532 유빛나, 「거란과 송의 국신사 파견과 그 양상」, 『세계역사와 문화연구』 제59집, 서울: 한국세계문화사학회, 2021, 128-129쪽.

533 『遼史』 卷26, 「道宗本紀」 6, "壽隆六年二月] 辛酉, 宋遣使告宋主煦殂, 弟佶嗣位, 即日遣使弔祭." 『宋史』 卷19, 「徽宗本紀」 1, "[元符三年] 六月丙申朔, 遼主遣蕭進忠·蕭安世等來弔祭."

534 龔延明 編著, 『宋代官制辭典(增補本)』, 642쪽.

535 龔延明 編著, 『宋代官制辭典(增補本)』, 639쪽.

536 『宋會要輯稿』 「帝系」 8, 駙馬都尉採錄, "神宗熙寧元年四月十九日, 李瑋請以兄奉寧節度使璋第十一子偓爲嗣. 詔以爲供備庫副使, 賜名嗣徽."

[8-6] 이위(李瑋): 외척 이용화(李用和)의 아들이자, 이장(李璋)의 동생이다. 인종(仁宗)의 딸인 연국공주(兗國公主)와 결혼하였다. 거칠고 비루한 성격으로 공주와 잘 맞지 않아서 몇 년 후에 공주가 환궁하였다. 이로 인해 이위는 안주관찰사(安州觀察使)에서 건주(建州)로 강등되고, 부마도위(駙馬都尉)의 명칭이 떨어졌으며, 지위주(知衛州)가 되었다. 죽은 후 태사(太師) 중서령(中書令)으로 추증되었다.537

【원문】

> 2. 北虜遣金紫崇祿大夫[2]·檢校太傅·左金吾衛將軍耶律成, 朝議大夫·守太常少卿·充史館修撰李儔來迓. 儔自言燕人, 年四十三, 劉霄榜及第, 今二十八年矣.[『家世舊聞』卷上, 第46條]

【교감】

[2] 입력자注: '金紫崇祿大夫', 張本은 '金紫榮祿大夫'로 적었다.

【번역】

2. 요의 접반사(接伴使)

요 조정[北虜]에서 금자숭록대부(金紫崇祿大夫)[7] 검교태부(檢校太傅)[8] 좌금오위장군(左金吾衛將軍)[9] 야율성(耶律成)과 조의대부(朝議大夫)[10] 수태상소경(守太常少卿)[11] 충사관수찬(充史館修撰)[12] 이주(李儔)를 보내 마중하러 왔다. 이주가 스스로 말하기를, 연 지역 사람[燕人]이고 43세이며 유소방(劉霄榜)[13]에 급제하여서 지금은 28년(26년의 잘못)이 지났다고 하였다.[『가세구문(家世舊聞)』권상, 제46조]

---

537 『宋史』 卷464, 「李用和傳附瑋傳」, "瑋, 選尚兗國公主, 積官濮州團練使. 以樸陋與主不協, 所生母又忤主意, 主入訴禁中, 瑋惶恐自劾, 坐罰金. 後數年, 終不協, 主還宮. 瑋自安州觀察使降建州, 落駙馬都尉, 知衛州. …… 卒, 哲宗臨奠, 哭之, 贈太師·中書令."

【주석】

[8-7] 금자숭록대부(金紫崇祿大夫): 요 관료의 관함(官銜)은 계(階, 당·송의 산관(散官)), 훈(勳), 산관(散官, 당·송의 검교관(檢校官)), 작(爵), 봉(封), 공신호(功臣號), 헌함(憲銜), 관(官)으로 구분된다.[538] 이 중에서 금자숭록대부는 요대 문산계(文散階)의 일종으로, 당대(唐代) 금자광록대부(金紫光祿大夫) 정3품에서 유래하였다. 본대 전·후한의 광록대부이다. 위·진에 이르러 금장과 자수를 더해 준 경우가 있었는데, 이를 금자광록대부라 하였다.[539] 요에서는 태종 야율덕광(耶律德光)의 이름을 피휘하여 금자숭록대부로 표기하였다. 『가세구문』장본(張本)에서는 금자영록대부(金紫榮祿大夫)로 표기하였는데, 『요사』에서 금자숭록대부의 표기는 2건이 확인되는 반면에 금자영록대부의 표기는 확인되지 않는다.[540] 한편, 금대에는 금자광록대부, 은청영록대부(銀青榮祿大夫)의 표기는 확인되지만, 금자숭록대부의 표기는 확인되지 않는다.[541] 아마도 장본은 금대의 표기를 의식하여 다시 고친 것 같다. 요에서도 금자숭록대부는 정3품이었다.[542]

[8-8] 검교태부(檢校太傅): 중당(中唐) 이후, 사직(使職)이나 지방관은 대부분 중앙 대성(臺省)의 관함을 겸대하였으며, 그 가운데 삼공(三公)·상서복야(尙書僕射)·상서(尙書)·승(丞)·낭(郎) 등 고급 관함을 겸대한 자를 검교관(檢校官)이라 칭하였다. 이 경우 겸대한 검교관은 관품의 고하만 표시하였을 뿐이고, 실제 그 직사(職事)를 관장하지는 않았다.[543] 당(唐)의 제도에서 태부는 정1품이었다.[544] 요대 검교관은 헌관(憲官)과 함께 계관(階官)으로서 기능하였다.[545]

---

538 王曾瑜,「遼朝官員的實職和虛銜初探」,『文史』34, 北京: 中華書局, 1992를 참조.

539 『唐六典』卷2,「尙書吏部」, "正三品曰金紫光祿大夫, 本兩漢光祿大夫也. 至魏·晉, 有加金章·紫綬者, 則謂爲金紫光祿大夫."

540 『遼史』卷83,「耶律學古傳附弟烏不呂傳」, "太后從之, 加金紫崇祿大夫·檢校太尉.";『遼史』卷85,「耶律奴瓜傳」, "統和六年, 再擧, 將先鋒軍, 敗宋游兵于定州, 爲東京統軍使, 加金紫崇祿大夫."

541 『金史』卷55,「百官志」1, 尙書省, 吏部, "文官九品, 階凡四十有二, …… 正二品上曰金紫光祿大夫, 下曰銀青榮祿大夫. 從二品上曰光祿大夫, 下曰榮祿大夫."

542 楊軍,「遼朝南面官研究 ― 以碑刻資料爲中心」,『史學集刊』, 長春: 吉林大學, 2013年 第3期, 16쪽.

543 김택민 주편, 『譯註唐六典』上, 서울: 신서원, 2003, 164쪽.

544 『唐六典』卷1,「三師三公尙書都省」, "太師一人, 正一品, 太傅一人, 正一品, 太保一人, 正一品."

545 高井康典行, 『渤海と藩鎭 ― 遼代地方統治の硏究 ―』, 東京: 汲古書院, 2016의 제7장「遼の武臣の昇遷」(初出은 2002), 266-272쪽.

[8-9] 좌금오위장군(左金吾衛將軍): 요대 무자관(武資官)의 일종으로 종6품 하(下)에 해당한다.[546] 남면조관(南面朝官)에 속한 관직이다.[547] 당(唐)의 제도에 따르면, 좌금오위장군과 우금오위장군은 각각 2인으로 종3품이고, 직임은 궁중 및 경성을 주야로 순찰·경계하는 법에 의거하여 잘못과 위반을 막는 일이었고, 만약 황제의 순수나 친정 및 사냥이 있으면 황제의 좌영과 우영의 호위에 관한 금령을 집행하였다.[548] 송대 좌금오위장군과 우금오위장군은 환위관(環衛官)으로서 직사가 없었다. 환위관은 종실(宗室)과 임기가 만료된 지방의 장관에게 제수되었고, 혹은 무신의 증관(贈官)으로 이용되었다. 원풍 때의 관제 개혁 이후 종실에게는 이전처럼 제수하였지만, 외신(外臣)에게는 수여하지 않았다.[549] 좌금오위장군과 우금오위장군의 직사가 사라져 가는 과정 중에 있던 오대 시기의 관직 제도를 요와 송이 계승하면서, 요에서는 무자관, 송에서는 환위관으로 변모한 것으로 추정된다.

[8-10] 조의대부(朝議大夫): 문산계의 일종이다. 당대(唐代)에는 조의대부(朝議大夫) 정5품 하였다.『한관의(漢官儀)』에 "대부 이상은 조의를 받들어야 한다."라고 하였는데, 바로 그 의미이다.[550] 요에서도 조의대부는 정5품 하(下)였다.[551]

[8-11] 수태상소경(守太常少卿): 요에서는 문자관(文資官) 중에서 제시소경(諸寺少卿)은 종5품 하에 해당한다.[552] 당(唐)의 제도에서 태상소경(太常少卿)은 정4품 상이다. 태상경의 직임은 나라의 예악·교묘·사직의 일을 관장하여 8서에 분담시켜 처리하는 것이며, 소경은 그 차관이 된다.[553] 당의 제도에 품급이 낮은 산관이 높은 직사관(職事官)에 취

---

546 楊軍,「遼朝南面官研究」, 17쪽.
547 『遼史』卷47,「百官志」3, 南面1, 南面朝官, "諸衛職名總目, 各衛. 大將軍. …… 上將軍. …… 將軍. 聖宗太平四年 見千牛衛將軍蕭順. …… 左右金吾衛."
548 『唐六典』卷25,「諸衛府」, "左右金吾衛大將軍各一人正三品. …… 衛將軍各二人, 從三品. …… 左·右金吾衛大將軍·將軍之職, 掌宮中及京城晝夜巡警之法, 以執禦非違, 凡翊府及同軌等五十府皆屬焉. …… 若巡狩師田, 則執其左·右營衛之禁."
549 龔延明 編著,『宋代官制辭典(增補本)』, 474-475쪽.
550 『唐六典』卷2,「尙書吏部」, "正五品下曰朝議大夫, 『漢官儀』, '大夫以上得奉朝議.' 則其義也."
551 楊軍,「遼朝南面官研究」, 16쪽.
552 楊軍,「遼朝南面官研究」, 16쪽.
553 『唐六典』卷14,「太常寺」, "卿一人, 正三品. …… 少卿二人, 正四品上. …… 太常卿之職, 掌邦國禮樂·郊廟·社稷之事, 以八署分而理焉. 一曰郊社, 二曰太廟, …… 三曰諸陵, 四曰太樂, 五曰鼓吹, 六曰太醫, 七曰太卜, 八曰廩

임할 때에는 '수(守)'를 붙였고, 품급이 높은 산관이 낮은 직사관에 취임할 때에는 '행(行)'을 붙였다.⁵⁵⁴ 육전『사요록』일문의 용례를 통해 보았을 때, 요대에 문산계와 문자관의 차이를 표기하는 데 '수(守)'와 '행(行)'을 사용한 것으로 추정된다.

[8-12] 사관수찬(史館修撰): 관직(館職)의 일종이다. 요대에는 남면조관 한림원(翰林院) 국사원(國史院) 소속의 직책이었다.⁵⁵⁵ 당(唐)의 제도에서 수찬직관(修撰直館)의 설명에, 천보(天寶) 연간(742~756) 이후에 다른 관으로서 사직(史職)을 겸령(兼領)할 때 사관수찬(史館修撰)이라고 한다고⁵⁵⁶ 하였다. 요대에도 당의 제도를 이어받아 유사한 방식으로 운용하였다고 추정된다.

[8-13] 유소방(劉霄榜): 유소(劉霄)는 사료에 따라 유소(劉宵), 유소산(劉宵産)으로 표기되기도 하는데, 금초의 한인 관료 유언종(劉彦宗)의 아버지로 중경유수(中京留守)를 역임하였다.⁵⁵⁷ 유소는 원우(元祐) 원년(1086)에 송에 사신으로 온 사실이 확인된다.⁵⁵⁸『풍청민공유사(豊清敏公遺事)』에 따르면, 그가 유육부(劉六符)의 손자라고 하였다.⁵⁵⁹ 한편 2007년에 베이징시(北京市) 펑타이구(豊臺區) 윈강진(雲崗鎭) 왕쥐촌(王佐村) 북쪽에서 유육부의 묘지명과 함께 넷째 아들 유우(劉雨)의 묘지명도 출토되었다.⁵⁶⁰ 유소와 유우의 이름이 '우(雨)' 자 부수를 공유한다는 점에서, 유소가 유육부의 아들일 가능성도 상정해 볼 수 있겠다.

犧, 惣其官屬, 行其政令. 少卿爲之貳."

554 『唐六典』卷2,「尙書吏部」, "凡注官階卑而擬高則曰'守', 階高而擬卑則曰'行'."; 김택민 주편,『譯註唐六典』上, 서울: 신서원, 2003, 164쪽.

555 『遼史』卷47,「百官志」3, 南面1, 南面朝官, 翰林院, 國史院, "史館修撰. 劉輝, 大安末爲史館修撰."

556 『舊唐書』卷43,「職官志」2, 中書省, 史館, "修撰直館【天寶以後, 他官兼領史職者, 謂之史館修撰, 初入爲直館也.】"

557 『金史』卷78,「劉彦宗傳」, "劉彦宗字魯開, 大興宛平人. 遠祖怦, 唐盧龍節度使. 石晉以幽・薊入遼, 劉氏六世仕遼, 相繼爲宰相. 父霄至中京留守."

558 『續資治通鑑長編』卷393, 哲宗 元祐元年 12月 戊子條, "戊子, 遼國遣寧遠軍節度使耶律永昌, 太中大夫行中書舍人充史館修撰劉宥[霄]來賀興龍節.";『宋史』卷313,「文彦博傳」, "元祐間, 契丹使耶律永昌・劉霄來聘, 蘇軾館客, 與使入覲, 望見彦博於殿門外, ……."

559 李朴,『豊清敏公遺事』, "館伴契丹, 遂爲正旦(或作生辰)國信使. 虜中接伴劉霄(六符之孫), 蓋在其國以名臣稱, 見公深加歎服."

560 王策・周宇,「劉六符墓誌簡述」,『北京文博文叢』, 北京: 北京市文物硏究所, 2016年 第2期, 37쪽.

한편 과거 시험에서 장원급제자의 이름을 따서 '모방(某榜)'이라는 표현을 사용하기도 하는데, '유소방(劉霄榜)'이 이에 해당한다. 유소가 장원에 급제한 시기는 함옹(咸雍) 10년(1074)이다.[561] 『요사』에서도 함옹 10년에 과거를 실시한 사실이 확인된다.[562] 그런데 이주(李燾)의 발언을 통해 역산해 보면, 유소와 이주가 급제한 해는 함옹 8년(1072)이 된다. 아마도 본문의 28년(二十八年)은 26년(二十六年)의 오기인 것 같다.

【원문】

> 3. 館中有小胡, 執事甚謹, 亦能華言. 因食夾子, 以食不盡者與之, 拜謝而不食, 問其故, 曰, "將以遺父母." 公喜, 更多與之, 且問, "識此, 何物也." 曰, "人言是石榴." 意其言食饀也. 又虜人負載隨行物, 不用兵夫, 但遇道上行者, 卽驅役之耳. 一日將就馬, 一擔夫訴曰, "某是燕京進士, 不能負擔." 公笑, 爲言而遣之.[『家世舊聞』卷上, 第52條]

【교감】

없음.

【번역】

3. 연경(燕京)

관(館) 안에는 거란인 젊은이[小胡]가 있었는데, 일 처리가 매우 신중하고 한어[華言]도 능숙하였다. 젓가락[夾子]으로 먹다가 남은 것을 젊은이에게 주니 감사를 표하고는 먹지 않았다. [육전이] 그 까닭을 물으니, [젊은이가] 대답하기를 "가지고 가서 부모님께 드리려고 합니다."라고 하였다. 공(육전)이 기뻐하며 더 많이 주면서 "이것이 무슨 물건인지 아느냐?"라고 다시 물었다. "사람들은 이것이 '석류(石榴, 현대 한어병음: shíliú)'라고 합니다."라고 대답하였

---

[561] 『遺山先生文集』卷29, 「顯武將軍吳君阡表」, "五世祖吳, 咸雍十年劉霄牓登科."
[562] 『遼史』卷23, 「道宗本紀」3, 咸雍 10年, "六月戊辰, 親出題試進士."

다. 그의 말은 '다시 찐 음식(食餾, 현대 한어병음: shí liú)'을 뜻한다. 또 거란 사람[虜人]은 수행원의 물품을 짊어지고 옮기는 데 병사를 쓰지 않고, 다만 길가의 행인을 만나면 곧 거칠게 붙잡아서 노역시킬 뿐이었다. 하루는 말에 올라타려는데 한 짐꾼[擔夫]이 간곡하게 "나는 연경 진사(燕京進士)이니 [노역을] 부담할 수 없소!"라고 하였다. 공(육전)이 웃고는 그 발언 때문에 그를 돌려보냈다.[『가세구문(家世舊聞)』권상, 제52조]

【주석】

없음.

【원문】

4. 行過古北口數日, 置酒會仙石.【查道·梅詢嘗飮酒賦詩於此, 因得名.】儔忽自言, "兄儼新入相."[『家世舊聞』卷上, 第46條]

【교감】

없음.

【번역】

4. 고북구(古北口)

고북구(古北口)[14]를 지나가고 며칠 후에 회선석(會仙石)[15]에서 술자리를 마련하였다.【사도(查道)[16]와 매순(梅詢)[17]이 일찍이 여기서 술을 마시고 시를 지었기 때문에 이 이름이 붙었다.】이주가 돌연히 스스로 말하기를, "형인 이엄(李儼)[18]이 새로 재상으로 들어갔다."라고 하였다.[『가세구문(家世舊聞)』권상, 제46조]

【주석】

[8-14] 고북구(古北口): 앞의 [4-45] 참조.

[8-15] 회선석(會仙石): 앞의 [7-53] 참조.

[8-16] 사도(查道): 자(字)가 담연(湛然)으로, 흡주(歙州) 휴녕(休寧) 사람이다. 단공(端拱) 연간(988~989) 초에 진사에 급제하였다. 대중상부(大中祥符) 3년(1010)에 용도각대제(龍圖閣待制)에 이르렀고, 천희(天禧) 2년(1018) 5월에 죽었다.[563] 대중상부 6년(1013) 9월에 요에 정단사(正旦使)로서 갔는데,[564] 그의 시들이 산일되어 회선석에서 지었다는 시는 현전하지 않는다.

[8-17] 매순(梅詢): 자(字)가 창언(昌言)이고, 선주(宣州) 선성(宣城) 사람이다. 단공 연간(988~989)에 진사에 급제하였다. 지호주(知濠州), 섬서전운사(陝西轉運使), 용도각대제(龍圖閣待制), 한림시독학사(翰林侍讀學士), 군목사(羣牧使) 등을 역임하였다. 강정(康定) 2년(1041) 6월에 죽었고, 향년은 78세이다.[565] 천성(天聖) 8년(1030) 8월에 거란 생신사(契丹生辰使)로, 천성 9년(1031) 6월에 국모 조위사(國母弔慰使)로 요에 갔다.[566] 그의 시들이 산일되어 그가 회선석에서 지었다는 시는 현전하지 않고, 다만 그의 시 중에서 「사신의 명을 받들어 거란의 경계로 들어가는 도중 때마침 완성하다[奉使入契丹界道中偶成]」라는 제목의 시가 확인된다. 후젠성(胡建升)은 이 시를 함평(咸平) 5년(1002) 작품으로 판단하였는데,[567] '봉사(奉使)'라는 단어를 통해 보았을 때 이 시는 1030년부터 1031년 사이의 작품으로 보아야 할 것이다.

---

[563] 『宋史』 卷296, 「查道傳」, "查道字湛然, 歙州休寧人. …… 端拱初, 擧進士高第, 解褐館陶尉. …… [大中祥符]三年, 進秩兵部, 爲龍圖閣待制, 與張知白·孫奭·王曙並命焉. …… 奉使契丹, 以久次, 進右司郎中. …… [天禧]二年五月, 卒."

[564] 『長編』 卷81, 眞宗 大中祥符6年, "乙卯, 以翰林學士晁迥爲契丹國主生辰使, 崇儀副使王希範副之, 龍圖閣待制查道爲正旦使, 供奉官·閤門祇候蔚信副之."

[565] 『宋史』 卷301, 「梅詢傳」, "梅詢字昌言, 宣州宣城人. 少好學, 有辭辨. 進士及第, 爲利豐監判官. …… 坐議天書, 出知鄂州. …… 知郢州, 徙蘇州, 爲陝西轉運使. …… 擢龍圖閣待制, 糾察在京刑獄. 歷龍圖閣直學士·樞密直學士, 知通進銀臺司, 判流內銓, 爲翰林侍讀學士·羣牧使. …… 病足, 出知許州, 卒."; 歐陽脩, 「翰林侍讀學士給事中梅公墓誌銘」, 『歐陽文忠公集』 卷27, "以疾出知許州, 康定二年六月某日, 卒於官. …… 享年七十有八以終."

[566] 『長編』 卷109, 仁宗 天聖8年 8月, "戊申, 工部郎中·龍圖閣待制梅詢爲契丹生辰使, 供備庫副使王令傑副之, 度支員外郎·祕閣校理·戶部勾院王夷簡爲契丹正旦使, 西染院使竇處約副之, 開封府判官·侍御史張億爲契丹后正旦使, 禮賓副使張士宣副之."; 『長編』 卷110, 仁宗 天聖9年 6月 辛丑條, "命御史中丞王隨爲祭奠使, 西上閤門使曹儀副之, 龍圖閣待制孔道輔爲賀登位使, 崇儀副使孫繼鄴副之, 龍圖閣待制梅詢爲國母弔慰使, 昭州刺史張綸副之, 鹽鐵副使·司封員外郎王臻爲國母弔慰使, 內殿承制·閤門祇候許懷信副之."

[567] 胡建升, 「《全宋詩·梅詢詩集》輯考」, 『古籍整理研究學刊』, 長春: 東北師範大學古籍整理研究所, 2010年 第6期, 34쪽.

[8-18] 이엄(李儼): 야율엄(耶律儼)을 가리킨다. 자(字)는 약사(若思)로, 석진(析津) 사람이다. 그의 아버지는 이중희(李仲禧)로 중희(重熙) 연간(1032~1054)에 벼슬을 시작하였고, 함옹(咸雍) 6년(1070)에 국성 야율씨를 하사받았다. 야율엄은 태도가 수려하고 정갈하였으며, 학문을 좋아하고 시를 잘 짓는 것으로 유명하였다. 함옹 연간(1065~1074)에 진사 시험에 합격하였다. 수륭(壽隆) 연간(1095~1101)에 송이 서하를 공격하니 서하의 황제 이건순(李乾順)이 요에 사신을 보내 송과의 화해를 구하자, 황제가 야율엄에게 명하여 송으로 가서 화평시키게 하고 참지정사에 임명하였다. 도종(道宗) 만년에 지추밀원사(知樞密院事)가 되었고 『황조실록(皇朝實錄)』 70권을 편수하였다. 천경(天慶) 연간(1111~1120)에 병이 들었고, 훙서하자 상보(尙父)를 증직하고 시호는 충의(忠懿)라고 하였다.[568] 육전의 『사요록』에서 형인 이엄이 재상이 되었다는 발언은 그가 지추밀원사가 된 것을 가리키는 것으로 보인다. 한편, 『장편(長編)』에서는 원부 2년(1099)에 요의 사신으로서 야율엄이 아니라 이엄(李儼)으로 표기하였다.[569] 이렇게 사료에 따라 성(姓) 표기가 다른 이유로서 ① 병용하였을 가능성, ② 상황에 따라 구분해서 썼을 가능성, ③ 『요사』 편찬 시 일괄적으로 '야율엄'으로 개서했을 가능성이 상정된다. 야율엄이 1099년 3월에 송으로 사신을 간 이유는 같은 해 12월 송하원부화의(宋夏元符和議)를 체결하기 위한 요(遼)와 송(宋)의 사전 교섭이 있었기 때문이다.[570] 『가세구문』에는 야율엄이 일찍이 요 도종에게 황국부(黃菊賦)를 바쳤고, 이에 도종이 답시(答詩)를 하사한 일화가 기록되어 있다.[571] 그런데 『가세구문』의 세주에서도 알

---

[568] 『遼史』 卷98, 「耶律儼傳」, "耶律儼, 字若思, 析津人. 本姓李氏. 父仲禧, 重熙中始仕. …… [咸雍]六年, 賜國姓, 封韓國公, 改南院樞密使. …… 儼儀觀秀整, 好學, 有詩名, 登咸雍進士第. …… 壽隆初, 授樞密直學士. 以母憂去官, 尋召復舊職. 宋攻夏, 李乾順遣使求和解, 帝命儼如宋平之, 拜參知政事. 六年, 駕幸鴛鴦濼, 召至內殿, 訪以政事. …… 帝晚年倦勤, 用人不能自擇, 令各擲殿子, 以采勝者官之. 儼嘗得勝采, 上曰, 「上相之徵也」. 遷知樞密院事, 賜經邦佐運功臣·封越國公. 修皇朝實錄七十卷. …… 天慶中, 以疾, 命乘小車入朝. 疾甚, 遣太醫視之. 薨, 贈尚父, 諡曰忠懿."

[569] 『長編』 卷507, 哲宗 元符2年 3月, "丙辰, 遼國泛使左金吾衛上將軍·簽書樞密院事蕭德崇, 副使樞密直學士·尚書禮部侍郎李儼見於紫宸, 曲宴垂拱殿, 其遣泛使止爲夏國游說息兵及還故地也."

[570] 毛利英介, 「1099年における宋夏元符和議と遼宋事前交渉: 遼宋並存期における國際秩序の硏究」, 『東方學報』 82, 京都: 京都大學人文科學硏究所, 2008을 참조.

[571] 『家世舊聞』 卷上, "宣和末, 有武人劉遠者, 殿帥昌祚之子, 爲京東提點刑獄, 謂先君曰, '嘗使虜, 識儼之子處溫'. 處溫言儼事洪基時, 嘗獻黃菊賦, 洪基賜詩, 答曰, '昨日得卿黃菊賦, 碎剪金英排作句. 袖中猶自有餘香, 冷落西風

수 있듯이, 이 일화는 『노학암필기(老學庵筆記)』 권2에도 실려 있다. 홍성민은 이를 근거로 『노학암필기』에 실린 요 관련 기사의 출처가 『가세구문』의 출처와 크게 다르지 않음을 지적하였다.[572] 그리고 『요사』에서는 『가세구문』과 다르게 이처온(李處溫)을 야율엄의 조카로 표기하였다.[573] 그렇지만 이주(李儔)와 이처온이 부자 관계인지에 대해서는 불명확하다. 마지막으로 이처온은 유육부의 아들 유우(劉雨) 묘지명의 찬자로도 확인된다.[574]

【원문】

5. 遼人雖外竊[3]中國禮文, 然實安於夷狄之俗. 南使過中京, 舊例有樂來迎, 卽以束帛與之. 十一月二十日至中京, 遼人作樂受帛自若也. 明旦, 迓使輒至止不行, 曰, "國忌行香." 公照案牘, 則虜忌正月二十日也. 因移文問之, 虜輒送還移文, 曰, "去年昨日作忌, 今年今日作忌, 何爲不可." 蓋利束帛, 故徙忌日耳.[『家世舊聞』卷上, 第62條]

【교감】

[3] 입력자注: '竊', 당송사료필기총간은 '窺'로 적고, 張本은 '竊'로 적었다. 의미상 '竊'이 적합하다고 판단하였다.

【번역】

5. 중경(中京)

요인(遼人)은 비록 겉으로는 중국의 예문(禮文)을 가져다 썼지만, 실은 이적(夷狄)의 풍속에 안주하였다. 남조의 사신이 중경(中京)을 지나가면, 구례(舊例)에 음악을 연주하고 와서 마

吹不去.' 處溫亦貴於其國. 方耶律淳妃蕭氏僭立時, 處溫用事, 欲執蕭氏以幽州內附, 事泄, 與妻·子皆誅死, 後朝廷旣得幽州, 追贈處溫燕王, 且以其居第爲廟. 妻刑, 亦追封燕國夫人【菊詩人筆記.】"

572 洪性珉, 「稅役から見た宋遼兩屬民」, 『內陸アジア史研究』 28, 東京: 內陸アジア史學會, 2013, 74쪽.
573 『遼史』 卷102, 「李處溫傳」, "李處溫, 析津人. 伯父儼, 大康初爲將作少監, 累官參知政事, 封漆水郡王, 雅與北樞密使蕭奉先友舊."
574 王策·周宇, 「劉六符墓誌簡述」, 2016, 38쪽.

〈그림 8-1〉 선화(宣化) 장문조묘(張文藻墓) 벽화 속 산악도(散樂圖)[575]

중하였고, [송의 사신이] 곧 속백(束帛)을 그들에게 주었다. 11월 20일에 중경에 이르렀는데, 요인이 음악을 연주하고 비단[帛]을 받는 것이 평상시와 같았다. 다음 날(11월 21일) 아침에 마중하는 사신[迓使]이 곧바로 이르렀지만, 북으로 가려 하지 않고 말하기를 "나라의 기일(忌日)에는 향을 지핀다."라고 하였다. 공(육전)이 안독(案牘)[19]을 참조해 보니 "요[虜]가 정월(실제로는 11월(十一月)의 잘못) 20일이 기일이었다. 따라서 문서를 보내서[移文] 이를 물었는데, 요가 곧바로 문서[移文]를 돌려보내면서 "작년에는 어제를 기일로 삼고 올해는 오늘을 기일로 삼았으니, 어째서 불가하다고 하겠는가?"라고 하였다. 생각하건대 속백을 탐내서 기일을 옮겼을 뿐이다.[『가세구문(家世舊聞)』 권상, 제62조]

---

575 河北省文物研究所 編, 『宣化遼墓壁畫』, 北京: 文物出版社, 2001의 「25. 散樂圖」.

【주석】

[8-19] 안독(案牘): 관부(官府)의 문서를 뜻하는데, 여기서는 『봉사거란조례(奉使契丹條例)』를 가리키는 것 같다.[576]

【원문】

6. 遼人劉六符, 所謂劉燕公者, 建議於其國, 謂, "燕·薊·雲·朔, 本皆中國地, 不樂屬我. 非有以大收其心, 必不能久." 虜主宗眞問曰, "如何可收其心."[4] 曰, "歛於民者十減其四五, 則民惟恐不爲北朝人矣." 虜主曰, "如國用何." 曰, "臣願使南朝, 求割關南地, 而增戍閱兵以脅之. 南朝重於割地, 必求增歲幣. 我託[5]不得已受之. 俟得幣, 則以其數對減民賦可也." 宗眞大以爲然, 卒用其策得增幣. 而他[6]大臣背約, 纔以幣之十二減賦, 民固已喜. 及洪基嗣立, 六符爲相, 復請用元議. 洪基亦仁厚, 遂盡用銀絹二十萬之數, 減燕·雲租賦. [『老學庵筆記』卷7]

【교감】

[4] 입력자注: '如何可收其心', 全筆本은 '如何收其心'으로 적었다.
[5] 입력자注: '託', 全筆本은 '說'로 적었다.
[6] 입력자注: '他', 全筆本은 '它'로 적었다.

【번역】

6.[20] 중경(中京)

요인(遼人) 유육부(劉六符),[21] 이른바 유 연공(劉燕公)이라는 자가 그 나라에 다음과 같이 건의하였다. "연경(燕京)·계주(薊州)·운주(雲州)·삭주(朔州)는 원래 모두 중국의 땅으로, 우리에 속하는 것을 좋아하지 않습니다. 그 민심을 크게 수습하지 않는다면, 반드시 오래도록 영유

---

576 『宣和乙巳奉使金國行程錄』, "甲辰年, 阿骨打忽身死, 其弟烏乞買嗣立, 差許亢宗充奉使賀登位, 並關取『奉使契丹條例』案牘, 參詳增減, 遵守以行."

할 수 없을 것입니다." 요 군주[虜主] 야율종진(耶律宗眞)이 "어떻게 하면 그 민심을 수습할 수 있겠는가?"라고 물으니, [유육부가] "백성으로부터 거두는 세금을 열에 네댓을 줄인다면, 곧 백성들은 그저 북조(北朝)의 사람이 되지 못할지를 걱정할 것입니다."라고 대답하였다. 요 군주가 "그렇다면 국가 재정[國用]은 어떻게 하는가?"라고 물으니, [유육부가] "신이 원컨대, 남조(南朝, 즉 송조)에 사신으로 가서 관남지(關南地)[22] 할양을 요구하면서 수비병을 증가하고 병사를 사열하여 저들을 위협하도록 허락해 주십시오.[23] 남조는 영토 할양을 꺼릴 것이니, 반드시 세폐(歲幣)를 늘리기를 요청할 것입니다. 우리는 부득이 [송의 제안을] 수락한다는 핑계로 이를 받아들여, [늘어난] 비단을 받기를 기다린다면, 곧 그 액수로 백성의 부세(賦稅)를 경감시킨 [액수를] 보전하는 것이 가능합니다."라고 대답하였다. 야율종진이 크게 [그 제안이] 옳다고 생각하였고, 마침내 그 계책을 써서 세폐를 늘릴 수 있었다. 그러나 다른 대신이 약속을 어기고 겨우 증폐 액수의 20퍼센트만 부세를 경감시켰지만, 백성들은 진실로 이미 기뻐하였다. 야율홍기(耶律洪基, 요 도종)가 즉위하기에 이르러, 유육부가 재상이 되고 다시 원래 논의한 방법을 쓰기를 청하였다.[24] 야율홍기도 성품이 어질어서 마침내 은과 비단 20만의 액수를 모두 써서 연운 지역의 조세를 경감하였다.[25] [『노학암필기(老學菴筆記)』 권7]

【주석】

[8-20] 사료의 배치: 홍성민은 『노학암필기』 속의 요 관련 기사가 유육부의 일족인 유소(劉霄)를 통해서 송의 육전(陸佃)에게 전해졌음을 지적하였다. 그리고 유소가 역임한 중경유수(中京留守)의 중경은 송의 사절이 반드시 거쳐 가는 곳이었기 때문에, 『노학암필기』에 실린 6번과 7번 항목을 중경 부분에 배치하였다.[577] 그런데 유육부 묘지명에 관한 소개 글에서 유육부와 이주 일족이 혼인 관계가 있었음이 확인되었다.[578] 그렇다면 이 정보는 '유육부-유소-육전'뿐만 아니라 '유육부-이주-육전'으로 전해졌을 가능성도 존재한다. 이 경우에 6번 항목이 연운 지역에 관한 내용이라는 점, 2번 조

---

[577] 洪性珉, 「陸佃『使遼錄』の佚文とその史料價値について」, 76-79쪽.
[578] 王策·周宇, 「劉六符墓誌簡述」, 38쪽.

목의 끝에 유소가 등장하는 점을 고려하면, 항목의 배치가 '1-2-6-7-3-4-5'로 바뀔 수 있음을 지적해 두고자 한다.

[8-21] 유육부(劉六符): 요의 한인(漢人)으로, 지조가 있고 문장에 능숙하였다. 중희(重熙) 초년(1032)에 정사사인(政事舍人)에 옮겨졌고, 한림학사에 발탁되었다. 중희 11년(1042)에 요송 간 증폐 교섭(增幣交涉)의 요 측 외교 교섭자로 활약하였다. 도종이 즉위한 뒤 대책례(大冊禮)에 관여하기도 하였다.[579] 유육부 묘지명에 관한 소개 글에서 그의 작(爵)이 연국공(燕國公)임이 확인된다.[580] 본문의 유 연공(劉燕公)이라는 표현에서 그의 작위가 세간에 널리 알려졌음을 유추할 수 있다.

[8-22] 관남지(關南地): 앞의 [7-22] 삼관(三關) 참조.

[8-23] 남조(南朝)에 사신으로 …… 허락해 주십시오: 『요사』 「소혜전(蕭惠傳)」에서 "이때 황제가 천하를 통일하고자 하면서 삼관(三關)을 얻으려는 계획을 세우고 여러 신료를 모아서 논의하였다. 황제는 소혜(蕭惠)의 말을 따랐고, 이에 사신을 보내 송에 10개의 성(城)을 요구하며 이에 맞춰 모든 군사를 연(燕) 지역에 집결시켰다. 소혜가 황태제(皇太弟) 야율중원(耶律重元)과 군사를 거느리고 송 국경을 압박하였다."[581]라고 하였다. 당시 요에서 군대를 움직일 수 있는 권한이 지원수부사(知元帥府事) 야율중원과 북원추밀사(北院樞密使) 소혜에게 있고 한인 관료 유육부에게는 없었기 때문에, 이 기록에 대하여 신빙성의 문제가 제기되어 왔다. 청대 고증학자 필원(畢沅)도 이 기록을 잘못된 전문[傳聞之誤]이라고 평가하였다.[582] 홍성민은 이 일화가 유육부의 일족인 유소(劉霄)를 통해서 송의 육전(陸佃)에게 전해졌음을 지적하고, 그 출처가 유육부의 일족

---

579 『遼史』 卷86, 「劉六符傳」, "六符有志操, 能文. 重熙初, 遷政事舍人, 擢翰林學士. 十一年, 與宣徽使蕭特末使宋索十縣地, 還, 爲漢人行宮副部署. …… 道宗即位, 將行大冊禮, 北院樞密使蕭革曰, '行大禮備儀物, 必擇廣地, 莫若黃川.' 六符曰, '不然. 禮儀國之大體, 帝王之樂不奏于野. 今中京四方之極, 朝覲各得其所, 宜中京行之.' 上從其議. 尋以疾卒."

580 王策·周宇, 「劉六符墓誌簡述」, 37쪽.

581 『遼史』 卷93, 「蕭惠傳」, "是時帝欲一天下, 謀取三關, 集羣臣議. …… 帝從惠言, 乃遣使索宋十城, 會諸軍于燕. 惠與太弟帥師壓宋境, 宋人重失十城, 增歲幣請和."

582 『續資治通鑑』 卷44, 宋 仁宗 慶曆2年[遼 重熙11年] 春正月 辛未條, "[考異] …… 按遼主創南伐之謀, 自因宋人喪師於夏, 乘釁而動耳. 其時蕭惠承順上旨, 雖以蕭孝穆之力諫而不見聽. 既而因張儉之言始不親率師南伐, 而命六符使宋索地, 非六符首建此策而自請出使也. 『老學庵筆記』恐屬傳聞之誤."

이기 때문에 유육부의 활약을 강조하기 위해 각색이 이루어졌을 것이라고 주장하였다.[583] 한편 유육부 일족의 묘지명을 통해 유육부가 이주(李儔) 일족과 혼인 관계[584]를 맺고 있었음이 확인되기 때문에 이 정보가 '유육부-이주-육전'으로 전해졌을 가능성도 있겠다. 물론 이주 가문이 유육부의 처가인 점을 고려한다면, 마찬가지로 유육부의 활약을 각색하였을 가능성이 있다.

[8-24] 남조는 영토 …… 쓰기를 청하였다: 유육부는 임종할 때 요 도종에게 "연운 지역은 진실로 대요(大遼)의 근본이 되는 땅이니, 원컨대 민심을 잘 붙잡아서 남조(송)에 대한 그리움이 싹트게 해서는 안 됩니다."라는 유언을 남기고, 그 방법으로서 요역(徭役)을 줄이고 부세(賦稅)를 가볍게 할 것을 진언하였다.[585] 유육부는 청녕(清寧) 3년(1057)에 죽었기 때문에,[586] 이 감세 정책은 청녕 4년(1058)부터 효력을 발휘한 것으로 판단된다.

[8-25] 야율홍기도 성품이 …… 조세를 경감하였다: 『노학암필기』에서는 이 감세 정책(제2차 감세)에 증폐 액수의 80퍼센트, 즉 은(銀)·비단[絹] 16만 냥·필을 사용하였다고 하였고, 『삼조북맹회편』에서는 연운 지역의 부세 3분의 1을 줄였다고 하였다. 이 두 사료를 종합하면, 요가 청녕 4년(1058) 무렵에 연운 지역에서 거둔 부세 수입이 은과 견으로 환산하여 48만 냥·필이었다고 추산해 볼 수 있겠다.

【원문】

7. 仁宗皇帝慶曆中嘗賜遼使劉六符飛白書八字曰, "南北兩朝, 永通和好." 會六符知貢舉, 乃以'兩朝永通和好'爲賦題, 而以'南北兩朝永通和好'爲韻, 云, '出南朝皇帝御飛白書.' 六符蓋爲虜畫策增歲賂者, 然其尊戴中國尙爾如此. [『老學庵筆記』卷7]

---

583 洪性珉, 「陸佃『使遼錄』의 佚文과 그 史料價値에 대하여」, 86쪽.

584 王策·周宇, 「劉六符墓誌簡述」, 38쪽.

585 『三朝北盟會編』卷19, 宣和6年 9月 癸丑條, "饘粥粗給者已連姻戚里, 而劉六符相虜, 疾且篤, 耶律洪基臨問, 遺言'燕雲實大遼根本之地, 願深結民心, 無使萌南思也.' 洪基乃詰其深結之道, 六符對以省徭役·薄賦斂. 洪基深嘉納之, 遂減賦稅三分之一, 兩地供輸者皆知之. 以人情揆之, 豈肯捨姻婭而就重歛哉. 此大姓無南歸意也."

586 于璞, 『北京考古史 遼代卷』, 上海: 上海古籍出版社, 2012, 104쪽.

【교감】

없음.

【번역】

7. 중경(中京)

인종황제(仁宗皇帝)가 경력(慶曆) 연간(1041~1048)에 일찍이 요 사신 유육부(劉六符)에게 비백서(飛白書) 여덟 자를 내리면서 "남북의 양조가 영원히 화호를 통한다.[南北兩朝, 永通和好.]"라고 하였다. 때마침 유육부가 지공거(知貢擧)[26]가 되었고, 이에 '두 조정이 영원히 화호를 통한다.[兩朝永通和好.]'를 부제(賦題)로 삼고, '남북의 양조가 영원히 화호를 통한다.[南北兩朝永通和好.]'를 운으로 삼으면서 "[이 여덟 자는] 남조 황제의 어비백서(御飛白書)에 나온다."라고 하였다.[27] 유육부는 생각하건대 요[虜]를 위해서 세폐를 늘리기를 획책한 자이지만, 중국을 존대(尊戴)함이 오히려 이와 같았다.[『노학암필기(老學庵筆記)』 권7]

【주석】

[8-26] **지공거(知貢擧)**: 『요사』 「백관지」에는 지공거에 관한 서술이 없다. 가오푸순(高福順)의 연구에 따르면, 요대 지공거는 당(唐) 오대(五代)의 제도를 따랐고, 요대 통치자는 과거 시험의 필요에 따라 경사(經史)에 정통하거나 시부(詩賦)에 능한 고위 관리를 임시로 파견하여 예부(禮部) 공원(貢院)의 시험을 관장하도록 하였다. 요대 지공거는 오대와 마찬가지로 임시로 겸임하는 관직이고, 예부 공원의 시험이 끝난 뒤에는 곧바로 사임하였다.[587]

[8-27] **유육부가 지공거(知貢擧)가 …… 하였다**: 이와 관련한 시험 주제가 「정힐묘지(鄭頡墓誌)」에서 『어수이남북양조영돈신서론(御須以南北兩朝永敦信誓論)』으로 확인된다.[588] 장진링(蔣金玲)의 연구에 따르면, 유육부가 지공거가 된 시기는 중희(重熙) 15년(1046)이라

---

587 高福順,『科學與遼代社會』, 北京: 中國社會科學出版社, 2015, 63쪽.
588 「鄭頡墓誌」(大安元年), 向南·張國慶·李宇峰 輯注,『遼代石刻文續編』, 瀋陽: 遼寧人民出版社, 2010, 179쪽, "當大遼文成皇帝之在位也, 與隣宋交歡, 爲義玆久, 無戟而偃武, 乘玉以省一. 夏六月駐蹕于永安山之凉陘, 兄擧進士赴行在. 上特出『御須以南北兩朝永敦信誓論』以試之, 下筆思略不停綴, 日未逾午文則成矣."

고 한다.[589]

【원문】

> 8. 時已十二月中旬. 後數日, 至其國都, 見虜主洪基, 則已苦肺喘, 不能親宴勞, 移宴就館.[『家世舊聞』卷上, 第46條]

【교감】

없음.

【번역】

8. 알현(謁見)

때는 이미 12월 중순이었다. 며칠 뒤 그 국도(國都)에 이르렀다. 요 군주[虜主] 야율홍기(耶律洪基)를 알현하였지만, [그는] 이미 천식으로 고통스러워서 친히 [사절에게 이동의 노고를 풀어 주는] 연회를 주재할 수 없었으므로, 연회를 옮겨서 관에서 거행하였다.[28] [『가세구문(家世舊聞)』 권상, 제46조]

【주석】

[8-28] 때는 이미 …… 관에서 거행하였다: 『요사』에서는 수창(壽昌) 6년 12월 경신일(庚申日)에 "송에서 사신을 보내서 감사를 표했다. 황제가 병이 났다."[590]라고 간결하게 기록하였다. 육전이 요 도종을 알현한 곳은 혼동강(混同江)의 행궁으로 파악된다. 뒤의 [8-35] 참조.

---

589 莊金玲,「《賈師訓墓誌》"駙馬侍中劉公"辨析」,『史學集刊』, 長春: 吉林大學, 2014年 第1期, 103-104쪽.
590 『遼史』 卷26,「道宗本紀」 6, 壽隆6年 12月, "庚申, 鐵驪來貢. 宋遣使來謝. 帝不豫."

【원문】

9. 得貔貍.[『家世舊聞』卷上, 第48條]

【교감】

없음.

【번역】

9. 회사(回賜)

비리(貔貍)[29]를 얻었다.[『가세구문(家世舊聞)』권상, 제48조]

【주석】

[8-29] 비리(貔貍): 비리(毘貍), 북령방(北令邦), 비려방(毘黎邦)으로도 표기된다. 그 특징은 ① 형태가 큰 쥐와 비슷하고, ② 땅에 구멍을 파서 생활하며, ③ 다리가 짧고 매우 살이 쪘으며, ④ 잡식성 동물이고, ⑤ 햇빛을 두려워하며, ⑥ 고기 맛이 매우 좋다고 한다.[591] 육재(陸宰)는 비리에 대하여 "그 모습을 적자면, 큰 쥐와 같아서 매우 살이 쪘고, 해를 매우 싫어해서 틈 사이로 빛이 쪼이면 번번이 죽는다. 특성은 고기가 잘 부스러지니, 솥 안에 비리 한 덩어리를 던져 넣고 돌리면 곧 잘게 부서진다. 그러나 요 사람[虜人]도 이를 귀하게 여기지는 않고, 다만 진미(珍味)라고 할 뿐이다."[592]라고 하였다.

비리가 오늘날의 어느 동물에 해당하는가에 대해서는 여러 가지 설이 있다. 시마다 마사오(島田正郎)는 비리가 이시진(李時珍)의 『본초강목(本草綱目)』「수부(獸部)」의 황서(黃鼠)에 해당하는 동물로, 오늘날의 두서(豆鼠) 즉 땅다람쥐(Citellus)에 해당한다

---

591 蕭愛民,「遼代珍奇動物貔貍考」,『北方文物』, 哈爾濱: 北方文物雜誌社, 1999年 第1期, 64-65쪽.
592 『家世舊聞』卷上, "先君言, 猶記其狀, 如大鼠而極肥腯, 甚畏日, 偶爲隙光所射, 輒死. 性能糜肉, 一鼎之內, 以貔一臠投之, 旋即糜爛, 然虜人亦不以此貴之, 但謂珍味耳."

고 보았다.[593] 샤오아이민(蕭愛民)은 비리가 햇빛을 두려워하고 털가죽이 좋지 못한 점으로 볼 때 마멋[旱獺, 몽골의 타르바간], 즉 황서와 다른데도, 이시진의 『본초강목』에서 양자의 서술을 섞어 놓았다고 비판하였다. 그래서 이 동물을 오늘날의 두더지[鼢鼠]에 해당한다고 보았다.[594] 장징밍(張景明)·장제(張傑)는 초원에 황서가 많이 분포하기 때문에 요대의 왕공이나 귀족도 먹을 수 없는 진품(珍品)이었던 비리와 연결시킬 수 없다고 주장하고, 따라서 비리는 오늘날의 담비[貉]에 해당한다고 보았다.[595] 종합하자면, 적어도 요대의 비리를 오늘날의 마멋에 연결시키기는 어렵다고 하겠다.

【원문】

10. 明年正月旦, 南歸.[『家世舊聞』卷上, 第46條]

【교감】

없음.

【번역】

10. 귀로(歸路) 중

다음 해 정월 초하루에 남쪽으로 돌아왔다.[『가세구문(家世舊聞)』 권상, 제46조]

【주석】

없음.

---

593 島田正郎, 「遼代の奇獸「貔貍」に就いて」, 『蒙古』 第9卷 第1號, 東京: 善隣協會, 1942, 8쪽 및 11쪽.
594 蕭愛民, 「遼代珍奇動物貔貍考」, 66-67쪽.
595 張景明·張傑, 『飮食人類學視域下的遼代飮食文化硏究』, 北京: 科學出版社, 2021, 95쪽.

【원문】

11. 北虜崇釋氏, 故僧寺猥多, 一寺千僧者, 比比皆是. 道中京, 耶律成等邀至大鎭國·天慶寺燒香, 因設素饌. 公問成, "亦有禪僧乎." 曰, "有之. 頃有寂照大師, 深通理性, 今亡矣." 公又問, "道觀幾何." 曰, "中京有集仙觀而已." 以知北虜道家者流, 爲尤寡也.[『家世舊聞』卷上, 第47條]

> 『家世舊聞』卷上, "先君言, 高麗之俗, 亦不喜道敎. 宣和中, 林靈素得幸, 乃白遣道士數人, 隨奉使往, 謂之行敎, 留數月而歸. 所遣皆庸夫, 靈素特假此爲丐恩澤爾, 不知所謂行敎者, 竟何爲也."

【교감】

없음.

【번역】

11.[30] 귀로 중

요[北虜]는 불교를 숭상하므로, 승려와 사찰이 많아서 한 절에 천 명의 승려가 있으니 모두 다 이 때문이다. 중경(中京)을 지나가는데, 야율성(耶律成) 등이 가는 길을 붙잡고 대진국사(大鎭國寺)·천경사(天慶寺)[31]에 이르러서 향을 태우고 소찬(素饌)을 진설하였다. 공(육전)이 야율성에게 "선승(禪僧)도 있습니까?"라고 물었다. [야율성이] "있습니다. 이마적에 적조대사(寂照大師)가 있어서 깊게 만유(萬有)의 본성에 통달하였지만, 지금은 돌아가셨습니다."라고 대답하였다. 공(육전)이 다시 "도관(道觀)은 몇 군데나 됩니까?"라고 물었다. [야율성이] "중경에는 집선관(集仙觀)이 있을 뿐입니다."라고 하였다. 이로써 요에 도가(道家) 부류가 더욱 적음을 알 수 있다.[『가세구문(家世舊聞)』권상, 제47조]

> 『가세구문(家世舊聞)』권상, 제47조의 뒷부분
>
> 선군(先君, 육재(陸宰))이 말하기를, "고려의 풍속도 도교(道敎)를 좋아하지 않는다.[32] 선화(宣和) 연간(1119~1125)에 임영소(林靈素)[33]가 황제의 총애를 받아서 이에 도사(道士) 몇 명을 보내 사신을 따라 [고려에] 가겠다고 하였다. 이를 행교(行敎)라고 하였지만, 몇

달을 머물다가 돌아왔다.[34] 보낸 자들은 모두 평범한 사람[庸夫]으로, 임영소는 특히 이를 구실로 은택(恩澤)을 바랐을 뿐, 이른바 행교는 알지 못했으니 곧 무슨 소용이겠는가!"

【주석】

[8-30] 사료의 배치: 육전이 진국사(大鎭國寺)와 천경사(天慶寺)에 방문한 것은 요의 국도(國都)로 가는 중에 있었던 일일 수도 있다. 그런데 진양(陳襄)은 치평(治平) 4년(1067) 사행의 귀로 중에 "요의 송반사·부사가 신 등에게 함께 진국사(鎭國寺)를 유람할 것을 청하였고, 뒤이어 대천경사(大天慶寺)에 이르러서 향을 사르고 소식(素食)을 하였으며, 전례에 따라 승려에게 차와 비단[綵]을 주었다."[596]라고 하였다. 따라서 육전도 귀로 중에 진국사와 '천경사'에 방문한 것으로 판단하여 잠정적으로 여기에 배치하였다.

[8-31] 천경사(天慶寺): 1090년 9월에 요 도종이 친히 지은 천경사 비문(碑文)이 고려에 전해지기도 하였다.[597] 이를 통해 천경사가 11세기 후반에 중경의 유명한 사찰이었음을 짐작할 수 있다.

[8-32] 고려의 풍속도 도교(道敎)를 좋아하지 않는다: 『고려도경』에 고려의 도교 신앙과 관련해서 "예전에는 고려 풍속에서 도교의 가르침을 듣지 못했는데, 이제는 누구나 귀의하여 믿는다고 한다."[598]라는 기록이 있다. 따라서 고려 시대의 도교 융성은 당시 기준으로 최신 경향이었다고 볼 수 있겠다.

[8-33] 임영소(林靈素): 북송 말의 도사(道士)로, 민간의 주술사이다. 본명은 영오(靈噩), 자(字)는 세창(歲昌)으로, 온주(溫州) 사람이다. 송 휘종을 위해 도교의 새로운 학설인 신소설(神霄說)을 주장하였다. 신소설은, 상제(上帝)의 장자인 신소옥청왕(神霄玉淸王)이 최고천(最高天)인 신소(神霄)를 다스리다가 그 통치를 동생 청화제군(靑華帝君)에게 물려주고 이 세상으로 내려왔는데, 그가 바로 휘종이라는 설이다. 휘종은 이 설에 마음을

---

596 『神宗皇帝卽位使遼語錄』, "[七月] 二日, 送伴使副請臣等遊鎭國寺, 次至大天慶寺, 燒香素食, 依例送僧茶綵."
597 『高麗史』 卷10, 「宣宗世家」, 宣宗 7年 9月 庚辰條, "庚辰, 再宴遼使于乾德殿, 令三節人坐殿內. 左右有司奏, '再宴使者, 古無此例, 三節就坐殿內, 亦所未聞.' 王曰, '使者賫御製天慶寺碑文以來, 宜加殊禮.' 不從."
598 『宣和奉使高麗圖經』 卷17, 「祠宇」, 福源觀, "前此國俗, 未聞虛靜之敎, 今則人人咸知歸仰云."

빼앗겨 정화(政和) 7년(1117) 4월의 조서에서 스스로 태소황제(太霄皇帝)임을 선언하고, 자신을 도군황제(道君皇帝)라고 부르도록 지시하였으며, 도교를 숭상하는 여러 정책을 폈다. 임영소는 오뢰법(五雷法), 뇌공법(雷公法)이라는 민간 주술을 폈다고 하는데, 조여시(趙與時)의 『빈퇴록(賓退錄)』과 『진선통감(眞仙通鑑)』에서 그를 숙달된 주술사로 묘사하지만, 『송사』 권462의 그의 열전이나 『가세구문』에서는 그가 주술에 숙달하지 못하였다고 전한다. 다만 북송 멸망의 한 원인이 휘종의 도교 숭상이라고 보는 후세의 지식인들이 보았을 때, 휘종에게 도교를 권한 임영소를 비난하는 논조가 있었음은 고려할 필요가 있겠다.[599]

[8-34] 선화(宣和) 연간에 …… 머물다가 돌아왔다 : 『고려도경』에는 송과 고려의 도교 교류에 대해 "대관(大觀) 경인년(1110)에 천자가 현묘한 도를 듣고자 하는 저 변방 고려의 뜻을 헤아렸다. 그래서 사신을 파견하는 김에 우류(羽流) 두 사람에게 따라가도록 하고, 교법(教法)에 통달한 사람을 신중하게 뽑아 가르치도록 하였다. 예종은 신앙이 독실하여, 북송의 정화(政和) 연간(1111~1118)에 복원관(福源觀)을 처음으로 건립하고 덕이 높고 참된 도사 10여 명을 받들었다. 그들은 낮에는 복원관에 있다가 밤이 되면 자기 집으로 돌아갔는데, 나중에 언관들이 문제를 삼자 법금(法禁)을 더욱 엄격하게 가하였다."[600]라는 기록이 있다. 『가세구문』에서 전하는 임영소(林靈素)가 고려로 도사를 파견하려는 움직임은 위와 같이 송과 고려 간에 도교 교류가 있었기 때문에 가능하였다고 볼 수 있다. 김철웅은 고려 도교가 상청파(上清派) 계열이라고 지적하였지만,[601] 『가세구문』의 기록을 통해 송 도교의 신소파(神霄派)도 고려에 전래되었을 가능성을 상정해 볼 수 있다.

---

599 松本浩一, 『宋代の道教と民間信仰』, 東京: 汲古書院, 2006의 제4장 「宋代の雷法」(初出은 1979), 306-309쪽; 『家世舊聞』卷下, "然靈素本庸夫, 每陞高座說法, 肆爲市井俚談, 聞者絶倒."
600 『宣和奉使高麗圖經』卷18, 「道教」, "大觀庚寅, 天子眷彼遐方願聞妙道. 因遣信使, 以羽流二人從行, 遴擇通達教法者, 以訓導之. 王俁篤於信仰, 政和中, 始立福源觀, 以奉高眞道士十餘人. 然晝處齋宮, 夜歸私室, 後因言官論列, 稍加法禁."
601 김철웅, 『고려시대의 道教』, 파주: 경인문화사, 2017, 186-187쪽.

【원문】

12. 未至幽州, 聞洪基卒, 孫燕王延禧嗣立.[『家世舊聞』卷上, 第46條]

【교감】

없음.

【번역】

12. 귀로 중

아직 유주(幽州)에 이르지 않았는데, 야율홍기(耶律洪基, 요 도종)가 죽고[35] 손자인 연왕(燕王) 야율연희(耶律延禧)가 계승하였다는 소식을 들었다.[『가세구문(家世舊聞)』권상, 제46조]

【주석】

[8-35] **야율홍기(耶律洪基)가 죽고**:『요사』에 따르면, 도종(道宗)은 수륭(壽隆, 수창(壽昌)) 7년 (1101) 정월에 혼동강(混同江)의 행궁에서 붕어하였고 한다.[602] 한편,「도종황제애책 (道宗皇帝哀册)」에서는 소양천(韶陽川) 행재소에서 붕어하였다고 하였다.[603]『요사』에서 장춘주(長春州)의 군호(軍號)가 소양군(韶陽軍)이고, 장춘주의 속현 장춘현(長春縣)이 혼동강 지역에 있다고 하였다.[604] 따라서 혼동강과 소양천은 같은 곳이거나 혹은 매우 가까운 곳이라고 볼 수 있다.

602 『遼史』卷26,「道宗本紀」6, 壽隆7年條, "七年春正月壬戌朔, 力疾御清風殿受百官及諸國使賀. 是夜, 白氣如練, 自天而降. 黑雲起于西北, 疾飛有聲. 北有青赤黑白氣, 相雜而落. 癸亥, 如混同江. 甲戌, 上崩于行宮, 年七十. 遺詔燕國王延禧嗣位."
603 「道宗皇帝哀册(乾統元年)」, 向南 輯注,『遼代石刻文編』, 石家莊: 河北教育出版社, 1995, 513쪽, "維壽昌七年, 歲次辛巳, 正月壬戌朔, 十三日甲戌, 大行天佑皇帝崩于韶陽川行在所. 徙殯於儼遊殿之西階."
604 『遼史』卷37,「地理志」1, 上京道, "長春州, 韶陽軍, 下, 節度. 本鴨子河春獵之地. 興宗重熙八年置. 隸延慶宮, 兵事隸東北統軍司. 統縣一, 長春縣. 本混同江地. 燕·薊犯罪者流配於此. 戶二千."

【원문】

13. 歸, 半道聞遼主洪基喪, 送伴者赴臨而返, 誚佃曰, "國哀如是, 漢使殊無弔唁之儀, 何也." 佃徐應曰, "始意君匍匐哭踊而相見, 即行弔禮, 今偃然如常時, 尚何所弔." 伴者不能答.[『宋史』卷343, 「陸佃傳」]

【교감】

없음.

【번역】

13. 귀로 중

돌아오는데 도중에 요의 군주 야율홍기(耶律洪基)가 상을 당했다는 소식을 들었다. 요 송반사(送伴使)가 [야율홍기의] 임종을 알리고 되돌아가면서, 육전을 꾸짖으며 "나라의 슬픔이 이와 같은데 송 사신[漢使]은 어째서 별달리 조문하는 예법이 없는가?"라고 하였다. 육전이 점잖게 대답하기를, "처음 생각에 그대가 엎어져서[匍匐] 곡을 하고 발을 구르면서[哭踊] 서로 만났다면 곧 조례(弔禮)를 행하였겠지만, 지금 태연하기가 평상시와 같은데 오히려 어떻게 조문할 수 있겠습니까?"라고 하였다. 요 송반사는 대꾸할 수 없었다.[『송사(宋史)』권343, 「육전전(陸佃傳)」]

【주석】

없음.

【원문】

14. 回遼送使聞其主喪,[7] 而不能作慘色襆頭, 但以墨減其光, 行數日, 既除服, 則佩服如常矣. 獨副使忘洗襆頭, 見者皆笑. 公平生待物以誠, 雖於夷狄不變也, 因從容與話, 使洗之, 副使亟謝.[『家世舊聞』卷上, 第62條]

【교감】

[7] 입력자注: '回遼送使聞其主喪', 당송사료필기총간은 '回途聞其主喪'으로 되어 있고, 張本은 '西遼送使聞其主喪'으로 되어 있다. 양자를 종합하여 '回遼送使聞其主喪'이 원래 형태에 가깝다고 판단하였다.

【번역】

14. 귀로 중

돌아오는데 요의 송반사(送伴使)가 요의 군주가 죽었다는 소식을 들었지만, 화려한 복두(襆頭)를 바꿀 수 없어서 다만 먹으로 그 빛을 없앴다. 며칠이 지나 이미 상복(喪服)을 벗었으니, 곧 패용(佩用)과 복식이 평상시로 돌아왔다. 오직 송반부사(送伴副使)만이 복두를 씻기를 잊고 있어서, 보는 사람들이 모두 웃었다. 공(육전)은 평생 다른 사람을 대하기를 정성으로 하였고, 비록 이적(夷狄)이라고 하더라도 변함이 없었다. 조용한 때를 틈타 말해서 씻도록 하니, 부사가 매우 감사해하였다.[『가세구문(家世舊聞)』권상, 제62조]

【주석】

없음.

〈그림 8-2〉 선화(宣化) 장세경묘(張世卿墓) 벽화 속 복두를 쓴 문리(門吏)[605]

---

[605] 河北省文物研究所 編, 『宣化遼墓壁畵』, 北京: 文物出版社, 2001의 「58. 門吏圖(右側)」.

그림 목록

그림 0-1 송 사절의 사요(使遼) 경로와 거쳐 간 역관(驛館) 및 종점[606]

그림 0-2 송 사절의 사요(使遼) 경로도

그림 1-1 경주(慶州) 백탑(白塔) 출토 직물 속 매사냥 문양(紅羅地聯珠鷹獵紋繡)[607]

그림 1-2 『거란국지』 속 전연지도(全燕之圖)[608]

그림 2-1 요 상경(上京) 평면도[609]

그림 2-2 요대 벽화 속 탁자 위의 수박[610]

그림 2-3 요대 벽화 속 수박 모사도[611]

그림 2-4 『삼재도회(三才圖會)』 인물 12권, 구국(狗國)

그림 3-1 요 남경(南京)의 평면도[612]

그림 3-2 요 중경(中京)의 평면도[613]

그림 3-3 현재 요 상경성(上京城) 내성(內城)의 모습(김인희 동북아역사재단 연구위원 제공)

그림 4-1 베이징 파위안쓰(法源寺)의 현재 모습(김인희 동북아역사재단 연구위원 제공)

그림 4-2 케식텐기(克什克騰旗) 얼바디(二八地) 1호묘 속 거란 초원 방목도[614]

---

606 李義·胡廷榮 編著, 『全編宋人使遼詩與行記校注考』, 呼倫貝爾: 內蒙古文化出版社, 2012, 164쪽.
607 趙豐, 『中國歷代絲綢藝術. 遼金』, 杭州: 浙江大學出版社, 2021, 109쪽.
608 李誠 主編, 『北京歷史輿圖集』 第1卷, 北京: 外文出版社, 2005, 1쪽.
609 董新林, 「遼上京規制和北宋東京模式」, 『考古』, 北京: 中國社會科學院考古研究所, 2019年 第5期, 6쪽.
610 張文靜, 「赤峰市敖漢旗羊山遼墓壁畫研究」, 中央民族大學碩士學位論文, 2011, 21쪽 所引, 「墓主人飮宴圖」(1號 墓 東壁).
611 內蒙古文物考古研究所, 「敖漢旗羊山1-3號遼墓淸理簡報」, 『內蒙古文物考古』, 呼和浩特: 內蒙古文物考古研究所, 1999年 第1期, 18쪽.
612 諸葛淨, 『遼金元時期北京城市硏究』, 南京: 東南大學出版社, 2016, 5쪽.
613 董新林, 「遼上京規制和北宋東京模式」, 『考古』, 北京: 中國社會科學院考古研究所, 2019年 第5期, 11쪽.
614 叢密林, 「契丹騎兵研究」, 東北師範大學博士學位論文, 2018, 110쪽.

그림 5-1   요 조주(祖州)의 평면도[615]

그림 5-2   요 태조 기공비(遼太祖紀功碑)에서 본 조주(祖州)의 모습(홍성민 동북아역사재단 연구위원 제공)

그림 6-1   『동단왕출행도(東丹王出行圖)』속 승마 모습[616]

그림 6-2   진국공주묘(陳國公主墓) 출토 금과은정 접섭대(金銙銀鞓蹀躞帶)[617]

그림 7-1   선화(宣化) 한사훈묘(韓師訓墓) 벽화 속 수레[618]

그림 8-1   선화(宣化) 장문조묘(張文藻墓) 벽화 속 산악도(散樂圖)[619]

그림 8-2   선화(宣化) 장세경묘(張世卿墓) 벽화 속 복두를 쓴 문리(門吏)[620]

---

[615] 內蒙古博物院 編, 『遼代貴族喪葬制度研究』, 北京: 文物出版社, 2014, 圖版3.
[616] 미국 보스턴미술관 소장.
[617] 內蒙古自治區文物考古研究所·哲里木盟博物館, 『遼陳國公主墓』, 三河: 文物出版社, 1993, 彩版 17쪽.
[618] 河北省文物研究所 編, 『宣化遼墓壁畫』, 北京: 文物出版社, 2001의「86. 出行圖(局部)」.
[619] 河北省文物研究所 編, 『宣化遼墓壁畫』, 北京: 文物出版社, 2001의「25. 散樂圖」.
[620] 河北省文物研究所 編, 『宣化遼墓壁畫』, 北京: 文物出版社, 2001의「58. 門吏圖(右側)」.

참고 문헌

1. 전통 문헌

[周] 左丘明 傳·[晉] 杜預 注·[唐] 孔穎達 正義,『春秋左傳正義』, 北京: 北京大學出版社, 2000.

[周] 姜子牙,『六韜三略』, 臺北: 崇文書局, 2006.

[漢] 司馬遷 撰, [宋] 裴駰 集解, [唐] 司馬貞 索隱, [唐] 張守節 正義,『史記』(點校本二十四史修訂本), 北京: 中華書局, 2013.

[漢] 班固 撰, [唐] 顏師古 注,『漢書』, 北京: 中華書局, 1962.

[南朝 宋] 范曄 撰, [唐] 李賢 等 注,『後漢書』, 北京: 中華書局, 1965.

[北齊] 魏收 撰,『魏書』(點校本二十四史脩訂本), 北京: 中華書局, 2018.

[唐] 李延壽 撰,『北史』, 北京: 中華書局, 1974.

[唐] 李林甫 等 撰, 陳仲夫 點校,『唐六典』, 北京: 中華書局, 1992.

[唐] 杜佑 撰, 王文錦·劉俊文 等 點校,『通典』, 北京: 中華書局, 1988.

[唐] 李吉甫 撰,『元和郡縣圖志』, 北京: 中華書局, 1985.

[唐] 段成式 撰,『酉陽雜俎』, 北京: 中華書局, 1985.

[後晉] 劉昫 等 撰,『舊唐書』, 北京: 中華書局, 1975.

[宋] 歐陽脩·宋祁 撰,『新唐書』, 北京: 中華書局, 1975.

[宋] 薛居正 等 著, 陳尙君 輯纂,『舊五代史新輯會證』, 上海: 復旦大學出版社, 2005.

[宋] 薛居正 等 撰,『舊五代史』(點校本二十四史脩訂本), 北京: 中華書局, 2016.

[宋] 歐陽脩 撰,『新五代史』(點校本二十四史脩訂本), 北京: 中華書局, 2016.

[宋] 司馬光 編著·[元] 胡三省 音注,『資治通鑑』, 北京: 中華書局, 1956.

[宋] 史炤,『資治通鑑釋文』, 清十萬卷樓叢書本(中國基本古籍庫 所收).

[宋] 李燾 撰,『續資治通鑑長編』, 北京: 中華書局, 2004.

[宋] 王欽若 等編,『冊府元龜』(影印本), 北京: 中華書局, 2012;『宋本冊府元龜』, 北京: 中華書局, 1989.

[宋] 徐夢莘 撰,『三朝北盟會編』, 上海: 上海古籍出版社, 2019.

(舊傳)[宋] 葉隆禮 撰, 賈敬顏·林榮貴 點校,『契丹國志』, 北京: 中華書局, 2000.

(舊傳)[宋] 宇文懋昭 撰, 崔文印 校證,『大金國志校證』, 金國初興本末, 北京: 中華書局, 2011.

[宋] 樂史 撰, 『太平寰宇記』, 北京: 中華書局, 2007.

[宋] 曾公亮 等 撰, 孫雅芬 외 3명 注, 『武經總要注』, 西安: 西安出版社, 2017.

[宋] 晁載之 撰, 『續談助』 卷3 所引, 『乘軺錄』, 商務印書館, 1939.

[宋] 江少虞 輯, 『新雕皇朝類苑』, 日本元和七年活字印本(中國基本古籍庫 所收).

[宋] 歐陽脩 撰, 『歐陽文忠公集』, 四部叢刊景元本(中國基本古籍庫 所收).

[宋] 沈括 撰, 『夢溪筆談』, 國學基本叢書本, 臺北: 臺灣商務印書館, 1968; 胡靜宜 整理, 『全宋筆記』 第2編 3冊, 鄭州: 大象出版社, 2006.

[宋] 余靖 撰, 『武溪集』, 文淵閣四庫全書本.

[宋] 蘇軾 撰, 『蘇東波集』, 楊州: 廣陵書社, 2012.

[宋] 李朴 撰, 燕永成 整理, 『豐清敏公遺事』, 『全宋筆記』 第2編 8冊, 鄭州: 大象出版社, 2006.

[宋] 陳襄 撰, 『神宗皇帝卽位使遼語錄』, 金毓黻 主編, 『遼海叢書』, 瀋陽: 遼瀋書社, 1985; 黃寶華 整理, 『全宋筆記』 第8編 10冊, 鄭州: 大象出版社, 2017.

[宋] 許亢宗 撰, 程郁·瞿曉鳳 整理, 『宣和乙巳奉使金國行程錄』, 『全宋筆記』 第4編 8冊, 鄭州: 大象出版社, 2008.

[宋] 徐兢 撰, 虞雲國·孫旭 整理, 『宣和奉使高麗圖經』, 『全宋筆記』 第3編 8冊, 鄭州: 大象出版社, 2008.

[宋] 陸游 撰, 『渭南文集』, 四部叢刊本(中國基本古籍庫 所收).

[宋] 陸游 撰, 李劍雄·劉德權 點校, 『老學庵筆記』, 北京: 中華書局, 1979; 李昌憲 整理, 『全宋筆記』 第5編 8冊, 鄭州: 大象出版社, 2012.

[宋] 陸游 撰, 孔凡禮 點校, 『西溪叢語 家世舊聞』, 北京: 中華書局, 1993.

[宋] 尤袤 撰, 『遂初堂書目』, 叢書集成初編本, 北京: 中華書局, 1985.

[宋] 晁公武 撰, 孫猛 校證, 『郡齋讀書志』, 上海: 上海古籍出版社, 1990.

[宋] 陳振孫 撰, 徐小蠻·顧美華 點校, 『直齋書錄解題』, 上海: 上海古籍出版社, 2015.

[宋] 董衝 撰, 『唐書釋音』, 中華書局排印史部備要本; 涵芬樓影印武英殿本; 文淵閣四庫全書本.

[金] 元好問, 『遺山先生文集』, 四部叢刊景明弘治本(中國基本古籍庫 所收).

[元] 脫脫 等 撰, 『宋史』, 北京: 中華書局, 1977.

[元] 脫脫 等 撰, 『遼史』(點校本二十四史修訂本), 北京: 中華書局, 2016.

[元] 脫脫 等 撰, 『金史』(點校本二十四史修訂本), 北京: 中華書局, 2020.

[元] 馬端臨 撰, 『文獻通考』, 影印本, 北京: 中華書局, 1986; 上海師範大學古籍研究所 點校本, 北京: 中華書局, 2011.

[明] 葉盛 撰, 魏中平 校點, 『水東日記』, 北京: 中華書局, 1980.

[明] 王錡·于愼行 撰, 張德信, 呂景琳 點校, 『寓圃雜記·穀山筆麈』, 北京: 中華書局, 1984.

[明] 李東陽 撰, 『懷麓堂集』, 淸文淵閣四庫全書本(中國基本古籍庫 所收).

[明] 鄧士龍 輯, 許大齡·王天有 主點校, 『國朝典故』, 北京: 北京大學出版社, 1993.

[明] 李時珍 撰, 『本草綱目』, 香港: 商務印書館, 1967.

[明] 王圻·王思義 編集,『三才圖會』, 上海: 上海古籍出版社, 1988.
[淸] 徐松 輯, 劉琳 等 校點,『宋會要輯稿』, 上海: 上海古籍出版社, 2014.
[淸] 董誥 等 撰,『全唐文』, 北京: 中華書局, 2012.
[淸] 彭定求 等 編,『全唐詩』, 鄭州: 中州古籍出版社, 2008.
[淸] 惲敬,『吳城令公廟壁記』,『大雲山房文稿』二集, 國學整理社, 1937 所收.
[淸] 顧祖禹 撰, 賀次君·施和金 點校,『讀史方輿紀要』, 北京: 中華書局, 2005.
[淸] 顧嗣立 編,『元詩選』, 北京: 中華書局, 1994.
[淸] 畢沅 編著,『續資治通鑑』, 北京: 古籍出版社, 1957.
[淸] 王履泰 撰,『畿輔安瀾志』, 淸武英殿聚珍版叢書本(中國基本古籍庫 所收).
[淸] 孫承澤,『春明夢餘錄』, 臺北: 臺灣商務印書館, 1976.
[淸] 李汝珍 撰,『鏡花緣』, 上海: 上海古籍出版社, 1990.
[淸] 汪灝·張逸少 等 奉敕撰,『御定佩文齋廣群芳譜』, 文淵閣四庫全書本(漢籍電子文獻資料庫 所收).
[淸]『(嘉慶)大淸一統志』, 北京: 中華書局, 1986.
[淸]『(光緖)懷來縣志』, 上海書店出版社 編,『中國地方志集成』河北府縣志輯 12, 上海: 上海書店出版社, 2006.
[淸] 文廷式 撰,『純常子枝語』, 民國三十二年刻本(中國基本古籍庫 所收).
[民國] 萬福麟 修, 張伯英 纂,『黑龍江志稿』, 民國十年刻本(中國基本古籍庫 所收).
[朝鮮] 鄭麟趾 撰,『高麗史』, 서울: 亞細亞文化社, 1972.

2. 사료집

賈敬顔,『五代宋金元人邊疆行記十三種疏證稿』, 北京: 中華書局, 2004.
顧宏義·李文 整理·標校,『宋代日記叢編』1·2·3, 上海: 上海書店出版社, 2013.
金毓黻,『渤海國志長編』, 上海: 華文書局, 1934.
金毓黻 主編,『遼海叢書』, 瀋陽: 遼瀋書社, 1985.
劉鳳翥·唐彩蘭·青格勒 編著,『遼上京地區出土的遼代碑刻彙集』, 北京: 社會科學文獻出版社, 2009.
文殿閣書莊 編,『契丹交通史料七種』, 北平: 文殿閣書莊, 1937.
向南 輯注,『遼代石刻文編』, 石家莊: 河北教育出版社, 1995.
向南·張國慶·李宇峰 輯注,『遼代石刻文續編』, 瀋陽: 遼寧人民出版社, 2010.
徐蘋芳 整理,『遼金行記九種 輯本攬轡錄』, 北京: 北京聯合出版公司, 2017.
王民信,『沈括熙寧使虜圖抄箋證』, 臺北: 學海出版社, 1976.
李義·胡廷榮 編著,『全編宋人使遼詩與行記校注考』, 呼倫貝爾: 內蒙古文化出版社, 2012.
趙永春 編注,『奉使遼金行程錄』, 長春: 吉林文史出版社, 1995.
趙永春 輯注,『奉使遼金行程錄(增訂本)』, 北京: 常務印書館, 2017.

車吉心 主編,『中華野史』第6 遼夏金元卷, 濟南: 泰山出版社, 2000.

3. 역주서·공구서

김위현 외 4인 역,『國譯 遼史』上·中·下, 용인: 단국대학교출판부, 2012.
김택민 주편,『譯註 唐六典』上·中·下, 서울: 신서원, 2003·2005·2008.
김호동 역,『몽골 제국 기행: 마르코 폴로의 선구자들』, 서울: 까치글방, 2015.
단국대학교 몽골연구소 편,『몽한대사전』상·하, 용인: 단국대학교출판부, 2023.
동북아역사재단 편,『舊五代史·新五代史 外國傳 譯註』, 서울: 동북아역사재단, 2011.
동아대학교 석당학술원,『(국역) 고려사』, 부산: 경인문화사, 2008~2011.
서긍 저, 조동원 외 4인 역,『고려도경』, 서울: 황소자리출판사, 2005.
이성규, 박원길 외 2명 역,『國譯 金史』, 용인: 단국대학교출판부, 2016.
임종욱,『중국역대 인명사전』, 서울: 이회문화사, 2010.

龔延明 編著,『宋代官制辭典(增補本)』, 北京: 中華書局, 2017.
譚其驤 主編,『中國歷史地圖集』, 北京: 中國地圖出版社, 1982.
呂宗力 主編,『中國歷代官制大辭典』(修訂版), 北京: 商務印書館, 2015.
李誠 主編,『北京歷史輿圖集』第1卷, 北京: 外文出版社, 2005.
張撝之 等 主編,『中國歷代人名大辭典』, 上海: 上海古籍出版社, 1999.
臧勵龢 等 主編,『中國人名大詞典』, 上海: 上海古籍出版社, 1991.
脫脫 等 撰, 李錫厚·劉鳳翥 校注,『今注本二十四史 遼史』全10冊, 北京: 中國社會科學出版社, 2021.
脫脫 等 撰, 陳述 補註,『遼史補注』, 北京: 中華書局, 2018.
夏征農 主編,『辭海』, 上海: 上海辭書出版社, 1999.

平凡社 編,『アジア歴史事典』全10卷, 東京: 平凡社, 1962.

4. 단행본

김성규,『송대 동아시아의 국제관계와 외교의례』, 서울: 신아사, 2020.
金渭顯,『遼金史研究』, 서울: 裕豐出版社, 1985.
_____,『거란사회문화사론』, 서울: 경인문화사, 2004.
金在滿,『契丹民族發展史의 研究』, 서울: 讀書新聞社出版局, 1974.

김철웅, 『고려시대의 道敎』, 파주: 경인문화사, 2017.
김태경, 『거란문자 천년의 역사, 백년의 연구』, 서울: 민속원, 2022.
서병국, 『거란제국사연구』, 파주: 한국학술정보, 2006.
이계지 저, 나영남·조복현 역, 『요·금의 역사(정복왕조의 출현)』, 서울: 신서원, 2014.
李在成, 『古代 東蒙古史研究』, 서울: 法人文化社, 1996.
임상선 편, 『새롭게 본 발해유민사』, 서울: 동북아역사재단, 2019.

高福順, 『科擧與遼代社會』, 北京: 中國社會科學出版社, 2015.
羅繼祖 輯, 『願學齋叢刊』, 旅順: 墨緣堂, 1936.
內蒙古博物院 編, 『遼代貴族喪葬制度研究』, 北京: 文物出版社, 2014.
內蒙古自治區文物考古研究所·哲里木盟博物館, 『遼陳國公主墓』, 三河市: 文物出版社, 1993.
島田正郎 著, 何天明 譯, 『大契丹國: 遼代社會史研究』, 呼和浩特: 內蒙古人民出版社, 2007(原: 『遼代社會史研究』, 京都: 三和書房, 1952).
陶晉生, 『宋遼關係史研究』, 北京: 中華書局, 2008.
_____, 『宋遼金史論叢』, 臺北: 中央研究院, 2013.
苗潤博, 『《遼史》探源』, 北京: 中華書局, 2020.
劉鳳翥, 『契丹文字辨偽錄』, 北京: 北京燕山出版社, 2022.
劉浦江, 『松漠之間: 遼金契丹女眞史研究』, 北京: 中華書局, 2008.
傅樂煥, 『遼史叢考』, 北京: 中華書局, 1984.
聶崇岐, 『宋史叢考』, 北京: 中華書局, 1980.
孫伯君·聶鴻音, 『契丹語研究』, 北京: 中國社會科學出版社, 2008.
安忠和, 『新知文叢 安忠和說承德』, 北京: 中國戲劇出版社, 2007.
吳曉萍, 『宋代外交制度研究』, 安徽: 安徽人民出版社, 2006.
于璞, 『北京考古史 遼代卷』, 上海: 上海古籍出版社, 2012.
尤中, 『中華民族發展史』 第2卷 遼宋金元代, 昆明: 晨光出版社, 2007.
張景明·張傑, 『飲食人類學視域下的遼代飲食文化研究』, 北京: 科學出版社, 2021.
張希清 等 主編, 『澶淵之盟新論』, 上海: 上海人民出版社, 2007.
諸葛淨, 『遼金元時期北京城市研究』, 南京: 東南大學出版社, 2016.
曹家齊, 『宋代交通管理制度研究』, 開封: 河南大學出版社, 2002.
曹流, 『《亡遼錄》輯釋與研究』, 成都: 巴蜀書社, 2022.
趙豐, 『中國歷代絲綢藝術 遼金』, 杭州: 浙江大學出版社, 2021.
陳秉義·楊娜妮, 『中國古代契丹 遼音樂文化考察與研究』, 上海: 上海三聯書店, 2018.
陳述 等 主編, 『遼會要』, 上海: 上海古籍出版社, 2009.

清格爾泰·吳英喆·吉如何, 『契丹小字再研究』 1·2·3, 呼和浩特: 內蒙古大學出版社, 2017.
鮑立義 主編, 『阿魯科爾沁文史』 第5輯, 赤峰: 蒙文印刷廠, 1996.
河北省文物研究所 編, 『宣化遼墓壁畫』, 北京: 文物出版社, 2001.
項春鬆, 『遼代歷史與考古』, 呼和浩特: 內蒙古人民出版社, 1996.

高井康典行, 『渤海と藩鎭 – 遼代地方統治の硏究 – 』, 東京: 汲古書院, 2016.
島田正郞, 『遼朝官制の硏究』, 東京: 創文社, 1979.
稻葉岩吉, 『(增訂)滿洲發達史』, 東京: 日本評論社, 1935.
梅原郁, 『宋代官僚制度研究』, 京都: 同朋社, 1985.
森安孝夫, 『東西ウイグルと中央ユーラシア』, 名古屋: 名古屋大學出版會, 2015.
松本浩一, 『宋代の道敎と民間信仰』, 東京: 汲古書院, 2006.
田村實造, 『中國征服王朝の研究』 上, 京都: 東洋史研究會, 1964.
池內宏, 『滿鮮史硏究』 中世篇 第1冊, 東京: 岡書院, 1933.
八木奘三郞 編, 『支那住宅志』, 大連: 南滿州鐵道株式會社, 1932.

Naomi Standen, *Unbounded loyalty: frontier crossing in Liao China*, Honolulu: University of Hawaii Press, 2007.

5. 논문

金昌洙, 「契丹에 關한 行程錄에 對하여」, 『東國史學』 第3輯, 서울: 東國史學會, 1955.
권용철, 「거란 성종의 고려 친정(親征) 배경에 대한 새로운 관점 – 거란의 정세 분석을 중심으로」, 『東方學志』 제197집, 서울: 延世大學校 國學硏究院, 2021.
권현주, 「접섭대(鞢韘帶)에 관한 연구」, 『中央 아시아 硏究』 第11號, 파주: 중앙아시아학회, 2006.
김기섭, 「발해의 멸망과정과 원인」, 『韓國古代史硏究』 50, 서울: 韓國古代史學會, 2008.
金成奎, 「宋·遼·金 및 高麗 帝王 生日考」, 『歷史敎育』 126, 서울: 歷史敎育硏究會, 2013.
김용문, 「요대(遼代) 벽화에 나타난 복식 연구」, 『한복문화』 제17권 1호, 서울: 한복문화학회, 2014.
金在滿, 「契丹의 山北·山南 經略史 – 燕雲十六州 割讓의 盟約을 중심으로」, 『震檀學報』 22, 서울: 震檀學會, 1961.
나영남, 「10세기 동북아 국제정세와 契丹의 요동정책 – 東丹의 설립과 그 통치정책」, 『역사문화연구』 39, 龍仁: 韓國外國語大學校 歷史文化硏究所, 2011.
_____, 「契丹의 渤海遺民에 대한 移住政策」, 『東洋史學硏究』 124, 서울: 東洋史學會, 2013.
_____, 「遼代 部族制度의 樣相과 그 性格」, 『東洋史學硏究』 131, 서울: 東洋史學會, 2015.
박지훈, 「요대 承天 蕭太后의 섭정」, 『역사문화연구』 64, 龍仁: 韓國外國語大學校 歷史文化硏究所, 2017.
서병국, 「요제국 거란족의 한족 통치사 – '한거(漢契) 일체적 중화사상'의 허구성 비판 – 」, 『高句麗渤海硏究』 29,

서울: 高句麗渤海學會, 2007.

유빛나, 「초기 거란의 성장과 국제적 위상 – 태조·태종시기(907~947)를 중심으로 – 」, 『만주연구』 17, 서울: 만주학회, 2014.

_____, 「契丹과 高麗의 사절 왕래 – 東京使를 중심으로」, 『역사문화연구』 70, 龍仁: 韓國外國語大學校 歷史文化硏究所, 2019.

_____, 「거란과 송의 국신사 파견과 그 양상」, 『세계역사와 문화연구』 59, 서울: 한국세계문화사학회, 2021.

윤양노, 「10~12세기 契丹(遼)의 복식 고찰」, 『中央 아시아 硏究』 第17號 第2卷, 파주: 중앙아시아학회, 2012.

윤영인, 「10~11세기 거란의 중원 정책」, 『東洋文化硏究』 31, 梁山: 靈山大學校 東洋文化硏究院, 2019.

이송란, 「중국 위진남북조시대 金蟬紋璫과 金步搖冠의 시원과 전개」, 『고문화』 78, 서울: 한국대학박물관협회, 2011.

李龍範, 「遼代 上京·中京道의 渤海遺民」, 『白山學報』 第15號, 淸州: 白山學會, 1973.

임상선, 「『遼史』 地理志의 斡魯朶 州·縣」, 『高句麗渤海硏究』 49, 서울: 高句麗渤海學會, 2014.

_____, 「遼代 斡魯朶의 宮主와 그 名稱」, 『東洋史學研究』 128, 서울: 東洋史學會, 2014.

_____, 「遼代 提轄司와 東京지역의 軍事組織」, 『中國史研究』 92, 大邱: 中國史學會, 2014.

정의도, 「宋·遼·金·元墓 匙箸 및 鐵鋏 出土傾向 – 高麗墓 副葬品과 關聯하여 – 」, 『문물연구』 15, 부산: 동아시아문물연구소, 2009.

崔益柱, 「遼 景宗·聖宗代의 漢人官僚의 成長과 그 存在 形態 – 高勳과 韓德讓을 中心으로」, 『人文研究』 10-1, 慶山: 嶺南大學校 人文科學研究所, 1988.

홍성민, 「송대 對遼 첩보조직 및 운영 연구」, 『東洋史學硏究』 152, 서울: 東洋史學會, 2020.

_____, 「『唐書釋音』의 활용을 위한 기초적 연구 – 『당서석음』이 참고한 『新唐書』의 판본 상의 특징」, 『中國學報』 第103輯, 서울: 韓國中國學會, 2023.

賈敬顔, 「薛映遼中境界疏證稿」, 『中國蒙古史學會論文選集』, 烏魯木齊: 中國蒙古史學會, 1981.

賈玉英, 「宋遼交聘制度論略」, 『中州學刊』, 鄭州: 河南省社會科學院, 2005年 第6期.

康鵬, 「遼代五京體制研究」, 北京大學博士學位論文, 2007.

____, 「馬衛集書中的契丹"都城" – 兼談遼代東西交通路線」, 『民族研究』, 北京: 中國社會科學院民族學與人類學研究所, 2017年 第2期.

____, 「東丹國存亡問題再思考」, 『北方文物』, 哈爾濱: 黑龍江省文物考古研究所, 2019年 第4期.

紀楠楠, 「遼代民族政策研究」, 東北師範大學博士學位論文, 2013.

內蒙古文物考古研究所, 「敖漢旗羊山1~3號遼墓清理簡報」, 『內蒙古文物考古』, 呼和浩特: 內蒙古文物考古研究所, 1999年 第1期.

董新林, 「遼上京規制和北宋東京模式」, 『考古』, 北京: 中國社會科學院考古研究所, 2019年 第5期.

劉浦江, 「說"漢人" – 遼金時代民族融合的一个側面」, 『民族研究』, 北京: 中國社會科學院民族學與人類學研究所,

1998年 第6期.

_____,「宋代使臣語錄考」, 張希清 主編,『10-13世紀中國文化的碰撞與融合』, 上海: 上海人民出版社, 2006.
樊瑩瑩,「『唐音癸籤』方俗詞研究芻論」,『漢語史研究集刊』第20輯, 成都: 巴蜀書社, 2015.
司偉偉 외 4명,「遼寧北鎭市遼代韓德讓墓的發掘」,『考古』, 北京: 中國社會科學院考古研究所, 2020年 第4期.
蕭愛民,「遼代珍奇動物貔狸考」,『北方文物』, 哈爾濱: 北方文物雜誌社, 1999年 第1期.
_____,「遼朝皇帝廟號三題」,『河北大學學報(哲學社會科學版)』, 保定: 河北大學, 2020年 第5期.
楊軍,「遼朝南面官研究－以碑刻資料爲中心」,『史學集刊』, 長春: 吉林大學, 2013年 第3期.
吳珊珊,「『家世舊聞』研究」, 華東師範大學碩士學位論文, 2007.
阮怡,「『老學庵筆記』校勘補記及成書時間小議」,『圖書館研究與工作』, 杭州: 浙江圖書館, 2013年 第2期.
王玲,「遼代奚族考略」,『民族研究』, 北京: 中國社會科學院民族學與人類學研究所, 1983年 第2期.
王永波,「『老學庵筆記』版本小考」,『古典文學知識』, 南京: 鳳凰出版社, 2016年 第3期.
王旭東,「遼代五京留守研究」, 吉林大學博士學位論文, 2014.
王曾瑜,「遼朝官員的實職和虛銜初探」,『文史』34, 北京: 中華書局, 1992.
王策·周宇,「劉六符墓誌簡述」,『北京文博文叢』, 北京: 北京市文物研究所, 2016年 第2期.
姚從吾,「阿保機與後唐使臣姚坤會見談話集錄」,『文史哲學報』第5期, 臺北: 國立臺灣大學文學院, 1953.
李棟國,「遼代驛道遼上京路新考(上)」,『河北民族師範學院學報』, 承德: 河北民族師範學院, 2019年 第2期.
李榮輝,「論北方民族中的狗國」,『元史及民族與邊疆研究集刊』36, 南京: 南京大學元史研究室·民族與邊疆研究中心, 2018.
張劍,「『家世舊聞』版本補議－兼議陸游家世詩數量稀少的原因」,『國學學刊』, 北京: 中國人民大學, 2015年 第2期.
張軍,「契丹覆麵·毀器·焚物葬俗小議」,『草原文化研究資料選編』第7輯, 呼和浩特: 內蒙古教育出版社, 2012.
張文靜,「赤峰市敖漢旗羊山遼墓壁畫研究」, 中央民族大學碩士學位論文, 2011.
莊金玲,「『賈師訓墓誌』"駙馬侍中劉公"辨析」,『史學集刊』, 長春: 吉林大學, 2014年 第1期.
蔣武雄,「遼皇帝接見宋使節的地點」,『東吳歷史學報』第14期, 臺北: 東吳大學, 2005.
_____,「蘇軾與遼事關係幾個問題的探討」,『中國歷史學會史學集刊』第40期, 臺北: 中國歷史學會, 2008.
_____,「從宋臣陳襄『神宗皇帝卽位使遼語錄』論其使遼事蹟」,『史匯』第15期, 桃園: 國立中央大學歷史研究所, 2011.
_____,「宋臣彭汝礪使遼的行程」,『史學彙刊』第34期, 臺北: 中華學術院中華史學協會, 2015.
_____,「蘇頌與宋遼外交」,『東吳歷史學報』第38期, 臺北: 東吳大學, 2018.
_____,「宋派任使遼正旦使副日期考」,『東吳歷史學報』第42期, 臺北: 東吳大學, 2022.
曹顯征,「遼宋交聘制度的初步確立」,『遼寧工程技術大學學報(社會科學版)』, 阜新: 遼寧工程技術大學, 2008年 第4期.
趙永春,「宋人出使遼金"語錄"研究」,『史學史研究』, 北京: 北京師範大學, 1996年 第3期.
_____,「宋人出使遼金"語錄"的史學價值」,『淮陰師範學院學報(哲陰社會科學版)』, 淮安: 淮陰師範學院, 2013年 第

3期.

趙評春,「遼代木葉山考」,『北方文物』, 哈爾濱: 黑龍江省文物考古研究所, 1987年 第1期.

陳天宇,「《熙寧使虜圖抄》出使線路圖與部分館驛考」,『赤峰學院學報(漢文哲學社會科學版)』, 赤峰: 赤峰學院, 2015年 第2期.

陳曉偉,「契丹木葉山地望新探－兼談遼太祖阿保機葬所之傳聞」,『漢學研究』35卷 1期, 臺北: 漢學研究資料及服務中心, 2017.

叢密林,「契丹騎兵研究」, 東北師範大學博士學位論文, 2018.

夏宇旭·王小敏,「地理環境與契丹人的居住方式」,『吉林師範大學學報(人文社會科學版)』, 四平: 吉林師範大學, 2015年 第5期.

胡建升,「《全宋詩·梅詢詩集》輯考」,『古籍整理研究學刊』, 長春: 東北師範大學古籍整理研究所, 2010年 第6期.

古松崇志,「契丹·宋間の澶淵體制における國境」,『史林』90卷 1號, 京都: 史學研究會, 2007.

＿＿＿,「契丹·宋間の國信使と儀禮」,『東洋史研究』第73卷 第2號, 京都: 京都大學文學部東洋史研究會, 2014.

島田正郎,「遼代の奇獸「貎貍」に就いて」,『蒙古』第9卷 第1號, 東京: 善隣協會, 1942.

毛利英介,「1099年における宋夏元符和議と遼宋事前交涉: 遼宋竝存期における國際秩序の硏究」,『東方學報』82, 京都: 京都大學人文科學研究所, 2008.

＿＿＿,「陳襄「神宗皇帝卽位使遼語錄」注釋稿」,『關西大學東西學術研究所紀要』第51輯, 大阪: 關西大學東西學術研究所, 2018.

石見清裕,「唐末沙陀「李克用墓誌」譯註·考察」,『內陸アジア言語の研究』18, 大阪: 中央ユーラシア學研究會, 2003.

石曉軍,「隋唐時代における對外使節の假官と借位」,『東洋史研究』第65卷 第1號, 京都: 京都大學文學部東洋史研究會, 2006.

小川裕人,「鐵利住地に就いて」,『史林』22卷 2號, 京都: 史學研究會, 1937.

田村實造,「遼·宋交通資料註稿」,『東方史論叢』第1, 奈良: 養德社, 1947.

澤本光弘,「契丹の舊渤海領統治と東丹國の構造－「耶律羽之墓誌」をてがかりに」,『史學雜誌』第117編 6號, 2008.

＿＿＿,「契丹(遼)の交通路を往來する人」, 鈴木靖民·荒井秀規 編,『古代東アジアの道路と交通』, 東京: 勉誠出版, 2011.

＿＿＿,「『神宗皇帝卽位使遼語錄』の概要と成立過程」, 荒川愼太郎 外 編,『契丹[遼]と10~11世紀の東部ユーラシア』, 東京: 勉誠出版, 2013.

＿＿＿,「北京~朝陽の地勢と宋遼交通路－檀州から中京にかけての航空寫眞をてがかりに－」, 金子修一先生古稀記念論文集編纂委員會 編,『東アジアにおける皇帝權力と國際秩序』, 東京: 汲古書院, 2020.

河上洋,「遼五京の外交的機能」,『東洋史研究』第52卷 第2號, 京都: 京都大學文學部東洋史研究會, 1993.

洪性珉,「稅役から見た宋遼兩屬民」,『內陸アジア史研究』28, 東京: 內陸アジア史學會, 2013.

＿＿＿,「陸佃『使遼錄』の佚文とその史料價値について－陸游の筆記史料を中心に－」,『東洋學報』98-1, 東京: 東洋文庫, 2016.

찾아보기

ㄱ

가관(假官) 177, 180
『가세구문(家世舊聞)』 282, 285, 287, 292, 296, 302~305, 308, 310
가한주(可汗州) 74, 75
각장(榷場) 134, 136
갈석관(碣石館) 125, 182
갑열(匣列) 61
개봉(開封) 15, 198, 240
객성(客省)[요] 276, 278
「거란관의(契丹官儀)」 244
거란귀명인(契丹歸明人) 9
거란령(契丹嶺) 138
거란병(契丹兵) 166
거란어(契丹語) 17, 18, 169, 171, 219
거란인(契丹人) 144, 159, 216, 260
『거란지(契丹志)』 5, 7, 13, 125, 135~137, 139, 140, 173, 175, 256, 258, 261
거란풍속(契丹風俗) 213, 221
거마하(巨馬河) 116~118, 120, 234
거용관(居庸關) 74, 136, 167, 190
검각(劍閣) 52, 53
검교관(檢校官)[송] 288
검교태부(檢校太傅)[요] 287, 288
경수전(慶壽殿) 221, 222
경운산(慶雲山) 266
경운령(慶雲嶺) 266

경주(慶州) 50, 82, 240, 241, 272, 273
계명산(雞鳴山) 74, 76
계부방(季父房) 125, 167
계빈(罽賓) 127, 128
계주(薊州) 32, 34, 35, 84, 130, 131, 154, 166, 169, 191, 246, 247, 297
계하(界河) 117
고계훈(高繼勳) 175, 177, 179
고구려 77, 248
고구하(孤溝河) 134
고량하(高梁河) 133, 134, 184, 185
고려(高麗) 4, 22, 122, 142, 156, 179, 249, 283, 305, 307
고력하관(羖𩾌河館) 218
고북관(古北館) 254, 256
고북구(古北口) 19, 98, 120, 136, 137, 167, 189, 194, 216, 217, 254, 255, 292
공거(貢舉) 168
공봉관(供奉官)[오대] 25, 32
공부시랑(工部侍郎)[송] 200, 201
공부원외랑(工部員外郎)[송] 215, 216
공비고사(供備庫使)[송] 200, 201
과염(顆鹽) 164
과요장(鍋窯帳) 271
과요전장(鍋窯氈帳) 273
곽약사(郭藥師) 188
관남십현(關南十縣) 184, 248
관남지(關南地) 248, 298, 299

관반사(館伴使)　144, 159, 160
관요관(官窯館)　204
광녕관(廣寧館)　204, 206, 207, 267~270
광록소경(光祿少卿)[요]　128, 129
광록시(光祿寺)　129
광신군(廣信軍)　251
광평정(廣平淀)　219, 264
구국(狗國)　16, 105, 313
구굴률(嫗厥律)　16, 97, 99~101
국구(國舅)　71, 93
국신(國信)　145
국신사(國信使)　278, 286
국업사(國業寺)　118, 120
궁원사(宮苑使)[송]　177, 179
궁위(宮衛)　229, 238
권이부상서(權吏部尙書)[송]　285
귀화주(歸化州)　74, 78
규주(嬀州)　75~77, 98, 154, 246
근채령(芹菜嶺)　192, 256
금구관(金溝館)　171, 187, 188, 254, 255
금구정(金溝淀)　187, 188
금자숭록대부(金紫崇祿大夫)[요]　287, 288
금주(錦州)　14, 156, 157
기거랑(起居郞)[요]　144, 160
기구관(岐溝關)　248
기록관(寄祿官)[송]　179, 201, 216, 285
기미주(羈縻州)　206
기미지배(羈縻支配)　206
기수가한(奇首可汗)　217, 220

ㄴ

낙랑(樂浪)　156, 159
낙마하(駱馬河)　266
낙양(洛陽, 雒陽)　31, 40, 43, 44, 72
난수(欒水, 灤水)　254~256
난야(蘭若)　118, 120
난주(灤州)　140, 189, 190, 256
난하(灤河, 灤河)　139, 140, 190
날발(捺鉢)　13, 142, 163, 204, 239
남경(南京)[요]　19, 48, 57, 58, 114, 124, 127, 167, 185, 204, 313
남경통군사(南京統軍使)[요]　128, 131
남대왕(南大王)[요]　164
남면관(南面官)[요]　229
남면조관(南面朝官)[요]　289, 290
남원대왕(南院大王)[요]　164, 185
남추밀원(南樞密院)[요]　277
낭군(郎君)　171
낭이용(郎利用)　128
내전숭반(內殿崇班)[송]　177, 180
노곡(路曲)　263, 264
노구하(蘆溝河, 蘆溝河, 蘆駒河)　122, 182, 183, 250
노룡(盧龍)　127
노룡산(盧龍山)　190
노룡절도사(盧龍節度使)　154
노문진(盧文進)　32, 34, 35
노진(路振)　4, 7, 9, 111, 113, 116, 130, 136, 160, 163, 261, 261
노진(魯進)　18, 169
『노학암필기(老學庵筆記)』　282, 295, 298, 301
녹고하(鹿孤河)　121, 122, 183
녹아관(鹿兒館)　138, 140, 171, 192, 260
녹아협관(鹿兒峽館)　140, 192, 261
녹협관(鹿峽館)　140, 259, 260, 261
누상하(樓桑河)　120
눌도오관(訥都烏館)　219

ㄷ

단련사(團練使)[송] 286
단주(檀州) 134, 135, 154, 171, 188, 253, 254
담비 17, 127, 150, 226, 304
담륜(譚倫) 213
담비 가죽 갖옷[貂裘] 226
답추(踏鎚) 19, 192
당박(塘泊) 248, 249
『당서석음(唐書釋音)』 99
당(唐) 태종(太宗) 76, 182, 184
대내척은(大內惕隱) 153, 167
대동관 194
대산문(大山門) 88, 91
대정부(大定府)[요] 142, 154
대진국사(大鎭國寺) 305, 306
대척은사(大惕隱司) 146, 167
대하(大河) 60, 269, 270
대하장(大河帳) 273, 274
대화전장(大和氈帳) 273
덕승령(德勝嶺) 78, 136, 189
도교(道敎) 305~307
도군황제(道君皇帝)[송 휘종] 307
도운령(渡雲嶺) 139, 189, 256~258
도정역(都亭驛) 144
독뢰(禿餒) 32, 33, 35
독아산(犢兒山) 276
독항정(督亢亭) 182, 183
돈정장(頓程帳) 275, 276
돈황 89, 101, 102, 105
동경(東京)[요] 42, 157, 240
동돌궐(東突厥) 101
돌궐(突厥) 16, 97, 99, 106, 245
동과(冬瓜) 88

동단국(東丹國) 38, 48, 62, 98
동단왕(東丹王) 31, 62, 63, 85, 157
동수(撞水) 219, 221
동염원사(東染院使)[송] 201, 202
동주(同州) 71, 72
동천(東川) 52, 53
동해(東奚) 98, 243, 244, 246
동해(東海) 156
동향 160, 209, 276
두도령(竇都嶺) 273, 274
두서(豆鼠) 303
두평(竇苹) 139
두하군주(頭下軍州) 14, 93, 243
둔전낭중(屯田郎中)[송] 177, 179
라오하하(老哈河) 217, 220, 264

ㅁ

마수(馬壽) 164
마운산(馬雲山) 194
마피령(馬疲嶺) 263, 264
막두령(墲斗嶺) 139
만실산(漫實山) 209
말갈(靺鞨) 103, 128, 244
말겁자(靺劫子) 16, 103
말단국(秣笪國) 164
『망요록(亡遼錄)』 12
무산계(武散階)[송] 180
망경관(望京館) 135, 187, 251, 252
망자하(罔子河) 266
매순(梅詢) 292, 293
맹부방(孟父房) 167
명종(明宗)[후당] 31, 32, 35, 40, 48, 60, 72
모두령(摸斗嶺) 256, 258

목엽관(木葉館) 213, 214, 221
목엽산(木葉山) 14, 62, 91, 214, 215, 217
목종(穆宗)[요] 229, 241
『몽계필담(夢溪筆談)』 238, 241, 276
몽고(蒙古) 103
무공전(武功殿) 145, 150, 152, 154
무계(武階)[요] 286
무계관(武階官)[송] 201
무자관(武資官)[요] 289
묵두령(墨斗嶺) 139, 189, 191, 256, 257
문산계(文散階)[요] 288~290
문자관(文資官)[요] 289, 290
문화전(文化殿) 149, 151, 153, 154
민충사(閔忠寺) 182, 184
밀운(密雲) 253
밀운관(密雲館) 253
밀운현(密雲縣) 254

ㅂ

박마산(撲馬山) 84, 86
발해(渤海) 4, 16, 19, 20, 29, 31, 38, 43, 62, 97, 98, 115, 128, 159, 192, 198, 235, 236, 243~245
발해도(渤海都) 156
발해병(渤海兵) 19, 129, 166
발해인(渤海人) 115, 176, 192, 204, 214, 216, 263
백구관(白溝館) 183, 247
백구역(白溝驛) 171, 176, 182, 183, 248
백구하(白溝河) 116, 117, 154, 183, 248
백마정(白馬淀) 219
백서하(白絮河) 134, 187
백수(白水) 252, 253

백수하(白遂河) 187
백하(白河) 137, 187
백습(白霫) 244
번관(藩官, 蕃官) 16, 149, 151, 168, 170, 225
병마태원수(兵馬太元帥)[요] 121, 122
보요관(步搖冠) 16, 225, 227
보화관(保和館) 204, 270, 271
보화장(保和帳) 273
복두(幞頭) 310
복주(福州) 14, 69, 92, 93, 95
『봉사거란조례(奉使契丹條例)』 297
봉선(封禪) 18, 130
봉성주(封聖州) 99
부가채(符家寨) 190
부락관(部落館) 138, 140, 171, 192, 258
부마도위(駙馬都尉)[요] 128, 166
부마도위(駙馬都尉)[송] 127, 128, 130, 285, 287
부여부(扶餘府) 62, 64, 159
부여성(扶餘城) 63
부욕관(富谷館) 138, 140, 171, 192, 215, 261, 262
부족(部族) 14, 67, 229, 239, 240, 278
부족 제도 16, 263
부필(富弼) 190
북대왕(北大王)[요] 164
북면관(北面官)[요] 229
북면군관(北面軍官)[요] 162
북면조관(北面朝官)[요] 228
북안문(北安門) 127, 134
북안주(北安州) 14, 182, 258
북원대왕(北院大王)[요] 164, 185
북원추밀사(北院樞密使)[요] 184, 185, 299
북추밀원(北樞密院)[요] 277

북한(北漢) 133, 184
북황(北荒) 107, 108
비령(痺嶺) 259~261
비리(貔貍) 303

ㅅ

사거란기(使契丹記) 4, 7, 23, 26
사곡(斜谷) 81, 82
사관(紗冠) 226, 228
사관수찬(史館修撰)[요] 290
사도(查道) 292, 293
사리(舍利)[요] 170, 171
사성(賜姓) 124
사신어록(使臣語錄) 4
『사요록(使遼錄)』 4, 7, 10, 279, 281
사요어록(使遼語錄) 4, 8, 273, 281
사원학(史源學) 11, 12
사주(沙州) 89
사하(沙河) 84, 86, 157
사향령(辭鄕嶺, 思鄕嶺) 74, 78, 79, 134, 189, 190, 255
사향하(麝香河) 84, 85
삭주(朔州) 297
산관(散官) 285, 288
산남(山南) 246, 247
산후팔군(山後八軍) 154, 164
삼관(三關) 248, 299
삼부하(三膚河) 205, 263, 264
상간하(桑幹河) 186
삼산관(三山館) 85
상거란사(上契丹事) 175
상건수(桑乾水) 186, 250
상건하(桑乾河) 121, 122, 182, 186, 250

상경(上京)[요] 14, 36, 80, 82, 84, 88, 93, 138, 156, 160, 182, 197, 198, 204, 214, 240, 242, 271, 313
상공(相公) 146, 156, 166
상근하(桑根河) 121, 122, 186
상수(上壽) 151, 152
상온(常溫, 詳穩) 146, 147, 166
상원역(上元驛) 15, 144
상청파(上淸派)[도교] 307
상하(桑河) 118, 119
새남(塞南) 248
생신사(生辰使) 163, 177, 178, 198, 200, 201, 204, 215, 217
서경(西京)[요] 244
서량정(西凉淀) 182
서루(西樓) 32, 36, 64, 65, 84, 85, 87, 160
서산(西山) 251
서상합문사(西上閤門使)[송] 285, 286
서천(西川) 52, 53
서하(西夏) 142, 179, 217, 294
서해(西奚) 98, 243, 246
석경당(石敬瑭)[후진 고조] 31, 34, 35, 58, 78, 119, 135, 155, 184, 247
석경원(石經院) 118, 120
석문관(石門關) 75, 76
석문관로(石門關路) 75, 166
석자령(石子嶺) 138~140, 192
석중귀(石重貴) 72
석진부(析津府) 58, 178
선비(鮮卑) 244
선비족(鮮卑族) 16, 225, 228
선우돌궐(單于突厥) 16, 100, 101
선우정(單于庭) 234, 237, 238, 240, 276
선화(宣化) 245, 296, 310, 314

선화관(宣化館) 86, 204
설영(薛映) 4, 7, 13, 195, 197, 200, 201, 204, 213, 270, 273
성방전(省方殿) 221, 222
성종(聖宗)[요] 202
세종(世宗)[후주] 155, 184, 248
세종(世宗)[요] 48, 277
세폐(歲幣) 223, 233, 298
소계선(蕭繼先) 146
소녕(蕭寧) 127, 128, 130, 166
소달름(蕭撻凜) 128, 130
소동파(蘇東坡) 249
소민궁(昭敏宮) 226, 229
소배압(蕭排押) 128, 131, 146
소손녕(蕭遜寧) 128
소양천(韶陽川) 308
소한(蕭翰) 14, 69, 71, 72, 84, 92
소혜(蕭惠) 299
소희(蕭禧) 233
손후하(孫侯河) 251
손후관(孫侯館) 134, 135, 171, 187, 251
송막부(松漠府) 135, 160, 206
송반사(送伴使) 159, 309, 310
송산관(松山館) 204, 265~267
송수(宋綬) 4, 7, 14, 211, 213, 215, 216, 227
송자령(松子嶺) 259, 260
송정관(松亭關, 崧亭關) 166, 167, 190, 260
송정령(松亭嶺) 192
송정로(崧亭路) 166
수녕전(壽寧殿) 222
수레 35, 100, 101, 141, 189, 190, 192, 217, 237, 243, 245, 246, 253, 254, 256, 276, 314
수박[西瓜] 88, 89

수박관(水泊館) 219
수실위(獸室韋) 103
수(隋) 양제(煬帝) 57, 184, 248
수춘군왕우(壽春郡王友)[송] 200~202
수태상소경(守太常少卿)[요] 287, 289
숙신(肅愼) 30, 127, 128
순주(順州) 134, 135, 171, 187, 251, 252
술률씨(述律氏) 39, 63, 65, 84
술률태후(述律太后) 86
숭록시(崇祿寺)[요] 129
숭신관(崇信館) 204, 205, 209, 263, 265, 266
숭신전관(崇信氈館) 206
습(霫) 82, 96, 98, 243, 244
습수(霫水) 256
습족(霫族) 256
승천황태후(承天皇太后) 122, 123, 125, 130
『승초록(乘軺錄)』 4, 7, 9, 78, 111, 113, 116, 261
시라무렌하 6, 82, 89, 206, 217, 220, 244
시어사지잡사(侍御史知雜事)[송] 177, 179
식계초(息雞草) 88, 91
신관(新館) 134, 136, 171, 189, 255, 256
『신당서음훈(新唐書音訓)』 139
신무주(新武州) 74, 76
신법(新法) 233
신성(新城) 117, 248, 249
신성현(新城縣) 117, 118, 171, 182, 183, 249
신소파(神霄派)[도교] 283, 307
『신종황제 즉위 사요어록(神宗皇帝即位使遼語錄)』 10, 85, 205, 206, 258, 278
신주(愼州) 25, 32, 37
신점(新店) 267
신첨장(新添帳) 274, 275
신첨전장(新添氈帳) 275

실위(室韋) 16, 39, 101, 103, 104, 242
심괄(沈括) 4, 7, 14, 35, 136, 188, 205, 231, 233, 234, 237
십삼산(十三山) 92, 93, 157

ㅇ

아장(牙帳) 243, 244
안동도호부(安東都護府) 158
안독(案牘) 296, 297
안사(安史)의 난 207
알로타(斡魯朶) 238
야율갈로(耶律曷魯) 184
야율노과(耶律奴瓜) 146
야율덕광(耶律德光)[요 태종] 30, 39, 71, 72, 88, 91, 244, 288
야율돌욕(耶律突欲)[동단왕] 47, 48, 62, 85
야율배(耶律倍)[동단왕] 38, 55, 63, 157
야율사진(耶律斜軫) 124, 184
야율성(耶律成) 287, 305
야율아보기(耶律阿保機)[요 태조] 18, 25, 29, 33, 38, 46, 60, 91, 204, 207, 220~222
야율엄(耶律儼) 294
야율연희(耶律延禧)[요 천조제] 308
야율영(耶律英) 146, 148, 153, 166
야율올욕(耶律兀欲)[요 세종] 71, 84, 85, 88
야율융경(耶律隆慶) 121, 122, 130, 146, 148, 149, 152, 223
야율융서(耶律隆緖)[요 성종] 121, 122, 124
야율융우(耶律隆祐) 125, 223
야율융운(耶律隆運) 124
야율융유(耶律隆裕) 125, 178, 223
야율이호(耶律李胡) 86
야율조리(耶律照里) 144, 160

야율종업(耶律宗業) 223
야율종진(耶律宗眞)[요 흥종] 298
야율중원(耶律重元) 299
야율한녕(耶律漢寧) 182, 184
야율현(耶律賢)[요경종] 124, 125
야율호도고(耶律胡都古) 223
야율홍기(耶律洪基)[요 도종] 298, 302, 308, 309
야율휴가(耶律休哥) 185
양계업(楊繼業) 185
양무적(楊無敵) 185
양속민(兩屬民) 248
양익계(楊益戒) 233
양전(涼殿) 123, 124, 163
양정(涼淀) 187, 209
양향(良鄉) 250, 251
양향현(良鄉縣) 37, 118, 119, 121, 171, 182, 183, 250
어구관(淤口關) 184, 248
어록(語錄) 4, 8, 175, 234
어장(御帳) 209
여래관(如來館) 137
여이간(呂夷簡) 178
여정(余靖) 244
여진(女眞) 16, 29, 30, 95, 96, 103, 128, 156, 159
여구하(臚朐河) 102
역어전시(譯語殿侍) 18, 170
역주(易州) 59, 191
연경(燕京)[요] 17, 139, 246, 283, 291, 297
연경 진사(燕京進士) 292
연방정(延芳淀) 135, 187
연왕성(燕王城) 271, 272
연운십육주(燕雲十六州) 35, 78, 119, 235,

247, 248
연인(燕人) 263
연주(燕州) 32, 34, 35, 169, 191
영녕관(永寧館) 118
영안산(永安山) 14, 237, 238, 240, 266, 274
영정관(永定關) 74, 77
영주(營州) 32, 34, 37, 154, 158, 189, 190
영주(靈州) 14, 156
영평관(永平館) 125, 182, 185, 251
영하(靈河) 14, 154, 156
영화관(永和館) 124, 125, 171, 185, 251
영흥궁(永興宮) 226, 229, 244
오대산(五臺山) 74, 76
오사모(烏紗帽) 226, 228
오란하(烏瀿河) 139, 189, 191, 256
오원사(五院司)[요] 166
온여하(溫餘河) 187
온유하(溫渝河) 134, 135, 187
와교관(瓦橋關) 155, 184
와여관(臥如館) 134, 137, 138, 171, 257
와여래관(臥如來館) 137, 189
완안종망(完顏宗望) 188
왕승덕(王承德) 200, 202
왕증(王曾) 4, 7, 12, 125, 135~137, 139, 140, 173, 175, 177, 178, 180, 256, 258, 256, 258
요가채관(姚家寨館) 204, 270
요곤(姚坤) 4, 7, 23, 25~27, 32, 36, 38
요동주(饒東州) 204, 206
요락도독부(饒樂都督府) 98, 206
요락수(饒樂水) 82
요주(饒州) 204, 206, 266
『요중경계(遼中境界)』 197
요하(遼河) 158, 160

요해(遼海) 156
우산(牛山) 259, 272
우산관(牛山館) 138, 140, 171, 192, 258~260
우산장(牛山帳) 271, 273
우산전장(牛山氈帳) 271, 272
우심산장(牛心山帳) 273
우심산전장(牛心山氈帳) 274, 275
우영(牛榮) 166
우월(于越) 184, 185
우월왕(于越王) 182, 185
우제돌궐(牛蹄突厥) 16, 100, 102
운거사(雲居寺) 120
운주(雲州) 43, 247, 297
웅주(雄州) 154, 155, 182, 183, 247~249
위연경(僞燕京) 182, 184
위주(衛州) 14, 92, 94
위주(魏州) 40~42
유경(劉經) 156, 159, 163, 168
유관(榆關) 97
유관로(榆關路) 166
유리하(琉璃河, 劉李河) 118, 120, 182
유림관(榆林館) 219
유빈(劉斌) 132
유성(劉晟) 168
유소(劉霄, 劉宵) 290, 298, 299
유소방(劉霄榜) 287, 290, 291
유소산(劉宵産) 290
유수광(劉守光) 61, 119, 154, 190, 246
유승종(劉承宗) 197, 200
유영(劉迎) 132
유우(劉雨) 290, 295
유육부(劉六符) 283, 290, 297~299, 301
유인공(劉仁恭) 35, 58, 60, 154
유주(幽州) 13, 29, 33, 35, 36, 57, 59, 60,

74, 84, 92, 101, 113, 121, 122, 129, 131, 135, 151, 154, 160, 166, 167, 169, 178, 181, 182, 184, 189, 223, 224, 240, 242, 247, 250~252, 260, 308
유주(儒州) 97, 99
유하(柳河) 138, 139, 257, 258
유하관(柳河館) 19, 138, 171, 176, 192, 256, 257, 258
육병산(六屛山) 118, 120
육원사(六院司)[요] 167
육유(陸游) 10, 281
육재(陸宰) 282, 303, 305
육전(陸佃) 4, 7, 10, 279, 281, 298, 299
은주(恩州) 205, 243, 263, 264
『을묘입국주청(乙卯入國奏請)』 234, 237, 239
『을묘입국별록(乙卯入國別錄)』 234, 235, 237, 239
음량하(陰凉河) 265, 266
응천황후(應天皇后) 84
의곤주(儀坤州) 84
이극용(李克用) 28, 43
이리근(夷離堇) 164
이리필(夷離畢) 226, 228
이사룡(李士龍) 177
이사원(李嗣源)[후당 명종] 28, 36, 40, 41
이사휘(李嗣徽) 281, 285, 286
이순(李詢) 156, 168
이엄(李儼) 292, 294
이원(二元) 통치 제도 16, 264
이여의(李餘懿) 177
이위(李瑋) 285~287
이존욱(李存勗)[후당 장종] 29, 34, 40, 154
이주(李儔) 287, 291, 292, 295, 298, 300
이질(李賓) 166

이처온(李處溫) 295
이평(李評) 233, 237
익진관(益津關) 184
인속이치(因俗而治) 263
인종(仁宗)[송] 175, 178, 179, 201, 216, 287
인황왕(人皇王) 48, 62
임도관(臨都館) 204, 205, 263, 264
임아(林牙) 226, 229
임영소(林靈素) 283, 305~307
임호(林胡) 156, 161
임황(林荒) 156
임황(臨潢) 163
임황관(臨潢館) 209
임황부(臨潢府) 89, 156

ㅈ

자서(資序) 285
자조복건(紫皁幅巾) 226
자착포(紫窄袍) 225, 226
장박(長泊) 14, 182, 219
장사공관(張司空館) 221, 222
장사손(張士遜) 197, 200, 201, 204
장성(長城) 134, 135, 187, 251
장종(莊宗)[후당] 25, 30, 40, 200
장태관(長泰館) 204
장춘주(長春州) 308
장흥관(長興館) 261~263
적경궁(積慶宮) 158, 226, 229
적성령(摘星嶺) 78, 79, 134, 137
적애(赤崖) 84, 85
적애관(赤崖館) 85
전관(氈冠) 16, 225
전두령(纏斗嶺) 138, 139, 191

전려(氈廬)　209, 221, 263, 276
전시(殿侍)　18, 169, 170
전연(澶淵)　113, 122, 130, 131
전연의 맹[澶淵之盟]　15, 93, 113, 122, 123, 125, 131, 144, 182, 204, 223, 233, 248
전장(氈帳)　268
접반(接伴)　177
접반사(接伴使)　144, 159, 287
접섭대(蹀躞帶, 鞊鞢帶)　227, 320
정단사(正旦使)　160, 177, 179, 198, 200, 201, 204, 293
조덕균(趙德鈞)　25
조릉(祖陵)　91
조리하(朝里河, 朝鯉河, 潮里河)　134, 137, 189
조약(刁約)　228
조산(祖山)　204, 208
조의대부(朝議大夫)[요]　287, 289
조주(祖州)　36, 86, 204, 205, 207, 208, 314
조하(潮河)　137, 255
좌금오위장군(左金吾衛將軍)[요]　287, 289
주객낭중(主客郎中)[송]　177, 178
주현(州縣)　14, 168, 205, 229, 238
주현 제도　16, 263
중경(中京)[요]　13, 15, 113, 114, 141~143, 154, 158, 167, 170, 176, 182, 194, 197, 198, 204, 213~215, 217, 221, 243, 244, 246, 260, 261, 263, 264, 268, 295, 297, 301, 305, 313
중부방(仲父房)　167
중서성(中書省)[요]　32, 200, 276, 277
증폐 교섭(增幣交涉)　283, 299
지공거(知貢擧)[요]　180, 301
지제고(知制誥)[송]　116, 177, 178, 215, 216, 233

지제고(知制誥)[요]　168
직사관(職事官)[송]　178, 285
진사(進士)　12
진양(晉陽)　132
진양(陳襄)　10, 205, 206, 258, 273, 278, 306
진종(眞宗)　18, 26, 116, 130, 175, 178, 182, 197, 201, 213, 215, 216, 223
진주(鎭州)　29, 57, 60
진주채(眞珠寨)　88, 89
질랄부(迭剌部)　38, 146, 164
징주(澄州)　242, 243, 267

ㅊ

차간무렌하　6, 82, 274
차견명(差遣名)　179
차하(車河)　259, 260
창민궁(彰愍宮)　229
창이하(蒼耳河)　267
채경(寨京)　278
채책문(寨柵門)　134
척은(惕隱)　146, 166, 226, 229
천경사(天慶寺)　305, 306
천령(天嶺)　74, 78, 79
천령절(千齡節)　202
천하병마대원수부(天下兵馬大元帥府)　122
천황왕(天皇王)　46, 47, 49
철권(鐵券)　177, 180
철려(鐵驪)　96
철려국(鐵驪國)　164, 165
철리(鐵利, 鐵離)　96
철장관(鐵漿館)　138, 140, 171, 192, 240, 242, 260, 261
철전(鐵甸)　95, 96, 107, 165

철종(哲宗) 281, 286
첩보 활동 9
첩섭대(粘鞢帶) 225, 227
청낭(青囊) 81, 83
초서(貂鼠) 30, 226
초서피(貂鼠皮) 96, 98, 164
추밀사(樞密使)[송] 200
추밀원(樞密院)[송] 200, 233, 277
추밀원(樞密院)[요] 276
추밀직학사(樞密直學士) 200
칠도하(七渡河) 189

ㅌ

타르바간 304
타조관(打造館) 140, 243, 258, 259
타조부락관(打造部落館) 140, 192, 260
탁군(涿郡) 248
탁수(涿水) 119, 182, 183, 249, 250
탁주(涿州) 117~120, 130, 154, 155, 182, 183, 248, 249, 250
탁하(涿河) 118, 119, 182
탄산(炭山) 14, 123, 124, 136, 162, 182
탕성정(湯城淀) 81, 82
태묘(太廟)[요] 276, 278
태상소경(太常少卿) 289
태종(太宗)[송] 25, 39, 58, 74, 76, 113, 116, 122, 132, 134, 160, 164, 180, 182, 184, 244
태항산(太行山) 118, 119, 134, 251
태주단련사(泰州團練使) 285
태후사잠호(太后絲蠶戶) 14, 156
토산(土山) 219
토하(土河) 219, 220, 221

통군(統軍)[요] 130
통천관(通天館) 138, 171, 194, 215, 262

ㅍ

팔군(八軍) 154
팔일(八佾) 152
패주(覇州)[요] 14, 34, 156, 158
패주(覇州)[송] 248
편령(偏嶺) 78
편상령(編廂嶺) 134
편창령(偏槍嶺) 189
평주(平州) 32, 34, 139, 154, 189, 190
포잔(抛盞) 92
포타장(庖駝帳) 266
포타전장(庖駝氈帳) 267, 268
풍주(豐州) 206, 243, 268
피서장(避暑莊) 216
피실(皮室) 156, 161, 242, 243

ㅎ

하정사(賀正使) 179
한관(漢官) 16, 146, 149, 168, 170, 225
한광사(韓匡嗣) 124
한금(旱金) 81, 83
한덕양(韓德讓) 123, 124, 130, 146
한림원(翰林院)[요] 290
한림학사(翰林學士)[요] 33, 168, 229
한림학사(翰林學士)[송] 116
한병(漢兵) 19, 129, 166
한복(漢服) 16, 19, 128, 145, 148, 150, 219, 225
한아(漢兒) 132

한어(漢語)　17, 18, 48, 55, 105, 147
한연휘(韓延徽)　60
한인(漢人)　34, 108, 144, 148, 159, 180, 216, 299
한지고(韓知古)　124, 158
한통군(韓統軍)　130
할알(轄戛)　100, 101
함녕관(咸寧館)　204, 206
『함로기(陷虜記)』　4, 7, 9, 36, 67, 69, 108
함희관(咸熙館)　271
함희장(咸熙帳)　269
함희전관(咸熙氈館)　206
함희전장(咸熙氈帳)　269
합문지후(閤門祗候)[송]　177, 180
합문(閤門)[요]　276, 277
해(奚)　15, 20, 33, 75, 82, 96~98, 118, 120, 134, 139, 158, 166, 189, 190, 209, 216, 217, 235, 243~245
해 6부(奚六部)　244
해관(奚關)　166
해동청(海東靑)　30
해병(奚兵)　166
해왕부(奚王府)　182, 244
해왕(奚王)　216, 243, 244
해인(奚人)　34, 160, 216, 263
해족(奚族)　142, 206, 214
행궁(行宮)　163, 214, 226, 229, 237, 246, 278, 302, 308
행정록(行程錄)　4, 7, 113, 171, 175, 195, 197, 211, 213, 235, 270, 273
향산자관(香山子館)　219
현도(玄菟)　156
현릉(顯陵)　91, 157
현주(顯州)　14, 93, 156, 157
협수(浹水)　250
협하(浹河)　118, 120
형상(邢祥)　177, 180
형우(邢佑)　144, 160, 163, 164
형주자사(滎州刺史)　177, 179
혜주(惠州)　218
호교(胡嶠)　4, 7, 9, 36, 67, 71, 72
호구(虎口)　118, 120, 189
호량하(胡梁河)　118, 120
호로하(瓠鑪河)　100, 102
호복(胡服)　16, 19, 128, 146, 148, 150, 151, 225
호부낭중(戶部郎中)[송]　200, 201
호북관(虎北館)　134, 171
호북구(虎北口)　75, 134, 189
호북구로(虎北口路)　166
호삼성(胡三省)　41, 86, 99, 108
호인(胡人)　127, 148, 221
호하(虎河)　261, 262
혼동강(混同江)　14, 30, 302, 308
홀한성(忽汗城)　63
홍의궁(弘義宮, 洪義宮)　157, 226, 229
화엄사(華嚴寺)　134
화정(靴淀)　263, 264
황국부(黃菊賦)　294
황두실위(黃頭室韋)　103, 104
황룡부(黃龍府)　156, 159
황서(黃鼠)　303, 304
황수(湟水)　81, 82, 85, 158, 161, 270
황수(黃水, 潢水)　36, 82, 96, 156, 160, 161, 204, 206, 244, 269
황외산(黃嵬山)　233
황하(黃河)　85, 269, 270
황하(潢河)　82, 217, 270

회사북조국사(回謝北朝國使) 285, 286
회선석(會仙石) 258, 292
회성관(會星館) 268~270
회유관(懷柔館) 252
회흘(回紇) 16, 97, 99
횡구하(橫溝河) 118, 119
횡장(橫帳) 93, 166, 209
횡장병(橫帳兵) 166
후당(後唐) 25, 29, 31, 35, 40, 48, 58, 72, 86, 99, 118, 119, 135, 155, 184, 200
흉노(凶奴) 244
흑거자(黑車子) 16, 100, 101, 107
흑두령(黑斗嶺) 257
흑산(黑山) 162, 241, 272~274
흑수(黑水) 81, 82, 241, 271, 272

흑수진(黑水鎭) 273
흑수하(黑水河) 204
흑유림(黑榆林) 81
흑애관(黑厓館) 85
흑하(黑河) 82, 241, 273
흑하장(黑河帳) 274
흑하주(黑河州) 241, 271, 272
흔덕근가한(痕德菫可汗) 38
『희녕사로도초(熙寧使虜圖抄)』 7, 20, 136, 188, 205, 231, 233, 234
힐리오우사언(頡利烏于邪堰) 107, 108
힐알사(黠戛斯) 101

동북아역사재단 자료총서 68

역주 使遼語錄
사료로 본 거란제국과 발해유민

초판 1쇄 발행 2023년 12월 20일

지은이 홍성민, 이진선, 유빛나, 김한신
펴낸이 이영호
펴낸곳 동북아역사재단

등록 제312-2004-050호(200년 10월 18일)
주소 서울시 서대문구 통일로 81 NH농협생명빌딩
전화 02-2012-6065
홈페이지 www.nahf.or.kr
제작·인쇄 (주)동국문화

ISBN 979-11-7161-021-1 93910

- 이 책은 저작권법에 의해 보호를 받는 저작물이므로 어떤 형태나 어떤 방법으로도 무단전재와 무단복제를 금합니다.
- 책값은 뒤표지에 있습니다. 잘못된 책은 바꾸어 드립니다.